NomosPraxis

Martin Wolmerath

Mobbing

Rechtshandbuch für die Praxis

5. Auflage

Nomos

Zitiervorschlag: *Wolmerath* Mobbing

Die Deutsche Nationalbibliothek verzeichnet diese Publikation in der Deutschen Nationalbibliografie; detaillierte bibliografische Daten sind im Internet über http://dnb.d-nb.de abrufbar.

ISBN 978-3-8487-3480-1

5. Auflage 2019

Für Eileen-Deirdre und Kevin

Vorwort

Im deutschen Sprachgebrauch hat sich in den letzten 25 Jahren ein Begriff etabliert, der ein gravierendes Problem in der bundesdeutschen Arbeitswelt beschreibt – von Mobbing ist die Rede.

Mit dem Erscheinen seines Buches „Mobbing. Psychoterror am Arbeitsplatz und wie man sich dagegen wehren kann" trat Heinz Leymann im April 1993 eine Diskussion los, die in Deutschland bis heute anhält und die unsere Arbeitswelt wohl auch noch in der Zukunft beschäftigten dürfte. Legt man eine Mobbing-Prävalenz von 3,5 % unter allen Erwerbstätigen zugrunde,[1] dann sind unweigerlich rund 1,57 Mio. Erwerbstätige aktuell von Mobbing betroffen.[2] Bedenkt man weiter, dass es in Deutschland etwa 3,48 Mio. Unternehmen gibt,[3] dann wird schnell deutlich, dass es nahezu in jedem zweiten Unternehmen eine Person gibt, die sich derzeit in einer Mobbingsituation befindet. Allein dieser Umstand muss Anlass sein, sich mit der Mobbingproblematik ernsthaft zu beschäftigen und nach wirksamen Lösungswegen zu suchen.

Die Gründe, warum es in der bundesdeutschen Arbeitswelt Mobbing gibt, sind vielfältig. Auf den Punkt gebracht lassen sich diese wie folgt skizzieren: Gesellschaftliche Veränderungen sowie die hohe Arbeitslosigkeit in den 90er Jahren des letzten Jahrhunderts gaben dem Mobbing einen guten Nährboden.[4] Veränderte Wertvorstellungen, inhumane Führungsstile und neue Formen der Arbeitsorganisation taten ein Weiteres. Das Konkurrenzdenken am Arbeitsplatz nahm zu, der Arbeitsverdichtung schien und scheint auch weiterhin keine Grenzen gesteckt zu sein. Die Angst vor dem Verlust des eigenen Arbeitsplatzes ist trotz derzeit guter Arbeitsmarktdaten vereinzelt immer noch vorhanden. Unverändert zeigt sich, dass die gestiegenen Anforderungen an soziale Kompetenz, Kommunikation sowie Team- und Konfliktfähigkeit viele Arbeitnehmer sowie Vorgesetzte gleichermaßen überfordern.[5] So manches von dem, was bereits vor 25 Jahren zur Erklärung des Umstands, warum es Mobbing gibt, angeführt wurde, gilt auch heute. Heinz Leymann musste bereits in dem Jahr 1994 feststellen, dass Konflikte zu psychischer Gewalt werden.[6]

Die Folgen von Mobbing sind vielfältig. Sie reichen von Appetitlosigkeit, schlechtem Schlaf und Nervosität über psychische sowie physische Erkrankungen und Persönlichkeitsstörungen bis hin zum Suizid.[7]

Während Mobbing zunächst vor allem bei Arbeitsmedizinern und Arbeitspsychologen eine große Aufmerksamkeit erregte, nahmen sich die Juristen der Mobbingproblematik erst recht spät an.[8] Dabei ist nicht zu verkennen, dass Letzteren seit Anbe-

1 Eisermann/de Costanzo, S. 124.
2 Vgl. www.statista.com (Saison- und kalenderbereinigte Anzahl der Erwerbstätigen mit Wohnsitz in Deutschland), wonach es im Dezember 2018 circa 44,91 Mio. Erwerbstätige gab.
3 Vgl. www.statista.com (Anzahl der Unternehmen in Deutschland nach Beschäftigtengrößenklassen im Jahr 2016 [Stand September 2017]).
4 Hage/Heilmann, S. 742; sa Steinbrück, S. 6 ff.
5 Sa Hage/Heilmann, S. 742; die Ausführungen der Gesprächsteilnehmer in Esser/Wolmerath 1997 a, S. 209 ff.
6 Leymann in Leymann/Niedl, S. 58.
7 Vgl. Hage/Heilmann, S. 742; sa den Fall „Ingrid" in Leymann/Niedl, S. 21 ff.
8 Däubler in Leymann, S. 76 f.

ginn der Diskussion eine besonders bedeutsame Rolle zugesprochen wurde. Hieran hat sich bis heute nicht viel geändert. Die Erwartungshaltung gegenüber den Juristen ist unverändert hoch, auch wenn sie dieser nicht in jedem Fall gerecht werden konnten. Rückblickend betrachtet ergibt sich ein bisweilen erschreckendes Bild: Die gerichtliche Aufarbeitung von Mobbing scheint nur in den wenigsten Fällen den erhofften Erfolg gebracht zu haben. Entschädigungen fielen, sofern sie überhaupt zugesprochen wurden, recht bescheiden aus. Anders sah es hingegen bei dem außergerichtlichen Wirken der Juristen aus. Hier konnten im Einzelfall recht gute Ergebnisse erzielt werden – wenn auch immer wieder verknüpft mit dem hohen Preis der Aufgabe des bisherigen Arbeitsplatzes.

Alles in allem ist die Situation der Mobbingbetroffenen weiterhin unbefriedigend. Hieran dürfte sich auch in absehbarer Zeit kaum etwas ändern – sofern nicht die betrieblichen Akteure tätig werden und etwa mittels einer entsprechenden Betriebs- bzw. Dienstvereinbarung geeignete Maßnahmen zum Schutz vor und bei der Bewältigung akuter Mobbingsituationen verabreden. Vor allem sollte niemand auf den bundesdeutschen Gesetzgeber hoffen. Der hat die ihm zur Verfügung stehenden Handlungsmöglichkeiten bis heute nicht genutzt, um dem Mobbing Paroli zu bieten. Der Gesetzgeber hat es bislang versäumt, mittels entsprechender Rechtsvorschriften unmissverständlich zum Ausdruck zu bringen, dass Mobbing in der bundesdeutschen Arbeitswelt nicht geduldet wird und Mobber wegen ihres Verhaltens sanktioniert werden können.[9]

Dieses Buch, das Ihnen nunmehr in fünfter vollständig überarbeiteter und aktualisierter Auflage vorliegt, soll dazu beitragen, über die juristische Seite des Mobbingphänomens zu informieren. Hierzu wird aufgezeigt, welche Möglichkeiten das bundesdeutsche Rechtssystem bietet, um eine konkrete Mobbingsituation mit juristischen Mitteln aufarbeiten zu können – wobei unweigerlich die Grenzen der Juristerei deutlich zu Tage treten. Auch deswegen wird auf die vielfältigen präventiven Möglichkeiten und auf denkbare Alternativen gegenüber dem klassischen juristischen Weg eingegangen.

Vieles von dem, was zu Beginn der Mobbingdiskussion in Erfahrung gebracht wurde, hat auch heute noch Bestand. Gleichwohl hat es zum Teil tiefgreifende Veränderungen gegeben. Während zunächst arbeitgeberseitig die Existenz von Mobbing geleugnet wurde, werden heute teilweise Mobbinghandlungen begangen, obwohl es in dem Betrieb eine Betriebsvereinbarung bzw. in der Dienststelle eine Dienstvereinbarung zum Thema Mobbing gibt. Mit dem Einzug des PC in der deutschen Arbeitswelt und der nachfolgend schnellen Verbreitung des Internets und der sozialen Medien entwickelte sich eine neue Form des Mobbings, Cyber-Mobbing genannt. Dieser Umstand macht es erforderlich, sich nunmehr auch mit dieser Erscheinungsform zu befassen.

9 Sa den Antrag aus den Reihen der Fraktion BÜNDNIS 90/Die Grünen vom 26.4.2017 (Bundestag-Drucksache 18/12097), mit dem erfolglos ein Gesetz zum Schutz vor Mobbing am Arbeitsplatz gefordert wurde (Bundestag-Drucksache 18/12990 vom 28.6.2017).

Auf vergleichbare Phänomene, wie sie vor allem in der Schule vorkommen, aber auch im privaten Umfeld geschehen,[10] wird indes nicht eingegangen.

In diesem Buch werden zahlreiche Beispiele angeführt, die vielfach auf wahren Begebenheiten beruhen, allerdings zum Schutze der betreffenden Personen anonymisiert wurden. Die verwendeten Namen sind frei erfunden. Eventuelle Übereinstimmungen mit lebenden oder verstorbenen Personen sind nicht beabsichtigt; sie wären rein zufälliger Natur.

Lediglich aus Gründen der leichteren Lesbarkeit wurde die männliche Sprachform gewählt. Insbesondere die Leserinnen werden diesbezüglich um Verständnis gebeten. Soweit ein Hinweis auf eine Gerichtsentscheidung erfolgt, ist dieser mit der Angabe des erkennenden Gerichts, des Datums sowie des Aktenzeichens der Entscheidung versehen, um ein Auffinden des vollständigen Wortlauts der Gerichtsentscheidung im Internet zu ermöglichen. Oftmals genügt hierfür die Angabe des Aktenzeichens als Suchkriterium. Darüber hinaus sind die zitierten Entscheidungen zum größten Teil in den juristischen Online-Datendanken (zB juris, beck-online) dokumentiert.

Abschließend ergreife ich gerne die Gelegenheit, um mich bei all denen zu bedanken, die mich in den letzten 25 Jahren, in denen ich mich mit der Mobbingproblematik in der bundesdeutschen Arbeitswelt beschäftigt habe, in zahlreichen Gesprächen mit ihren Anregungen, Ideen, Tipps, Fragen und Erfahrungsberichten unterstützt haben. Insofern geht mein Dank unter anderem nach Irland, Luxembourg, Österreich und Japan. Vieles von dem ist in dieses Buch eingeflossen.

Hamm und Delgany, im März 2019 *Martin Wolmerath*

10 Sa Schneider/Leest/Katzer/Jäger, S. 5.

Inhaltsverzeichnis

Abkürzungsverzeichnis

aA	andere(r) Ansicht
AGG	Allgemeines Gleichbehandlungsgesetz
Abs.	Absatz
AFG	Arbeitsförderungsgesetz
AG	Aktiengesellschaft
AiB	Arbeitsrecht im Betrieb (Zeitschrift)
Anm.	Anmerkung
AOK	Allgemeine Ortskrankenkasse
AP	Arbeitsrechtliche Praxis (Entscheidungssammlung)
ArbG	Arbeitsgericht
ArbGG	Arbeitsgerichtsgesetz
ArbSchG	Arbeitsschutzgesetz
Art.	Artikel
AuA	Arbeit und Arbeitsrecht (Zeitschrift)
Aufl.	Auflage
AuR	Arbeit und Recht (Zeitschrift)
BAG	Bundesarbeitsgericht
BAGE	Entscheidungen des Bundesarbeitsgerichts (Entscheidungssammlung)
BAT	Bundes-Angestelltentarifvertrag
BAT-O	Bundes-Angestelltentarifvertrag Ost
BayBG	Bayerisches Beamtengesetz
BB	Betriebs-Berater (Zeitschrift)
BBG	Bundesbeamtengesetz
BBiG	Berufsbildungsgesetz
BDG	Bundesdisziplinargesetz
BeamtSt	Beamtenstatusgesetz
BeamtVG	Beamtenversorgungsgesetz
BEM	Betriebliches Eingliederungsmanagement
BEEG	Bundeselterngeld- und Elternzeitgesetz
BetrVG	Betriebsverfassungsgesetz
BGB	Bürgerliches Gesetzbuch
BGBl.	Bundesgesetzblatt
BGH	Bundesgerichtshof
BGHSt	Entscheidungen des Bundesgerichtshofs in Strafsachen (Entscheidungssammlung)

BGHZ	Entscheidungen des Bundesgerichtshofs in Zivilsachen (Entscheidungssammlung)
Bl.	Blatt
BPersVG	Bundespersonalvertretungsgesetz
BSG	Bundessozialgericht
BSGE	Entscheidungen des Bundessozialgerichts (Entscheidungssammlung)
BVerfGE	Entscheidungen des Bundesverfassungsgerichts (Entscheidungssammlung)
BVerwG	Bundesverwaltungsgericht
BVerwGE	Entscheidungen des Bundesverwaltungsgerichts (Entscheidungssammlung)
bzw.	beziehungsweise
ca.	circa
DB	Der Betrieb (Zeitschrift)
DBlR	Dienstblatt der Bundesanstalt für Arbeit
dbr	Der Betriebsrat (Zeitschrift)
DGB	Deutscher Gewerkschaftsbund
dh	das heißt
DM	Deutsche Mark
DÖD	Der Öffentliche Dienst (Zeitschrift)
EFZG	Entgeltfortzahlungsgesetz
EGStGB	Einführungsgesetz zum Strafgesetzbuch
Einf. v.	Einführung vor
etc	et cetera
EUR	Euro
eV	eingetragener Verein
EzA	Entscheidungssammlung zum Arbeitsrecht
f.	folgend(e)
FA	Fachanwalt Arbeitsrecht (Zeitschrift)
ff.	fortfolgend(e)
Fn.	Fußnote
GewO	Gewerbeordnung
GG	Grundgesetz
GmbH	Gesellschaft mit beschränkter Haftung
GS	Großer Senat
HGB	Handelsgesetzbuch
hM	herrschende Meinung
Hrsg.	Herausgeber

info also	Informationen zum Arbeitslosenrecht und Sozialhilferecht (Zeitschrift)
iVm	in Verbindung mit
jurisPR-ArbR	juris PraxisReport Arbeitsrecht (Entscheidungsdienst)
jurisPR-StrafR	juris PraxisReport Strafrecht (Entscheidungsdienst)
KG	Kommanditgesellschaft
KMU	Klein- und mittelständische Unternehmen
KSchG	Kündigungsschutzgesetz
LAG	Landesarbeitsgericht
Ls.	Leitsatz
LSG	Landessozialgericht
MDR	Monatsschrift für Deutsches Recht (Zeitschrift)
Mio.	Millionen
Mrd.	Milliarde
MTV	Manteltarifvertrag
mwN	mit weiteren Nachweisen
MuSchG	Mutterschutzgesetz
NJW	Neue Juristische Wochenschrift (Zeitschrift)
NJW-RR	NJW-Rechtsprechungs-Report (Zeitschrift)
Nr.	Nummer
Nrn.	Nummern
NStZ	Neue Zeitschrift für Strafrecht (Zeitschrift)
NVwZ	Neue Zeitschrift für Verwaltungsrecht (Zeitschrift)
NVwZ-RR	NVwZ-Rechtsprechungs-Report (Zeitschrift)
NZA	Neue Zeitschrift für Arbeitsrecht (Zeitschrift)
NZA-RR	NZA-Rechtsprechungs-Report (Zeitschrift)
OEG	Opferentschädigungsgesetz
OHG	Offene Handelsgesellschaft
OLG	Oberlandesgericht
OVG	Oberverwaltungsgericht
OVG NW	Oberverwaltungsgericht für das Land Nordrhein-Westfalen
PersR	Der Personalrat (Zeitschrift)
PersV	Die Personalvertretung (Zeitschrift)
Pkw	Personenkraftwagen
PTSD	Post-traumatic stress disorder (posttraumatische Stressbelastung)
RDV	Recht der Datenverarbeitung (Zeitschrift)
RiStBV	Richtlinien für das Strafverfahren und Bußgeldverfahren
Rn.	Randnummer(n)

S.	Seite
sa	siehe auch
SG	Sozialgericht
SGB II	Sozialgesetzbuch II (Grundsicherung für Arbeitsuchende)
SGB III	Sozialgesetzbuch III (Arbeitsförderung)
SGB V	Sozialgesetzbuch V (Gesetzliche Krankenversicherung)
SGB VI	Sozialgesetzbuch VI (Gesetzliche Rentenversicherung)
SGB VII	Sozialgesetzbuch VII (Gesetzliche Unfallversicherung)
SGB IX	Sozialgesetzbuch IX (Rehabilitation und Teilhabe behinderter Menschen)
SGB X	Sozialgesetzbuch X (Sozialverwaltungsverfahren und Sozialschutz)
SGB XI	Sozialgesetzbuch XI (Soziale Pflegeversicherung)
sog	sogenannt
StGB	Strafgesetzbuch
StPO	Strafprozessordnung
TV-Ärzte KF	Tarifvertrag für Ärztinnen und Ärzte – Kirchliche Fassung
TV-L	Tarifvertrag für den öffentlichen Dienst der Länder
TVöD-AT	Tarifvertrag für den öffentlichen Dienst – Allgemeiner Teil
ua	und andere
Überbl	Überblick
v.	vom, vor
VersR	Versicherungsrecht (Zeitschrift)
VG	Verwaltungsgericht
v.H.	von Hundert
vgl.	vergleiche
Vor, Vorbem	Vorbemerkungen
zB	zum Beispiel
ZBR	Zeitschrift für Beamtenrecht (Zeitschrift)
ZIP	Zeitschrift für Wirtschaftsrecht (Zeitschrift)
ZPO	Zivilprozessordnung

§ 1 Grundlegende Informationen

Wer hat noch nicht von Mobbing gehört, einem Wort, das schon längst Bestandteil unseres allgemeinen Sprachgebrauchs ist. Was aber verbirgt sich wirklich hinter diesem englisch klingenden Begriff? 1

I. Begriffsbestimmung

Bei dem Terminus „Mobbing“ handelt es sich um eine **Wortschöpfung.** Dieses Kunstwort ist dem englischen Verb „to mob“ (über jemanden lärmend herfallen, anpöbeln, angreifen, attackieren) entlehnt.[1] Als Substantiv verwendet kann „the Mob“ mit „Mob, Gesinde, Bande, Sippschaft, Pöbel[haufen]“ übersetzt werden.[2] Zudem findet sich in der englischen Sprache der Begriff „mob law“, welcher dem Wort „Lynchjustiz“ gleichzusetzen ist.[3] 2

1. Herkunft

Seinen Ursprung hat der Begriff „Mobbing“ in der lateinischen Sprache; „mobile vulgus“ bezeichnet die wankelmütige Masse, die aufgewiegelte Volksmenge.[4] Geprägt wurde er von **Konrad Lorenz,** der mit ihm – in Anlehnung an die Geschichte von Nils Holgersson – Gruppenangriffe von unterlegenen Tieren bezeichnet hatte, um einen überlegenen Gegner zu verscheuchen:[5] Von einem Fuchs verfolgt, flüchtet Nils Holgersson auf einen Baum. Im Tiefflug führen ihm zu Hilfe kommende Gänse wieder und immer wieder Scheinangriffe auf den Fuchs aus. Als der Fuchs letztendlich völlig erschöpft auf dem Rücken liegt, kann Nils Holgersson entkommen.[6] 3

Der schwedische Arzt **Peter-Paul Heinemann** übernahm die Terminologie zur Beschreibung des Verhaltens von Kindern auf dem Schulhof. Seine in den 60er und 70er Jahren durchgeführten Studien erläutern und systematisieren ein Gruppenverhalten von Kindern, das sehr rohe Züge trägt und so weit geht, dass es ein betroffenes Kind in eine soziale Situation stürzen kann, die zuweilen mit einem Suizid endet.[7] 4

Hieran anknüpfend griff **Heinz Leymann** den Begriff auf, um mit ihm ähnliche Vorgänge in der Arbeitswelt der Erwachsenen zu beschreiben.[8] Ihm war aufgefallen, dass die Ursachen für psychische Belastungen von Arbeitnehmern oftmals nicht in deren Persönlichkeit, sondern in den betrieblichen Umfeldbedingungen zu finden sind. Diese Erkenntnis war der Ausgangspunkt für seine Untersuchungen, die er in Schweden beginnend Ende der 70er bis zur Mitte/zum Ende der 80er Jahre durchführte und deren Ergebnisse er ab 1984 publizierte.[9] Insbesondere sein 1993 bei Rowohlt heraus- 5

1 Vgl. Esser/Wolmerath, S. 24; Neuberger, S. 2; Resch, S. 88; Zuschlag, S. 3.
2 Neuberger, S. 2; Resch, S. 88; Zuschlag, S. 3.
3 Esser/Wolmerath 1999, S. 20.
4 Vgl. Resch, S. 88; Zuschlag, S. 3.
5 Brinkmann, S. 11 f.; Esser/Wolmerath, S. 24; Leymann 1995, S. 14; Neuberger, S. 3 Fn. 3.
6 Leymann 1995, S. 14; sa Selma Lagerlöf, Wunderbare Reise des kleinen Nils Holgersson mit den Wildgänsen, Nymphenburger Verlagsbuchhandlung, München © 1948, S. 28 ff., die den Flug der Gänse als Tiefflüge, nicht aber als Scheinangriffe beschreibt.
7 Leymann 1995, S. 14.
8 Leymann 1995, S. 14.
9 Leymann 1995, S. 14 f.; Brinkmann, S. 12 f.

gegebenes Buch „Mobbing. Psychoterror am Arbeitsplatz und wie man sich dagegen wehren kann“ war Auslöser, sich auch in Deutschland mit diesem Phänomen zu beschäftigen.

2. Definition

6 In der Literatur sind zahlreiche Definitionen zu finden, die belegen, dass die einzelnen Begriffsbestimmungen nicht dogmatisch im Sinne einer abschließenden sowie endgültigen Festlegung dessen, was Mobbing ist, verstanden werden dürfen.[10] Vielmehr handelt es sich hierbei oftmals nur um ein Arbeitsergebnis, das Resultat einer Diskussion oder um den Versuch, das Phänomen Mobbing bei gleichzeitiger Abgrenzung von anderen Erscheinungsformen des (un)sozialen Umgangs am Arbeitsplatz zu beschreiben – wobei zu bedenken ist, dass viele der Mobbinghandlungen für sich genommen und isoliert betrachtet nicht als Mobbing bezeichnet werden können sowie als sozialadäquate Verhaltensweisen von jedermann hingenommen werden müssen. Was Mobbing kennzeichnet, das ist die Verbundenheit der einzelnen Handlungen durch ein **unsichtbares „Band“**. Insoweit kann das Mobbingphänomen durchaus mit einer Perlenkette verglichen werden: Ist die einzelne Perle noch relativ unbedeutend, so wächst der Wert der Kette mit der zunehmenden Zahl weiterer Perlen, wobei der Faden die Verbindung zwischen den einzelnen Perlen herstellt.

7 Auf Leymann geht eine **arbeitswissenschaftlich geprägte Begriffsbestimmung** zurück, welche die Mobbingdebatte lange Zeit geprägt hat. Von Esser und Wolmerath wurde diese Definition unter **Berücksichtigung arbeitsrechtlicher Aspekte** fortentwickelt.

8 Definition nach Leymann:[11]

Unter Mobbing wird eine konfliktbelastete Kommunikation am Arbeitsplatz unter Kollegen oder zwischen Vorgesetzten und Untergebenen verstanden, bei der die angegriffene Person unterlegen ist und von einer oder einigen Personen systematisch, oft und während einer längeren Zeit mit dem Ziel und/oder dem Effekt des Ausstoßes aus dem Arbeitsverhältnis direkt oder indirekt angegriffen wird und dies als Diskriminierung empfindet.

9 Definition von Esser und Wolmerath:[12]

Mobbing ist ein Geschehensprozess in der Arbeitswelt, in dem destruktive Handlungen unterschiedlicher Art wiederholt und über einen längeren Zeitraum gegen Einzelne vorgenommen werden, welche von den Betroffenen als eine Beeinträchtigung und Verletzung ihrer Person empfunden werden und dessen ungebremster Verlauf für die Betroffenen grundsätzlich dazu führt, dass ihre psychische Befindlichkeit und Gesundheit zunehmend beeinträchtigt werden, ihre Isolation und Ausgrenzung am Arbeitsplatz zunehmen, dagegen die Chancen auf eine zufriedenstellende Lösung schwinden und der regelmäßig im Verlust ihres bisherigen beruflichen Wirkbereichs endet.

10 Nachdem das **Bundesarbeitsgericht** bereits im Januar 1997 eine Begriffsbestimmung vorgelegt hatte, die allerdings auf die konkrete Prozesssituation zugeschnitten war

10 Sa Meschkutat/Stackelbeck/Langenhoff, S. 18.
11 Leymann 1995, S. 18; sa Esser/Wolmerath, S. 25.
12 Esser/Wolmerath, S. 27.

und die Möglichkeit unberücksichtigt ließ, dass Vorgesetzte durch ihre Untergebenen gemobbt werden können,[13] beendete es mit seiner Entscheidung vom 25.10.2007[14] die in der arbeitsgerichtlichen Rechtsprechung ebenfalls geführte[15] Diskussion über die „richtige" Definition von Mobbing. Maßgebend hierfür war das am 18.8.2006 in Kraft getretene Allgemeine Gleichbehandlungsgesetz, kurz AGG genannt. Mit Blick auf dessen § 3 Abs. 3 heißt es in dem Urteil des Bundesarbeitsgerichts: „Mit dieser Definition des Begriffes ‚Belästigung' hat der Gesetzgeber letztlich auch den Begriff des ‚Mobbing' umschrieben …".

Wortlaut des § 3 Abs. 3 AGG: 11

Eine Belästigung ist eine Benachteiligung, wenn unerwünschte Verhaltensweisen, die mit einem in § 1 genannten Grund[16] in Zusammenhang stehen, bezwecken oder bewirken, dass die Würde der betreffenden Person verletzt und ein von Einschüchterungen, Anfeindungen, Erniedrigungen, Entwürdigungen oder Beleidigungen gekennzeichnetes Umfeld geschaffen wird.

In der Verwaltungsgerichtsbarkeit findet sich eine Begriffsbestimmung, die sich durch sprachliche Nuancierungen von der Definition des Bundesarbeitsgerichts unterscheidet. 12

Definition der Verwaltungsgerichtsbarkeit:[17] 13

Unter Mobbing wird ein systematisches Anfeinden, Schikanieren und Diskriminieren von Beschäftigten untereinander oder durch Vorgesetzte verstanden, das über gewöhnliche, von jedermann zu bewältigende berufliche Schwierigkeiten hinaus geht und eine mehr oder weniger schwerwiegende Beeinträchtigung des Persönlichkeitsrechts, der Ehre und/oder der Gesundheit des Betroffenen darstellen kann, wobei für die Verletzungshandlung kennzeichnend ist, dass es sich dabei um fortgesetzte, aufeinander aufbauende und ineinander übergreifende Verhaltensweisen handelt, welche in der Regel nach Art und Ablauf einer übergeordneten, von der Rechtsordnung nicht gedeckten Zielsetzung förderlich sind.

3. Konflikt als Auslöser

Bei Mobbing handelt es sich sowohl um eine soziale Aggression[18] als auch um eine 14
Strategie zur Bewältigung sozialer Konflikte.[19] Da Mobbing sehr stark von Emotionen begleitet wird, kann dieses Phänomen als eine **Form emotional geleiteter Konfliktbewältigung** betrachtet werden.[20]

Mobbing setzt einen sozialen Konflikt voraus, unter dem eine Interaktion zwischen 15
mindestens zwei voneinander abhängigen Akteuren verstanden wird, in der jeder ver-

13 Vgl. BAG 15.1.1997 – 7 ABR 14/96; sa die vergleichbare Definition des BGH 1.8.2002 – III ZR 277/01.
14 BAG 25.10.2007 – 8 AZR 593/06.
15 Siehe zB LAG Thüringen 10.4.2001 – 5 Sa 403/00 – AuR 2001, 274 = PersR 2001, 532; LAG Hamm 25.6.2002 – 18 (11) Sa 1295/01 – NZA-RR 2003, 8; LAG Schleswig-Holstein 19.3.2002 – 3 Sa 1/02 – NZA-RR 2002, 457.
16 § 1 AGG hat folgenden Wortlaut: Ziel des Gesetzes ist, Benachteiligungen aus Gründen der Rasse oder wegen der ethnischen Herkunft, des Geschlechts, der Religion oder Weltanschauung, einer Behinderung, des Alters oder der sexuellen Identität zu verhindern oder zu beseitigen.
17 VG Cottbus 24.7.2018 – 4 K 8/14; VGH München 12.3.2014 – 6 ZB 12.470 mwN.
18 Neuberger, S. 34; sa Esser, S. 9.
19 Zuschlag, S. 21.
20 Mittelstaedt, S. 132, 135.

sucht, scheinbar oder tatsächlich unvereinbare Handlungspläne zu verwirklichen und bei dem sich mindestens ein Akteur der Gegnerschaft bewusst ist.[21] Mithin reicht es für das Vorliegen eines Konflikts aus, wenn jemand einen anderen beispielsweise als Bedrohung für den eigenen Arbeitsplatz empfindet, obwohl dies nicht den Tatsachen entspricht und das Gegenüber das Empfinden des anderen nicht erkennt.[22] Die Konfliktwahrnehmung existiert nur auf einer Seite. Der mit einer solchen Situation Konfrontierte ist verwundert über das Verhalten des anderen und kann sich keinen Reim darauf machen, weshalb er von diesem in einer bestimmten Art und Weise behandelt wird (zB die Verweigerung des Grußes, der Ausspruch beleidigender Worte, die Nichtbeachtung seiner Anwesenheit).

16 Wird ein sozialer Konflikt nicht offen erkennbar ausgetragen, so spricht man von einem verdeckten sozialen Konflikt. Wird er hingegen für beide Seiten erkennbar ausgefochten, dann handelt es sich um einen offenen sozialen Konflikt.[23]

17 Bei Mobbing dürften die **verdeckten sozialen Konflikte** oftmals im Vordergrund stehen, wobei das Konfliktempfinden zunächst häufig nur auf einer Seite bestehen dürfte.[24]

18 **Beispiel für einen verdeckten sozialen Konflikt:** Frau Meier beabsichtigt, sich auf die unternehmensintern ausgeschriebene Position der Filialleiterin zu bewerben. Ihre Chancen, diese Stelle zugesprochen zu bekommen, schätzt sie als recht hoch ein. Allerdings befürchtet sie, dass sich Frau Lustig ebenfalls für diese Position interessiert. Diese ist einige Jahre jünger als Frau Meier, recht attraktiv, verfügt über ein gesundes Maß an Selbstbewusstsein, ist bei der Geschäftsleitung wegen ihrer fachlichen Leistungen geschätzt sowie mit dem Sohn des Geschäftsführers flüchtig bekannt. Frau Meier empfindet Frau Lustig als eine übermächtige Konkurrentin, der sie nichts entgegensetzen kann. Da sie eine offene Auseinandersetzung scheut, befragt sie weder Frau Lustig nach einer etwaigen Bewerbungsabsicht, noch erkundigt sie sich bei der Geschäftsleitung nach der Bewerberlage. Frau Meier fängt an, hinter dem Rücken von Frau Lustig schlecht über diese zu reden, ihr unter anderem Fehler bei der Arbeit, unzureichende Führungsqualitäten und ein intimes Verhältnis mit dem Sohn des Geschäftsführers anzudichten. Frau Lustig wundert sich, dass sich die Arbeitskolleginnen ihr gegenüber plötzlich merkwürdig distanziert verhalten. Sie vernimmt ein Tuscheln hinter ihrem Rücken. Erklären kann sie sich das alles nicht.

4. Merkmale

19 Mobbing weist einige Merkmale auf, die zur Beantwortung der Frage, ob im konkreten Einzelfall tatsächlich von Mobbing gesprochen werden darf, herangezogen werden können. Zugleich ermöglichen sie eine **Abgrenzung von normalen Konflikten** am Arbeitsplatz. Die einzelnen Merkmale lassen sich sowohl der Definition von Leymann als auch der Begriffsbestimmung von Esser/Wolmerath entnehmen. Wenngleich sich die Begrifflichkeiten im Detail unterscheiden, in den Kernaussagen stimmen sie überein.

---

21 Hage/Heilmann, S. 743.
22 Hage/Heilmann, S. 743; sa Esser/Wolmerath, S. 69.
23 Sa Wolmerath/Esser, S. 67.
24 Sa Esser, S. 10.

Merkmale von Mobbing nach Leymann: 20

1. Angriffe mit System,
2. Vielzahl von Angriffen,
3. Angriffe über längere Zeit,
4. Feindseligkeit der Angriffe,
5. Unterlegenheit des Angegriffenen,
6. Ausgrenzung des Angegriffenen – „Ausstoß aus dem Arbeitsverhältnis“.[25]

Merkmale von Mobbing nach Esser/Wolmerath: 21

1. Geschehensprozess,
2. Vielzahl unterschiedlicher Handlungen,
3. Handlungen über einen längeren Zeitraum,
4. Destruktivität der Handlungen,
5. Betroffenheit des Adressaten,
6. Ausgrenzung des Betroffenen – Verlust des beruflichen Wirkbereichs.

Die einzelnen Merkmale sind in ihrer Bedeutung nicht von gleichem Gewicht. Das 22 Zeitmoment (Merkmale Nr. 3) ist in der Relation weniger wichtig als die Feindseligkeit bzw. Destruktivität der Handlungen (Merkmale Nr. 4) sowie die Ausgrenzung des Betroffenen (Merkmale Nr. 6).[26] Wer Mobbing ausgesetzt ist, spürt dies regelmäßig unmittelbar und sofort, auch wenn die sich hinter den einzelnen Mobbinghandlungen verbergende Systemantik nicht immer direkt erkannt wird oder der das Mobbing auslösende Konflikt im Verborgenen bleibt. Um sich ungerecht behandelt und/oder ausgegrenzt zu fühlen, ist es nicht erforderlich, dass die Angriffe bereits über einen längeren Zeitraum erfolgt sind.[27]

In dem angeführten Beispiel (→ Rn. 18) muss Frau Lustig recht schnell feststellen, 23 dass etwas nicht stimmt. Auch wenn ihr die Ursache verborgen bleibt, so spürt sie ein Unbehagen. Mit diesem subjektiven Empfinden geht bereits die Feindseligkeit der Handlungen von Frau Meier einher. Nur einem Feind gegenüber fühlt man sich berechtigt, diesem in jeder Hinsicht und mit allen zur Verfügung stehenden Mitteln zu schaden oder ihn sogar zu vernichten.[28] Die Gefühle der Geringschätzung und des Ekels gegenüber dem Feind ermöglichen es oftmals erst, die moralischen Grenzen der eigenen Furcht vor dem Anderen zu überwinden und zu aggressiven Handlungen überzugehen.[29] Dies dürfte auch auf Frau Meier zutreffen.

Bei Mobbing handelt es sich um einen **Geschehensprozess** (Merkmale Nr. 1), der sich 24 aus einer **Vielzahl von bisweilen höchst unterschiedlichen Handlungen** zusammensetzt (Merkmale Nr. 2). Regelmäßig wird bei einer rückwirkenden Betrachtung eine

25 Sa Wolmerath in Lehrerhandbuch, S. 2.
26 Sa Esser/Wolmerath 1999, S. 79 f.; Esser/Wolmerath, S. 28 ff.
27 Sa Esser/Wolmerath 1999, S. 80; Esser/Wolmerath S. 30; so im Ergebnis auch Neuberger, S. 19.
28 Sa Esser/Wolmerath, S. 70.
29 Sa Esser/Wolmerath, S. 70.

Systematik bzw. Prozesshaftigkeit sichtbar, die sich teilweise eher zufällig entwickelt hat, teilweise gezielt aufgebaut wurde. Hingegen handelt es sich nicht um Mobbing, wenn Handlungen einmalig, selten, zufällig und unsystematisch erfolgen.[30] Von Mobbing kann daher nicht gesprochen werden, wenn jemand beispielsweise von seinem Vorgesetzten einmal – und dann nicht wieder – ungerecht gemaßregelt wird. Dagegen spricht vieles für das Vorliegen einer Mobbingsituation, wenn Herr Müller immer dann zum Wochenend- und Feiertagsdienst eingeteilt wird, sobald Herr Bäcker den Dienstplan erstellt.

25 Die besondere Bedeutung des Geschehensprozesses betont auch das Bundesarbeitsgericht, das insoweit von einem von „Einschüchterungen, Anfeindungen, Erniedrigungen, Entwürdigungen oder Beleidigungen gekennzeichneten Umfeld" spricht, welches grundsätzlich nicht durch ein einmaliges, sondern durch ein fortdauerndes Verhalten geschaffen wird.[31]

26 Für Mobbing ist weiter kennzeichnend, dass die Handlungen über einen **längeren Zeitraum** erfolgen (Merkmale Nr. 3). Hierfür gibt es keinen festen zeitlichen Rahmen und keine festgelegte Mindestdauer. Abhängig von der Intensität der Mobbinghandlungen sowie von den Umständen des konkreten Einzelfalls (zB gesundheitliche Situation des Mobbingbetroffenen) können bisweilen schon wenige Wochen genügen, um von einem „längeren Zeitraum" sprechen zu dürfen.

27 Bei der **Ausgrenzung** des Mobbingbetroffenen (Merkmale Nr. 6) handelt es sich um den Kern von Mobbing. Ausgegrenzt zu werden ist die alltägliche Erfahrung von Mobbingbetroffenen.[32] Sie umfasst die soziale Isolierung sowie die Aufkündigung des zwischenmenschlichen Respekts, den Entzug des üblichen zwischenmenschlichen Miteinanders.[33] Diese Erfahrung macht zweifelsohne auch Frau Lustig (→ Rn. 18).

28 Das **Resultat der Ausgrenzung** ist nicht zwingend der „Ausstoß aus dem Arbeitsverhältnis", wie es gemäß der Definition von Leymann zu sein scheint. Vielmehr ist die von ihm verwendete Terminologie in einem weiten, umfassenden Sinn zu verstehen. Ein enges Verständnis des Wortes „Arbeitsverhältnis" in der Weise, dass damit lediglich das sich aus dem Arbeitsvertrag ergebende Rechtsverhältnis zwischen den Vertragsparteien Arbeitnehmer und Arbeitgeber erfasst werden soll, würde der Mobbingproblematik nicht gerecht werden. Daher muss das Merkmal des Ausstoßes aus dem Arbeitsverhältnis auch andere Formen umfassen, die sich zwar auf den Arbeitsplatz bzw. auf die Arbeitsposition, nicht aber auf das Arbeitsverhältnis als solches beziehen,[34] wie es mit den Worten „ihres bisherigen beruflichen Wirkbereichs" (Esser/Wolmerath-Merkmal Nr. 6) erfolgen kann. Diese umfassen unter anderem das Herausdrängen aus einer beruflichen Position, den Entzug einer bestimmten Funktion sowie den Wechsel des Arbeitsplatzes (zB Versetzung in eine andere Abteilung). Weiter

30 Sa Neuberger, S. 17.
31 BAG 25.10.2007 – 8 AZR 593/06.
32 Sa Esser/Wolmerath, S. 71.
33 Sa Esser/Wolmerath, S. 71.
34 Sa Zapf, S. 20, der von einem Ausschluss des Betroffenen aus der Arbeitswelt spricht.

muss das öffentlich-rechtliche Dienstverhältnis der Beamten erfasst werden. Insoweit ist die Bezeichnung „Beschäftigungsverhältnis" wesentlich zielführender.

Die **Unterlegenheit bzw. Betroffenheit** des Angegriffenen (Merkmale Nr. 5) ergibt sich schwerpunktmäßig aus dem Umstand, dass der Mobber die Schwachstellen des Mobbingbetroffenen ausnutzt und seine Mobbinghandlungen regelmäßig nur dann ausführt, wenn es nicht erwartet wird. Günstige Situationen sowie die Arglosigkeit des Mobbingbetroffenen sind oftmals Anlass für das Ausführen von Mobbinghandlungen. Mit dem Ziel, eine gleichberechtigte Auseinandersetzung auszuschließen, wird nicht selten bereits vorbeugend versucht, die Möglichkeiten der Gegenwehr zu vereiteln oder systematisch zu untergraben.[35] Sofern ein **Vorgesetzter** (es können natürlich auch mehrere Vorgesetzte sein) Mobbing betreibt, ergibt sich die Unterlegenheit des Angegriffenen regelmäßig aus dem Unterordnungsverhältnis des Beschäftigten gegenüber seinem Vorgesetzten, das insbesondere in dem arbeitgeberseitigen Weisungsrecht (auch Direktionsrecht genannt) zum Ausdruck kommt. 29

Beispiele für Mobbinghandlungen unter Ausnutzung des Weisungsrechts: 30

- Zuweisung eines Arbeitsvolumens, das in der vorgegebenen Zeit nicht bewältigt werden kann.
- Hinweis an eine Sachbearbeiterin, sich auf das Anspitzen von Bleistiften zu beschränken.

Bei **Mobbing auf derselben hierarchischen Ebene** sowie **gegen Vorgesetzte** werden oftmals die Möglichkeiten der Kommunikation eingeschränkt oder sogar ganz genommen. Insbesondere die Beeinflussung von Arbeitskollegen kann dazu führen, dass ein einzelner Arbeitskollege bzw. Vorgesetzter isoliert und diesem somit die Möglichkeit der Verständigung mit den anderen genommen wird. Mobbingbetroffene bringen ihre Unterlegenheit oftmals mit den folgenden Worten zum Ausdruck: „Mit mir spricht niemand mehr", „Ich werde wie Luft behandelt", „Mir hört keiner zu", „Meine Anweisungen werden ignoriert". 31

Die **Personifizierung des Konflikts,** die bei Frau Lustig (→ Rn. 18) offen zu Tage tritt, ist für Mobbing typisch. Die Sichtweise: „Du bist das Problem – bist Du weg, so ist das Problem gelöst", beherrscht den Konflikt.[36] 32

Von untergeordneter Bedeutung ist das Empfinden der Mobbingsituation als Diskriminierung bzw. Beeinträchtigung und Verletzung der eigenen Person. Wer sich nicht angegriffen, beeinträchtigt, verletzt, gedemütigt, diskriminiert ... fühlt, der hat kein Problem und wird sich infolgedessen auch nicht als von Mobbing betroffen empfinden. Wer die Angriffe als üblich oder verdient erlebt, merkt sie wegen der eigenen hohen Frustrationstoleranz nicht oder genießt sie sogar im Extremfall, so dass ebenfalls nicht von Mobbing gesprochen werden kann.[37] 33

35 Sa Esser/Wolmerath 1999, S. 21.
36 Wolmerath in Lehrerhandbuch, S. 2; Esser/Wolmerath, S. 83; sa Hage/Heilmann, S. 744.
37 Neuberger, S. 17.

5. Abgrenzung von anderen Begriffen

34 Abzugrenzen ist Mobbing von anderen Begriffen, insbesondere vom Streit. Während bei Mobbing die Auseinandersetzung mit dem Konfliktgegner im Vordergrund steht, werden bei einem **Streit** die Integrität des anderen sowie dessen soziale Beziehungen grundsätzlich nicht infrage gestellt.[38] Vergleichbares gilt für **Meinungsverschiedenheiten** und andere verbale Auseinandersetzungen.[39]

6. Weitere Begriffe zur Beschreibung des Mobbingphänomens

35 Neben dem Wort „Mobbing" finden sich weitere Begriffe zur Beschreibung dieses Phänomens. Soweit Mobbing durch Vorgesetzte erfolgt, wird teilweise der Begriff **„Bossing"** verwendet. Er lässt sich mit den Worten „gesundheitsgefährdende Führerschaft" übersetzen und geht auf Untersuchungen in Norwegen zurück.[40] Mit **„Staffing"** wird dagegen die Schikane von Mitarbeitern gegen Vorgesetzte bezeichnet.[41] Sofern es Mitglieder des Betriebsrats betrifft, ist gelegentlich von **„Betriebsrats-Mobbing"** die Rede.[42]

36 Im anglo-amerikanischen Sprachraum ist der Begriff „Mobbing" weitgehend unbekannt. Verwendung findet hier der Begriff **„Bullying"**, der sich mit Tyrannisieren, Einschüchtern sowie Schikanieren übersetzen lässt,[43] überwiegend im Zusammenhang mit der (psychischen) Gewalt an Schulen. Sofern er mit dem Arbeitsleben in Verbindung gebracht wird, sind die Begriffe „Bullying at work"[44] sowie „workplace bullying"[45] gebräuchlich. Ferner finden sich die Bezeichnungen **„(employee) abuse"**[46] (Misshandlung, Missbrauch, Beschimpfung von Arbeitnehmern), **„workplace terrorism"**[47] (Terror am Arbeitsplatz) und **„(sexual) harassment"**[48] ([sexuelles] Belästigen, Quälen, Aufreiben).

37 In **Japan** ist eine besondere Form des Mobbings in Erscheinung getreten, die als **„Power Harassment"** bezeichnet wird. Hierbei werden den Arbeitnehmern zusätzliche und überbeanspruchende Arbeiten in einer kaltherzigen Art und Weise abverlangt, was bisweilen unter dem Einsatz körperlicher Gewalt geschieht.[49]

38 Als eine moderne Form des Mobbings ist das **„Cyber-Mobbing"** zu nennen, bei der die modernen Kommunikationsmittel zur Begehung von Mobbinghandlungen genutzt werden. Während das „traditionelle" Mobbing regelmäßig am Arbeitsplatz erfolgt, kann Cyber-Mobbing losgelöst von Zeit und Ort geschehen. Die Annahme, anonym zu handeln und bisweilen eine andere Identität anzunehmen, führt offensicht-

38 Esser/Wolmerath, S. 67; sa Hage/Heilmann, S. 744.
39 Sa ArbG Nürnberg 17.4.2003 – 8 Ca 7045/02.
40 Brinkmann, S. 12; sa Zuschlag, S. 4.
41 Schaub, § 36 Rn. 43 a.
42 Vgl. Koll, AiB 1/2017, 19; sa die AiB-Ausgabe 1/2018, in der das Titelthema „Betriebsratsmobbing" lautet, sowie die Homepage www.gegen-br-mobbing.de.
43 Brinkmann, S. 12.
44 Vgl. Adams, S. 9.
45 Vgl. Europäisches Parlament, S. 6.
46 Vgl. Schlaugat, S. 5.
47 Vgl. Europäisches Parlament, S. 6.
48 Vgl. Schlaugat, S. 5.
49 Sumida, S. 263.

lich zu einem geringeren Unrechtsbewusstsein bei den Handelnden.[50] Insoweit kann in Anlehnung an die sich aus der fortschreitenden Digitalisierung ableitenden Begriffe „Industrie 4.0“ sowie „Arbeiten 4.0“ ohne Weiteres von einem **„Mobbing 4.0“** gesprochen werden.

7. Abgrenzung von anderen Erscheinungsformen psychosozialer Belastungen am Arbeitsplatz und Begriff der psychischen Gewalt

Mobbing beschreibt eine (extreme) Form psychosozialer Belastungen am Arbeitsplatz. Alternativ dazu kann man von psychischen Belästigungen am Arbeitsplatz sprechen. Hierunter sind Beeinträchtigungen seelischer Art zu verstehen, die ihre Ursachen im Kontakt mit anderen Menschen am Arbeitsplatz haben.[51] 39

Recht jung ist die Sichtweise, Mobbing als eine Erscheinungsform **psychischer Gewalt** zu betrachten, die weite Teile der Mobbingproblematik abdeckt, aber weitergehend auch solche Geschehnisse umfasst, die nach der Mobbingdefinition ausgeklammert sind.[52] Soweit dieser Begriff Verwendung findet, ist er nicht in einem juristischen Sinne zu verstehen. 40

Definition der psychischen Gewalt:[53] 41

Psychische Gewalt bezeichnet den schädigenden Einsatz von Methoden der Kommunikation (verbal, mimisch, körpersprachlich, durch Verhalten),

- um den freien Willen anderer Menschen zu unterdrücken oder in eine Richtung zu zwingen, welche die betroffenen Personen aus eigenem Willen nicht anstreben

  und/oder

- um die Wahrnehmung, das Denken, das Erinnern sowie die emotionalen Reaktionen anderer Menschen mit eigennütziger Zielrichtung sowie zur Selbstaufwertung zu manipulieren.

Das Mittel der Wahl bei der psychischen Gewalt ist das Hervorrufen von Angst in allen Variationen. Weitere typische Methoden sind die gezielte Beschämung, die Verführung, die Verstrickung und die mentale Desorientierung der Betroffenen.

Weitere Erscheinungsformen der psychosozialen Belastungen am Arbeitsplatz sind die (**sexuelle**) **Belästigung** sowie die **Diskriminierung.** Von besonderer Bedeutung ist, dass sie Bestandteil einer konkreten Mobbingsituation sein können. So werden rund 3 bis 5 % aller Mobbingfälle in Deutschland dem Bereich der sexuellen Belästigung zugeschrieben.[54] 42

Die Diskriminierung hat eine Definition in § 75 Abs. 1 BetrVG sowie in § 67 Abs. 1 BPersVG erfahren, die in ihrem wesentlichen Kern wortgleich ist. § 3 Abs. 3 AGG (→ Rn. 11) definiert die Belästigung, § 3 Abs. 4 AGG die sexuelle Belästigung. 43

50 Esser/Wolmerath, S. 54.
51 Vgl. Wolmerath in Ahrens/Donner/Simon, S. 143.
52 Vgl. Internationales Arbeitsamt, S. 15 Rn. 56; sa Esser/Wolmerath, S. 90 ff.
53 Esser/Wolmerath, S. 94.
54 Vgl. Huber, S. 92; Ausfelder, S. 46; Brinkmann, S. 52.

44 **Wortlaut des § 75 Abs. 1 BetrVG:**

Arbeitgeber und Betriebsrat haben darüber zu wachen, dass alle im Betrieb tätigen Personen nach den Grundsätzen von Recht und Billigkeit behandelt werden, insbesondere, dass jede Benachteiligung von Personen aus Gründen ihrer Rasse oder wegen ihrer ethnischen Herkunft, ihrer Abstammung oder sonstigen Herkunft, ihrer Nationalität, ihrer Religion oder Weltanschauung, ihrer Behinderung, ihres Alters, ihrer politischen oder gewerkschaftlichen Betätigung oder Einstellung oder wegen ihres Geschlechts oder ihrer sexuellen Identität unterbleibt.

45 **Wortlaut des § 3 Abs. 4 AGG:**

Eine sexuelle Belästigung ist eine Benachteiligung in Bezug auf § 2 Abs. 1 Nr. 1 bis 4, wenn ein unerwünschtes sexuell bestimmtes Verhalten, wozu auch unerwünschte sexuelle Handlungen und Aufforderungen zu diesen, sexuell bestimmte körperliche Berührungen, Bemerkungen sexuellen Inhalts sowie unerwünschtes Zeigen und sichtbares Anbringen von pornographischen Darstellungen gehören, bezweckt oder bewirkt, dass die Würde der betreffenden Person verletzt wird, insbesondere wenn ein von Einschüchterungen, Anfeindungen, Erniedrigungen, Entwürdigungen oder Beleidigungen gekennzeichnetes Umfeld geschaffen wird.

46 Sofern es **Stalking**[55] am Arbeitsplatz gibt, ist auch dieses als psychosoziale Belastung zu werten. Gleiches kann sich beim **Whistleblowing**[56] ergeben, wenn dieses falsch verstanden im Betrieb dazu führt, dass jeder jeden wegen jeder noch so kleinen Verfehlung „verpfeift", sich insoweit bei den Beschäftigten eine permanente Angst eingestellt hat, von anderen „verpfiffen" zu werden.

II. Phasen und Verlaufsformen

47 Mobbing ist ein **schleichender Prozess,** dessen Elemente sich chronifizieren können.[57] Was vielleicht als ein lustig gemeinter Scherz oder eine spontane Reaktion auf eine ungerechte Behandlung gedacht war, kann sich ohne Weiteres zu einem Selbstläufer entwickeln, der sich immer mehr verselbstständigt und schlussendlich außer Kontrolle gerät. So kann aus Spaß bitterer Ernst werden, ein Sich-Ärgern über eine bestimmte Person in abgrundtiefem Hass münden.

48 **Beispiel für die Eigendynamik, die Mobbing entwickeln kann:** Vera und Andrea teilen sich ein Büro, haben jedoch unterschiedliche Arbeitsgebiete. Seit nunmehr einem Jahr spricht Andrea nicht mehr mit Vera. Informationen, Telefonate und Faxe werden an Vera nicht weitergeleitet. Bei Vera haben sich deswegen Magenschmerzen und Schlafstörungen eingestellt. Wenn sie zu ihrer Arbeitsstelle fährt, bekommt sie ein ungutes Gefühl. Sie bespricht ihre Situation mit Freunden, da sie ratlos ist. Es kommt die Idee auf, Andrea direkt anzusprechen. Für Vera ist dieser Schritt außerordentlich schwer. Gleichwohl fragt sie Andrea: „Was habe ich getan, dass Du mich seit einem Jahr so behandelst?" Darauf erhält sie die Antwort: „Das weiß ich nicht!"

---

55 Mit dem Begriff „Stalking" wird die fortgesetzte Verfolgung, Belästigung sowie Bedrohung einer Person beschrieben. In Deutschland findet sich dafür auch die Terminologie „Nachstellung" Anwendung, wie es in § 238 StGB geschehen ist.

56 Whistleblowing bezeichnet das Anprangern von Missständen.

57 Mittelstaedt, S. 123.

Leymann unterteilt Mobbing in fünf in sich abgeschlossene und voneinander abgegrenzte Phasen, die eskalationsartig aufeinander aufbauen.[58] In der Praxis zeigt sich, dass nicht in jedem Einzelfall sämtliche Phasen durchlaufen werden müssen, um im konkreten Fall von Mobbing sprechen zu können. Bei dem Einen kann Mobbing mit einem Fehlverhalten der Personalverwaltung (zB der Ausspruch einer nicht gerechtfertigten Abmahnung [dies entspricht der Phase 3 des Phasenmodells])[59] beginnen, ein anderer hält die Mobbinghandlungen nicht aus und kündigt bereits nach wenigen Wochen. In einem solchen Fall erfolgt ein Sprung von der Phase 2 in die Phase 5.[60] 49

Der **Vorteil des Phasenmodells** ist darin zu erblicken, dass sich der Betrachter in der Form eines worst-case-Szenario recht schnell einen guten Überblick darüber verschaffen kann, was auf einen Mobbingbetroffenen im schlimmsten Fall zukommen kann bzw. welches Martyrium dieser bereits durchlaufen musste.[61] Dabei ist zu bedenken, dass Leymann die von ihm verwendeten Begriffe kaum in einem juristischen Sinne verstanden haben dürfte. Weiter unterscheidet er nicht zwischen den einzelnen Mobbinghandlungen und dem Geschehensprozess Mobbing. 50

Das **Phasenmodell von Leymann** enthält fünf Stufen, denen Esser und Wolmerath die in etwa entsprechende psychische, soziale und somatische Befindlichkeit des Mobbingbetroffenen zugeordnet haben.[62] 51

Phase	**Betriebliche Ebene** (nach Leymann)	**Persönliche Ebene** (nach Esser/Wolmerath)
1	**Konflikte in der Organisation** (einzelne Unverschämtheiten und Gemeinheiten)	Erste Stresssymptome, Bewältigung durch individuelle Anpassung: Versöhnungsangebote, Ignorieren, Kampf, Konfliktbearbeitung
2	**Mobbing und Psychoterror** (Konzentration auf eine einzelne Person)	Angst, Verwirrung, Selbstzweifel, Zunahme der Isolierung, psychosomatische Störungen
3	**Rechtsbrüche durch Über- und Fehlgriffe der Personalverwaltung** (Versetzung, Abmahnung, Drohungen, Abqualifizierung, Kündigungsversuche)	Innere Kündigung, Rückzug oder Auflehnung, Beschwerden, Erschöpfung und verstärkte psychosomatische Störungen
4	**Ärztliche und therapeutische Fehldiagnosen; vergebliche juristische Schritte**	Generelle Verunsicherung und Misstrauen, tiefe Verzweiflung, posttraumatisches Stresssyndrom

58 Vgl. Leymann 1995, S. 20 f.; sa Esser/Wolmerath 1999, S. 21 f.; Esser/Wolmerath, S. 45 ff. Das Phasenmodell ist als ein Arbeitsergebnis zu begreifen, das den Stand damaliger Erkenntnisse widerspiegelt. Zunächst bestand das Modell aus vier Phasen und wurde später um eine fünfte Phase ergänzt.
59 Vgl. Leymann 1993, S. 58 und Leymann 1995, S. 20 f.
60 Vgl. Esser/Wolmerath 1999, S. 22; sa Schimmelpfennig/Schimmelpfennig, S. 263.
61 Esser/Wolmerath 1999, S. 22.
62 Esser/Wolmerath 1999, S. 23.

5	**Ausschluss aus der Arbeitswelt** (Versetzungen [mehrfach], Abschieben auf einen funktionslosen Arbeitsplatz, Kaltstellen, langfristige Arbeitsunfähigkeit, Einlieferung in eine Nervenheilanstalt, Kündigung, Frührente, Eigenkündigung)	Depression, Obsession, Suchtmittelmissbrauch, massive Gesundheitsstörungen, posttraumatisches Stresssyndrom, Persönlichkeitsstörungen, Suizid(-versuch)

52 Esser und Wolmerath haben ferner ein Schema entwickelt, das den Ablauf eines Mobbinggeschehens darstellt und dem Umstand Rechnung trägt, dass das Mobbing in jedem Einzelfall einer eigenen Dynamik sowie Gesetzmäßigkeit folgt. Es gliedert sich in drei Phasen: die Zeit vor dem Mobbing (Vorlaufphase), die Ausführung von Mobbinghandlungen (Mobbingphase) und die Zeit nach dem Mobbing (Endphase).[63]

53 Die Vorlaufphase kennzeichnet die Ausgangslage, aus der sich das Mobbing entwickelt. Eine Gesetzmäßigkeit gibt es nicht. Schließlich sind die Auslöser und Ursachen von Fall zu Fall verschieden, mithin höchst individuell. In der Mobbingphase ereignen sich die einzelnen Mobbinghandlungen über einen verschieden langen Zeitraum in unterschiedlicher Intensität. Sofern die Mobbinghandlungen zu einem Abschluss gekommen sind, beginnt die Endphase. Diese beschreibt den Ausgang des Geschehensprozesses und das sich hieran anschließende Geschehen. Auch diese Phase gestaltet sich äußerst individuell. Sie reicht von einer erfolgreichen Bewältigung der Mobbingsituation bis hin zu einem familiären sowie beruflichen Desaster.

63 Vgl. Esser/Wolmerath, S. 48 f.

Das Verlaufsformenmodell von Esser/Wolmerath

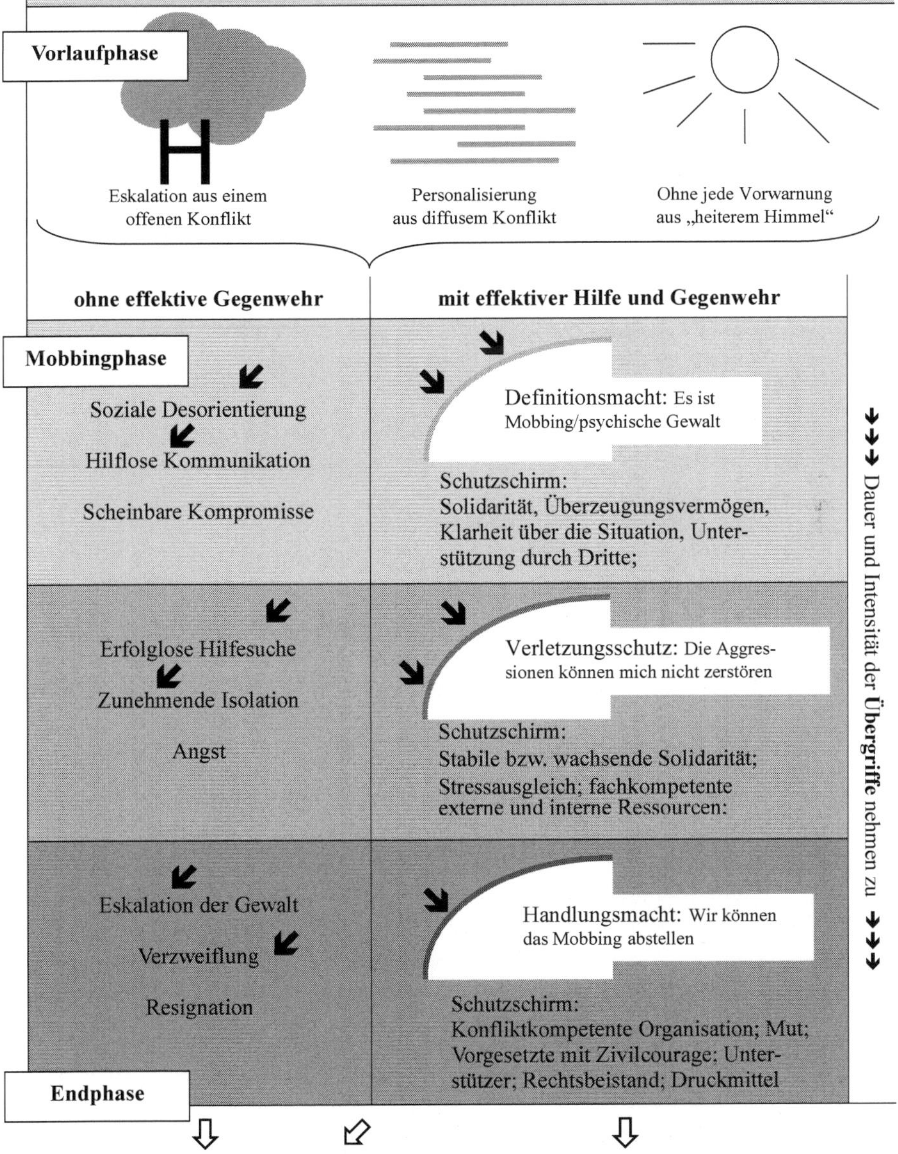

Verlust des Arbeitsplatzes Einbußen bei der Gesundheit Psychische Beeinträchtigung Finanzielles, berufliches Desaster	(Kompletter) positiver Neubeginn Stabilisierung / gerechte Lösung Über die Belastungen hinauswachsen
Arbeitslosigkeit Posttraumatische Belastung	Rekonvaleszenz Stärkung der Persönlichkeit

III. Einzelne Mobbinghandlungen

54 Die Erfahrungen zeigen, dass die Phantasie der Mobber keine Grenzen kennt, was die Anzahl denkbarer Mobbinghandlungen betrifft. Daher ist es auch nicht möglich, eine vollständige, abschließende Liste möglicher Handlungen anzufertigen. Allerdings ist festzustellen, dass die **verbalen Mobbingangriffe** die nonverbalen Mobbinghandlungen überwiegen.[64] Als verbale Mobbingangriffe lassen sich alle Mobbinghandlungen bezeichnen, die unter Verwendung der Sprache erfolgen, wobei es nicht auf die Form – schriftlich oder mündlich – ankommt. Nonverbale Mobbinghandlungen bezeichnen hingegen Verhaltensweisen, die sich nicht der Sprache bedienen, wie es etwa bei einem tätlichen Angriff der Fall ist. Die Gründe, weshalb die verbalen Mobbingangriff überwiegen, liegen auf der Hand. Schließlich lassen sich verbale Handlungen (zB Kundgabe beleidigender Worte) äußerst leicht durchführen, ohne dass es einer besonderen Vorbereitung und der Zuhilfenahme von Werkzeugen bedarf. Die **Hemmschwelle** zum Ausführen verbaler Handlungen ist um ein vieles niedriger als bei nonverbalen Verhaltensweisen, da sich Erstere häufig insbesondere dann nicht beweisen lassen, wenn sie mündlich ausgesprochen wurden. Diese können leicht mit Äußerungen wie: „Da musst Du mich falsch verstanden haben", „So etwas würde ich nie sagen" oder „Das habe ich so nicht gesagt" entkräftet werden. Gleichzeitig wird immer wieder dem Adressaten die Verantwortung für die Situation zugesprochen: „Hättest Du richtig zugehört, dann hättest Du mich auch richtig verstanden". Die Angst, wegen verbaler Mobbinghandlungen sanktioniert zu werden, ist recht gering und eher selten vorhanden. Davon zeugen die zahllosen verbalen Entgleisungen, die in den sozialen Medien zu finden und im Arbeitsleben immer wieder Anlass für eine Kündigung des Arbeitsvertrages sind.[65] Schneider/Leest/Katzer/Jäger hegen den Verdacht, dass das „klassische" Mobbing oftmals auf Cyber-Mobbing „übergeht".[66]

55 **Mobbinghandlungen von Vorgesetzten** sind oftmals dadurch gekennzeichnet, dass scheinbar objektive Gründe zur Rechtfertigung einzelner Handlungen angeführt werden. So unterbleibt beispielsweise die Einladung zu einer Teamsitzung mit der Begründung, dass man zu der betreffenden Zeit arbeitsfrei habe oder etwa infolge der Ausübung eines Betriebsratsmandats verhindert sei. Weiter bietet das **arbeitgeberseitige Weisungsrecht** (Direktionsrecht) eine gute Ausgangslage für die Begehung von Mobbinghandlungen.[67]

56 Leitsatz des LAG Rheinland-Pfalz vom 10.3.2004 – 9 Sa 1125/03:

Die vollständige Isolation eines Arbeitnehmers ist grundsätzlich geeignet, den Mobbingvorwurf zu begründen.

64 Sa Saßmannshausen/Wessels/Deilmann, S. 34; Schneider/Leest/Katzer/Jäger, S. 26 ff.

65 Vgl. aus der umfangreichen Rechtsprechung etwa LAG Sachsen 27.2.2018 – 1 Sa 515/17; LAG Rheinland-Pfalz 18.5.2016 – 4 Sa 350/15; LAG Hessen 28.1.2013 – 21 Sa 715/12.

66 Schneider/Leest/Katzer/Jäger, S. 18.

67 Sa Saßmannshausen/Wessels/Deilmann, S. 35.

IV. Erscheinungshäufigkeit

Empirisch abgesicherte Untersuchungsergebnisse zur Erscheinungshäufigkeit von Mobbing in Deutschland existieren nicht. **Schätzungen** gingen in den zurückliegenden Jahren von „etwa 300.000 bis 1 Million“[68] bis „ca. 2,5 Millionen“[69] Beschäftigten aus, die von Mobbing direkt betroffen sein sollen. Jeder vierte[70] bis jeder neunte[71] Erwerbstätige soll im Laufe seines Erwerbslebens mindestens einmal mit Mobbing konfrontiert sein. 57

Eisermann und de Costanzo nehmen eine Mobbing-Prävalenz von 3,5 % aller Erwerbstätigen an.[72] Bei rund 44,91 Mio. Erwerbstätigen im Dezember 2018 wären mithin etwa 1,57 Mio. Menschen Mobbing ausgesetzt.[73] Bedenkt man weiter, dass es circa 3,48 Mio. Unternehmen gibt,[74] so müsste es Mobbing nahezu in jedem zweiten Unternehmen geben. 58

Zu weitaus geringeren Zahlen gelangt hingegen, wer eine Recherche in dem Rechtsportal „juris“[75] vornimmt. Auch wenn die dort gefundenen Werte und die sich daraus ergebenden Aussagen nicht empirisch abgesichert sind, so verdeutlichen sie gleichwohl, dass eine juristische Aufarbeitung von Mobbing nur in den allerwenigsten Fällen erfolgt. Bei 1.463.275 verzeichneten Dokumenten in der Kategorie „Rechtsprechung“ finden sich unter dem Suchbegriff „Mobbing“ in dem Suchfeld „Text“ 1.929 Dokumente. Mithin entfallen lediglich 0,132 % aller „Treffer“ auf in juris verzeichnete Gerichtsentscheidungen zur Mobbingproblematik.[76] Sortiert man weiter die „Treffer“ aus, die keinen Bezug zur Mobbingproblematik in der Arbeitswelt aufweisen, dann fällt der Wert noch geringer aus. In juristischer Hinsicht ist Mobbing demnach ein absolutes Randthema, das die Gerichte nur höchst selten beschäftigt. 59

V. Typische Mobber und typische Mobbingbetroffene?

Immer wieder wird die Frage aufgeworfen, ob es den typischen Mobber sowie den typischen Mobbingbetroffenen gibt. Diese Frage ist ohne jeden Zweifel zu verneinen. 60

Es gibt nicht das „geborene Mobbingopfer“. Jeder Arbeitnehmer sowie jeder Vorgesetzte kann im Verlaufe seines Berufslebens – manchmal auch mehrmals – Mobbing ausgesetzt sein. Gleichwohl darf nicht übersehen werden, dass derjenige, der in einer konkreten Situation zu einer **Minderheit** gehört (zB der einzige Mann in einer Abtei- 61

---

68 Zapf/Warth, S. 22; sa Schimmelpfennig/Schimmelpfennig, S. 260 f.; Leymann 1993, S. 84, geht von 1,4 Mio. Mobbingbetroffenen aus; Meschkutat/Stackelbeck/Langenhoff gelangen in ihrer Studie, S. 24, zu der Erkenntnis, dass es rund 1,053 Mio. Mobbingbetroffene gebe.

69 Schauer, S. 12.

70 So Huber, S. 7.

71 So Meschkutat/Stackelbeck/Langenhoff, S. 24.

72 Eisermann/de Costanzo, S. 124; sa Einarsen ua, S. 92 mit einem Überblick über die Ergebnisse weiterer Studien.

73 Vgl. www.statista.com (saison- und kalenderbereinigte Anzahl der Erwerbstätigen mit Wohnsitz in Deutschland), wonach es im Dezember 2018 circa 44,91 Mio. Erwerbstätige gab.

74 Vgl. www.statista.com (Anzahl der Unternehmen in Deutschland nach Beschäftigtengrößenklassen im Jahr 2016 [Stand September 2017]).

75 Vgl.www.juris.de – Die Recherche ist am 30.8.2018 erfolgt.

76 Diese Quote kann über all die Jahre als recht konstant bezeichnet werden. Abweichungen fallen recht minimal aus.

lung, in der ansonsten nur Frauen tätig sind; der einzige Raucher in einem Großraumbüro voller Nichtraucher), eher gefährdet ist, mit Mobbinghandlungen konfrontiert zu werden, als derjenige, der einer Mehrheit angehört.[77]

62 In der gleichen Weise, wie es den typischen Mobbingbetroffenen nicht gibt, existieren auch keine „geborenen Mobber". In demselben Maße, wie jedermann Mobbing ausgesetzt sein kann, kann jedermann Mobbinghandlungen begehen.[78] Dies soll allerdings nicht heißen, dass es nicht einzelne Personen gibt, die Mobbinghandlungen strategisch gezielt einsetzen, um ihre beruflichen Ziele und „Träume" verwirklichen zu können. Wer etwa die Satire „Ich mobbe gern!"[79] liest, der kann bisweilen Parallelen zum eigenen Berufsleben finden und auf bekannte Verhaltensweisen einzelner Vorgesetzter und/oder Arbeitskollegen stoßen.

VI. Verteilung auf die Geschlechter

63 Die in Deutschland durchgeführten Untersuchen legen den Schluss nahe, dass mehr Frauen als Männer Mobbing ausgesetzt sind. Nach Steinbrück sollen in 2/3 aller Fälle Frauen und in 1/3 aller Fälle Männer von Mobbing betroffen sein.[80] Gemäß der Studie von Meschkutat/Stackelbeck/Langenhoff ist das Mobbingrisiko von Frauen 75 % höher als das von Männern.[81] Laut Schneider/Leest/Katzer/Jäger ist das Mobbingrisiko bei Frauen etwa um das 1,5-fache höher als bei Männern.[82]

64 Zapf rät zur Vorsicht. Schließlich ist aus der **Stressforschung** bekannt, dass Frauen eher bereit sind, gesundheitliche Probleme zuzugeben und Hilfe zu suchen, als es bei Männern der Fall ist. Offensichtlich folgen viele Männer noch immer dem Spruch: „Indianer kennen keinen Schmerz". Dies dürfte auch bei Mobbing gelten.[83] Allerdings lässt Zapf den – seines Erachtens nach berechtigten – Schluss zu, dass Frauen vielleicht deswegen stärker von Mobbing betroffen sind, weil sie erstens in Branchen arbeiten, in denen Mobbing häufiger vorkommt (→ Rn. 67) und sie zweitens weniger häufig höhere berufliche Positionen innehaben.[84]

VII. Verteilung auf Altersgruppen und Beschäftigungsdauer

65 Gesicherte Erkenntnisse, wonach bestimmte Altersgruppen überdurchschnittlich stark von Mobbing betroffen sind, existieren nicht. Zapf[85] kommt aufgrund eigener Studien zu dem Ergebnis, dass ein nicht zu vernachlässigender Teil von Mobbingfällen kurz nach dem Antritt einer neuen Arbeitsstelle beginnt. Dies sei vor allem dann

77 Sa Wolmerath in Lehrerhandbuch, S. 4; Zapf, S. 15.
78 Sa Esser/Wolmerath 1999, S. 37; Ausfelder, S. 50; Groeblinghoff, S. 163.
79 Alexander Vier, Ich mobbe gern!, ist 2003 bei Eichborn erschienen.
80 Steinbrück, S. 6; sa die Hinweise bei Schimmelpfennig/Schimmelpfennig, S. 266; Saßmannshausen/Wessels/Deilmann, S. 26.
81 Meschkutat/Stackelbeck/Langenhoff, S. 26.
82 Schneider/Leest/Katzer/Jäger, S. 17.
83 Sa Völkle, S. 7, die ausführt, dass Frauen eine geringere Hemmschwelle haben, früher als Männer um Unterstützung und Rat nachzufragen.
84 Vgl. Zapf 2004, S. 19; Zapf/Warth, S. 22; Zapf, S. 7; Schlaugat, S. 25 f.; Zapf/Groß, S. 24; sa Meschkutat/Stackelbeck/Langenhoff, S. 27.
85 Vgl. Zapf, S. 4, 6.

der Fall, wenn eine bestimmte Abteilung oder Arbeitsgruppe von vornherein gegen die Besetzung einer konkreten Stelle mit einer bestimmten Person war oder sich eine einzelne Person aus der Abteilung oder Arbeitsgruppe ohne Erfolg Hoffnung auf die zu besetzende Stelle gemacht hatte (vgl. das Beispiel von Frau Lustig in → Rn. 18 sowie den Wortlaut des Urteils des Arbeitsgerichts Dresden vom 7.7.2003 – 5 Ca 5954/02). Bei ca. 33 % der von Zapf befragten Mobbingbetroffenen begann das Mobbing innerhalb der ersten sechs Monate am neuen Arbeitsplatz, bei 6 % innerhalb der ersten drei Monate. 12 % gaben an, von Anfang an Mobbing ausgesetzt gewesen zu sein. Aber auch die langjährige Eingebundenheit in eine Arbeitsgruppe schützt nicht vor Mobbing. So will Zapf festgestellt haben, dass 26 % der von ihm befragten Mobbingbetroffenen schon mehr als fünf Jahre an ihrem Arbeitsplatz tätig waren, bevor das Mobbing begann.

Die von Zapf erarbeiteten Ergebnisse verdeutlichen, dass Mobbing unter allen Alters- 66
gruppen und unabhängig von der **Beschäftigungsdauer** bzw. Tätigkeit an einem konkreten Arbeitsplatz auftritt – wenngleich neue Arbeitskollegen augenscheinlich ein höheres Risiko tragen, mit Mobbing konfrontiert zu werden, als es bei den über einen längeren Zeitraum Beschäftigten der Fall zu sein scheint. Sofern es das Cyber-Mobbing betrifft, sind es vornehmlich die jungen Beschäftigten – mithin vor allem die Auszubildenden –, die dieser besonderen Form des Mobbings ausgesetzt sind. Schließlich sind sie es, die mit dem Internet und den sozialen Medien groß geworden sind und beides weitaus mehr nutzen als es bei älteren Jahrgängen der Fall ist.[86]

VIII. Verteilung auf Betriebsgrößen, Branchen und Beschäftigtengruppen

Saßmannshausen/Wessels/Deilmann haben festgestellt, dass Mobbing augenscheinlich 67
ein Problem in **Betrieben mit kleinst-, klein- und mittelgroßen Strukturen** (KMU) ist. Rund 81 % aller Anfragen mussten sie diesem Bereich zuordnen, während auf den Bereich der Großbetriebe lediglich 18,9 % aller Anfragen entfielen. Sie führen diesen Umstand auf die Tatsache zurück, dass in den Großbetrieben eher etablierte Arbeitsschutz- und Mitbestimmungsstrukturen anzutreffen sind, als es bei den KMU der Fall ist.[87]

In den 1990er Jahren schien Mobbing eher ein **Problem der Angestellten und Beam-** 68
ten zu sein.[88] In den folgenden Jahren erfasste das Mobbingphänomen auch die **Arbeiter.** Denn auch hier vollzog sich ein Wandel im zwischenmenschlichen Umgang. Meschkutat/Stackelbeck/Langenhoff stellen – rund zehn Jahre später – in ihrer Studie fest, dass sich das Mobbingrisiko in den Beschäftigtengruppen unterschiedlich entwickelt hat. Während das **Mobbingrisiko** für Beamten sank, nahm es für Arbeiter zu.[89] Mit Abstand das größte Mobbingrisiko tragen die sozialen Berufe (zB Sozialarbeiter, Erzieher) mit einem Faktor von 2,8. Immer noch doppelt so hoch wie im

86 Vgl. Schneider/Seetz/Katzer/Jäger, S. 19.
87 Saßmannshausen/Wessels/Deilmann, S. 30; so im Ergebnis auch Völkle, S. 11.
88 Vgl. Zapf, S. 9; Zapf/Warth, S. 22 f.
89 Meschkutat/Stackelbeck/Langenhoff, S. 37; sa Saßmannshausen/Wessels/Deilmann, S. 31, die einen entgegengesetzten Trend festgestellt haben.

Durchschnitt ist das Mobbingrisiko von Verkaufspersonal sowie Fachleuten aus Banken, Bausparkassen und Versicherungen. Bei Technikern beträgt der Risikofaktor 1,8, bei den übrigen Gesundheitsberufen 1,6. Es folgen Rechnungskaufleute und Informatiker mit dem Faktor 1,5.[90]

IX. Verteilung auf Beschäftigte und Vorgesetzte

69 Bei der quantitativen Verteilung von Mobbing auf Beschäftigte und Vorgesetzte gelangte Zapf in den 1990er Jahren zu dem Ergebnis, dass in über 70 % der Fälle Vorgesetzte an Mobbing aktiv beteiligt sind.[91] Gemäß einer von Metzner durchgeführten Auswertung von 215 Fragebögen traten in 75 % aller Fälle Vorgesetzte und Führungskräfte als Mobber auf.[92]

70 Meschkutat/Stackelbeck/Langenhoff mussten im Jahr 2001 eine Verschiebung feststellen. Danach ging das Mobbing in 51 % der Fälle von Vorgesetzten aus bzw. erfolgte unter ihrer Mitwirkung. In 55,2 % der Fälle waren Arbeitskollegen am Mobbing beteiligt.[93] Gemäß den weitaus jüngeren Erkenntnissen von Saßmannshausen/Wessels/Deilmann gehen 57,7 % aller Mobbinghandlungen von den Vorgesetzten aus, während es auf der Kollegenebene 30 % sind.[94]

71 Mobbing wäre demnach in mehr oder weniger der Hälfte aller Fälle **„Vorgesetzten-Mobbing"**; dh Vorgesetzte mobben ihre Untergebenen. Die in etwa andere Hälfte würde Mobbing **auf derselben hierarchischen Stufe** ausmachen; dh Vorgesetzte gegen Vorgesetzte und Untergebene gegen Untergebene. Nur in den seltensten Fällen ginge Mobbing von Untergebenen gegen Vorgesetze aus. Metzner hatte diesbezüglich eine Quote von 1,5 % festgestellt.[95] Bei Meschkutat/Stackelbeck/Langenhoff beträgt sie 2,3 %.

72 **Vorgesetzten** wird im Zusammenhang mit konkreten Mobbingsituationen häufig Versagen und Führungsfehlverhalten vorgeworfen. In dem einen Fall seien sie beispielsweise nicht energisch genug vorgegangen, in einem anderen Fall hätten sie durch ihr Verhalten Mobbing begünstigt.[96] Auch wenn Vorgesetzte im konkreten Fall nicht selbst Mobbinghandlungen begehen, so wird ihnen oftmals gleichwohl eine gewisse (Mit-)Schuld an der Mobbingsituation zugesprochen.

73 Das **Verhalten der Arbeitgeberseite** ist im Zusammenhang mit Mobbing wesentlich von dem Umstand abhängig, wie sich die konkrete betriebliche Situation gestaltet. Steht in wirtschaftlich schwierigen Zeiten der Abbau von Personal im Vordergrund oder will man sich von Beschäftigten trennen, denen nicht oder nur unter erschwerten Bedingungen gekündigt werden kann (zB Schwerbehinderte sowie ihnen Gleichgestellte, Schwangere, Betriebsratsmitglieder), dann kann es durchaus im Interesse

---

90 Meschkutat/Stackelbeck/Langenhoff, S. 31.
91 Zapf, S. 10; Zapf/Warth, S. 25.
92 Metzner, S. 7.
93 Meschkutat/Stackelbeck/Langenhoff, S. 65.
94 Saßmannshausen/Wessels/Deilmann, S. 33.
95 Metzner, S. 7.
96 Sa Zapf, S. 9.

der Arbeitgeberseite liegen, Mobbing zu betreiben bzw. zu dulden. Weiter können finanzielle Erwägungen das Motiv sein, Personal mittels Mobbing zu reduzieren. Man denke insoweit insbesondere an die Einsparung von Sozialplanzahlungen, die dann erzielt werden, wenn Beschäftigte das Unternehmen aus eigenem Entschluss ohne jede Abfindung verlassen.

Von wenigen Einzelfällen abgesehen können Arbeitgeber kein Interesse haben, selbst 74
Mobbing zu betreiben bzw. zu dulden, dass es Mobbing im Betrieb bzw. in der Dienststelle gibt. Je größer die Erkenntnis ist, dass sich ein gutes Betriebsklima positiv auf das Image sowie auf den Erfolg eines Unternehmens (bzw. einer Dienststelle) auswirkt, desto mehr Interesse müssen die Arbeitgeber daran haben, dass Mobbing bei ihnen nicht gedeihen kann – vor allem vor dem gegenwärtigen Hintergrund eines Fachkräftemangels sowie eines demografischen Wandels hin zu einer alternden Gesellschaft.

X. Zahl der Mobber und Mobbingbetroffenen

Mobbing kann sowohl von einzelnen als auch von einer Vielzahl von Personen aus- 75
gehen. Hingegen zielt das Mobbing regelmäßig nur **gegen eine einzelne Person.** Da die Unterlegenheit mit der Zahl der Sympathieträger, Verbündeten, sozialen Unterstützer etc abnimmt, ist ein Mobbing gegen eine personenstarke Gruppe nicht möglich. Hier ist allenfalls ein gleichzeitiges, parallel verlaufendes Mobbing gegen einzelne Personen denkbar. Nur kleinste Einheiten von wenigen Personen können dem Mobbing einer Vielzahl anderer Personen ausgesetzt sein, da solche **Kleinstgruppen** derart schwach sind, dass sich ihre Mitglieder nicht gegenseitig die erforderliche soziale Unterstützung und den notwendigen Halt geben können.

Gesicherte empirische Erkenntnisse zu der Zahl der Mobber gibt es nicht. Dies gilt 76
auch für die Beantwortung der Frage, in welch einem Verhältnis der **Einzel-Mobber** gegenüber dem **Gruppen-Mobber** anzutreffen ist. Die Zahl der Mobber scheint von der betrieblichen bzw. hierarchischen Stellung des Mobbingbetroffenen abhängig zu sein. Wird Mobbing gegen einen normalen Beschäftigten gerichtet, so dürfte regelmäßig eine einzige Person genügen, um den Mobbingbetroffenen aus dessen Wirkbereich zu drängen. Dies ist insbesondere bei Mobbing durch Vorgesetzte der Fall. Wenn sich das Mobbing hingegen gegen einen Vorgesetzten richtet, dann wird es eher von dem Zusammenwirken mehrerer Personen abhängen, ob der Mobbingbetroffene aus seiner Position gedrängt werden kann. Die Unterlegenheit gegenüber dem Vorgesetzten mündet insoweit in der Erkenntnis: Nur gemeinsam sind wir stark. Anders scheint es hingegen im Bereich des Cyber-Mobbings zu sein, bei dem es eines Zusammenwirkens mehrerer Personen nicht bedarf. Internet und soziale Medien nutzen offensichtlich einzeln agierende Untergebene, wenn sich ihre Mobbinghandlungen gegen Vorgesetzte richten.[97]

97 So Schneider/Leetz/Katzer/Jäger, S. 25.

77 Die **subjektive Wahrnehmung** des Mobbingbetroffenen, welche Personen Mobbinghandlungen begehen, schwindet den Erfahrungen nach mit der Zeit. Wer am Arbeitsplatz isoliert ist und keine Verbündeten (mehr) hat, der wird kaum zwischen dem Mobber und den tatenlos zusehenden Arbeitskollegen sowie anderen die Mobbingsituation begünstigenden Personen unterscheiden. Aus der Sicht des Mobbingbetroffenen hat sich quasi die ganze Welt gegen ihn verschworen; er betrachtet sich von allen ungerecht und schlecht behandelt. Dieser Umstand dürfte der Grund dafür sein, dass die Zahl der Mobber bzw. „Täter" als umso größer empfunden wird, je länger das Mobbing andauert.

XI. Ursachen und Gründe

78 Die Ursachen für Mobbing sind **einzelfallbezogen** und höchst individuell; sie sind vielfältiger Natur und reichen von Missgunst und Neid über die Unsicherheit um die eigene Position bis hin zum strategischen Personalabbau via Mobbing.[98] Nicht selten sind es mehrere Faktoren, die als Ursachen für das Mobbing herangezogen werden müssen.[99]

79 Schneider/Leest/Katzer/Jäger haben sich mit der „Tätersicht" beschäftigt und gefragt, warum Mobber zu den Mitteln des Mobbings gegriffen haben. Aspekte wie Neid, Nationalität, sexuelle Orientierung und Geschlecht sind nach ihren Erkenntnissen von minimaler Bedeutung, während „Ärger mit der Person", „soziale Anpassungsprobleme", „Persönlichkeit des Opfers" sowie „Auffälligkeit der Erscheinung"[100] im Vordergrund stehen.[101] Beim Cyber-Mobbing erfolgen die Angriffe überwiegend aus Gründen der Vergeltung sowie als Reaktion, wobei bei jüngeren Cyber-Mobbern oftmals ein Handeln ohne eine eigentliche Ursache festzustellen ist.[102]

80 Meschkutat/Stackelbeck/Langenhoff haben Mobbingbetroffene befragt, was nach ihrer Meinung Ursache für das Mobbing war.[103]

Ursachen für das Mobbing aus der Sicht der Betroffenen (Mehrfachnennungen waren erlaubt): Ich wurde gemobbt, weil bzw. wegen... (Angaben in %)

... ich unerwünschte Kritik geäußert habe	60,1
... ich als Konkurrenz empfunden wurde	58,9
... der/die Mobber neidisch auf mich war/waren	39,7
... es Spannungen zwischen mir und meinem Vorgesetzten gab	39,4
... meiner starken Leistungsfähigkeit	37,3
... ein Sündenbock gesucht wurde	29,1
... meines Arbeitsstils	28,5

98 Vgl. Esser/Wolmerath, S. 75.
99 Meschkutat/Stackelbeck/Langenhoff, S. 110; sa Schneider/Leest/Katzer/Jäger, S. 33, welche die Ursachen als zumeist vielschichtig bezeichnen.
100 Gemeint ist der Mobbingbetroffene.
101 Vgl. Schneider/Leest/Katzer/Jäger, S. 35.
102 Vgl. Schneider/Leest/Katzer/Jäger, S. 36 f.
103 Vgl. Meschkutat/Stackelbeck/Langenhoff, S. 110.

... der/die Mobber meinen Arbeitsbereich an sich ziehen wollte/wollten	24,8
... meiner angeblich unzureichenden Leistungen	23,3
... ich neu in die Abteilung/Gruppe gekommen bin	22,1
... meines persönlichen Lebensstils	17,7
... ich ein Mann/eine Frau bin	12,5
... meines Aussehens	9,1
... meiner Nationalität	3,8
... meiner sexuellen Orientierung	2,3
Sonstige Motive	28,2
Ich weiß nicht, weshalb ausgerechnet ich gemobbt wurde	7,9

Betriebs- und Personalratsmitglieder sehen die Ursachen für Mobbing häufig **in betrieblichen Umständen** begründet. Fehlende soziale Kompetenz bei Führungskräften, Führungsfehlverhalten und mangelnde Konfliktfähigkeit sind oftmals die Begriffe, die in diesem Zusammenhang zu vernehmen sind.[104] Gleiches gilt für Leistungsdruck, etwa infolge einer nicht endenden Arbeitsverdichtung, sowie die Angst um den Verlust des eigenen Arbeitsplatzes – in wirtschaftlich schwierigen Zeiten etwa aufgrund von Insolvenz oder recht aktuell wegen der fortschreitenden Digitalisierung der Arbeitswelt und einem damit verbundenen Wegfall oder einer gravierenden Änderung von Arbeitsaufgaben.[105] Als mögliche Ursache für Mobbing ist weiter das Whistleblowing zu nennen: Leute, die grobe Missstände in ihren Organisationen sehen und auf diese hinweisen, werden schikaniert und aus dem Betrieb gedrängt.[106] Dies soll auf rund 70 % der Hinweisgeber (Whistleblower) zutreffen.[107] 81

In der Literatur finden sich unterschiedliche Katalogisierungen, die in ihrer Zusammenschau einen recht umfangreichen und verlässlichen Überblick über mögliche Ursachen für Mobbing liefern. Auch wenn diese teilweise aus den 90er Jahren des letzten Jahrhunderts stammen und damit inzwischen als recht antiquiert eingestuft werden können, so geben diese Katalogisierungen gleichwohl Informationen, die auch heute von großem Wert sind. Nach Zapf[108] können die Ursachen für Mobbing „in der Organisation", „in der Gruppe", „in der Person des Täters" und „in der Person des Opfers" gefunden werden. Gleichmann[109] kommt trotz anderer Begrifflichkeiten letztendlich zu dem gleichen Ergebnis. 82

104 Sa Bäumler, S. 152; LAG Mecklenburg-Vorpommern 13.1.2009 – 5 Sa 86/08, das in seiner Entscheidung betont, dass „die Kunst der Personalführung leider von den meisten Personalvorgesetzten nicht fehlerfrei beherrscht wird".
105 Vgl. Wolmerath 2001, S. 41.
106 Vgl. Rohde-Liebenau, S. 10, 22; sa Breinlinger/Krader, S. 60.
107 Breinlinger/Krader, S. 60 Fn. 3.
108 Zapf, S. 12 ff.; sa Zapf 2004, S. 21.
109 Gleichmann, S. 3 f.

83 **Mögliche Ursachen für Mobbing (nach Gleichmann):**

I. Ursachen in den Rahmenbedingungen[110]
- Über- oder Unterforderung,
- Schlechtes Betriebsklima, Soziale Normen,
- Mangelnde Arbeitsorganisation,[111]
- Fehler im Führungsverhalten,[112]
- Unklare Kompetenzregelungen,
- Äußere Arbeitsbedingungen,
- Angst um den Arbeitsplatz.

II. Ursachen im sozialen System[113]
- Soziale Zusammensetzung der Gruppe,
- Feindseligkeit, Neid,[114]
- Missgunst,[115]
- Gruppendruck,[116]
- Sündenbocksyndrom.[117]

III. Ursachen im persönlichen System[118]
- Moralisches Niveau,
- Stabilität der Persönlichkeit,
- Stigmatisierbarkeit,
- Qualifikation,
- Soziale Kompetenz.

IV. Ursachen im Mobber[119]
- Überforderung und Selbstwertprobleme,
- Soziopathische Persönlichkeit,
- Persönliche Ziele und Motive,
- Mögliche Ängste.

110 Zapf würde diesbezüglich von „Organisationalen Ursachen“ sprechen, vgl. Zapf, S. 12 ff.
111 Zu den Einzelheiten vgl. Leymann 1993, S. 133 ff.; Schimmelpfennig/Schimmelpfennig, S. 268 f.
112 Zu den Einzelheiten vgl. Leymann 1993, S. 137 f.; Schimmelpfennig/Schimmelpfennig, S. 269 f.
113 Zapf dürfte insoweit von „Ursachen in der Gruppe“ sprechen; vgl. Zapf, S. 15.
114 Sa Schimmelpfennig/Schimmelpfennig, S. 272.
115 Sa Schimmelpfennig/Schimmelpfennig, S. 272.
116 Sa Schimmelpfennig/Schimmelpfennig, S. 270.
117 Sa Schimmelpfennig/Schimmelpfennig, S. 270 f.
118 Zapf dürfte insoweit von „Ursachen in der Gruppe“ – genauer: von Ursachen in den Gruppenmitgliedern – sprechen.
119 Insoweit besteht Übereinstimmung mit der Terminologie von Zapf.

V. *Ursachen im Mobbingbetroffenen*[120]
- Wenig soziale Kompetenz,
- Leistungsprobleme,
- Soziopathische Persönlichkeit,
- Auffälligkeit der äußeren Erscheinung,
- Krankheiten.

Mittelstaedt[121] hat (allgemeine) **gesellschaftskulturelle Wandlungsprozesse** in den 1980er Jahren für Mobbing in den 1990er Jahren verantwortlich gemacht. Meschkutat/Stackelbeck/Langenhoff haben die betriebliche Situation zum Zeitpunkt des Mobbings bei 1.317 Personen erfragt. 84

Betriebliche Situation zum Zeitpunkt des Mobbings (Mehrfachnennungen waren möglich; Angaben in v.H.)[122] 85

Das Arbeitsklima war schlecht	65,3
Eine Gesprächsbereitschaft des Vorgesetzten war nicht vorhanden	60,9
Termindruck, Stress und Hektik prägten den Arbeitsalltag	55,1
Es gab Unklarheiten in der Arbeitsorganisation/unklare Zuständigkeiten	55,0
Es wurden wichtige Entscheidungen nicht transparent gemacht	50,3
Im Betrieb gab es starre Hierarchien	46,4
Mein Vorgesetzter war eher konfliktscheu	42,2
Viele Mitarbeiter hatten Angst um ihren Arbeitsplatz	36,9
Es wurden Abteilungen/Betriebsteile umstrukturiert	32,5
Mein Vorgesetzter wechselte	27,5
Die wirtschaftliche Situation in dem Betrieb war schlecht	21,8
Es wurde ein neues technische System (EDV, neue Maschinen etc) angeschafft	19,1
Es wurden Arbeitsaufgaben an Fremdfirmen vergeben bzw. ausgelagert	14,0
Die Arbeit war geprägt durch Monotonie und Langeweile	10,6
Es wurde Team-/Gruppenarbeit eingeführt	8,7
Der Betrieb wurde privatisiert	3,0
Der Vorgesetzte war autoritär	2,7
Der Vorgesetzte war schwach	1,3
Der Betrieb wurde übernommen	1,0
Im Betrieb fand ein Generationenwechsel statt	0,4
Sonstiges	3,9

120 Insoweit besteht Übereinstimmung mit der Terminologie von Zapf.
121 Mittelstaedt, S. 227 ff.
122 Meschkutat/Stackelbeck/Langenhoff, S. 124.

XII. Konsequenzen und Gefahren

86 Mobbing birgt Konsequenzen und Gefahren für

- den Mobbingbetroffenen,
- den Mobber,
- die Belegschaft,
- den Betrieb bzw. die Dienststelle,
- die Gesellschaft.

1. Im Fokus: Der Mobbingbetroffene

87 Mobbing verursacht **Stress,** der sich auf das Wohlbefinden sowie auf die Gesundheit des Betroffenen negativ auswirkt.[123]

88 **Mögliche Stresssymptome bei Mobbing:**[124]

- Gedächtnisstörungen
- Konzentrationsschwierigkeiten
- Niedergeschlagenheit
- Ohne Initiative, apathisch
- Gereiztheit
- Rastlosigkeit
- Aggressionen
- Gefühl der Unsicherheit
- Übersensibel bei Enttäuschungen
- Alpträume
- Bauch-/Magenschmerzen
- Durchfall
- Erbrechen
- Übelkeit
- Appetitlosigkeit
- „Kloß“ im Hals, Globusgefühl
- Weinen
- Einsamkeit, Kontaktarmut
- „Druck“ auf der Brust
- Schweißausbrüche
- Trockener Mund
- Herzklopfen, Palpitation
- Atemnot
- Blutwallungen
- Rückenschmerzen
- Nackenschmerzen
- Muskelschmerzen
- Einschlafstörungen
- Unterbrochener Schlaf
- Frühzeitiges Aufwachen
- Schwäche in den Beinen
- Antriebslosigkeit
- Schwindel
- Zorn

89 Die Stresssymptome können, wenn das Mobbing nicht unterbunden wird, unter anderem zu Persönlichkeitsstörungen, Minderung des Selbstwertgefühls, Herz- und Kreislaufstörungen, Kopf- und Nackenschmerzen, Hautkrankheiten, Schlafstörungen, Magen- und Darmkrankheiten sowie Depressionen führen.[125] Aus leichteren, unspezifischen und abschnittweisen Befindlichkeitsstörungen entwickeln sich **mani-**

---

123 Vgl. Leymann 1995, S. 28; Zuschlag, S. 97.
124 Vgl. Leymann 1993, S. 110 f.
125 Vgl. Leymann 1993, S. 113 ff.; Hage/Heilmann, S. 742; Gleichmann, S. 7; Zuschlag, S. 102 ff.; zum Krankheitsverlauf von Mobbingbetroffenen vgl. Leymann 1995, S. 47 ff.; sa Schneider/Leest/Katzer/Jäger, S. 38 f.

feste Krankheitssymptome, komplexe psychosomatische/psychiatrische Syndrome, im Sinne gravierender, chronifizierter und teils irreversibler Gesundheitsschädigungen.[126] Psychische und psychosomatische (und vermittelt darüber körperliche) Erkrankungen sind die regelmäßige Folge von Mobbing.[127] Der Missbrauch beispielsweise von Medikamenten und Alkohol kann ebenfalls die Folge von Mobbing sein. Suizid und Suizidversuche bilden das letzte Glied in der Reihe der möglichen Folgen von Mobbing.[128] Schätzungen zufolge sollen ca. 20 % der Selbsttötungsfälle pro Jahr auf Mobbing zurückzuführen sein.[129] Dies wären rund 2.000 Fälle pro Jahr, wobei etwa 1.470 Suizide auf Männer und circa 530 Selbsttötungen auf Frauen entfallen würden.[130]

Mobbing hat den **Stellenwert einer psychischen Traumatisierung.**[131] Mobbingbetrof- 90
fene leiden daher nicht selten unter einer posttraumatischen Stressbelastung, kurz PTSD (post-traumatic stress disorder) genannt.[132] Hierbei handelt es sich um ein Krankheitsbild, bei dem das traumatische Erlebnis eine so starke Wirkung entfaltet, dass psychische Überlebensängste entstehen, die der Betroffene nicht mehr ohne Weiteres bewältigen kann.[133] Aber auch Krankheitsbilder wie Herzinfarkt und Krebs können auf Mobbing zurückzuführen sein.[134]

Neben den gesundheitlichen Folgen, die unter Umständen zu einer dauerhaften Ar- 91
beitsunfähigkeit führen können, sind die **sozialen Auswirkungen** von Mobbing zu nennen. Mobbingbetroffene, denen ihre Situation ständig durch den Kopf geht und auf diese Weise lähmt, andere vernünftige Gedanken zu fassen, neigen dazu, ihre Erlebnisse wieder und wieder zu erzählen, bis ihnen niemand mehr zuhört. Bekannte, Freunde und manchmal sogar die eigene Familie wenden sich dann von dem Mobbingbetroffenen ab.[135]

In **beruflicher Hinsicht** kann Mobbing höchst unterschiedliche Folgen haben: Inso- 92
weit sind vor allem der Entzug einer bestimmten Position, die Versetzung auf einen anderen Arbeitsplatz, die Beendigung des Arbeitsverhältnisses sowie die Rente wegen verminderter Erwerbsfähigkeit zu nennen.[136]

---

126 Groeblinghoff, S. 163.
127 Groeblinghoff, S. 163.
128 Vgl. Leymann 1993, S. 121 f.; sa den Fall „Ingrid“ in Leymann/Niedl, S. 21 ff.
129 Vgl. Gleichmann, S. 7; Kratz, S. 6; Groeblinghoff, S. 163; Schimmelpfennig/Schimmelpfennig, S. 267; sa Schneider/Leest/Katzer/Jäger, S. 39, die 13 % der Mobbingbetroffenen als latent suizidgefährdet betrachten.
130 Vgl. die Angaben des Statistischen Bundesamtes für das Jahr 2015. Danach waren 2015 insgesamt 10.078 Suizide zu verzeichnen, von denen 7.397 (= 73,4 %) auf das männliche und 2.681 (= 26,6 %) auf das weibliche Geschlecht entfielen. Gegenüber der 4. Auflage, der die Werte des Jahres 2010 zugrunde lagen, ist mithin ein leichter Anstieg der Suizide bei den Frauen um etwa 30 Selbsttötungen zu verzeichnen, während die Suizidrate bei den Männern um die gleiche Zahl abgenommen hat.
131 Becker, S. 127.
132 Leymann 1995, S. 42.
133 Leymann 1995, S. 42.
134 Vgl. Resch, S. 57 und S. 121.
135 Vgl. Zapf, S. 19; Zuschlag, S. 108; sa das Beispiel vom „Sandwich-Mann“ in Leymann 1995, S. 51 ff.
136 Sa Schneider/Leest/Katzer/Jäger, S. 41, wonach Mobbingbetroffene oftmals interessiert sind, die Abteilung oder sogar den Arbeitgeber zu wechseln.

2. Im Fokus: Der Mobber

93 Dass das Mobbing auch für den Mobber mit gesundheitlichen Risiken verbunden sein kann, ist in der Literatur kaum nachzulesen. Zuschlag führt den **„Angst-Mobber“** an, der nach dem Prinzip: „Angriff ist die beste Verteidigung“ bzw. „lieber mobben als gemobbt werden“ handelt. Dieser leidet und erkrankt in vergleichbarer Weise wie sein „Opfer“. Denn für ihn ist das Mobbing beachtlicher Stress mit erheblicher emotionaler Belastung.[137]

94 Sofern der Mobber mit Billigung oder sogar mit Unterstützung Dritter agiert und es sich bei dem Mobber nicht um eine sozial ausgegrenzte Person handelt, dürften soziale Auswirkungen für ihn grundsätzlich auszuschließen sein. Mithin verbleiben für ihn lediglich Risiken und Folgen rechtlicher Natur, auf die ich in den folgenden Kapiteln zurückkommen werde.

3. Im Fokus: Die Belegschaft

95 Mobbing hat negative Auswirkungen auf das **Betriebsklima** sowie auf die **Arbeitsmoral**.[138] Die Beschäftigten sind in ihrer psychosozialen Befindlichkeit verunsichert. Dies geht mit einer geringeren Leistungsmotivation und damit verbunden mit steigenden Kosten einher.[139] Mobbing lenkt die Aufmerksamkeit von der Arbeitsaufgabe auf die sozialen Beziehungen. Durch Mobbing bedingte Fehlzeiten und die damit häufig verbundene Mehrbelastung der anderen Beschäftigten führen zu einem erheblichen Motivationsverlust.[140] Bei einem schlechten Betriebsklima zwingen die emotionalen Stressfaktoren zu einem reaktiven sowie defensiven Verhalten – zum Schutz der eigenen Persönlichkeit.[141] Sowohl die Quantität als auch die Qualität der Arbeitsergebnisse verschlechtern sich, die Fluktuation von Beschäftigten nimmt zu. Dies kann unter Umständen zu einer Gefährdung von Arbeitsplätzen führen, so dass das Schicksal der Belegschaft bzw. einzelner Belegschaftsmitglieder bisweilen mit dem Schicksal des Betriebes bzw. der Dienststelle oder einzelner Abteilungen verknüpft ist.

4. Im Fokus: Der Betrieb bzw. die Dienststelle

96 Abgesehen von den wenigen Fällen, in denen ein gewisser Nutzen aus Mobbing gezogen werden kann – etwa wenn es in schwierigen Unternehmenslagen gelingt, Personal kostengünstig (dh insbesondere ohne Zahlung einer Sozialplanabfindung) abzubauen[142] oder Personen zu einem Ausscheiden zu veranlassen, die einem besonderen Kündigungsschutz unterfallen (zB Schwerbehinderte, Schwangere, betriebliche Interessenvertreter) –, verursacht Mobbing **Kosten**. Resch schätzte in den 90er Jahren des letzten Jahrhunderts, dass der Arbeitsausfall eines Mobbingbetroffenen und die Minderleistung der Mobber zusammen mit dem Ausfall der Arbeitszeit von Vorgesetzten sowie der Personalabteilung, die sich mit dem Mobbingfall auseinandersetzen müs-

137 Zuschlag, S. 114.
138 Sa Resch, S. 126; Kollmer, Rn. 22; Zuschlag, S. 110; Grunewald, S. 1071; Groeblinghoff, S. 163.
139 Walter, S. 13.
140 Walter, S. 14.
141 Walter, S. 15.
142 Niedl in Leymann, S. 61.

sen, Kosten in Höhe von ca. 15.000 bis 50.000 EUR/Jahr verursachen.[143] Laut Huber[144] sollten den bundesdeutschen Betrieben fehlzeitenbedingt Kosten in Höhe von insgesamt rund 15 Mrd. EUR/Jahr entstehen. Groeblinghoff bezifferte die durch das Ausscheiden eines Beschäftigten im konkreten Einzelfall entstehenden **Fluktuationskosten** zwischen rund 7.500 EUR (bei einem Lagerarbeiter) und etwa 20.000 EUR (bei einer Führungskraft mit einem Jahresgehalt in Höhe von ca. 60.000 EUR).[145]

Mögliche Kostenfaktoren, die mit Mobbing verbunden sein können:[146] 97

- Kosten, die durch Fehlzeiten (zB Krankenstand, Absentismus) bedingt sind.
- Kosten, die sich aus einem betriebsinternen Arbeitsplatzwechsel (zB durch Versetzung bedingte Schulungs- und Einarbeitungszeiten) ergeben.
- Kosten, die mit dem Verlust eines Arbeitsplatzes (zB [Eigen-]Kündigung, Abschluss eines Aufhebungsvertrages) verbunden sind.
- Kosten, die mit der Einstellung eines neuen Mitarbeiters verbunden sind (zB Inserate, Personalauswahlgespräche, Einarbeitungszeit).
- Opportunitätskosten durch entgangene Gewinne wegen der Nichtrealisierung von Marktchancen.
- Kosten infolge verminderter Produktivität (zB Konventionalstrafe aufgrund innerer Kündigung des Mobbingbetroffenen, Dienst nach Vorschrift).
- Kosten durch mobbingbedingte arbeitsorganisatorische Probleme (zB unzureichende Weitergabe von Informationen).
- Kosten, die durch gerichtliche Auseinandersetzungen (zB Kündigungsschutzverfahren) bedingt sind.
- Kosten, die dem Betrieb bzw. der Dienststelle durch die inhaltliche Auseinandersetzung mit der Mobbingproblematik entstehen (zB Arbeitsausfall, Zeitaufwand der Personalabteilung).

5. Im Fokus: Die Gesellschaft

Schlussendlich beinhaltet Mobbing Konsequenzen und Gefahren für die Gesellschaft. 98
Werteverlust, Entethisierung und zunehmende Verrottung im zwischenmenschlichen Umgang sollen durch Mobbing zunehmen.[147]

Sobald die Entgeltfortzahlung im Krankheitsfall (vgl. § 3 EFZG) ausläuft, hat der 99
Mobbingbetroffene, der sich in einem Arbeitsverhältnis befindet, regelmäßig Anspruch auf den Bezug von Krankengeld (vgl. § 44 SGB V).[148] Entsprechendes gilt für Leistungen zur medizinischen Rehabilitation sowie für Renten der gesetzlichen Ren-

143 Vgl. Niedl in Leymann, S. 64; sa das Rechenbeispiel bei Resch, S. 125 ff. und bei Beckers/Mertz, S. 145 ff.; Huber, S. 12.
144 Huber, S. 14; sa Kratz, S. 7.
145 Groeblinghoff, S. 163.
146 Nach Zapf, S. 20 und Niedl in Leymann, S. 65 ff.
147 Vgl. Groeblinghoff, S. 164.
148 Sa SG Kassel 10.8.2011 – S 12 KR 250/09 zum Anspruch auf Krankengeld infolge von Mobbing.

tenversicherung (vgl. §§ 15, 33 SGB VI). Verliert der Mobbingbetroffene seinen Arbeitsplatz, so hat er oftmals Anspruch auf Leistungen aus der Arbeitslosenversicherung (vgl. § 3 Abs. 1 SGB III). Für alle diese Leistungen hat die Solidargemeinschaft der in der Sozialversicherung Versicherten aufzukommen. Handelt es sich bei dem Mobbingbetroffenen um einen Beamten, so sind die Kosten für die entsprechenden Leistungen gemäß den einschlägigen beamtenrechtlichen Vorschriften letzten Endes von der Allgemeinheit zu tragen.

100 Wie hoch die durch Mobbing bedingten Leistungen der Sozialversicherung sind, ist nicht bekannt. Groeblinghoff schätzte in den 90er Jahren des letzten Jahrhunderts, dass die durch Mobbing bedingten Behandlungskosten ca. 50.000 bis 65.000 EUR je Fall (bei einer Behandlungsdauer von drei bis vier Jahren), die gesamtwirtschaftlichen Kosten aller krankheitsbedingten Fehlzeiten (in den „alten“ Bundesländern) jährlich ca. 2,5 Mrd. EUR je 1 % Krankstand betragen.[149] Einer in zeitlicher Hinsicht etwas früheren vagen Hochrechnung von Resch[150] zufolge werden pro Jahr zwischen 12.000 und 25.000 Menschen aufgrund von Mobbing „frühverrentet“, wodurch jährliche Kosten zwischen rund 1,5 und 3 Mrd. EUR entstehen.

101 Nicht in Geld beziffern lässt sich der **Verlust an sozialer Kompetenz** sowie Konfliktfähigkeit, der mit Mobbing einhergeht. In dem Maß, in dem sich Mobbing ausbreitet, gehen der Gesellschaft die Fähigkeit zu einer offenen, fairen und konstruktiven Austragung von Konflikten sowie weitere wichtige Güter wie gegenseitiger Respekt und Solidarität verloren. Der der Gesellschaft insgesamt entstehende Schaden lässt sich nur erahnen[151] – fortschreitende Verrohung, die Zunahme von verbaler sowie nonverbaler Gewaltbereitschaft und der Verlust der Fähigkeit zur Kommunikation dürften nur einige der Folgen sein.

XIII. Beteiligte Personen und „Möglichmacher“

102 Auf den ersten Blick scheint Mobbing nur den Mobber und den Mobbingbetroffenen[152] zu betreffen. Schaut man genauer hin, dann wird schnell klar, dass es weitere sowohl betriebsinterne und betriebsexterne als auch aktive und passive Personen gibt, die in irgendeiner Form an dem Geschehensprozess beteiligt sind. Leymann weist den **„Möglichmachern“**[153] eine sehr große Bedeutung zu. Er versteht hierunter äußerst treffend diejenigen Personen, die zuschauen, sich nicht um die Mobbingsituation kümmern, den Geschehensprozess weiterlaufen lassen sowie wegsehen. Würden diese Personen in den Geschehensablauf eingreifen, dürfte das Mobbing in der Regel

149 Groeblinghoff, S. 164.

150 Resch, S. 127.

151 Hesse/Schrader, S. 42, beziffern den Schaden Mitte der 90er Jahre des letzten Jahrhunderts auf ca. 50 Mrd. EUR; sa Schneider/Leest/Katzer/Jäger, S. 42, die sich für eine deutliche Korrektur der Zahlen nach oben aussprechen.

152 In der Literatur wird nahezu ausschließlich der Begriff „Mobbingopfer“ (bzw. „Mobbingtäter“) verwendet. Ich halte dies für falsch, weil so den am Mobbinggeschehen beteiligten Personen von vornherein feste Rollen zugewiesen werden – ohne der Frage nachzugehen, ob derjenige, der sich beispielsweise bei seinem Vorgesetzten über einen Arbeitskollegen beschwert, Mobbingbetroffener oder Mobber ist. Aus diesem Grunde verwende ich die Begriffe „Opfer“ und „Täter“ nur dort, wo es tatsächlich angezeigt ist (sa die Darstellung der verschiedenen Sichtweisen im Fall „Michael“ bei Mittelstaedt, S. 136 ff.).

153 Leymann 1993, S. 61.

recht schnell beendet werden. Indem die „Möglichmacher" das Mobbing ermöglichen, tragen sie einerseits mit zu der fortschreitenden Isolierung des Mobbingbetroffenen bei, andererseits wird ihr Verhalten von dem Mobber oftmals als Zeichen ihrer Solidarität verstanden. Mithin kann der Eindruck erweckt werden, als ob es einen innerbetrieblichen Konsens dergestalt gibt, dass der Mobber denkt: „Die Belegschaft steht hinter meinen Aktivitäten" und der Mobbingbetroffene der Annahme ist: „Alle sind gegen mich." Sicherlich wird es einen derartigen Konsens in einigen Fällen tatsächlich geben.

Als **weitere beteiligte Personen** in dem dargelegten Sinne können – abhängig von der 103
jeweiligen Situation – insbesondere in Betracht kommen: Geschäftsführer, Dienststellenleiter, Vorgesetzte, Arbeitskollegen, Betriebs- bzw. Personalratsmitglieder, Gleichstellungsbeauftragte, am Arbeitsplatz tätige Fremdfirmenbeschäftigte, Freunde, Nachbarn, Familienangehörige, Lebenspartner.

Diese Personen können in einer Mobbingsituation beispielsweise wie folgt in Erschei- 104
nung treten: Der Vorgesetzte (sofern nicht selbst als Mobber tätig oder von Mobbing betroffen) kann Mobbing fördern, aber dem auch ein schnelles Ende bereiten. Selbst nicht als Mobber in Erscheinung tretende **Arbeitskollegen** können sich mit dem Mobbingbetroffenen solidarisieren, aber auch Mobbing durch ihr Verhalten überhaupt erst ermöglichen. Die betriebliche Interessenvertretung kann zur Konfliktlösung beitragen, aber auch in Hilflosigkeit verfallen. Lebenspartner, Nachbarn und Freunde können dem Mobbingbetroffenen in scheinbar ausweglosen Situationen beistehen und ihm den notwendigen Halt geben, sich aber auch von dem Mobbingbetroffenen abwenden und diesen alleine lassen.

§ 2 Strafrechtliche Aspekte

1 Der „Hilchenbacher Bauhoffall"[1] hat in besonderer Weise verdeutlicht, dass sich bisweilen die Frage nach einer strafrechtlichen Verantwortung des Mobbers stellen kann. Gleiches ist im Einzelfall für nicht als Mobber in Erscheinung tretende Vorgesetzte sowie Arbeitskollegen denkbar, die im Folgenden als Dritte bezeichnet werden.[2]

2 Beide Aspekte sind Gegenstand dieses Kapitels. Dabei wird unterstellt, dass der Täter stets rechtswidrig handelt und schuldfähig ist. Weiter wird davon ausgegangen, dass grundsätzlich nur einzelne Personen als Mobber in Erscheinung treten, was insbesondere beim Mobbing durch Vorgesetzte die Regel ist. Gleichwohl wird nicht übersehen, dass strafrechtlich relevante Mobbinghandlungen auch von mehreren Personen verübt werden können, wie es beispielsweise vor allem beim Mobbing gegen Vorgesetzte vorkommen kann. In einem solchen Fall ist eine (sukzessive) Mittäterschaft[3] bzw. Nebentäterschaft[4] (auch Mehrtäterschaft genannt) der handelnden Personen nicht ausgeschlossen.

I. Mobbing und die Handlung im rechtlichen Sinne

3 Mobbing bezeichnet einen **Geschehensprozess**, der sich über einen längeren Zeitraum – manchmal über mehrere Jahre oder sogar über Jahrzehnte – hinziehen und sich aus einer Vielzahl einzelner Mobbinghandlungen zusammensetzen kann.

4 Dem deutschen Rechtssystem ist der Geschehensprozess grundsätzlich fremd: Im Vordergrund steht nicht die Betrachtung eines in sich geschlossenen Geschehensprozesses, sondern die das Gesamtgeschehen ausmachenden einzelnen Verhaltensweisen. Gleich in welchem Zusammenhang der Begriff „Handlung" im juristischen Sinne verwendet wird, stets steht ein in sich abgeschlossenes und einem Menschen zuzurechnendes einzelnes Verhalten im Vordergrund.[5] Von diesem Grundsatz weicht das Disziplinarrecht insoweit ab, als dort der Grundsatz der **Einheit des Dienstvergehens** gilt, wonach mehrere Dienstpflichtverletzungen eines Beamten in der Regel nur ein Dienstvergehen darstellen.[6]

5 Erst bei der Strafbemessung ist die Betrachtung des Gesamtgeschehens regelmäßig von Bedeutung. Zu denken ist in dieser Hinsicht vor allem an die **fortgesetzte Handlung,** die allerdings seit der Entscheidung des Großen Senats für Strafsachen vom 3.5.1994 in der strafgerichtlichen Praxis kaum noch von Bedeutung ist.[7] Von einer

---

1 Vgl. Die Zeit Nr. 30/2010 vom 20.7.2010.

2 Bis zur 3. Auflage wurden auch die Mitglieder der betrieblichen Interessenvertretung einer strafrechtlichen Begutachtung unterzogen. Da dieser Aspekt allerdings keine praktische Relevanz besitzt, wird seit der 4. Auflage von einer strafrechtlichen Betrachtung der Mitglieder der betrieblichen Interessenvertretung abgesehen. Bei Bedarf sei insoweit auf die 3. Auflage verwiesen.

3 Siehe dazu ausführlich Fehr, S. 132 ff.

4 Zu den Begrifflichkeiten vgl. statt vieler: Fischer, § 25 Rn. 53.

5 Vgl. statt vieler Fischer, Vor § 13 Rn. 3 ff.; SK-StGB-Jäger, Vor § 1 Rn. 30 ff.; Roxin AT, § 7 Rn. 5; Palandt, Überbl v. § 104 Rn. 4 ff.

6 Vgl. Urban/Wittkowski, § 2 Rn. 12.

7 Vgl. BGH 3.5.1994 – GSSt 2 und 3/93 – BGHSt 40, 138; Fischer, Vor § 52 Rn. 47 ff.; sa Benecke 2005, Rn. 24.

fortgesetzten Handlung ist – sofern man sie noch zulässt – zu sprechen, wenn einzelne Handlungskomplexe jeweils für sich betrachtet tatbestandsmäßig sind und der Gesamtunwert des Verhaltens erst im Verbund mit nachfolgenden, auch für sich tatbestandsmäßigen Handlungskomplexen hervortritt.[8] Um von einer fortgesetzten Handlung sprechen zu können, bedarf es eines Gesamtvorsatzes, den der Täter vor oder bei Tatbeginn gefasst haben muss.[9]

Abgesehen von den Mobbingfällen, die ein gezieltes sowie strategisches Vorgehen zum Gegenstand haben – man denke etwa an einen Geschäftsführer, der den Plan fasst, einen Arbeitnehmer so lange zu schikanieren, bis dieser kündigt –, wird der Mobber kaum vor bzw. zu Beginn seines Tuns einen **Gesamtvorsatz**[10] gefasst haben. Auch später wird der Entschluss, eine Mobbinghandlung auszuführen, oftmals eher spontan und auf den jeweiligen Einzelfall bezogen unter Ausnutzung günstiger Gelegenheiten entstehen – wenn insbesondere mögliche Zeugen nicht zugegen sind, der Täter seine Tat im Verborgenen begehen oder verbergen kann. 6

Rieble/Klumpp vertreten die Ansicht, wonach es für Mobbing eines entsprechenden sanktionsbegründenden Zusammenhangs der einzelnen Mobbinghandlungen bedarf, die für sich genommen eher harmlos sind, jedenfalls aber keine Rechtsfolgen nach sich ziehen.[11] Dieser Auffassung hat sich das OLG Stuttgart angeschlossen. 7

Leitsatz des OLG Stuttgart vom 28.7.2003 – 4 U 51/03:[12] 8

Auch wenn durch die einzelnen Handlungen für sich gesehen eine Haftung wegen der mit Mobbing verbundenen Beeinträchtigung nicht eintritt, kann die Gesamtheit der Handlungen zu einer Haftung aufgrund der sich verbindenden Systematik und ihres Fortsetzungszusammenhangs begründen. Zwischen den einzelnen Handlungen muss im juristischen Sinn ein Fortsetzungszusammenhang bestehen, wobei es nur dann keiner Mindestlaufzeit der Handlungen oder einer Handlungsfrequenz bedarf, wenn die Wirkungen der Einzelhandlungen fortdauern.

Die Mobbing charakterisierenden Merkmale sind es, die es nicht zulassen, eine Parallele zu den Fällen der langsamen Vergiftung eines Menschen mittels der Verabreichung einer Vielzahl kleiner, jeweils für sich betrachtet unschädlicher Mengen Gift, die erst in ihrem Zusammenspiel tödlich wirken, zu ziehen. Wenngleich sich das Mobbing durchaus als eine besondere Art der „Vergiftung" des Wohlbefindens sowie der Gesundheit des davon Betroffenen darstellt und den einzelnen Mobbinghandlungen bei einer rückblickenden Betrachtung ein gewisser Ansammlungseffekt zukommt – in dem einen Fall sammelt sich in dem Körper Gift an, in dem anderen Fall auf die Seele sowie auf den Körper des Betroffenen wirkende Mobbinghandlungen –, so dürfte ein Mobber eher selten einen dem Gifttäter vergleichbaren Vorsatz haben, den Mobbingbetroffenen fortgesetzt schädigen zu wollen. 9

8 Sa Fischer, Vor § 52 Rn. 47; SK-StGB-Jäger, Vor § 52 Rn. 33 ff.
9 Vgl. BGH 3.5.1994 – GSSt 2 und 3/93 – BGHSt 40, 138 (146, 156 f.).
10 Sa LG Erfurt 17.10.2010 – 3 O 1157/10.
11 Rieble/Klumpp, S. 371.
12 NVwZ-RR 2003, 715 (716); sa LG Erfurt 17.10.2010 – 3 O 1157/10.

10 Bei der **Bestimmung des Sanktionsmittels** (zB Geld- oder Freiheitsstrafe) sowie der Sanktionshöhe (zB Anzahl der zu verhängenden Tagessätze, Dauer der Gefängnisstrafe, Entscheidung über die Strafaussetzung zur Bewährung) kann die Prozesshaftigkeit der Handlungen des Täters von Bedeutung sein: § 53 Abs. 1 StGB bestimmt für das Strafrecht, dass auf eine Gesamtstrafe zu erkennen ist, wenn jemand mehrere Straftaten begangen hat, die gleichzeitig abgeurteilt werden, und dadurch mehrere Freiheitsstrafen oder mehrere Geldstrafen verwirkt (sog **Tatmehrheit**). Verletzt dieselbe Handlung mehrere Strafgesetze oder das Strafgesetz mehrmals, wird gemäß § 52 Abs. 1 StGB nur auf eine Strafe erkannt (sog **Tateinheit**). Entsprechend den für die Tateinheit geltenden Grundsätzen wird die Strafe gebildet, wenn mehrere an sich rechtlich selbstständige Straftaten eine natürliche Handlungseinheit bilden. Ein Fall der Gesetzeskonkurrenz liegt vor, wenn eine Handlung mehrere Strafgesetze verletzt, wobei das eine Strafgesetz das andere aufgrund Spezialität, Subsidiarität oder Konsumtion ausschließt.[13] Eine Vortat bleibt sanktionslos, wenn sie in einer Nachtat aufgeht (sog mitbestrafte Vortat).[14] Eine Nachtat bleibt straflos, wenn diese nur dazu gedient hat, die durch eine Vortat erlangten Vorteile zu sichern (sog mitbestrafte Nachtat).[15]

II. Strafrechtlich relevantes und sozialadäquates Verhalten

11 Etliche Mobbinghandlungen lassen die Frage zu, ob diese nicht von jedermann als Mitglied unserer Gesellschaft hingenommen werden müssen, ohne einer strafrechtlichen Sanktion zugänglich zu sein. Zu denken ist hierbei etwa an Handlungen folgender Art:

- Manfred Meier spricht nicht mehr mit seinem Arbeitskollegen und lässt sich von diesem auch nicht ansprechen.
- Elisabeth Tatze wird von ihrem Vorgesetzten „wie Luft“ behandelt.
- Der Vorgesetzte Klaus Schneider betitelt Hans Meier als „Ossi“.[16]
- Rudi Rüpel macht sich über die Gehbehinderung eines Arbeitskollegen lustig, indem er dessen Gang imitiert.

12 Das Besondere an diesen Handlungen ist, dass sie auf den Mobbingbetroffenen umso stärker wirken, je häufiger und länger sie erfolgen und je mehr Personen sich an diesen beteiligen. Dies wiederum verdeutlicht, wie existentiell wichtig soziale Kontakte sowie das Gefühl, ein Mitglied des betreffenden sozialen Umfeldes zu sein, sind. Wer sozial isoliert und wem der mitmenschliche Respekt aufgekündigt ist, dem wird die „Geschäftsgrundlage“ des üblichen zwischenmenschlichen Miteinanders entzogen.[17]

13 **Beispiel für die soziale Isolierung eines Arbeitskollegen:**[18] Die sechs Kollegen, die mit Bernd Bäcker das Büro teilen, behandeln ihn wie Luft. Geht er in die Kantine, setzt sich niemand

---

13 Sa SK-StGB-Jäger, Vor § 52 Rn. 85.
14 Sa Fischer, Vor § 52 Rn. 64.
15 Sa Fischer, Vor § 52 Rn. 65 f.
16 Vgl. LAG Rheinland-Pfalz 27.2.2008 – 8 Sa 558/07.
17 Esser/Wolmerath, S. 71.
18 Vgl. Däubler in Leymann, S. 78 = BB 1995, 1347.

zu ihm; setzt er sich zu anderen an den Tisch, stehen diese auf und suchen sich einen anderen Platz.

Nach der **Lehre von der Sozialadäquanz**[19] stellen die Straftatbestände Muster verbotenen Verhaltens dar, welche dem geordneten Sozialleben widersprechen. Aus diesen seien allerdings solche Verhaltensweisen auszugliedern, die nach der geschichtlich gewordenen Sozialordnung anerkannt sind. Während Welzel die Auffassung vertritt, sozialadäquate (dh spiegelgerechte)[20] Verhaltensweisen seien nicht tatbestandsmäßig,[21] hat Nipperdey die Sozialadäquanz als positives Unrechtselement bezeichnet.[22] 14

Die Lehre von der Sozialadäquanz fußt auf der **Erkenntnis**, dass das Zusammenleben von Menschen mit Risiken verbunden ist, die hinzunehmen sind. Werden von der Rechtsordnung zugelassene gefährliche Tätigkeiten sozialadäquat, sind eintretende Rechtsverletzungen nicht als Unrecht, sondern als Unglück zu bezeichnen. Sie liegen **im erlaubten Risiko** zugelassener Betätigung.[23] In solchen Fällen kann man nicht zur Verantwortung gezogen werden, selbst wenn im Einzelfall eine böse Absicht vorliegt, andere bewusst zu schädigen.[24] 15

Beispiel für sozialadäquates Verhalten:[25] Ein Arbeitnehmer fährt mit dem Bus zur Arbeit. Dabei ist er dem Risiko ausgesetzt, von anderen Fahrgästen mit einer Erkältungskrankheit angesteckt zu werden. Ist hingegen er erkältet, dann besteht eine entsprechende Ansteckungsgefahr für die anderen Fahrgäste. 16

Bezogen auf die **Arbeitswelt** bedeutet dies, dass etwa eine ungerechte Verteilung von Arbeitsaufgaben oder die Beschränkung auf Kopfschütteln statt klärender Worte ebenso hinzunehmen ist wie Unhöflichkeiten, die Verweigerung des Grußes oder das Infizieren mit einer Erkältungskrankheit durch Arbeitskollegen.[26] Auch kann man die Bereitschaft anderer zur Kommunikation am Arbeitsplatz nicht erzwingen.[27] Übliche Konfliktsituationen im Arbeitsleben werden von der Rechtsprechung regelmäßig als sozialadäquat bezeichnet,[28] selbst wenn sie sich über einen längeren Zeitraum erstrecken.[29] Dies soll auch für die Betriebsparteien gelten, wo Konflikte teilweise „auf einer emotionalen Ebene" ausgetragen werden.[30] 17

Mag das zu beanstandende Verhalten menschlich auch noch so zu missbilligen sein, es rechtfertigt keine rechtliche Sanktionierung, solange sich der Handelnde im Rahmen des sozialadäquat hinzunehmenden Verhaltens bewegt. Wenn allerdings die 18

19 Vgl. Fischer, Vor § 32 Rn. 12; Schönke/Schröder-Eisele, Vor §§ 13 ff. Rn. 69.
20 Nipperdey, S. 1992.
21 So auch im Strafrecht die heute hM; vgl. Fischer, Vor § 32 Rn. 12 mwN.
22 Nipperdey, S. 1993.
23 Nipperdey, S. 1992.
24 Däubler in Leymann, S. 79.
25 LAG Rheinland-Pfalz 9.12.2009 – 8 Sa 445/09.
26 Däubler in Leymann, S. 79.
27 Däubler in Leymann, S. 79.
28 Vgl. statt vieler VGH München 22.9.2010 – 16 b D 09.2133; BAG 24.4.2008 – 8 AZR 347/07; LAG Niedersachsen 9.3.2009 – 9 Sa 378/08; LAG Köln 25.3.2010 – 7 Sa 1127/09; LAG Köln 20.11.2008 – 7 Sa 857/08; LAG Rheinland-Pfalz 30.10.2008 – 10 Sa 340/08.
29 LAG Berlin-Brandenburg 21.12.2009 – 10 Sa 2193/09, 10 Sa 2194/09.
30 LAG Rheinland-Pfalz 26.5.2008 – 5 Sa 72/08.

Grenzen der Sozialadäquanz überschritten werden, sind rechtliche Konsequenzen möglich.[31]

19 Während Gralka[32] Mobbing zumindest in straf- und zivilrechtlicher Hinsicht als sozialadäquate Verhaltensformen betrachtet, gibt Däubler[33] zu bedenken, dass die Lehre von der Sozialadäquanz für **Normalfälle** gedacht ist, bei denen sich **unvermeidbare Lebensrisiken** realisieren. Dieser Ansatz lässt den Schluss zu, dass die Lehre von der Sozialadäquanz dann nicht greift, wenn jemand einen anderen etwa mittels systematischer Schikanen bewusst psychisch zermürbt. Dieser Einschränkung haben sich Esser und Wolmerath[34] angeschlossen. Zwar könne niemand verlangen, dass sich Arbeitskollegen mit einem in der Kantine an den Tisch setzen. Auch könne man nicht verlangen, dass diese sitzen bleiben, wenn man sich zu ihnen an den Tisch begibt. Als sozialadäquate Verhaltensweisen seien diese hinzunehmen. Anders sei die Situation allerdings dann zu beurteilen, wenn jemand durch derartige Verhaltensweisen gezielt verletzt werden soll; etwa die Arbeitskollegen durch ihr demonstratives Verhalten in unmissverständlicher Weise zu verstehen geben, dass die betreffende Person ein Mensch ist, mit dem man sich nicht an einen Tisch setzt; diese Person es nicht wert ist, den Tisch mit ihr zu teilen.

20 Für die Richtigkeit dieser Ansicht sprechen insbesondere die folgenden Gründe: Bei Mobbing handelt es sich um ein Erscheinungsbild, das stets mit dem Ausdruck von Missachtung, Nichtachtung, Missbilligung, tiefster Abneigung sowie der Austragung zwischenmenschlicher Konflikte verbunden ist, auch wenn dem Mobber vielleicht zunächst die Absicht bzw. Erkenntnis, dem Mobbingbetroffenen mit seinen einzelnen Handlungen Schaden zuzufügen, fehlt. Im Verlaufe des Mobbingprozesses ändert sich jedoch oftmals die Situation. So manch einem Mobber geht es ab einem bestimmten Zeitpunkt nur noch um die Verwirklichung seines Ziels: „Der Mobbingbetroffene muss weg!“. Handlungen werden nunmehr oftmals gezielt geplant und erreichen in diesem Stadium nicht selten die Stufe vorsätzlichen Handelns. Mit dieser Besonderheit unterscheidet sich Mobbing von normalen Konflikten sowie Lebenssituationen, bei denen es durchaus angezeigt sein kann, Haftungsrisiken auszuschließen.[35] Diese sind durch ihre Einmaligkeit begrenzt, während Mobbing aus zahlreichen mehr oder weniger kleinen „Nadelstichen“[36] besteht – etwas, das weder Welzel noch Nipperdey bedacht haben dürften.

21 Aus diesen Gründen ist es mit der Rechtsordnung sowie mit den Grundsätzen der gesellschaftlichen Sozialordnung nicht zu vereinbaren, wenn sich der Mobber hinter der Lehre von der Sozialadäquanz verbergen und unter dem Deckmantel des sozial Hinzunehmenden bzw. zu Ertragenden Handlungen begehen könnte, die trotz ihrer weitreichenden Folgen sanktionslos hinzunehmen wären.[37] Hier hat die **Güterabwägung**

31 Gralka, S. 2654.
32 Gralka, S. 2654.
33 Däubler in Leymann, S. 80.
34 Esser/Wolmerath, 7. Aufl. 2008, S. 198 f.
35 Vgl. Däubler in Leymann, S. 81.
36 Dies erkennt auch Gralka, S. 2654.
37 Zustimmend: Fehr, S. 178.

eine Haftung des Mobbers aus rechtspolitischen Gründen zu ermöglichen.[38] Um mit den Worten von Däubler zu argumentieren: Was für Normalfälle entwickelt wurde, muss auf Normalfälle beschränkt bleiben.

III. Verhalten des Mobbers

In theoretischer Hinsicht kann ein Mobber **nahezu alle Straftaten** begehen.[39] Selbst eine Tötung des Mobbingbetroffenen in mittelbarer Täterschaft ist denkbar.[40] Gleiches gilt für die Nachstellung[41] im Sinne des § 238 StGB.[42] Von praktischer Relevanz dürften hingegen eher wenige Delikte sein.[43] 22

Praxisrelevante Straftaten: 23

- (Fahrlässige) Körperverletzung (im Amt; §§ 223 f., 229, 340 StGB)
- Nötigung (§ 240 StGB)
- Beleidigung (§ 185 StGB)
- Üble Nachrede (§ 186 StGB)
- Verleumdung (§ 187 StGB)
- Beleidigung trotz Wahrheitsbeweises (§ 192 StGB)
- Diebstahl (§§ 242 ff. StGB)
- Sachbeschädigung (§ 303 StGB)
- Datenveränderung (§ 303 a StGB)

Hinzu treten die „Straftaten gegen Betriebsverfassungsorgane und ihre Mitglieder" (§ 119 BetrVG). Schließlich können betriebliche Interessenvertreter wegen ihrer betriebspolitischen Tätigkeiten und der sich daraus ergebenden Konfliktsituationen ohne Weiteres Mobbing ausgesetzt sein. 24

1. Körperverletzung zulasten des Mobbingbetroffenen

Mobbing kann den Tatbestand einer Körperverletzung erfüllen.[44] § 223 Abs. 1 StGB bestimmt, dass bestraft wird, wer einen anderen körperlich misshandelt oder an der Gesundheit schädigt. Eine Qualifizierung erfährt die Straftat gemäß § 224 Abs. 1 StGB, wenn sie durch Beibringung von Gift oder anderen gesundheitsschädlichen Stoffen (Nr. 1), mittels einer Waffe oder eines anderen gefährlichen Werkzeugs (Nr. 2), mittels eines hinterlistigen Überfalls (Nr. 3), mit einem anderen Beteiligten gemeinschaftlich (Nr. 4)[45] oder mittels einer das Leben gefährdenden Behandlung 25

38 Sa Nipperdey, S. 1992.
39 Sa Fehr, S. 97; Zuschlag, S. 26 f.
40 Vgl. Wolmerath 2001, S. 56.
41 Als weitere, nicht vom Gesetzgeber verwendete Bezeichnung findet sich der Begriff „Stalking".
42 Vgl. die 4. Auflage, S. 54 Rn. 22.
43 Sa Dormann, S. 20.
44 Vgl. OLG Celle 17.3.2008 – 1 Ws 105/08; sa den Hilchenbacher Bauhoffall, Die Zeit Nr. 30/2010 vom 20.7.2010.
45 Eine Strafbarkeit nach der Nr. 4 kann in Betracht kommen, wenn mehrere Personen gemeinsam Mobberhandlungen begehen. So auch Schulz in jurisPR-StrafR 9/2009 Anm. 3 unter II.5.

(Nr. 5) begangen wird. Ein Amtsträger (dh insbesondere ein Beamter; vgl. § 11 Abs. 1 Nr. 2 Buchst. a StGB), der während der Ausübung seines Dienstes oder in Beziehung auf seinen Dienst eine Körperverletzung begeht oder begehen lässt, macht sich nach § 340 Abs. 1 StGB strafbar. Gemäß §§ 223 Abs. 2, 224 Abs. 2 sowie 340 Abs. 2 StGB ist die versuchte (gefährliche) Körperverletzung (im Amt) ebenfalls strafbar.

26 Unter der **körperlichen Misshandlung** im Sinne des § 223 Abs. 1 StGB wird eine üble, unangemessene Behandlung verstanden, durch welche der davon Betroffene in seinem körperlichen Wohlbefinden oder in seiner körperlichen Unversehrtheit in mehr als einem nur unerheblichen Grad beeinträchtigt wird.[46] Hierzu zählen Substanzschäden (zB Zufügen von Wunden), Substanzverluste (zB Verlust von Zähnen), Substanzverunstaltungen (zB verursacht durch das Abschneiden der Haare) sowie das Hervorrufen körperlicher Funktionsstörungen (zB als Folge einer das Gehör schädigenden Lärmbelästigung, Schlaflosigkeit infolge häufiger nächtlicher Telefonanrufe).[47] **Seelische Beeinträchtigungen** können nur dann als eine körperliche Misshandlung im Sinne der Vorschrift gewertet werden, wenn neben der Erschütterung des seelischen Gleichgewichts eine Reizung der die sinnlichen Eindrücke vermittelnden Empfindungsnerven des Zentralnervensystems eintritt, eine körperliche Beeinträchtigung hervorgerufen wird.[48] Der Bezug auf den Körper der geschädigten Person kann sowohl in einer unmittelbaren (zB Berühren) als auch in einer mittelbaren (zB Magenschmerzen verursachende Angst, lang andauernder heftiger Lärm, Telefonterror) körperlichen Einwirkung bestehen.[49]

27 Als **Schädigung an der Gesundheit** im Sinne des § 223 Abs. 1 StGB ist jedes Hervorrufen oder Steigern eines krankhaften Zustands zu verstehen, und zwar ohne Rücksicht auf dessen Dauer.[50] Da die Gesundheitsschädigung – anders als die körperliche Misshandlung – nicht auf die Beeinträchtigung eines körperlichen Zustands beschränkt ist, kann auch die Erregung oder Steigerung einer psychischen pathologischen Störung eine Schädigung an der Gesundheit im Sinne dieser Vorschrift darstellen.[51] Eine **psychische Einwirkung,** die lediglich das seelische Wohlbefinden berührt, genügt allerdings nicht.[52]

28 **Beispiel für eine nicht ausreichende Einwirkung:**[53] Manfred Meier und Sven Schmidt sind auf Montage. Sie übernachten in einem Wohnwagen. Herr Meier hindert seinen Arbeitskollegen am Einschlafen, indem er sein Radio die ganze Nacht hindurch eingeschaltet lässt. Herr Schmidt ist am nächsten Morgen unausgeschlafen und gereizt.

29 **Beispiel für eine ausreichende Einwirkung:**[54] Es besteht dieselbe Ausgangslage. Allerdings hindert Herr Meier seinen Arbeitskollegen viele Nächte am Schlafen, indem er ihn immer

46 Vgl. Fischer, § 223 Rn. 4.
47 Schönke/Schröder-Sternberg-Lieben, § 223 Rn. 3.
48 Vgl. OLG Celle 17.3.2008 – 1 Ws 105/08; Schönke/Schröder-Sternberg-Lieben, § 223 Rn. 4
49 Schönke/Schröder-Sternberg-Lieben, § 223 Rn. 4.
50 Fischer, § 223 Rn. 8; SK-StGB-Wolters, § 223 Rn. 23 f.
51 Schönke/Schröder-Sternberg-Lieben, § 223 Rn. 6; BGH 31.10.1995 – 1 StR 527/95 – NJW 1996, 1068 (1069).
52 Vgl. OLG Celle 17.3.2008 – 1 Ws 105/08; Fischer, § 223 Rn. 12.
53 Esser/Wolmerath 2005, S. 211.
54 Esser/Wolmerath 2005, S. 211.

dann laut anschreit, sobald dieser eingeschlafen ist. Nach einigen Tagen erleidet Sven Schmidt einen Nervenzusammenbruch.

Sofern die Mobbinghandlung dazu führt, dass der Mobbingbetroffene durch diese in seinem körperlichen Wohlbefinden oder in seiner körperlichen Unversehrtheit in einer mehr als nur unerheblichen Weise beeinträchtigt wird, kann von einer körperlichen Misshandlung des Mobbingbetroffenen gesprochen werden. Dies kann beispielsweise auch für den „Telefonterror“ gelten, sofern die Telefonanrufe den Betroffenen nicht nur in seinem seelischen Wohlbefinden beeinträchtigen, sondern zudem eine Reizung der die sinnlichen Eindrücke vermittelnden Empfindungsnerven des Zentralnervensystems hervorrufen.[55] 30

Beispiel für eine Körperverletzung: Zwei Arbeitskollegen geraten in Streit. Der eine gerät derart in Wut, dass er zu einem Messer greift und damit auf den anderen losgeht. Dieser erleidet mehrere Stichwunden, die ärztlich behandelt werden müssen. 31

Handelt es sich bei dem Täter um einen **Amtsträger** im Sinne des § 11 Abs. 1 Nr. 2 StGB (zB Beamter), dann wird die Körperverletzung gemäß § 340 Abs. 1 Satz 1 StGB qualifiziert, wenn er diese während der Ausübung seines Dienstes oder in Beziehung auf seinen Dienst begeht. Dies ist der Fall, wenn er zu einem Zeitpunkt handelt, zu dem er befugt als Amtsträger tätig ist (dh während der Dienstzeit). Gleiches gilt für ein Handeln außerhalb der Dienstzeit, sofern die Körperverletzung in einem sachlichen Zusammenhang mit seinem Dienst steht.[56] Stets muss ein sachlicher Zusammenhang zwischen der Körperverletzung und der Dienststellung bestehen.[57] 32

Beispiel für einen fehlenden sachlichen Zusammenhang: Der Polizeibeamte Max Muskel sticht während seiner Dienstzeit aus Eifersucht mit einem Messer auf einen Arbeitskollegen ein, der ihm die Freundin ausgespannt hat. 33

Beispiel für einen sachlichen Zusammenhang: Zwei Polizeibeamte geraten im Verlaufe einer Diskussion über eine dienstliche Angelegenheit in Rage. Die Situation eskaliert und es kommt zu Tätlichkeiten. Schlussendlich muss einer von ihnen wegen einer Platzwunde ärztlich versorgt werden. 34

2. Nötigung des Mobbingbetroffenen

Laut § 240 Abs. 1 StGB wird bestraft, wer einen anderen rechtswidrig mit Gewalt oder durch Drohung mit einem empfindlichen Übel zu einer Handlung, Duldung oder Unterlassung nötigt. Ein besonders schwerer Fall ist nach § 240 Abs. 4 Satz 2 Nr. 2 StGB zu bejahen, wenn der Täter seine Befugnisse oder seine Stellung als Amtsträger (vgl. § 11 Abs. 1 Nr. 2 StGB) missbraucht. Die versuchte Nötigung ist gemäß § 240 Abs. 3 StGB ebenfalls mit Strafe bedroht. 35

Unter der **Gewalt** im Sinne des § 240 Abs. 1 StGB ist die durch eine gegenwärtige Beeinträchtigung erzeugte und sich beim Betroffenen auch körperlich auswirkende Aus- 36

55 Vgl. OLG Celle 17.3.2008 – 1 Ws 105/08.

56 Fischer, § 340 Rn. 2 a.

57 Schönke/Schröder-Hecker, § 340 Rn. 4; sa BGH 18.6.1953 – 4 StR 115/53 – BGHSt 4, 293 (294).

lösung eines Zwanges zu verstehen.[58] Insbesondere getragen von dem Willen des Gesetzgebers, nicht jede Zwangswirkung auf den Willen Dritter unter Strafe zu stellen, und zu vermeiden, dass zahlreiche etwa auch am Arbeitsplatz anzutreffende Verhaltensweisen der Strafandrohung unterfallen, erfordert die Gewalt im Sinne des § 240 Abs. 1 StGB eine körperliche Kraftentfaltung des Täters. Zwangswirkungen, die nicht auf dem Einsatz körperlicher Kraft, sondern auf einem geistig-seelischen Einfluss beruhen, stellen keine Gewalt im Sinne der Vorschrift dar, können aber eine Drohung sein.[59]

37 Gewalt in dem dargelegten Sinn kann auch gegen bzw. an Sachen (zB durch die Wegnahme eines Rollstuhls) sowie gegen Dritte (sog **Dreiecksnötigung**) erfolgen.[60] Sie kann in den Formen der vis absoluta sowie der vis compulsiva ausgeübt werden, wobei unter der vis absoluta das unmittelbare Erzwingen eines Verhaltens und unter der vis compulsiva die beeinflussende willensbeugende Gewalt verstanden wird.[61] Keine Gewalt stellt hingegen die bloße Ausnutzung eines Überraschungsmoments dar, wie es etwa bei dem unvorhersehbaren plötzlichen Wegreißen einer Aktentasche der Fall ist.[62]

38 **Beispiele für eine Nötigung durch den Einsatz von Gewalt:**[63]

- Rudi Rüpel hält einen Arbeitskollegen fest, so dass dieser die Stempeluhr nicht rechtzeitig bedienen kann.
- Rudi Rüpel hindert Marion Müller am Betreten des gemeinschaftlichen Büros und damit an der Erledigung ihrer Arbeitsaufgaben, indem er seine Arbeitskollegin durch das Abmontieren des Türgriffs aussperrt.

39 Die **Drohung** im Sinne des § 240 Abs. 1 StGB bezeichnet das Inaussichtstellen eines Übels, auf dessen Eintritt der Drohende Einfluss hat oder zu haben vorgibt, dessen Verwirklichung davon abhängen soll, dass der Bedrohte nicht nach seinem Willen reagiert.[64] Hierbei muss sich die Drohung gegen die Person richten, deren Willen gebeugt werden soll.[65] Das Übel muss dabei wenigstens mittelbar als von dem Willen des Drohenden abhängig dargestellt werden. Auch mit dem Tun eines Dritten kann gedroht werden, falls der Drohende ihn beeinflussen kann oder dies vorgibt. Auch genügt eine Drohung, deren Verwirklichung sich gegen einen Dritten richtet[66] (zB die Drohung, das Kantinenessen zu vergiften).

40 Mit einem **empfindlichen Übel** wird gedroht, wenn der in Aussicht gestellte Nachteil von einer Erheblichkeit ist, so dass seine Ankündigung geeignet erscheint, den Bedrohten im Sinne des Verlangens des Drohenden zu beeinflussen (zB Drohung mit der Kündigung des Arbeitsvertrags oder mit der Veröffentlichung von Unwahrheiten

58 Schönke/Schröder-Eisele, Vor §§ 234 ff. Rn. 6.
59 BVerfG 10.1.1995 – 1 BvR 718, 719, 722, 723/89 – BVerfGE 92, 1 (16 f.).
60 Vgl. Fischer, § 240 Rn. 25 f.
61 Vgl. Schönke/Schröder-Eisele, Vor §§ 234 ff. Rn. 12 ff.; Fischer, § 240 Rn. 9.
62 Schönke/Schröder-Eisele, Vor §§ 234 ff. Rn. 23.
63 Vgl. Esser/Wolmerath 2005, S. 212.
64 Fischer, § 240 Rn. 31.
65 Fischer, § 240 Rn. 31.
66 Fischer, § 240 Rn. 37.

über das Intimleben).[67] Auch die Drohung mit einem Unterlassen kann ein empfindliches Übel darstellen, sofern es für den Bedrohten motivierende Kraft hat, aus dessen Sicht der Täter Herr des Geschehens ist, die Herbeiführung und Verhinderung des angekündigten Nachteils – wenn auch nur scheinbar – in seiner Macht steht und die Verquickung von Mittel und Zweck verwerflich ist (zB die Drohung mit einer schlechten Beurteilung, falls die bedrohte Person nicht auch weiterhin sexuell gefügig ist).[68]

Beispiele für eine Nötigung durch das Drohen mit einem empfindlichen Übel:[69] 41

- Der Vorgesetzte Fritz Fleißig teilt seinem Mitarbeiter Max Müller mit, dass er ihn „fertig machen" werde, falls dieser für das Betriebsratsamt kandidiert.
- Rudi Rüpel teilt Marion Müller mit, dass er einige „interessante" Geschichten aus ihrem Leben im Betrieb erzählen wird, falls sie an ihrer Bewerbung für die Leitung der Abteilung Einkauf festhält.

Die Nötigungshandlung des Nötigenden muss zu einem **Nötigungserfolg** führen, der 42
in einer Handlung, Duldung oder Unterlassung des Genötigten bestehen kann.[70]

Beispiele für einen Nötigungserfolg: 43

- Die veranlasste Löschung von Daten auf einem Server (Handlung).
- Das abgenötigte Geschehenlassen einer Manipulation an einer Steuerungsanlage (Duldung).
- Der erzwungene Verzicht der Bewerbung auf eine bestimmte Stelle (Unterlassen).

Nur der Vollständigkeit halber sei erwähnt,[71] dass die sexuelle Nötigung in § 177 44
StGB eine spezielle Regelung erfahren hat. Dabei ist zu beachten, dass die Vorschrift des § 177 StGB im Verhältnis zu § 240 StGB das speziellere Delikt darstellt mit der Folge, dass eine Bestrafung nach § 240 StGB unterbleibt, wenn eine solche nach § 177 StGB erfolgen kann.[72]

3. Beleidigung des Mobbingbetroffenen

Mobbinghandlungen scheinen schwerpunktmäßig **gegen die Ehre und das Ehrgefühl** 45
der Mobbingbetroffenen gerichtet zu sein. Neben nonverbalen ehrverletzenden Handlungen, zu denen das Ignorieren der Anwesenheit sowie das Totschweigen der Person in der gleichen Weise zu rechnen ist wie etwa das kollektive Verlassen des Kantinentisches oder des Besprechungsraumes,[73] kommen hauptsächlich verbale Mobbingangriffe auf das Ehrgefühl der Mobbingbetroffenen vor.[74] Hinzu treten häufig Vermutungen von Mobbingbetroffenen, verbalen Ehrangriffen ausgesetzt zu sein.

---

67 Fischer, § 240 Rn. 32 f.
68 Fischer, § 240 Rn. 34.
69 Vgl. Esser/Wolmerath 2005, S. 212.
70 Schönke/Schröder-Eisele, § 240 Rn. 12.
71 Einschlägige Gerichtsentscheidung wurden nicht gefunden.
72 Schönke/Schröder-Eisele, § 240 Rn. 39; Fischer, § 240 Rn. 63.
73 Vgl. den von Däubler in BB 1995, 1347 = Däubler in Leymann, S. 78 gebildeten Fall, der in der Literatur zu einer kontroversen Diskussion geführt hat; siehe hierzu: Gralka, S. 2651 ff. und Dieball, S. 483.
74 Sa Zapf, S. 11, der zu dem gleichen Ergebnis gelangt. Körperliche Mobbingangriffe und sexuelle Belästigungen kommen nach Zapf, S. 12, kaum vor.

Nicht selten gehen sie – oftmals berechtigt – davon aus, dass hinter ihrem Rücken bzw. hinter vorgehaltener Hand „schlecht“ über sie gesprochen wird.

46 Gemäß § 185 StGB ist die Beleidigung mit Strafe bedroht. Gleiches gilt, wenn die Beleidigung **mittels einer Tätlichkeit** begangen wird. Unter der Beleidigung im Sinne dieser Vorschrift ist der (rechtswidrige) Angriff auf die Ehre eines anderen durch die (vorsätzliche) Kundgabe von Nichtachtung, Geringachtung oder Missachtung zu verstehen.[75] Eine solche kann auf unterschiedliche Weise erfolgen: Ein beleidigendes Werturteil wird gegenüber dem Betroffenen selbst oder einem Dritten gegenüber geäußert, ehrenrührige unwahre Tatsachen werden gegenüber dem Betroffenen behauptet.[76] Erforderlich ist hierbei stets, dass dem Betroffenen durch die Äußerung der sittliche, personale und/oder soziale Geltungswert ganz oder teilweise abgesprochen wird.[77] Die Missachtung muss zudem kundgetan werden. Hierzu ist ein Verhalten mit einem entsprechenden Erklärungswert notwendig, wobei entscheidend darauf abzustellen ist, wie der Empfänger dieses verstehen durfte.[78]

47 Sexuelle sowie **sexualbezogene Handlungen** werden von § 185 StGB nur dann erfasst, wenn besondere Umstände einen beleidigenden Charakter erkennen lassen. Dies ist regelmäßig der Fall, wenn eine über eine bloße Schamverletzung hinausgehende Ehrverletzung (insbesondere ein Angriff auf die Geschlechtsehre) vorliegt, wenn nach den gesamten Umständen des Einzelfalls in dem Verhalten des Täters zugleich eine von ihm gewollte herabsetzende Bewertung des Opfers zum Ausdruck kommt.[79]

a) Abgrenzung vom Kollegenscherz

48 Abzugrenzen ist die Beleidigung von dem „Kollegenscherz“, der als solcher einer strafrechtlichen Sanktion entzogen ist. Dieser ist nur dann als Beleidigung strafbar, wenn er eingesetzt wird, um die **Minderwertigkeit** des Betroffenen zum Ausdruck zu bringen.[80]

49 **Beispiel für einen Kollegenscherz:** Rudi Rüpel begrüßt seinen Arbeitskollegen stets mit: „Da kommt ja unsere alte Schwuchtel.“ Dieser antwortet sodann mit: „Tag Kanake“.

50 Bei den vorstehenden Äußerungen handelt es nicht um wünschenswerte Umgangsformen. Da sie jedoch zwischen beiden Arbeitskollegen üblich sind und sich keiner von ihnen in der Ehre verletzt fühlt, sie zudem wissen, dass der jeweils andere die Worte als „Scherz“ bzw. **„Fopperei“** wertet, kann von einem Kollegenscherz gesprochen werden. Hat hingegen einer der beiden diese Art der Begrüßung aufgekündigt und ist das dem anderen bekannt, dann entfällt die Möglichkeit einer Strafbarkeit dieses Kollegen nur, wenn er auch weiterhin annehmen durfte, dass seine Worte von dem

75 HM; vgl. Schönke/Schröder-Eisele/Schittenhelm, § 185 Rn. 1.
76 HM; vgl. Schönke/Schröder-Eisele/Schittenhelm, § 185 Rn. 1.
77 Schönke/Schröder-Eisele/Schittenhelm, § 185 Rn. 2.
78 Schönke/Schröder-Eisele/Schittenhelm, § 185 Rn. 8.
79 Fischer, § 185 Rn. 11 a; Lackner/Kühl, § 185 Rn. 6; BGH 15.3.1989 – 2 StR 662/88 – BGHSt 36, 145 (150); sa BGH 12.8.1992 – 3 StR 318/92 – NStZ 1993, 182 und BGH 20.9.1994 – 1 StR 466/94 – NStZ 1995, 129.
80 Vgl. Esser/Wolmerath, S. 206; Fischer, § 185 Rn. 10; SK-StGB-Rogall, § 185 Rn. 10.

anderen als Scherz aufgefasst werden.[81] Ein solcher Fall dürfte im Zusammenhang mit Mobbing allerdings kaum vorliegen. Wem gegenüber unmissverständlich zum Ausdruck gebracht wurde, dass sein Verhalten unerwünscht ist, der wird kaum annehmen dürfen, seine Äußerungen würden auch weiterhin als Scherze aufgefasst.

Beispiel für die Überschreitung der Grenzen eines Kollegenscherzes: Rudi Rüpel begrüßt seinen Arbeitskollegen – obwohl ihn dieser wie auch der Betriebsrat bereits mehrfach gebeten haben, diese Form der Ansprache zu unterlassen – stets mit dem Satz: „Da kommt ja unsere Schwuchtel.“ 51

Anmerkung: Rudi Rüpel weiß, dass seine Ansprache sowohl von seinem Arbeitskollegen als auch vom Betriebsrat nicht mehr als Scherz gewertet wird. Seine Äußerungen sind unzweideutig als Beleidigungen aufzufassen, da er mit diesen gezielt eine Minderwertigkeit seines Arbeitskollegen zum Ausdruck bringt. Von einem Kollegenscherz kann keine Rede sein.

b) Beleidigungsfreie Sphären

Die Tatbestandsmäßigkeit einer Beleidigung wird verneint, wenn eine ehrverletzende 52
Äußerung über (nicht anwesende) Dritte Ausdruck eines besonderen Vertrauens ist und die nicht begründete Gefahr ihrer Weitergabe besteht (sog beleidigungsfreie Sphäre). Der **Grund für eine Straflosigkeit** derartiger Äußerungen ist, dem Bedürfnis Rechnung zu tragen, einen Freiraum zu haben, in dem man sich aussprechen und seinen Emotionen freien Lauf lassen kann, ohne deswegen strafrechtliche Sanktionen befürchten zu müssen. Die beleidigungsfreie Sphäre wurde zunächst für Äußerungen im **engsten Familienkreis** geschaffen. Sie ist auf vergleichbare enge persönliche Verhältnisse (zB **engster Freundeskreis**) übertragbar, die durch eine „Schweigepflicht“ des jeweils anderen abgesichert sind und in denen typischerweise das Bedürfnis besteht, sich sanktionslos aussprechen und verbal abreagieren zu können.[82]

Wenngleich das Arbeitsverhältnis – Entsprechendes gilt auch für das Dienstverhältnis 53
– mit der Beachtung von zahlreichen Pflichten verbunden ist, so ist das Verhältnis zwischen den Vorgesetzten sowie dem Arbeitgeber und dem einzelnen Arbeitnehmer mit denen von Familienmitgliedern oder dem ähnlichen engen persönlichen Verhältnissen nicht vergleichbar. Noch weniger gilt es im Verhältnis der Beschäftigten untereinander. Selbst in **„Gefahrengemeinschaften“** (zB Beschäftigte im Bergbau), in denen der Einzelne in Gefahrensituationen auf die Hilfe anderer angewiesen ist, besteht in beleidigungsrechtlicher Hinsicht kein Band, das mit dem des engsten Familienkreises vergleichbar ist. Können die Grundsätze des engsten Familienkreises mithin nicht auf die Arbeitswelt übertragen werden, scheidet eine Qualifizierung des Arbeitsplatzes als beleidigungsfreie Sphäre aus.

4. Üble Nachrede und Verleumdung des Mobbingbetroffenen

Eine Strafbarkeit wegen **übler Nachrede** gemäß § 186 StGB kommt in Betracht, wenn 54
der Täter in Beziehung auf einen anderen eine nicht erweislich wahre Tatsache be-

81 Sa SK-StGB-Rogall, § 185 Rn. 10.
82 Schönke/Schröder-Eisele/Schittenhelm, Vor §§ 185 ff. Rn. 9 ff.

hauptet oder verbreitet, welche diesen verächtlich zu machen oder in der öffentlichen Meinung herabzuwürdigen geeignet ist. Zu beachten ist, dass die Unwahrheit der Tatsache oder deren Nichterweislichkeit eine objektive Bedingung der Strafbarkeit darstellt.[83] Qualifiziert wird die üble Nachrede, wenn die Tat öffentlich oder durch Verbreitung von Schriften (vgl. § 11 Abs. 3 StGB) begangen ist (§ 186 StGB).[84] Öffentlich ist eine üble Nachrede erfolgt, wenn sie von einem größeren, nach Zahl und Individualität unbestimmten oder durch nähere Beziehung nicht verbundenen Personenkreis unmittelbar wahrgenommen werden kann. Bei mündlichen Äußerungen müssen unbeteiligte Dritte anwesend sein. Eine schriftliche Tat ist öffentlich begangen, wenn die Möglichkeit der Kenntnisnahme durch beliebige Dritte besteht.[85] Die Verbreitung von Schriften im Sinne des § 186 StGB ist darauf gerichtet, diese ihrer Substanz nach einem größeren Personenkreis zugänglich zu machen, wobei dieser nach Zahl und Individualität unbestimmt oder jedenfalls so groß sein muss, dass er für den Täter nicht mehr kontrollierbar ist.[86]

55 Wegen **Verleumdung** gemäß § 187 StGB wird unter anderem bestraft, wer wider besseres Wissen in Beziehung auf einen anderen eine unwahre Tatsache behauptet oder verbreitet, welche diesen verächtlich zu machen oder in der öffentlichen Meinung herabzuwürdigen oder dessen Kredit zu gefährden geeignet ist. Im Unterschied zu § 186 StGB schützt § 187 StGB den tatsächlichen Geltungswert, weshalb die ehrenrührigen Tatsachenbehauptungen sowie Verbreitungen erweislich unwahr sein müssen.[87] Unwahr ist eine Behauptung, wenn sie in ihren wesentlichen Punkten falsch ist. Geringfügige Übertreibungen oder die Unrichtigkeit von Nebensächlichkeiten sind unschädlich.[88] Die Unwahrheit der behaupteten bzw. verbreiteten Tatsache ist ein Tatbestandsmerkmal und muss dem Täter bewiesen werden.[89] Sofern dies nicht möglich ist, scheidet eine Strafbarkeit gemäß § 187 StGB aus. Es kommt dann lediglich eine Bestrafung des Täters gemäß § 186 StGB in Betracht.[90]

56 Die **Tathandlung** besteht in beiden Fällen in einem Behaupten oder Verbreiten von Tatsachen – in der beschriebenen Art – in Beziehung auf einen anderen (dh die Person, um welche es geht) gegenüber einem Dritten. Tatsachen sind konkrete Vorgänge oder Zustände der Vergangenheit oder Gegenwart, die sinnlich wahrnehmbar in die Wirklichkeit getreten und damit dem Beweise zugänglich sind.[91] Da die Grenze zwischen Tatsachen und Werturteilen fließend sind, ist die Abgrenzung im Einzelfall unter Berücksichtigung des Kommunikationszusammenhangs vorzunehmen.[92] „Behaupten“ bedeutet im Sinne beider Vorschriften, etwas als nach eigener Überzeugung geschehen oder vorhanden hinzustellen, auch wenn man es von Dritten erfahren und

83 HM; vgl. Schönke/Schröder-Eisele/Schittenhelm, § 186 Rn. 10.
84 Vgl. SK-StGB-Rogall, § 186 Rn. 28.
85 Fischer, § 186 Rn. 17.
86 Schönke/Schröder-Eisele/Schittenhelm, § 186 Rn. 20.
87 Schönke/Schröder-Eisele/Schittenhelm, § 187 Rn. 1.
88 Lackner/Kühl, § 187 Rn. 1.
89 Schönke/Schröder-Eisele/Schittenhelm, § 187 Rn. 2; Fischer, § 187 Rn. 2.
90 Vgl. Fischer, § 187 Rn. 2
91 Schönke/Schröder-Eisele/Schittenhelm, § 186 Rn. 3.
92 Vgl. Lackner/Kühl, § 186 Rn. 3.

nicht selbst gesehen hat.[93] Insoweit ist auch die **Zufügung einschränkender Zusätze** (zB „wie ich glaube“ oder „wahrscheinlich“) unerheblich.[94] „Verbreiten“ im Sinne beider Vorschriften meint die Mitteilung einer ehrenrührigen Tatsache als Gegenstand fremden Wissens und fremder Überzeugung durch die Weitergabe von wirklichen oder angeblichen Tatsachenbehauptungen anderer, die sich der Täter nicht selbst zu eigen macht und für deren Richtigkeit er daher auch nicht eintritt.[95] Die behauptete bzw. verbreitete Tatsache muss geeignet sein, den Betroffenen verächtlich zu machen oder in der öffentlichen Meinung herabzuwürdigen. Beide Alternativen erfassen alle Aspekte des Ehrbegriffs, wobei Ersterer mehr auf die sittlich-personale, Letzterer mehr auf die soziale Komponente hindeutet.[96]

Beispiel für eine üble Nachrede: Rudi Rüpel erzählt in der Kantine, dass Marion Müller – was nachweislich nicht der Fall ist – außerhalb ihrer Arbeitszeit als Prostituierte tätig sei. Er will sein Wissen von einem Arbeitskollegen erfahren haben; ob dies der Wahrheit entspricht, ist ihm nicht bekannt. 57

Beispiel für eine Verleumdung: Rudi Rüpel erzählt in der Kantine, dass Marion Müller außerhalb ihrer Arbeitszeit der Prostitution nachgehe. Er weiß, dass dies nicht stimmt und er seiner Arbeitskollegin mit seinem Gerede Schaden zufügt. 58

5. Beleidigung des Mobbingbetroffenen trotz Wahrheitsbeweises

Der Beweis der Wahrheit der behaupteten oder verbreiteten Tatsache schließt die Bestrafung nach § 185 StGB nicht aus, wenn das Vorhandensein einer Beleidigung aus der Form der Behauptung oder Verbreitung oder aus den Umständen, unter welchen sie geschah, hervorgeht (sog Beleidigung trotz Wahrheitsbeweises).[97] § 192 StGB gilt für alle Beleidigungsdelikte, die durch eine Behauptung von Tatsachen begangen werden können, mithin für die §§ 185, 186 und 187 StGB.[98] Erforderlich, aber auch ausreichend ist für eine **Tatbestandsverwirklichung**, dass durch die Form oder Begleitumstände eine selbstständige, durch die wahren Tatsachen nicht mehr gedeckte beleidigende Wertung zum Ausdruck gebracht wird. Dies kann unter anderem bei der Veröffentlichung einer wahren ehrenrührigen Tatsache, obwohl daran kein Interesse besteht, sowie bei der Reaktualisierung einer länger zurückliegenden ehrenrührigen Tatsache der Fall sein.[99] 59

Beispiel für eine Beleidigung trotz Wahrheitsbeweises: Max Müller ist vor einiger Zeit wegen falscher uneidlicher Aussage (vgl. § 153 StGB) verurteilt worden. Rudi Rüpel erzählt dies in der Kantine. Er endet stets mit den folgenden Worten: „Wer einmal lügt, der lügt immer; und wer lügt, der ist auch noch zu ganz anderen Sachen fähig. Denkt doch einmal an die von seinem Lkw abhanden gekommenen Akku-Schrauber. Ausgerechnet den wollt ihr in den Betriebsrat wählen?“ 60

93 Fischer, § 186 Rn. 8.
94 Fischer, § 186 Rn. 8.
95 Schönke/Schröder-Eisele/Schittenhelm, § 186 Rn. 8.
96 Schönke/Schröder-Eisele/Schittenhelm, § 186 Rn. 5, § 187 Rn. 3.
97 Schönke/Schröder-Eisele/Schittenhelm, § 192 Rn. 1.
98 Fischer, § 192 Rn. 1.
99 Schönke/Schröder-Eisele/Schittenhelm, § 192 Rn. 2.

6. Diebstahl zulasten des Mobbingbetroffenen

61 Oftmals ist es ein Leichtes, am Arbeitsplatz bei passender Gelegenheit Sachen zu entwenden, die dem Mobbingbetroffenen gehören. Kaum ein Beschäftigter wird damit rechnen, von seinen Arbeitskollegen oder Vorgesetzten bestohlen zu werden. So ist es auch nicht verwunderlich, dass Maßnahmen zum Schutze des Eigentums regelmäßig erst ergriffen werden, nachdem etwas abhandengekommen ist.

62 **Tatobjekt** des Diebstahls ist gemäß § 242 Abs. 1 StGB eine fremde bewegliche Sache; mithin sind es körperliche Gegenstände (vgl. § 90 BGB), wobei ihr Aggregatzustand (fest, flüssig, gasförmig) unerheblich ist. Beweglich sind diese, wenn sie tatsächlich fortbewegt werden können, fremd, wenn sie zumindest auch im Eigentum eines anderen stehen, somit sich weder im Alleineigentum des Täters befinden noch herrenlos oder eigentumsunfähig sind.[100]

63 Die **Tathandlung** besteht in der Wegnahme der Sache durch den Bruch fremden und der Begründung neuen (regelmäßig eigenen) Gewahrsams.[101] Unter dem Gewahrsam wird ein tatsächliches Herrschaftsverhältnis zwischen einer Person und einer Sache verstanden, das von einem (natürlichen) Herrschaftswillen getragen ist.[102] Ein tatsächliches Herrschaftsverhältnis besteht, wenn der unmittelbaren Verwirklichung des Einwirkungswillens auf die Sache keine Hindernisse entgegenstehen.[103] Fremder Gewahrsam wird gebrochen, wenn ihn der Täter nicht ausschließlich selbst hat.[104] Für den Bruch fremden Gewahrsams ist erforderlich, dass die tatsächliche Herrschaftsmacht ohne den Willen des bisherigen Gewahrsamsinhabers oder einer zur Disposition über den Gewahrsam befugten Person gebrochen wird, für die Begründung neuen Gewahrsams, die Ergreifung des Gegenstandes durch den Täter.[105]

64 Nimmt der Mobber dem Mobbingbetroffenen eine Sache in der Weise weg, dass dieser darauf keinen Zugriff mehr hat, dann ist eine Diebstahlshandlung begangen.

65 **Beispiel für eine Diebstahlshandlung am Arbeitsplatz:** Rudi Rüpel entnimmt der auf dem Schreibtisch seiner Arbeitskollegin liegenden Geldbörse Geld und steckt dieses ein.

66 Der Diebstahl ist auf die rechtswidrige **Zueignung der Sache** gerichtet. Die Zueignung besteht in der Begründung des Eigenbesitzes unter Ausschluss des Berechtigten mit dem Willen, wie ein Eigentümer über die Sache zu verfügen.[106] Dazu genügt das Zueignen der Sache selbst oder ihres wirtschaftlichen Wertes.[107] Erforderlich ist der Ausschluss des Berechtigten von dem Genuss des Wertes bzw. der Substanz der Sache im Sinne einer **dauernden Nachteilswirkung** für den Eigentümer.[108] Diese fehlt beispielsweise, wenn der Täter dem Eigentümer die Sache zurückgibt, ohne zwischenzeitlich den wirtschaftlichen Wert der Sache geschmälert zu haben. Entsprechendes

100 Vgl. Lackner/Kühl, § 242 Rn. 2 ff.
101 HM; vgl. Lackner/Kühl, § 242 Rn. 8.
102 HM; vgl. Lackner/Kühl, § 242 Rn. 8 a.
103 HM; vgl. Schönke/Schröder-Bosch, § 242 Rn. 25.
104 Schönke/Schröder-Bosch, § 242 Rn. 32.
105 Schönke/Schröder-Bosch, § 242 Rn. 35, 37.
106 Vgl. Lackner/Kühl, § 242 Rn. 21.
107 Schönke/Schröder-Bosch, § 242 Rn. 47.
108 HM; vgl. Lackner/Kühl, § 242 Rn. 21.

gilt, wenn der Täter die Sache zerstört, sofern dies nicht mit dem Ziel der Erlangung eines wirtschaftlichen Wertes für den Täter erfolgt.[109] Die **Zueignung** muss objektiv rechtswidrig sein. Dies ist dann der Fall, wenn der Täter in einer vom Recht nicht zugelassenen Weise in die Eigentumsordnung durch Zueignung der Sache eingreift, die (erstrebte) Zueignung der materiellen Eigentumsordnung widerspricht.[110]

Abgesehen von den Fällen, in denen der Mobber dem Mobbingbetroffenen eine Sache aus Spaß wegnimmt, um sie diesem später zurückzugeben, oder etwa die Aktentasche des Mobbingbetroffenen nimmt, um diese in die Müllpresse zu werfen, dürfte es im Zusammenhang mit Mobbing grundsätzlich keine Probleme bei der Bejahung der rechtswidrigen Zueignung einer dem Mobbingbetroffenen weggenommenen Sache geben, so dass der Mobber im konkreten Fall ohne Weiteres den objektiven Tatbestand des Diebstahls verwirklichen kann. 67

7. Sachbeschädigung zulasten des Mobbingbetroffenen

In einem relativ großen Umfang dürften Sachbeschädigungen auf Mobbing zurückzuführen sein. Im Vergleich zu der Möglichkeit, einen Diebstahl am Arbeitsplatz zu begehen, finden sich hierzu noch viel leichter passende Situationen, dem Mobbingbetroffenen Schaden zuzufügen. Zu denken ist etwa an das Zerschneiden von Büropflanzen, das scheinbar unbeabsichtigte Verschütten eines Getränks auf ein Kleidungsstück oder das Hineinwerfen einer Tasche in die Müllpresse. 68

Das Strafgesetzbuch sanktioniert derartige Verhaltensweisen. Gemäß § 303 Abs. 1 StGB wird bestraft, wer rechtswidrig eine fremde Sache beschädigt oder zerstört. Die versuchte Sachbeschädigung ist zudem nach § 303 Abs. 3 StGB strafbar. 69

Tatobjekt sind ausschließlich bewegliche sowie unbewegliche körperliche Gegenstände,[111] ohne dass diese einen Vermögenswert haben müssen.[112] Fremd ist eine solche Sache, wenn sie im fremden (Mit-)Eigentum des Opfers steht.[113] Beschädigt ist sie, sofern der Täter ihre Substanz nicht unerheblich verletzt oder auf sie körperlich derart einwirkt, dass dadurch ihre bestimmungsmäßige Brauchbarkeit nicht nur geringfügig beeinträchtigt oder ihr Zustand mehr als nur belanglos verändert wird.[114] Eine **Substanzverletzung** ist nicht zwingend erforderlich.[115] Zerstört ist eine Sache, wenn sie so wesentlich beschädigt wurde, dass sie für ihren Zweck völlig unbrauchbar wird; wobei die teilweise Zerstörung – gemeint ist die funktionelle Ausschaltung eines wesentlichen Teils – genügt.[116] 70

Beispiel für eine Sachbeschädigung: Rudi Rüpel hat sich über seinen Arbeitskollegen Max Müller geärgert. Nach Beendigung der Schicht kommt er auf dem Parkplatz zufällig an 71

109 Lackner/Kühl, § 242 Rn. 21.
110 HM; vgl. Schönke/Schröder-Bosch, § 242 Rn. 59; Lackner/Kühl, § 242 Rn. 27.
111 Fischer, § 303 Rn. 2.
112 Fischer, § 303 Rn. 3.
113 Schönke/Schröder-Hecker, § 303 Rn. 6.
114 Schönke/Schröder-Hecker, § 303 Rn. 8; Fischer, § 303 Rn. 6; BGH 12.2.1998 – 4 StR 428/97 – BGHSt 44, 34 (38).
115 Schönke/Schröder-Hecker, § 303 Rn. 11; BGH 12.2.1998 – 4 StR 428/97 – BGHSt 44, 34 (38).
116 Fischer, § 303 Rn. 14; Schönke/Schröder-Hecker, § 303 Rn. 14.

dessen PKW vorbei, nutzt die Gelegenheit und zieht seinen Wagenschlüssel, den er in der Hand hält, über den Lack des PKW. Tiefe Kratzer sind die Folge.

8. Datenveränderung

72 Nahezu jeder Büroarbeitsplatz ist mit einem **Computer** ausgestattet. Was liegt näher, als diesen für Mobbinghandlungen zu verwenden. Denkbar sind zahlreiche Varianten: Sofern der Bildschirmschoner mit ehrverletzenden Worten versehen wird, kommt eine Strafbarkeit wegen Beleidigung gemäß § 185 StGB in Betracht (→ Rn. 45 ff.). Wie verhält es sich aber, wenn beispielsweise Daten gelöscht werden oder der Zugriff auf den Computer versperrt wird?

73 In Ergänzung zu § 303 StGB erstreckt § 303 a StGB den Strafschutz vor Beschädigung und Zerstörung auf nicht unmittelbar wahrnehmbar gespeicherte personen- sowie vermögensbezogene Daten.[117] Wegen Datenveränderung wird gemäß § 303 a Abs. 1 StGB bestraft, wer rechtswidrig Daten löscht, unterdrückt, unbrauchbar macht oder verändert.

74 Der **Tatbestand** des § 303 a StGB ist auf Daten beschränkt, an denen und an deren Unversehrtheit ein anderer ein unmittelbares Interesse besitzt, das in einer eigentümerähnlichen Stellung und der damit verbundenen Verfügungsberechtigung zu erblicken ist. Eine Rechtsposition, die allein aus dem Persönlichkeitsrecht hervorgeht, genügt nicht.[118] **Daten** im Sinne des § 303 a Abs. 1 StGB sind gemäß der Legaldefinition in § 202 a Abs. 2 StGB nur solche, die elektronisch, magnetisch oder sonst nicht unmittelbar wahrnehmbar gespeichert sind oder übermittelt werden.

75 **Gelöscht** sind Daten, wenn sie vollständig und unwiederbringlich unkenntlich gemacht wurden, sich mithin nicht mehr wiederherstellen lassen und damit für immer gänzlich verloren sind. **Unterdrückt** werden Daten, wenn sie dem Zugriff des Verfügungsberechtigten auf Dauer oder zeitweilig entzogen werden und deshalb von diesem nicht mehr verwendet werden können. Von einem **Unbrauchbarmachen** im Sinne der Vorschrift ist zu sprechen, wenn Daten in ihrer Gebrauchsfähigkeit so beeinträchtigt werden, dass sie nicht mehr ordnungsgemäß verwendet werden können und damit ihren bestimmungsmäßigen Zweck nicht mehr zu erfüllen vermögen. **Verändert** werden Daten, wenn sie einen anderen Informationsgehalt erhalten und dadurch der ursprüngliche Verwendungszweck beeinträchtigt wird.[119] Wichtig ist zu bedenken, dass das Löschen usw mehrerer Daten in einem Arbeitsvorgang nur **eine Tat** darstellt, wobei kurzzeitige Unterbrechungen des Arbeitsvorgangs unschädlich sind.[120]

76 **Beispiele für Datenveränderungen:**

- Rudi Rüpel entfernt Daten von dem Computer seines Arbeitskollegen.
- Rudi Rüpel „versteckt“ unauffindbar Daten auf dem Computer von Marion Müller.

117 Sa Schönke/Schröder-Hecker, § 303 a Rn. 1.
118 Schönke/Schröder-Hecker, § 303 a Rn. 3.
119 Schönke/Schröder-Hecker, § 303 a Rn. 5 ff.
120 Schönke/Schröder-Hecker, § 303 a Rn. 14.

- Rudi Rüpel verändert die Daten auf dem Computer seines Arbeitskollegen, so dass diese nicht mehr verwendet werden können.
- Rudi Rüpel manipuliert die Zugangsberechtigung. Marion Meier kann daher nicht mehr auf ihre Computerdaten zurückgreifen.

Gelingt die Tatvollendung nicht, etwa weil sich der Mobber bei der Manipulation der Zugangsberechtigung beobachtet fühlt und sein Vorhaben deshalb vor der Speicherung der Änderung abbricht, so kommt eine Strafbarkeit wegen versuchter Datenveränderung gemäß § 303 a Abs. 2 StGB in Betracht. 77

9. Straftaten gegen Betriebsverfassungsorgane und ihre Mitglieder

Dass Mitglieder der betrieblichen Interessenvertretung Mobbing ausgesetzt sein können, liegt auf der Hand. Oftmals sind es die **Vorgesetzten,** die Mobbing betreiben, weil sie zum Beispiel kein Verständnis dafür haben, dass ihr Mitarbeiter den Arbeitsplatz verlässt, um Betriebsrats- bzw. Personalratsarbeit zu verrichten. Daneben können die Kollegen am Arbeitsplatz sowie die übrigen Mitglieder im Betriebs- bzw. Personalrat als Mobber in Erscheinung treten. 78

Während dem **Personalvertretungsrecht** eine Strafbarkeit des Mobbers für Handlungen, die sich gegen die Organe der Interessenvertretungen und ihre Mitglieder richten, fremd ist, enthält das **Betriebsverfassungsgesetz** in § 119 Abs. 1 eine Strafandrohung. Danach wird bestraft, wer 79

- eine **Wahl** des Betriebsrats, der Jugend- und Auszubildendenvertretung, der Bordvertretung, des Seebetriebsrats oder der in § 3 Abs. 1 Nr. 1 bis 3 oder 5 BetrVG bezeichneten Vertretungen der Arbeitnehmer behindert oder durch Zufügung oder Androhung von Nachteilen oder durch Gewährung oder Versprechen von Vorteilen beeinflusst,
- die **Tätigkeit** des Betriebsrats, des Gesamtbetriebsrats, des Konzernbetriebsrats, der Jugend- und Auszubildendenvertretung, der Gesamt-Jugend- und Auszubildendenvertretung, der Konzern-Jugend- und Auszubildendenvertretung, der Bordvertretung, des Seebetriebsrats, der in § 3 Abs. 1 BetrVG bezeichneten Vertretungen der Arbeitnehmer, der Einigungsstelle, der in § 76 Abs. 8 BetrVG bezeichneten tariflichen Schlichtungsstelle, der in § 86 BetrVG bezeichneten betrieblichen Beschwerdestelle oder des Wirtschaftsausschusses behindert oder stört oder
- ein **Mitglied** oder ein Ersatzmitglied des Betriebsrats, des Gesamtbetriebsrats, des Konzernbetriebsrats, der Jugend- und Auszubildendenvertretung, der Gesamt-Jugend- und Auszubildendenvertretung, der Konzern-Jugend- und Auszubildendenvertretung, der Bordvertretung, des Seebetriebsrats, der in § 3 Abs. 1 BetrVG bezeichneten Vertretungen der Arbeitnehmer, der Einigungsstelle, der in § 76 Abs. 8 BetrVG bezeichneten Schlichtungsstelle, der in § 86 BetrVG bezeichneten betrieblichen Beschwerdestelle oder des Wirtschaftsausschusses um seiner Tätigkeit willen oder eine Auskunftsperson nach § 80 Abs. 2 Satz 4 BetrVG um ihrer Tätigkeit willen benachteiligt oder begünstigt.

80 **Täter** im Sinne dieser Vorschrift kann jedermann sein (zB Arbeitnehmer, Vorgesetzter, Betriebsfremde).[121] Da es sich bei § 119 Abs. 1 BetrVG um ein schlichtes Tätigkeitsdelikt handelt, ist die Tat bereits dann vollendet, wenn ein Tun festgestellt werden kann, das als Beeinflussung, Behinderung, Störung, Benachteiligung oder Begünstigung zu qualifizieren ist.[122]

a) Wahlbehinderung und Wahlbeeinflussung

81 Eine Wahlbehinderung im Sinne des § 119 Abs. 1 Nr. 1 BetrVG liegt bereits dann vor, wenn das **allgemeine Verbot der Behinderung der Betriebsratswahl** (vgl. § 20 BetrVG), der Wahl der Jugend- und Auszubildendenvertretung (vgl. § 63 Abs. 2 Satz 2 BetrVG iVm § 20 BetrVG), der Wahl der Bordvertretung (vgl. §§ 114, 115 BetrVG iVm § 20 BetrVG) sowie der Wahl des Seebetriebsrats (vgl. §§ 114, 116 BetrVG iVm § 20 BetrVG) missachtet wird.[123] Der **Begriff der Wahl** ist in einem weiten Sinne zu verstehen, so dass auch vorbereitende Maßnahmen (zB die Durchführung einer Betriebsversammlung zur Wahl des Wahlvorstandes gemäß § 17 Abs. 2 Satz 1 BetrVG) durch § 119 Abs. 1 Nr. 1 BetrVG geschützt sind.[124] Neben der Wahlbehinderung durch positives Tun kann diese auch durch Unterlassen erfolgen, sofern den Täter eine Rechtspflicht zum Handeln trifft.[125]

82 **Beispiel für eine Wahlbehinderung:** Rudi Rüpel behindert die Durchführung der Betriebsratswahl, indem er die Wahlurne mit den sich darin befindlichen Stimmzetteln verbrennt.

83 Eine Wahlbeeinflussung im Sinne des § 119 Abs. 1 Nr. 1 BetrVG ist gegeben, wenn in sittlich anstößiger Weise versucht wird, das Wahlergebnis in eine ganz bestimmte Richtung zu lenken.[126]

84 **Beispiel für eine Wahlbeeinflussung:** Der Geschäftsführer richtet ein Schreiben an seine Beschäftigten, in dem er mitteilt, dass sie ab sofort leitende Angestellte und daher verpflichtet seien, beim Wahlvorstand Einspruch gegen ihre Eintragung in die Wählerliste zu erheben.

b) Behinderung und Störung der Betriebsratsarbeit

85 § 119 Abs. 1 Nr. 2 BetrVG schützt die Tätigkeit der in dieser Vorschrift genannten Organe der Betriebsverfassung und stellt deren Behinderung oder Störung unter Strafe. Strafbar ist **jeder Eingriff** in die Tätigkeit dieser Organe, der eine Behinderung oder Störung darstellt.[127] Die Verwirklichung des Straftatbestands kann sowohl durch aktives Tun als auch durch Unterlassen erfolgen; Letzteres allerdings nur, wenn den Täter eine Rechtspflicht zum Handeln trifft.[128]

121 HM; vgl. Fitting, § 119 Rn. 1; HaKo-BetrVG/Zwiehoff, § 119 Rn. 1.
122 DKKW-Trümner, § 119 Rn. 2.
123 DKKW-Trümner, § 119 Rn. 5.
124 Vgl. HaKo-BetrVG/Zwiehoff, § 119 Rn. 2.
125 Richardi/Annuß, § 119 Rn. 14.
126 DKKW-Trümner, § 119 Rn. 9.
127 Richardi/Annuß, § 119 Rn. 20.
128 DKKW-Trümner, § 119 Rn. 14.

Beispiel für eine Behinderung und Störung der Betriebsratsarbeit: Auf den Betriebsversammlungen wird jeder Redebeitrag des Betriebsratsvorsitzenden von einem Teil der Belegschaft niedergebrüllt, so dass er über die Tätigkeit des Betriebsrats nicht berichten kann. 86

Das ständige Unterbrechen des Betriebsratsvorsitzenden stört die Betriebsversammlung und behindert ihn bei der Ausübung seiner Betriebsratstätigkeit. Auch wenn er die Tätigkeitsberichte für den Betriebsrat in seiner Eigenschaft als Betriebsratsvorsitzender erstattet, so kommt ihm deswegen nicht die Stellung eines betriebsverfassungsrechtlichen Organs zu. Wer zu diesem Kreis gehört, ist in § 119 Abs. 1 Nr. 2 BetrVG abschließend geregelt. Damit wäre eine Strafbarkeit der Störer nach dieser Vorschrift ausgeschlossen. Dies würde dazu führen, dass die Täter ihre Handlungen gezielt niemals gegen ein betriebsverfassungsrechtliches Organ, sondern ausschließlich gegen dessen Mitglieder richten würden. Um zu vermeiden, dass die Vorschrift ins Leere läuft, bedient sich das Schrifttum[129] einer **„Brücke"**, indem es in der Behinderung oder Störung eines Organmitglieds bei der Ausübung seiner Amtstätigkeit zugleich eine Behinderung bzw. Störung der Organtätigkeit sieht. Folglich wird der Betriebsrat durch die Behinderung seines Vorsitzenden ebenfalls behindert, so dass der Straftatbestand des § 119 Abs. 1 Nr. 2 BetrVG in dem vorgenannten Beispiel (→ Rn. 86) als erfüllt zu betrachten ist. 87

c) Benachteiligung und Begünstigung

§ 119 Abs. 1 Nr. 3 BetrVG schützt die Betätigung von Mitgliedern der in dieser Vorschrift genannten betriebsverfassungsrechtlichen Organe in dem Sinne, dass diese nicht um ihrer Tätigkeit willen benachteiligt oder begünstigt werden dürfen.[130] Unter der Benachteiligung wird diesbezüglich jede tatsächliche, persönliche oder wirtschaftliche Schlechterstellung der durch diese Vorschrift geschützten Person im Vergleich zu anderen Personen verstanden, die nicht aus sachlichen oder in der Person des Betroffenen liegenden Gründen, sondern um seiner Tätigkeit innerhalb des betriebsverfassungsrechtlichen Organs willen erfolgt.[131] Die Begünstigung im Sinne dieser Regelung lässt sich mit einem Umkehrschluss zur Benachteiligung erschließen: Begünstigung ist jede tatsächliche, persönliche sowie wirtschaftliche Schlechterstellung der durch § 119 Abs. 1 Nr. 3 BetrVG geschützten Person im Vergleich zu anderen Personen, die nicht aus sachlichen oder in der Person des Betroffenen liegenden Gründen, sondern um seiner Tätigkeit innerhalb des betriebsverfassungsrechtlichen Organs willen erfolgt. 88

Eine Begünstigung des Mobbingbetroffenen dürfte in der betrieblichen Praxis kaum vorkommen. Eher wird von einer Benachteiligung seiner Person auszugehen sein. 89

Beispiel für eine Benachteiligung: Der Geschäftsführer schikaniert die Betriebsratsvorsitzende, um diese zur Niederlegung ihres Amtes zu bewegen. Hierzu zählen unter anderem die Verweigerung von Urlaub und der Zahlung tariflicher Sonderleistungen sowie eine Auszahlung des Gehalts nach Lust und Laune. 90

129 GK-Oetker, § 119 Rn. 32 mwN.
130 DKKW-Trümner, § 119 Rn. 17.
131 DKKW-Trümner, § 119 Rn. 18.

10. Kausalzusammenhang zwischen der Handlung des Mobbers und der Verwirklichung des Straftatbestandes sowie Zurechenbarkeit des tatbestandlichen Erfolges

91 Neben der Verwirklichung eines Straftatbestands ist weiter erforderlich, dass ein kausaler Zusammenhang zwischen der Handlung des Täters sowie der Tatbestandsverwirklichung besteht und dem Täter der tatbestandliche Erfolg zugerechnet werden kann.[132] Dieses Strafbarkeitserfordernis gilt bei den **Erfolgsdelikten** – bei Straftaten, deren Tatbestand ein Tun beschreibt, das einen bestimmten Erfolg auslöst, der noch nicht in der Handlung selbst eingeschlossen ist.[133] Hierzu zählen die (fahrlässige) Körperverletzung (im Amt; §§ 223, 229, 340 StGB), die Nötigung (§ 240 StGB), die Sachbeschädigung (§ 303 StGB) sowie die Datenveränderung (§ 303 a StGB).[134]

92 Bei den **(schlichten) Tätigkeitsdelikten** stellt sich dieses Erfordernis nicht. Es handelt sich hierbei um Straftaten, deren Tatbestand ein schlichtes Handeln beschreibt, zu dem ein über dieses Handeln hinausgehender Erfolg nicht hinzuzutreten braucht (zB Beleidigung, Diebstahl).[135] Auch die Straftaten gegen Betriebsverfassungsorgane und ihre Mitglieder (§ 119 BetrVG) gehören hierzu, so dass eine Tatvollendung bereits dann vorliegt, wenn der Täter ein Verhalten an den Tag gelegt hat, das als Behinderung, Beeinflussung, Störung etc zu qualifizieren ist.[136]

93 Während es bei den „klassischen“ Tathandlungen der Körperverletzung (zB das Zufügen einer Stichwunde mit einem Messer) regelmäßig kein Problem darstellen wird, den Kausalzusammenhang zwischen der Handlung des Mobbers und der Körperverletzung beim Mobbingbetroffenen zu begründen und dem Mobber den tatbestandlichen Erfolg seines Tuns zuzurechnen, scheint dies bei solchen Gesundheitsschädigungen zweifelhaft, die nicht auf einer konkreten einzelnen Handlung beruhen, sondern sich erst aus dem Zusammenwirken verschiedener Mobbinghandlungen ergeben, wie es etwa bei Depressionen oftmals der Fall ist.

94 Nach der im Strafrecht vorherrschenden **Äquivalenztheorie** ist als Ursache jede Bedingung eines Erfolges anzusehen, die nicht hinweggedacht werden kann, ohne dass der konkrete Erfolg entfiele. Als Ursache gilt jede condicio sine qua non, dh jede Bedingung, ohne welche der Erfolg nicht eingetreten wäre.[137] Insoweit genügt, dass die Handlung mitursächlich für den Erfolg gewesen ist.[138] Allerdings ist ein tatbestandlicher Erfolg dem Täter nur dann zuzurechnen, wenn das durch ihn verursachte Verhalten eine rechtlich missbilligte Gefahr für den Erfolgseintritt geschaffen und sich diese Gefahr in dem konkreten Erfolg realisiert hat.[139] Ist nicht aufzuklären, ob der tatbestandliche Erfolg durch die eine oder andere Handlung des Täters verursacht wurde, steht der Grundsatz in dubio pro reo einer Zurechnung entgegen. Entspre-

132 HM; vgl. statt vieler Wessels/Beulke, § 6.I.
133 Vgl. Fischer, Vor § 13 Rn. 20.
134 Vgl. Fischer, Vor § 13 Rn. 18.
135 Vgl. Fischer, Vor 13 Rn. 18; Wessels/Beulke, § 1.II.2.b).
136 DKKW-Trümner, § 119 Rn. 2.
137 Vgl. statt vieler Fischer, Vor § 13 Rn. 21; sa BGH 27.11.1951 – 1 StR 303/51 – BGHSt 2, 20 (24).
138 Wessels/Beulke, § 6.II.2.b).
139 Wohl hM; vgl. Lackner/Kühl, Vor § 13 Rn. 14.

chendes gilt, wenn mehrere Täter handeln und nicht geklärt werden kann, welcher der Täter die den tatbestandlichen Erfolg verursachende Handlung begangen hat.[140]

Wenn beispielsweise ein Vorgesetzter eine Mitarbeiterin ständig schikaniert, ungerechtfertigt auf angebliche, in Wirklichkeit jedoch nicht begangene Fehler hinweist, sie insgesamt ungerecht behandelt und bei den anderen Arbeitskollegen bloßstellt, dann wird diese erkranken. Wird zu einem bestimmten Zeitpunkt das Vorliegen einer **Körperverletzung** festgestellt, so stellt sich die Frage, welche der vielen einzelnen Handlungen, die der Mitarbeiterin zugefügt worden sind, genau den tatbestandlichen Erfolg herbeigeführt hat bzw. welche Angriffe für die Verletzung des Körpers bedeutungslos sind. Diese Frage dürfte nur äußerst schwer zu beantworten sein. Gleiches gilt für die Klärung der Frage, ob einzelne Handlungen mitursächlich für eine Körperverletzung gewesen sind. Schließlich ist nicht auszuschließen, dass gerade die Mobbinghandlung, die dem Mobber konkret vorgehalten wird, für die Körperverletzung ohne Belang – mithin nicht mitursächlich – war. Dieser Umstand dürfte dazu führen, dass es oftmals nicht gelingen wird, den erforderlichen Kausalzusammenhang begründen zu können. Vergleichbares gilt, wenn mehrere Mobber losgelöst voneinander Mobbinghandlungen in der geschilderten Art begehen. Es stellt sich dann die Frage, wer von ihnen die die Körperverletzung verursachende Mobbinghandlung begangen hat. 95

Im Rahmen des § **240 StGB** (Nötigung) muss zwischen dem Nötigungsmittel und dem Nötigungserfolg ein Kausalzusammenhang bestehen; dh das abgenötigte Verhalten muss die spezifische und unmittelbare Folge des angewandten Zwangsmittels sein.[141] 96

Beispiel für das Vorliegen eines Kausalzusammenhangs: Max Meier verzichtet nur deshalb auf seine Kandidatur zum Personalrat, weil Rudi Rüpel unmissverständlich zu verstehen gegeben hat, dass er ihn „fertig mache", falls sich Max Meier für die anstehende Personalratswahl aufstellen lasse. 97

Bei der **Sachbeschädigung** (§ 303 StGB) sowie der **Datenveränderung** (§ 303 a StGB) dürften sich in der Regel keine Probleme hinsichtlich der Kausalität sowie der Zurechenbarkeit ergeben, da die Sachbeschädigung bzw. die eingetretene Datenveränderung ohne die Handlungen des Mobbers nicht erfolgt wäre. 98

11. Vorsätzliche und fahrlässige Tatbegehung

Gemäß § 15 StGB ist die Strafbarkeit grundsätzlich an die Voraussetzung geknüpft, dass der Täter vorsätzlich gehandelt hat: „Strafbar ist nur vorsätzliches Handeln, wenn nicht das Gesetz fahrlässiges Handeln ausdrücklich mit Strafe bedroht". Diese Einschränkung trifft mit Ausnahme der Körperverletzung, die auch fahrlässig begangen werden kann (vgl. § 229 StGB), auf alle anderen in diesem Kapitelabschnitt angesprochenen Straftaten zu. 99

140 Vgl. BGH 29.6.1983 – 2 StR 150/83 – BGHSt 32, 25 (27).
141 Schönke/Schröder-Eisele, § 240 Rn. 14.

100 Vorsatz im Sinne des § 15 StGB:[142]

Vorsätzlich handelt, wer die Tatbestandsverwirklichung nicht erstrebt oder als sicher voraussieht, sondern nur für möglich hält (sog Eventualvorsatz, dolus eventualis) oder die Tatbestandsverwirklichung als erstrebenswert in seinen Willen aufgenommen hat (sog direkter Vorsatz, dolus directus, in der Form der Absicht) bzw. weiß oder als sicher annimmt, dass sein Verhalten die Voraussetzungen eines Strafgesetzes erfüllt (sog direkter Vorsatz, dolus directus, in der Form des sicheren Wissens um eine Tatbestandsverwirklichung).

101 Fahrlässigkeit im Sinne des § 15 StGB:[143]

Fahrlässig handelt, wer die Sorgfalt, zu der er nach den Umständen und nach seinen persönlichen Fähigkeiten und Kenntnissen verpflichtet und imstande ist, außer Acht lässt und infolgedessen die Tatbestandsverwirklichung nicht voraussieht (sog unbewusste Fahrlässigkeit) bzw. die Möglichkeit einer Tatbestandsverwirklichung erkennt und mit einer solchen nicht einverstanden ist, aber dennoch entgegen seiner Einsicht handelt (sog bewusste Fahrlässigkeit).

102 Soweit es die vorsätzliche **Körperverletzung** betrifft, muss der Vorsatz die Handlung und das Bewusstsein umfassen, durch diese das Wohlbefinden des Körpers oder dessen Unversehrtheit zu beeinträchtigen oder die Gesundheit zu schädigen, wobei bedingter Vorsatz genügt.[144] Nimmt der Täter irrig Umstände an, die einen Rechtfertigungsgrund begründen würden, kommt lediglich eine Bestrafung wegen fahrlässiger Körperverletzung in Betracht.[145] Für die Körperverletzung im Amt (§ 340 StGB) genügt bedingter Vorsatz.[146] Sofern die Körperverletzung im Amt fahrlässig begangen wurde, findet § 229 StGB gemäß § 340 Abs. 3 StGB Anwendung.

103 Hinsichtlich der **Nötigung** (§ 240 StGB) genügt bedingter Vorsatz, der die Kenntnis des Täters, mit Gewalt bzw. durch Drohung mit einem empfindlichen Übel das Verhalten einer anderen Person zu erzwingen sowie den Willen zu diesem Zwang, und die Kenntnis der Umstände, die das Übel als empfindlich und das Vorgehen des Täters als verwerflich sowie rechtswidrig erscheinen lassen – nicht jedoch das Bewusstsein der Rechtswidrigkeit –, umfassen muss.[147]

104 Die §§ 185 ff. StGB erfordern ein vorsätzliches Handeln des Täters, wobei in allen Fällen bedingter Vorsatz genügt. Bei der

- **Beleidigung** muss er das Bewusstsein umfassen, dass die Äußerung nach ihrem objektiven Sinn eine Missachtung darstellt, ferner die Wahrnehmung durch einen anderen;[148]
- **üblen Nachrede** hat er sich auf die Ehrenrührigkeit der Tatsache, dass sie der Täter behauptet bzw. verbreitet und dass die Äußerung unmittelbar an einen Dritten gelangt, zu beziehen;[149]

---

142 Vgl. Schönke/Schröder-Sternberg-Lieben/Schuster, § 15 Rn. 65 ff.; Fischer, § 15 Rn. 2 ff.
143 Vgl. Fischer, § 15 Rn. 12 ff.
144 Fischer, § 223 Rn. 52.
145 Fischer, § 223 Rn. 53.
146 Fischer, § 340 Rn. 3; Schönke/Schröder-Hecker, § 340 Rn. 7.
147 Fischer, § 240 Rn. 53 f.
148 Fischer, § 185 Rn. 17.
149 Fischer, § 186 Rn. 13.

- **Verleumdung** muss hinsichtlich der Unwahrheit der Tatsache das bestimmte Wissen hinzukommen;[150]
- **Beleidigung trotz Wahrheitsbeweis** muss er sich darauf erstrecken, dass Form und Umstände der Kundgabe trotz des Wahrheitsbeweises ehrverletzend sind.[151]

Beim **Diebstahl** (§ 242 StGB) muss sich der Vorsatz auf die Verletzung fremden Gewahrsams und fremden Eigentums sowie auf die Begründung neuen Gewahrsams und eigener Zueignung richten. Weiter muss der Täter schon im Zeitpunkt der Wegnahme die Absicht der Zueignung haben, wobei unter der Absicht der Wille zur Herstellung der Eigentümerposition zu verstehen ist. Insoweit genügt ein bedingter Vorsatz nicht.[152] 105

Strafbar ist nur die vorsätzliche **Sachbeschädigung** (§ 303 StGB). Insoweit hat der Täter vorsätzlich zu handeln, wobei er das Bewusstsein haben muss, eine fremde Sache zu beschädigen bzw. zu zerstören.[153] Die **Datenveränderung** (§ 303 a StGB) erfordert ebenfalls ein vorsätzliches Handeln, wobei bedingter Vorsatz genügt, der sich allerdings auf alle Merkmale des Tatbestandes beziehen muss.[154] 106

Letztendlich ist auch bei den **Straftaten gegen Betriebsverfassungsorgane und ihre Mitglieder** (§ 119 Abs. 1 BetrVG) Vorsatz erforderlich.[155] 107

Ob der Mobber den ihm zur Last gelegten Straftatbestand vorsätzlich – bzw. wo gemäß § 15 StGB zugelassen, fahrlässig – verwirklicht hat, lässt sich nur im konkreten Fall entscheiden. Oftmals wird man dem Mobber ein vorsätzliches Handeln unterstellen können. Schließlich wird es ihm häufig darum gehen, den Mobbingbetroffenen zu schädigen. Das Bewusstsein der Reichweite seines Tuns sowie der Strafandrohung im Strafgesetzbuch dürfte der Grund dafür sein, dass Mobbinghandlungen nahezu ausschließlich „unter vier Augen“ erfolgen, bei denen mögliche Zeugen nicht zugegen sind. 108

Bei Körperverletzungen dürfte der Mobber vielleicht einwenden, dass er seine Handlungen spontan, gewissermaßen reflexartig begangen und ihm zu jeder Zeit das Bewusstsein gefehlt habe, dem Mobbingbetroffenen mit seinen Handlungen Schaden zufügen zu können. Weder habe er eine Beschädigung der Gesundheit des Mobbingbetroffenen beabsichtigt noch eine solche für möglich gehalten. Aber auch in einer solchen Situation wird man dem Mobber vorhalten können, dass ihm die mit Mobbing verbundenen Gefahren und Folgen aufgrund der inzwischen über 25 Jahre währenden Diskussion sowie der unzähligen Thematisierungen in allen Medien hätten bekannt sein müssen, er mithin **zumindest fahrlässig** gehandelt haben dürfte. Wer einen anderen über einen längeren Zeitraum wieder und immer wieder demütigt, schikaniert, bedroht, beleidigt und diskriminiert, der wird billigend in Kauf nehmen, es für möglich halten, dass der Mobbingbetroffene gesundheitliche Schäden erleiden 109

150 Vgl. Fischer, § 187 Rn. 4.
151 Vgl. Fischer, § 192 Rn. 4.
152 Vgl. Fischer, § 242 Rn. 29 ff.; Lackner/Kühl, § 242 Rn. 19, 25.
153 Vgl. Fischer, § 303 Rn. 21; Lackner/Kühl, § 303 Rn. 8.
154 Vgl. Lackner/Kühl, § 303 a Rn. 5.
155 HM; vgl. DKKW-Trümner, § 119 Rn. 33; HaKo-BetrVG/Zwiehoff, § 119 Rn. 5.

wird. Teilweise wird dem Mobber jedoch zuzugestehen sein, dass er diese Einsicht nur in einer abstrakt-generellen Form haben wird. Dass der Mobber eine Körperverletzung aufgrund einer bestimmten Handlung für möglich hält, dürfte nicht selten zu verneinen sein. Dies dürfte etwa dann der Fall sein, wenn es eine relativ „harmlose" Handlung betrifft, die für sich betrachtet kaum geeignet erscheint, eine Körperverletzung zu bewirken. Ob dem Mobber hier eine vorsätzliche Tatbegehung unterstellt werden kann, scheint fraglich.

12. Rechtswidriges Handeln

110 Grundsätzlich wird man dem Mobber ein rechtswidriges Handeln unterstellen dürfen. Augenmerk ist daher lediglich dem § 240 Abs. 2 StGB zu schenken, der für eine Strafbarkeit des Mobbers wegen Nötigung von Bedeutung ist.

111 Gemäß § 240 Abs. 2 StGB ist die **Nötigung** rechtswidrig, wenn die Anwendung der Gewalt oder die Androhung des Übels zu dem angestrebten Zweck als verwerflich anzusehen ist. Die Widerrechtlichkeit der Tat ergibt sich aus dem Verhältnis von Nötigungsmittel und Nötigungszweck. Beide sind zueinander in Beziehung zu setzen, wobei der Nötigungszweck allein vom Willen des Nötigenden bestimmt wird.[156] § 240 Abs. 2 StGB stellt eine Ergänzung des Tatbestands des § 240 Abs. 1 StGB in dem Sinne eines **tatbestandsregulierenden Korrektivs** dar – mit der Folge, dass beispielsweise Freiheitsbeeinträchtigungen, die außerhalb der Verwerflichkeitszone des § 240 Abs. 2 StGB liegen, keine Nötigung sind.[157] Hierbei ist zu bedenken, dass unter dem Begriff der Verwerflichkeit ein erhöhter Grad sittlicher Missbilligung sozialwidrigen Handelns zu verstehen ist.[158]

112 Bei Mobbinghandlungen, die dem § 240 Abs. 1 StGB unterfallen, dürften sich in der Regel keine Probleme bei der Feststellung der **Verwerflichkeit der Nötigung** ergeben. Sofern wir uns das Beispiel in → Rn. 41 (Verzicht auf die Kandidatur für den Betriebsrat) vergegenwärtigen, wird niemand Zweifel daran haben, dass das Verhalten von Fritz Fleißig verwerflich ist. Wer verhindern will, dass ein anderer in den Betriebsrat gewählt wird, muss dies mit legalen Mitteln versuchen. So könnte sich Herr Fleißig ebenfalls zur Wahl stellen und versuchen, die Wähler mit Argumenten davon zu überzeugen, dass er die Interessen der Kollegen kompetenter und erfolgreicher vertreten kann.

13. Verfahrensrechtliche Aspekte

113 Sofern die materiellrechtlichen Voraussetzungen für eine Bestrafung erfüllt sind, stellt sich unweigerlich die Frage, ob der Mobber auch in tatsächlicher Hinsicht mit einer Bestrafung rechnen muss bzw. wer was wann im konkreten Fall zu unternehmen hat, um dessen Sanktionierung erreichen zu können.

156 Vgl. Fischer, § 240 Rn. 40, 42; Schönke/Schröder-Eisele, § 240 Rn. 15, 17 ff.
157 Schönke/Schröder-Eisele, § 240 Rn. 16; BGH 5.5.1988 – 1 StR 5/88 – BGHSt 35, 270 (276).
158 Fischer, § 240 Rn. 41 mwN; BGH 5.5.1988 – 1 StR 5/88 – BGHSt 35, 270 (276).

a) Verjährung von Straftaten

Liegt die dem Mobber vorgeworfene Straftat schon eine geraume Zeit zurück, so kann diese verjährt sein – mit der Folge, dass eine Ahndung der Tat ausgeschlossen ist (§ 78 Abs. 1 Satz 1 StGB). Soweit es die Straftaten in diesem Kapitelabschnitt betrifft, beträgt die Verjährungsfrist fünf bzw. drei Jahre (vgl. § 78 Abs. 3 StGB). 114

Verjährungsfrist von **fünf Jahren:** 115

- (Fahrlässige) Körperverletzung (im Amt; §§ 223, 229, 340 StGB)
- Nötigung (§ 240 StGB)
- Verleumdung (§ 187 StGB)
- Diebstahl (§ 242 StGB)
- Sachbeschädigung (§ 303 StGB)
- Datenveränderung (§ 303 a StGB)

Verjährungsfrist von **drei Jahren:** 116

- Beleidigung (§ 185 StGB)
- Üble Nachrede (§ 186 StGB)
- Straftaten gegen Betriebsverfassungsorgane und ihre Mitglieder (§ 119 StGB)

Die **Verjährung** einer Straftat **beginnt,** sobald die Tat beendet ist (§ 78 a Satz 1 StGB). 117 Tritt ein zum Tatbestand gehörender Erfolg (zB eine Gesundheitsschädigung) erst später ein, so beginnt die Verjährung mit diesem Zeitpunkt (§ 78 a Satz 2 StGB). Da der Beginn der Verjährung nicht auf die Kenntnis der Person des Täters abstellt, bleibt zunächst der Mobber straflos, dessen Täterschaft erst nach dem Ablauf der Verjährungsfrist bekannt wird. Er braucht dann nicht mehr befürchten, wegen der Tat bestraft zu werden. Gleiches gilt, wenn sich der Mobbingbetroffene erst nach langer Zeit dazu entschließt, strafrechtliche Schritte gegen den Mobber einzuleiten. Zu denken ist in dieser Hinsicht beispielsweise an einen Mobbingbetroffenen, der erst nach seinem Ausscheiden aus dem Beschäftigungsverhältnis den Mut hat, eine Straftat anzuzeigen. Liegt diese, sofern es die vorstehend angeführten Delikte betrifft, länger als drei bzw. fünf Jahre zurück, unterbleibt eine Einleitung strafrechtlicher Ermittlungen allein aus Gründen der Verjährung.

Die **Gefahr einer Verjährung** von Straftaten dürfte umso größer sein, je länger das 118 Mobbing andauert. Deshalb ist zunächst zu prüfen, wann der Mobber welche Straftaten begangen hat. In zeitlicher Hinsicht ist ein „Schnitt" zu machen. Insoweit sollte das Augenmerk auf solche Taten gelenkt werden, die noch nicht verjährt sind bzw. zu verjähren drohen. Nur bei diesen kann es gegebenenfalls sinnvoll sein, Maßnahmen zur Bestrafung des Mobbers einzuleiten.

b) Strafantrag und Strafanzeige

Strafrechtliche Ermittlungsverfahren werden regelmäßig aufgrund einer Strafanzeige 119 und/oder eines Strafantrags eingeleitet. Eine Strafanzeige kann jedermann bei der Staatsanwaltschaft, der Polizei sowie dem Amtsgericht erstatten (§ 158 Abs. 1 Satz 1

StPO), ohne allerdings hierzu grundsätzlich verpflichtet zu sein.[159] Mithin kann eine solche insbesondere durch Vorgesetzte, Arbeitskollegen sowie Mitglieder der betrieblichen Interessenvertretung erfolgen. Den Strafantrag muss hingegen grundsätzlich der verletzte **Mobbingbetroffene** selbst innerhalb einer (Ausschluss-)Frist von drei Monaten ab Kenntniserlangung von der Tat und der Person des Täters bei einem Gericht, der Staatsanwaltschaft oder bei einer Behörde des Polizeidienstes stellen (vgl. § 77 b Abs. 1 Satz 1, Abs. 2 StGB, § 158 Abs. 2 StPO), da eine Strafverfolgung ansonsten bereits wegen der Überschreitung der Antragsfrist zu unterbleiben hat.[160] Lediglich im Rahmen des § 77 a StGB kann auch ein **Dienstvorgesetzter** (sofern ein solcher nicht existiert, die Dienststelle bzw. die staatliche Aufsichtsbehörde) einen Strafantrag stellen.

120 Begriff der Strafanzeige:[161]

Bei der Strafanzeige (vgl. § 158 Abs. 1 StPO) handelt es sich um die Mitteilung des Verdachts einer Straftat, versehen mit der Anregung, die Strafverfolgbarkeit zu prüfen.

Begriff des Strafantrags:[162]

Der Strafantrag (vgl. §§ 77 ff. StGB; § 158 Abs. 2 StPO) ist die Erklärung des Verletzten oder sonst gesetzlich dazu Berechtigten, dass er die Strafverfolgung wegen einer Straftat wünscht, deren Verfolgung das Gesetz von der Existenz eines solchen Antrags abhängig macht.

121 Bei den sog **Antragsdelikten** wird durch das Erfordernis eines Strafantrags Rücksicht auf die Person des Verletzten genommen, indem eine Strafverfolgung zu unterbleiben hat, wenn der Verletzte wegen der Geringfügigkeit kein Interesse an einer solchen hat oder es gerade im Interesse des Verletzten ist, dass eine solche unterbleibt. Ein gestellter Strafantrag kann daher zurückgenommen werden, was gemäß § 77 d Abs. 1 StGB bis zum rechtskräftigen Abschluss des Strafverfahrens möglich ist. Nur in Ausnahmefällen und dort, wo es das Gesetz ausdrücklich bestimmt, ist das Vorliegen eines Strafantrags nicht erforderlich, wenn die Strafverfolgungsbehörde ein **besonderes öffentliches Interesse** an einer Strafverfolgung hat (vgl. §§ 230 Abs. 1 Satz 1, 248 a, 303 c StGB). Gemäß Ziffer 86 Abs. 2 RiStBV liegt ein öffentliches Interesse an der Strafverfolgung regelmäßig nur dann vor, wenn der Rechtsfrieden über den Lebenskreis des Verletzten hinaus gestört und die Strafverfolgung ein gegenwärtiges Anliegen der Allgemeinheit ist (zB wegen des Ausmaßes der Rechtsverletzung oder der niedrigen Beweggründe des Täters). Ist der Rechtsfriede über den Lebenskreis des Verletzten hinaus nicht gestört, kann ein öffentliches Interesse zu bejahen sein, wenn dem Verletzten wegen seiner persönlichen Beziehung zum Täter nicht zugemutet werden kann, die Privatklage zu erheben, und die Strafverfolgung ein gegenwärtiges Anliegen der Allgemeinheit ist.

122 Bei der (versuchten) vorsätzlichen Körperverletzung sowie bei der fahrlässigen Körperverletzung handelt es sich gemäß § 230 Abs. 1 StGB um Antragsdelikte. Entspre-

159 Vgl. Roxin/Schünemann, § 39 Rn. 5.
160 Vgl. Fischer, § 77 b Rn. 18.
161 Sa Esser/Wolmerath, S. 210.
162 Sa Esser/Wolmerath, S. 210.

chendes gilt für die Beleidigung, die üble Nachrede, die Verleumdung und die Beleidigung trotz Wahrheitsbeweises nach § 194 Abs. 1 Satz 1 StGB, für den Diebstahl geringwertiger Sachen gemäß § 248 a StGB sowie für die Sachbeschädigung und Datenveränderung laut § 303 c StGB. Auch die Straftaten gegen Betriebsverfassungsorgane und ihre Mitglieder werden nur auf Antrag verfolgt, den gemäß § 119 Abs. 2 BetrVG der Betriebsrat, der Gesamtbetriebsrat, der Konzernbetriebsrat, die Bordvertretung, der Seebetriebsrat, eine der in § 3 Abs. 1 BetrVG bezeichneten Vertretungen der Arbeitnehmer, der Wahlvorstand, der Unternehmer oder eine im Betrieb vertretene Gewerkschaft stellen kann. Antragsbefugt ist – soweit es die Interessenvertretung mit Ausnahme der Gewerkschaft betrifft – nur der Betriebsrat, nicht jedoch auch das einzelne Betriebsratsmitglied.[163]

Trotz der weitreichenden Konsequenzen, die das Mobbing im Einzelfall hat, sowie 123
der negativen Auswirkungen von Mobbing auf unsere Gesellschaft würde es dennoch zu weit führen, die Verfolgung einer auf Mobbing beruhenden Straftat, soweit sie die oben angeführten Delikte betrifft, als ein **gegenwärtiges Anliegen der Allgemeinheit** anzusehen. Dies dürfte nur in Ausnahmefällen der Fall sein, etwa wenn ein Ausbilder die ihm anvertrauten jugendlichen Auszubildenden misshandelt. Demzufolge genügt die Erstattung einer Strafanzeige beispielsweise durch Vorgesetzte, Arbeitskollegen oder Mitglieder der betrieblichen Interessenvertretung grundsätzlich nicht, um ein strafrechtliches Ermittlungsverfahren gegen den Mobber bei den angeführten Straftaten einzuleiten. Dies kann nur der Mobbingbetroffene selbst sowie im Rahmen des § 77 a StGB der Dienstvorgesetzte bzw. die Dienststelle oder die staatliche Aufsichtsbehörde durch die Stellung eines Strafantrags.

Bei der gefährlichen Körperverletzung, der Körperverletzung im Amt und der Nöti- 124
gung handelt es sich dagegen um Delikte, die unabhängig von der Stellung eines Strafantrags verfolgt werden (sog **Offizialdelikte**). Hierzu ist lediglich Voraussetzung, dass die strafrechtlichen Ermittlungsbehörden von der Begehung der Straftat Kenntnis erlangen – was regelmäßig mit der Erstattung einer **Strafanzeige** erfolgt. Insoweit steht lediglich der Verjährungseintritt der angezeigten Straftat einer Strafverfolgung entgegen.

Nicht selten scheitert eine strafrechtliche Verfolgung des Mobbers – sofern es die An- 125
tragsdelikte betrifft – an der **Überschreitung der Antragsfrist** gemäß § 77 b StGB. Dies ist beispielsweise dann der Fall, wenn der Mobbingbetroffene erst nach einem längeren Genesungsprozess und dem Ausscheiden aus dem Beschäftigungsverhältnis beschließt, gegen den Mobber in strafrechtlicher Hinsicht vorzugehen. Wer auf dem Arbeitsmarkt für sich keine Alternative sieht und auf dem Arbeitsplatz angewiesen ist, der wird während eines bestehenden Arbeitsverhältnisses kaum die Initiative ergreifen, einen Strafantrag zu stellen.

163 DKKW-Trümner, § 119 Rn. 23.

c) Sühneversuch und Privatklage

126 Die (versuchte) vorsätzliche sowie fahrlässige Körperverletzung, die Beleidigung, die üble Nachrede, die Verleumdung[164], die Nötigung sowie die Sachbeschädigung sind gemäß § 374 Abs. 1 Nrn. 2, 4, 5 und 6 StPO Privatklagedelikte. Bei den Privatklagedelikten handelt es sich um die in § 374 Abs. 1 StPO abschließend aufgeführten Delikte, bei denen der Verletzte die Anklage nicht nur – wie bei den Antragsdelikten – veranlassen, sondern grundsätzlich selbst erheben und im Strafverfahren vertreten kann.[165] Gemäß § 380 Abs. 1 StPO ist die Erhebung einer Privatklage in der Regel erst zulässig, nachdem die **Sühne zwischen dem Täter und dem Opfer** erfolglos versucht worden ist. Eine Ausnahme stellt insoweit die Nötigung dar.

127 **Zuständige Stellen für den Sühneversuch:**[166]

- Baden-Württemberg: Gemeinde
- Bayern: Gemeinde
- Berlin: Schiedsamt
- Brandenburg: Schiedsstelle
- Bremen: Amtsgericht
- Hamburg: Öffentliche Rechtsauskunft- und Vergleichsstelle
- Hessen: Schiedsamt
- Mecklenburg-Vorpommern: Schiedsstelle
- Niedersachsen: Schiedsamt
- Nordrhein-Westfalen: Schiedsamt
- Rheinland-Pfalz: Schiedsperson
- Saarland: Schiedsleute
- Sachsen: Schiedsstelle
- Sachsen-Anhalt: Schiedsstelle
- Schleswig-Holstein: Schiedsamt
- Thüringen: Schiedsstelle

128 Dass der Staat der Privatklage gegenüber nicht sonderlich aufgeschlossen ist,[167] ergibt sich nicht nur aus dem Erfordernis eines fehlgeschlagenen Sühneversuchs. So wird gemäß § 376 StPO die öffentliche Klage von der Staatsanwaltschaft nur erhoben, wenn dies im öffentlichen Interesse geboten ist. Wann dies der Fall ist, bestimmt sich auch hier nach Ziffer 86 Abs. 2 RiStBV. Im Rahmen des § 379 StPO hat der Privatkläger für die dem Beschuldigten voraussichtlich erwachsenden Kosten durch Hinterlegung in barem Geld oder in Wertpapieren **Sicherheit zu leisten.** Weiter ist regelmäßig ein **Gebührenvorschuss** an die Gerichtskasse zu leisten (§ 379 a StPO). Letztendlich kann der Beschuldigte nach § 388 StPO **Widerklage** erheben. Vor allem diese Umstände dürften die Ursache dafür sein, dass nur rund 10 % der auf die Möglichkeit der Erhebung einer Privatklage verwiesenen Opfer überhaupt eine Privatklage er-

164 Die Voraussetzung des § 374 Abs. 1 Nr. 2 StPO, dass die Beleidigung (§§ 185–189 StGB) nicht gegen eine der in § 194 Abs. 4 StGB genannten politischen Körperschaften gerichtet ist, trifft auf alle Mobbingfälle zu, so dass dieser Aspekt keiner weiteren Vertiefung bedarf.

165 Vgl. Roxin/Schünemann, § 12 Rn. 15 f.

166 Vgl. Esser/Wolmerath, S. 232; Meyer-Goßner/Schmitt, § 380 Rn. 3.

167 Sa Roxin/Schünemann, § 63 Rn. 3.

heben und es nur in 6 % aller Privatklagen zu einer Verurteilung des Täters kommt.[168]

Soweit das Hauptverfahren eröffnet wird (vgl. § 383 Abs. 1 StPO) sind mehrere Varianten einer **Verfahrensbeendigung** möglich, wobei von dem Regelfall ausgegangen wird, dass der Beschuldigte keine Widerklage (vgl. § 388 StPO) erhoben und die Staatsanwaltschaft das Verfahren nicht gemäß § 377 Abs. 2 StPO übernommen hat. 129

Möglichkeiten der Beendigung eines Privatklageverfahrens: 130

- Das Verfahren wird wegen geringer Schuld des Täters eingestellt (§ 383 Abs. 2 StPO).
- Das Verfahren wird wegen falscher Verfahrensart eingestellt (§ 389 Abs. 1 StPO).
- Das Verfahren wird wegen des Todes des Privatklägers eingestellt (§ 393 Abs. 1 StPO).
- Die Privatklage wird von dem Privatkläger – notfalls mit Zustimmung des Täters zurückgenommen (§ 391 Abs. 1 StPO).
- Der Täter wird freigesprochen (§ 384 Abs. 1 Satz 1 StPO iVm § 267 Abs. 5 StPO).
- Der Täter wird verurteilt (§ 384 Abs. 1 Satz 1 StPO iVm § 267 Abs. 1 StPO).
- Täter und Opfer schließen einen (gerichtlichen oder außergerichtlichen) Vergleich.[169]

Der Abschluss eines **Vergleichs** kommt insbesondere dann in Betracht, wenn dem Privatkläger mit der **Abgabe einer Ehrenerklärung** durch den Täter eher geholfen ist als mit einer Verurteilung des Mobbers. Dies kann unter anderem dann der Fall sein, wenn der Täter sein unrechtes Handeln einsieht und willens ist, von weiteren ehrverletzenden Mobbinghandlungen Abstand zu nehmen. Eine gut durchdachte und relativ weit gefasste Ehrenerklärung kann durchaus geeignet sein, den Mobbingbetroffenen zu schützen, sollte der Mobber aller Zuversicht zuwider doch weitere (strafbewährte) Mobbinghandlungen begehen. Leider wird es nicht einfach sein, einen Mobber zur Abgabe einer weit gefassten Ehrenerklärung zu bewegen. 131

Beispiel für eine weit gefasste Ehrenerklärung: Rudi Rüpel nimmt seine beleidigenden Äußerungen mit Bedauern zurück. Er sichert zu, Äußerungen aller Art, die Marion Müller beleidigen oder sonst wie in ihrer Ehre beeinträchtigen können, zu unterlassen. Sollte er dem zuwiderhandeln, so verpflichtet sich Herr Rüpel, für jeden Fall der Zuwiderhandlung einen Betrag in Höhe von 1.000 EUR an eine wohltätige Organisation zu spenden. Die Feststellung der Zuwiderhandlung sowie die Bestimmung des Empfängers der Spende obliegt der Schiedsperson Gerd Gerecht. 132

Eine äußerst **eng gefasste Ehrenerklärung** birgt hingegen das Risiko, dass sich der Mobber die Erklärung für sein Tun zunutze macht. Wer sich etwa unter Zurücknahme seiner beleidigenden Worte lediglich dazu verpflichtet, den Mobbingbetroffenen nie mehr als „Volltrottel“ zu titulieren, geht damit im Zweifel nicht die Verpflichtung 133

168 Roxin/Schünemann, § 61 Rn. 4.
169 Vgl. Roxin/Schünemann, § 63 Rn. 23.

ein, die Beschimpfung etwa als „Hornochse“ zu unterlassen. In einem derartigen Fall müsste der Betroffene ein weiteres Mal den mühseligen Weg der Privatklage beschreiten, um eine weitere, vielleicht weiter gefasste Ehrenerklärung zu erwirken.

d) Beweisbarkeit der Tat

134 Letztendlich müssen dem Täter alle entscheidungserheblichen Tatsachen, soweit diese nicht allgemeinkundig sind und er diese nicht glaubhaft eingesteht, bewiesen werden.[170] Sowohl im Privatklageverfahren als auch im Offizialverfahren hat **das Gericht** zur Erforschung der Wahrheit die Beweisaufnahme von Amts wegen auf alle Tatsachen und Beweismittel zu erstrecken, die für seine Entscheidung von Bedeutung sind (§ 244 Abs. 2 StPO; sa § 384 Abs. 3 StPO).[171]

135 Die Beweisbarkeit der Tat dürfte sich bei den Mobbinghandlungen als außerordentlich schwer erweisen, sofern diese im Verborgenen bzw. unter Ausnutzung günstiger Situationen (zB wenn keine Zeugen zugegen sind) begangen werden. Aber auch dann, wenn es Zeugen gibt, steht damit noch nicht fest, ob sich diese später noch an die Einzelheiten des strafbaren Geschehens erinnern – wobei es nicht nur auf das „Können“, sondern auch auf das **„Wollen“ der Zeugen** ankommt. Je größer die Solidarität der Arbeitskollegen mit dem Mobber und je stärker die Isolierung des Mobbingbetroffenen am Arbeitsplatz ist, desto geringer dürfte ihre Bereitschaft sein, mit ihren Aussagen zur Sachaufklärung beizutragen. Weiter ist zu bedenken, dass (sofern erforderlich) der Kausalzusammenhang zwischen der Handlung des Mobbers und dem tatbestandlichen Erfolg bewiesen werden muss – etwas, das bei einer Körperverletzung in Anbetracht der Vielzahl der Handlungen, die regelmäßig erst in ihrem Zusammenwirken ihre gesundheitsschädliche Wirkung entfalten, eher selten glücken dürfte.

136 Selbst wenn der Mobbingbetroffene im Rahmen eines Strafverfahrens als Zeuge vernommen wird, ist dies kein Garant für eine Bestrafung des Täters. Vielmehr hängt es – sofern weitere Zeugen nicht vorhanden sind und auf andere Beweismittel nicht zurückgegriffen werden kann – entscheidend von der **Glaubwürdigkeit des Mobbingbetroffenen** ab, ob und inwieweit seinen Aussagen mehr Glauben geschenkt werden kann als den Einlassungen des Mobbers. Insoweit steht das Wort des Mobbingbetroffenen gegen das Wort des Mobbers.

137 Aber auch dann, wenn die Täterschaft des Mobbers naheliegt, hat der Grundsatz „in dubio pro reo“ zur Folge, dass die für den Angeklagten jeweils günstigste Rechtsfolge eintreten muss, wenn das Gericht nicht die volle Überzeugung von der Täterschaft des Angeklagten bzw. von dem Bestehen unmittelbar entscheidungserheblicher Tatsachen gewinnt.[172] Insbesondere darf dem Angeklagten kein Nachteil daraus entstehen, dass er die Tat bestreitet und dabei nicht in der Lage ist, Umstände vorzutragen, die sich zu seinen Gunsten auswirken können. Gibt es etwa für die zur Last gelegte Körperverletzung keine geeigneten Beweismittel bzw. erscheinen diese dem Gericht nicht

170 Vgl. Meyer-Goßner/Schmitt, § 244 Rn. 3.
171 Sa Julius ua-Julius, § 244 Rn. 7 ff.
172 Meyer-Goßner/Schmitt, § 261 Rn. 26.

als ausreichend und bestreitet der Mobber die Tat, dann wird das Gericht nicht umhin kommen, den Mobber von dem Tatvorwurf freizusprechen (vgl. § 267 Abs. 5 StPO).

Die sich regelmäßig stellende Beweisproblematik sollte für den Mobbingbetroffenen Anlass sein, zu überdenken, ob dem Mobber sein Handeln sowie alle anderen entscheidungserheblichen Tatsachen bewiesen werden können. Schließlich kann sich ein für den Mobber positiver Verfahrensausgang negativ auf die Situation des Mobbingbetroffenen auswirken. Was für einen Eindruck muss ein uneinsichtiger Mobber gewinnen, der vor Gericht freigesprochen wird. Kann bei ihm nicht unter Umständen der Eindruck entstehen, dass er sich mit seinem Tun in rechtlich erlaubten Bahnen bewegt und er sich infolgedessen vielleicht sogar bestärkt fühlt, mit seinen Handlungen fortzufahren? 138

Aber auch eine **Verurteilung des Mobbers** ist keine Garantie, dass der Mobbingbetroffene von weiteren Mobbinghandlungen verschont bleibt. Die Verurteilung kann bisweilen Anlass sein, auf subtilere und kaum beweisbare Handlungen umzusteigen. 139

IV. Verhalten Dritter

Leymann hat den Begriff der „Möglichmacher" geprägt.[173] Ohne selbst Mobbinghandlungen vorzunehmen, lassen sie zu, dass es Mobbing gibt. Sie verhalten sich passiv, indem sie beispielsweise zuschauen, die Handlungen geschehen lassen, wegschauen, das Mobbing dulden. Sie können aber auch aktiv werden, indem sie etwa den Mobber unterstützen oder ihn zu seinen Handlungen sogar ermutigen. „Möglichmacher" können vor allem Vorgesetzte und Arbeitskollegen sein. Diese werden im Folgenden „Dritte" genannt. 140

Bei einer Strafbarkeit Dritter ist zu bedenken, dass als Täter grundsätzlich **nur natürliche Personen** in Betracht kommen, wie es etwa bei Arbeitskollegen und Vorgesetzten der Fall ist. Juristischen Personen hingegen fehlt die Handlungsfähigkeit und damit die strafrechtliche Verantwortlichkeit für das, was ihre Organe in ihrer Vertretung tun.[174] Mithin kann bestraft werden, wer als natürliche Person Arbeitgeber ist bzw. für eine juristische Person (zB eV, GmbH, AG) oder eine Personenhandelsgesellschaft (zB OHG, KG) als Vertreter (zB Vorsitzender, Geschäftsführer, Vorstand) handelt. Hinzu tritt § 14 StGB, der den Anwendungsbereich solcher Tatbestände, die sich an bestimmte Normadressaten richten, auch auf deren Vertreter erstrecken, soweit diese tatsächlich oder rechtlich die Erfüllung der den Normadressaten obliegenden Sonderpflichten übernommen haben. § 14 StGB ist in seinem Anwendungsbereich allerdings auf solche Tatbestände beschränkt, die nicht für jedermann gelten, sondern nur für natürliche oder juristische Personen Sonderpflichten begründen.[175] 141

173 Leymann 1993, S. 61.
174 Lackner/Kühl, § 14 Rn. 1 a.
175 HM; vgl. Lackner/Kühl, § 14 Rn. 1, 1 a.

1. Anstiftung und Beihilfe

142 Mittels Anstiftung und Beihilfe kann jemand in entscheidender Weise Einfluss auf eine Mobbingsituation nehmen, **ohne selbst als Mobber in Erscheinung zu treten.**

143 So kann man etwa gegenüber dem Mobbingbetroffenen oder dem Geschäftsführer als eine von der Mobbingsituation völlig überraschte Person auftreten, der das geschilderte Geschehen bislang verborgen geblieben sei. Handelt es sich hierbei um einen Vorgesetzten, kann er – ohne den Verdacht einer Beteiligung zu wecken – versprechen, alles Erdenkliche und Erforderliche zur Beendigung der Mobbingsituation zu unternehmen. Eine etwaige Untätigkeit dürfte oftmals mit scheinbar objektiven Gründen gerechtfertigt werden. So kann es durchaus geschehen, dass der Mobbingbetroffene Folgendes zu hören bekommt: „Ich habe Rudi Rüpel mit Ihrem Vorwurf konfrontiert. Als Antwort habe ich genau Gegenteiliges erfahren. Wem soll ich nun glauben?"

144 § 26 StGB bedingt, dass der **Anstifter** eine andere Person (den Angestifteten) zu einer Tatbegehung bestimmt hat. Dies ist gegeben, wenn der Anstifter bei dem Angestifteten den **Entschluss zur Tatbegehung** hervorgerufen hat.[176] Nicht gefordert wird, dass die Willensbeeinflussung die einzige Ursache für den Tatentschluss gewesen ist.[177] Weiter ist ohne Bedeutung, welcher Mittel sich der Anstifter bedient, um den anderen zu der Tatbegehung zu bestimmen.[178] Ist der Täter bereits zur Begehung einer bestimmten Tat entschlossen, scheidet eine Anstiftung aus. Möglich ist in diesem Fall allenfalls die Strafbarkeit wegen eines strafbaren Anstiftungsversuchs (§ 30 StGB) oder (psychischer) Beihilfe gemäß § 27 StGB.[179]

145 Kommt es nicht zu einer Tatbestandsverwirklichung oder begeht der Angestiftete weniger als ihm angesonnen, dann kann sich der Anstifter wegen **versuchter Anstiftung** strafbar machen, falls sich die Anstiftung auf ein Verbrechen bezieht (§ 30 Abs. 1 StGB); dh eine rechtswidrige Tat, die im Mindestmaß mit Freiheitsstrafe von einem Jahr und darüber bedroht ist (vgl. § 12 Abs. 1 StGB). Mithin ist die versuchte Anstiftung zu einem Vergehen (dh eine rechtswidrige Tat, die mit einer geringeren Freiheitsstrafe als von einem Jahr oder mit Geldstrafe bedroht ist; vgl. § 30 Abs. 1 StGB iVm § 12 Abs. 2 StGB) straflos. Sofern wir die in → Rn. 23 ff. angesprochenen Straftaten betrachten, fällt auf, dass es sich bei diesen um Vergehen handelt. Mithin scheidet eine Strafbarkeit Dritter wegen versuchter Anstiftung im Zusammenhang mit Mobbing regelmäßig aus.

146 **Beispiel für eine Anstiftung:** Der Geschäftsführer möchte die Betriebsratsvorsitzende „loswerden". Er bewegt ihren Vorgesetzten, diese so lange zu schikanieren, bis sie das Unternehmen „freiwillig" verlässt.

147 Die Tathandlung der **Beihilfe** erfordert gemäß § 27 Abs. 1 StGB, dass jemand einem anderen zu dessen vorsätzlich begangener rechtswidriger Tat Hilfe geleistet hat, wo-

---

176 Fischer, § 26 Rn. 2 f.
177 Schönke/Schröder-Heine/Weißer, § 26 Rn. 2.
178 Fischer, § 26 Rn. 6.
179 Schönke/Schröder-Heine/Weißer, § 26 Rn. 6.

bei die **Hilfeleistung** sowohl in psychischer als auch in physischer Hinsicht erfolgen kann.[180]

Beispiel für eine Beihilfe: Der Geschäftsführer weiß, dass Rudi Rüpel eine ihm unterstellte Mitarbeiterin mobbt und bittet ihn daher zu einem Gespräch. Im Verlaufe dieser Unterredung gibt der Geschäftsführer unmissverständlich zu verstehen, dass er das Tun von Herrn Rüpel gut heiße. 148

2. Verleitung eines Untergebenen zu einer Straftat

§ 357 Abs. 1 StGB bestimmt, dass ein **Vorgesetzter,** der seinen Untergebenen zu einer rechtswidrigen Tat im Amt verleitet oder zu verleiten unternimmt oder eine solche rechtswidrige Tat seines Untergebenen geschehen lässt, die für diese Tat angedrohte Strafe verwirkt hat. Entsprechendes gilt gemäß § 357 Abs. 2 StGB für einen Amtsträger, dem eine Aufsicht oder Kontrolle über die Dienstgeschäfte eines anderen übertragen ist, sofern die von diesem letzteren Amtsträger begangene rechtswidrige Tat die zur Aufsicht oder Kontrolle gehörenden Geschäfte betrifft. 149

§ 357 StGB folgt dem Gedanken, dass der vorgesetzte oder beaufsichtigende Amtsträger die volle Verantwortung dafür trägt, dass in seinem Dienstbereich keine rechtswidrigen Taten durch von ihm unterstellte Bedienstete begangen werden.[181] Dabei ist unbestritten, dass die Vorschrift den §§ 26, 27 StGB (Anstiftung und Beihilfe) vorgeht.[182] Gleiches gilt für die Reichweite der Norm. Für ihre Anwendbarkeit ist lediglich erforderlich, dass die Straftat in **Ausübung eines Amtes** erfolgt,[183] wobei die Tat des Untergebenen rechtswidrig, nicht aber auch schuldhaft, begangen sein muss.[184] 150

Täter ist nach § 357 Abs. 1 StGB ein Dienstvorgesetzter, der Amtsträger im Sinne des § 11 Abs. 1 Nr. 2 StGB sein muss; im Rahmen des § 357 Abs. 2 StGB ein Aufsichts- oder Kontrollbeamter.[185] Ob jemand Dienstvorgesetzter bzw. Aufsichts- oder Kontrollbeamter in diesem Sinne ist, ist eine Frage des Einzelfalls. Zu denken ist etwa an einen Angestellten oder Beamten, der aufgrund seiner Funktion als Abteilungsleiter seinen Mitarbeitern gegenüber weisungsbefugt ist. 151

Als **Tathandlung** kommen gemäß § 357 Abs. 1 StGB drei Verhaltensweisen in Betracht:[186] 152

- das Verleiten eines Untergebenen zu einem Amtsdelikt (dh das erfolgreiche Einwirken zur Begehung eines Amtsdelikts);
- das Unternehmen der Verleitung eines Untergebenen zu einem Amtsdelikt (dh das erfolglose Einwirken zur Begehung eines Amtsdelikts);

180 Vgl. Lackner/Kühl, § 27 Rn. 4.
181 SK-StGB-Rogall, § 357 Rn. 1; Schönke/Schröder-Heine/Weißer, § 357 Rn. 1.
182 SK-StGB-Rogall, § 357 Rn. 1; Schönke/Schröder-Heine/Weißer, § 357 Rn. 1.
183 Schönke/Schröder-Heine/Weißer, § 357 Rn. 8; sa BGH 19.12.1952 – 1 StR 353/52 – BGHSt 3, 349 (352); BGH 13.11.1958 – 4 StR 199/58 – NJW 1959, 584 (585).
184 Vgl. Fischer, § 357 Rn. 2.
185 Sa Schönke/Schröder-Heine/Weißer, § 357 Rn. 2.
186 Vgl. Fischer, § 358 Rn. 4 f.

- das Geschehenlassen eines Amtsdelikts durch einen Untergebenen (dh das Geschehenlassen einer Tat, die der Vorgesetzte bzw. Aufsichts- oder Kontrollbeamte verhindern könnte).

153 Zu beachten ist, dass als Amtsdelikt im Sinne des § 357 StGB über §§ 331 ff. StGB hinaus jedes Delikt in Betracht kommt, sofern es nur in Ausübung des dem Täter übertragenen Amtes begangen wird.[187]

154 **Beispielhafte Tathandlungen gemäß § 357 Abs. 1 StGB:**

- Einsatzleiter Max Müller möchte die Polizistin Sabine Schmidt wegen ihres unkollegialen Verhaltens disziplinieren. Er überredet die Mitglieder seines Sondereinsatzkommandos (dh er verleitet die ihm Untergebenen), Frau Schmidt und deren Wohnung „aufzumischen". Das Einsatzkommando stürmt zu nächtlicher Stunde die Wohnung, reißt Sabine Schmidt aus dem Bett und liefert diese wegen angeblicher Geistesgestörtheit und akuter Lebensgefahr in eine Nervenklinik ein.

Anmerkung: Die Mitglieder des Einsatzkommandos begehen zumindest einen Hausfriedensbruch sowie eine Freiheitberaubung (vgl. §§ 123, 239 StGB).

- Max Müller scheitert mit seinem Versuch, die Mitglieder seines Einsatzkommandos zu der oben geschilderten Tat zu bewegen.

Anmerkung: Gleichwohl hat er es unternommen, die Polizisten zur Begehung von Straftaten zu verleiten.

- Max Müller ist zugegen, als sich die Mitglieder des Einsatzkommandos verabreden, Frau Schmidt und deren Wohnung „aufzumischen". Obwohl es ihm ein Leichtes wäre, seine ihm unterstellten Polizisten von dieser „Strafaktion" abzuhalten, unternimmt Max Müller nichts.

Anmerkung: Herr Müller lässt die Straftaten geschehen.

155 Wenngleich die vorgenannten Fallbeispiele scheinen, an den Haaren herbeigezogen zu sein, so spiegeln sie eine **bittere Realität** wider. Sie sind einem Fall nachgebildet, über den der „STERN" vor mehr als 20 Jahren in seiner Ausgabe 35/1997 vom 21.8.1997 berichtet hat.

3. Begehung durch Unterlassen

156 Gemäß § 13 Abs. 1 StGB macht sich strafbar, wer es unterlässt, einen Erfolg abzuwenden, der zum Tatbestand eines Strafgesetzes gehört, wenn diese Person rechtlich dafür einzustehen hat, dass der Erfolg nicht eintritt, und wenn das Unterlassen der Verwirklichung des gesetzlichen Tatbestandes durch ein Tun entspricht (Begehen durch Unterlassen).

157 Der in der Vorschrift angesprochene Erfolg ist in einem weiten Sinne zu verstehen und als das tatbestandsmäßige Ereignis aufzufassen, das eine Strafbestimmung für die Vollendung einer Straftat voraussetzt.[188] Die Entsprechensklausel in seinem Abs. 1 („durch ein Tun entspricht") ist von entscheidender Bedeutung bei den **verhaltensgebundenen Straftatbeständen**. Bei diesen entspricht das Unterlassen dem positiven Tun

187 SK-StGB-Rogall, § 357 Rn. 11.
188 Schönke/Schröder-Bosch, § 13 Rn. 3.

nur, wenn es in gleichwertiger Weise die besonderen Handlungsmodalitäten verwirklicht, es also eine dem positiven Tun vergleichbare Prägung besitzt und damit in seinem sozialen Sinngehalt mit der Tatbestandshandlung des Begehungsdelikts übereinstimmt. Bei den reinen Erfolgsdelikten, bei denen es allein auf die Verursachung des tatbestandsmäßigen Erfolges ankommt, entfällt eine **Gleichwertigkeitsprüfung.** Schließlich entspricht bereits die mögliche Nichtabwendung des Erfolges seitens des Garanten dem positiven Tun.[189]

Sofern es eine Körperverletzung betrifft, ist eine Gleichwertigkeitsprüfung nicht erforderlich; der Entsprechensklausel ist stets Genüge getan. 158

a) Garantenstellung des Arbeitgebers

Tatbestandsvoraussetzung für eine Strafbarkeit gemäß § 13 Abs. 1 StGB ist die Stellung des Unterlassungstäters als Garant für die Schadensabwehr.[190] Aus einer **Rechtspflicht** heraus muss sich für ihn eine Pflicht ergeben, gegen Rechtsgutgefährdungen des Opfers einzuschreiten.[191] Eine solche Pflicht kann sich unter anderem daraus ergeben, dass es der Täter gegenüber dem Gefährdeten übernommen hat, für den Schutz bestimmter Rechtsgüter zu sorgen.[192] 159

Die Rechtspflicht des Arbeitgebers, dafür Sorge zu tragen, dass seine Beschäftigten im Betrieb nicht durch Handlungen Dritter Schaden erleiden, lässt sich aus dem Arbeitsvertrag als eine den Arbeitgeber treffende **Nebenpflicht** herleiten. So ist der Arbeitgeber beispielsweise gehalten, seine Beschäftigten vor tätlichen Angriffen – auch seitens der eigenen Arbeitskollegen – zu schützen, zumal wenn ihm solche bereits in der Vergangenheit bekannt geworden sind.[193] Diese Ansicht entspricht im Ergebnis jener Meinung, wonach eine Garantenstellung des Arbeitgebers aus seiner betrieblichen Stellung als Autorität heraus besteht, mit der eine Aufsichtspflicht einhergeht, sofern ein Betriebsangehöriger seine betriebliche Stellung und den Betrieb als solchen zu einer Straftat missbraucht (**betriebsbezogene Straftat**). Für Straftaten von Betriebsangehörigen gelegentlich einer betrieblichen Tätigkeit soll der Arbeitgeber hingegen für ein Nichteinschreiten nicht verantwortlich gemacht werden können.[194] 160

Sofern man bedenkt, dass Mobbinghandlungen den Arbeitsplatz als Tatort benötigen, kann es sich bei Straftaten, die im Zusammenhang mit Mobbing begangen werden, zwangsläufig nur um betriebsbezogene Straftaten handeln.[195] Damit kann der Arbeitgeber auch unter diesem Blickwinkel als Garant im Sinne des § 13 StGB in Betracht kommen.[196] 161

189 Schönke/Schröder-Bosch, § 13 Rn. 4.
190 Schönke/Schröder-Bosch, § 13 Rn. 2.
191 Schönke/Schröder-Bosch, § 13 Rn. 7; BGH 24.2.1982 – 3 StR 34/82 – BGHSt 30, 391 (393).
192 Schönke/Schröder-Bosch, § 13 Rn. 26.
193 Vgl. Esser/Wolmerath, S. 222.
194 BGH 20.10.2011 – 4 StR 71/11; Schönke/Schröder-Bosch § 13 Rn. 53.
195 Vgl. BGH 20.10.2011 – 4 StR 71/11, der dies für Fälle der zu entscheidenden Art aus Gründen einer Überdehnung der Betriebsbezogenheit abgelehnt hat.
196 Siehe dazu ausführlich: Fehr, S. 189 ff.

b) Garantenstellung von Vorgesetzten

162 In der Regel überträgt der Arbeitgeber zahlreiche Befugnisse auf die Vorgesetzten. Diese haben eine im Betrieb **herausgehobene Stellung**. Sie sind berechtigt, anderen Weisungen zu erteilen. Dem trägt beispielsweise § 84 Abs. 1 BetrVG Rechnung, wonach jeder Arbeitnehmer das Recht hat, sich bei den zuständigen Stellen des Betriebs zu beschweren. Dies ist regelmäßig der unmittelbare Vorgesetzte.[197] Wenn der Arbeitgeber den Vorgesetzten bestimmte Befugnisse – und somit in einem gewissen Maß Arbeitgeberfunktionen – überträgt, dann müssen sich diese auch insoweit – in demselben Maße, wie sie Arbeitgeberfunktionen ausüben – wie Arbeitgeber behandeln lassen. Damit haben diese in demselben Umfang wie der Arbeitgeber dafür Sorge zu tragen, dass ihrem Weisungsrecht unterstellte Beschäftigte vor Schädigungen Dritter geschützt werden. Mithin können auch Vorgesetzte als Garanten im Sinne des § 13 StGB infrage kommen.

163 Leitsatz des BGH vom 20.11.2011 - 4 StR 71/11:[198]

> Aus der Stellung als Betriebsinhaber bzw. Vorgesetzter kann sich eine Garantenpflicht zur Verhinderung von Straftaten nachgeordneter Mitarbeiter ergeben. Diese beschränkt sich indes – unabhängig von den tatsächlichen Umständen, die im Einzelfall für die Begründung der Garantenstellung maßgebend sind – auf die Verhinderung betriebsbezogener Straftaten und umfasst nicht solche Taten, die der Mitarbeiter lediglich bei Gelegenheit seiner Tätigkeit im Betrieb begeht.

c) Garantenstellung von Arbeitskollegen und sonstigen Dritten

164 Eine Garantenstellung **aus enger persönlicher Verbundenheit** wird der Familie im engeren Sinn (Ehegatten, Verwandte gerader Linie, Geschwister, Verlobte) zugesprochen, die von Natur aus auf gegenseitigen Beistand angelegt ist.[199] **Moralische Pflichten** alleine sind nicht ausreichend, eine Garantenstellung aus enger persönlicher Verbundenheit zu begründen, mag die zwischenmenschliche Verbundenheit auch noch so stark sein.[200]

165 Selbst wenn die zwischenmenschlichen Beziehungen zwischen einem Arbeitskollegen und dem Mobbingbetroffenen noch so groß sind (zB enge Freundschaft, Liebesbeziehung), den Grad der in der Familie bestehenden engen persönlichen Verbundenheit dürfte sie kaum erreichen. Damit scheidet eine Garantenstellung von Arbeitskollegen aus enger persönlicher Verbundenheit grundsätzlich aus.[201] In Betracht kommen kann sie nur ausnahmsweise, wenn sich ein **Familienmitglied** im engeren Sinne (zB Ehepartner) an dem Arbeitsplatz des Mobbingbetroffenen aufhält, wobei es in strafrechtlicher Hinsicht ohne Bedeutung ist, ob es dort ebenfalls beschäftigt oder aus rein privaten Gründen anwesend ist. Dann besteht auch die Verpflichtung, notfalls zum Schutz der Rechtsgüter des Mobbingbetroffenen tätig zu werden.

---

197 HaKo-BetrVG/Lakies, § 84 Rn. 163.

198 Der Fall betrifft eine Mobbingsituation auf einem städtischen Bauhof, bei der der Betroffene zwischen Februar 2006 und Juli 2008 während der Arbeitszeit wiederholt demütigender körperlicher Übergriffe seitens seiner Arbeitskollegen ausgesetzt war.

199 Vgl. Schönke/Schröder-Bosch, § 13 Rn. 17; sa Lackner/Kühl, § 13 Rn. 13.

200 Schönke/Schröder-Bosch, § 13 Rn. 17.

201 Zustimmend: Fehr, S. 188.

Beispiel für eine Garantenstellung aus enger persönlicher Verbundenheit: Erwin Müller wird durch Zufall Zeuge eines Gesprächs, in dem sich zwei Arbeitskolleginnen verabreden, die Bremsen an dem Pkw seiner Ehefrau zu manipulieren. Später sieht er, wie die Manipulation vorgenommen wird. Er schaut untätig zu und unternimmt auch dann nichts, als seine Ehefrau kurze Zeit später in den Wagen steigt und wegfährt. Als die Bremsen versagen, erleidet Frau Müller einen Unfall, bei dem sie schwer verletzt wird. 166

Von einer Garantenstellung aufgrund einer **Vertrauensgemeinschaft** kann gesprochen werden, wenn Menschen zumindest für einen vorübergehenden Zeitraum einer Gemeinschaft angehören, die ihrem Wesen nach auf gegenseitige Hilfeleistungen angelegt ist, wie es etwa unter Bergsteigern der Fall ist.[202] Entsprechendes gilt für Mitglieder einer Familie im weiteren Sinne (zB Schwiegereltern, Schwager und Schwägerin, Cousin und Cousine) sowie für nichteheliche Lebensgemeinschaften. Ein bloßes Zusammenleben in einer Wohngemeinschaft genügt hingegen nicht, da diese von ihrer Natur her nicht auf eine gegenseitige Hilfeleistung angelegt ist.[203] 167

Überträgt man diese Grundsätze auf die **Arbeitswelt**, so besteht eine Garantenpflicht für Familienmitglieder im weiteren Sinne sowie für Partner einer nichtehelichen Lebensgemeinschaft. Diese kommt zum Tragen, wenn sich einzelne Angehörige dieses Personenkreises an dem Arbeitsplatz des Mobbingbetroffenen aufhalten und zum Schutze seiner Rechtsgüter nicht tätig werden, obwohl ihnen dies in zumutbarer Weise möglich wäre. **Arbeitskollegen** dagegen befinden sich in einer der Wohngemeinschaft vergleichbaren „Arbeitsgemeinschaft", ohne dass es in dieser einer naturbedingten gegenseitigen Hilfeleistung bedarf. Infolgedessen kann für sie eine Garantenstellung aus dem Gesichtspunkt der Vertrauensgemeinschaft grundsätzlich nicht hergeleitet werden.[204] Etwas anderes kann im Ausnahmefall allenfalls für solche Arbeitskollegen gelten, zwischen denen ein besonderes Vertrauen hinsichtlich der Abwendung von Gefahren für den jeweils anderen besteht, welches mit der Ausübung der Tätigkeit verbunden ist. Ein solches Vertrauen kann etwa bei Bergleuten sowie Berufstauchern vorhanden sein.[205] Ob dies zum Beispiel auch für Montageteams und vergleichbare Arbeitsgemeinschaften gelten kann, ist zu bezweifeln, da sich diese regelmäßig nicht in einer vergleichbaren besonderen Gefahrenlage befinden. 168

d) Erforderlichkeit und Zumutbarkeit der Erfolgsverhinderung

Einem Unterlassungstäter wird man nicht jedes Handeln abverlangen können, um die Verwirklichung eines Straftatbestandes zu verhindern. Die Erforderlichkeit sowie Zumutbarkeit des Handelns begrenzt die Pflicht, zum Schutze gefährdeter Rechtsgüter tätig zu werden. **Unzumutbares Handeln** wird ebenso wenig verlangt wie sinnlose Aktivitäten.[206] 169

202 Vgl. Fischer, § 13 Rn. 14.
203 Vgl. Schönke/Schröder-Bosch, § 13 Rn. 25; Fischer, § 13 Rn. 46; BGH 17.10.1984 – 2 StR 433/84 – NStZ 1985, 122; BGH 7.11.1986 – 2 StR 494/86 – NJW 1987, 850 (850).
204 So auch: Lackner/Kühl, § 13 Rn. 10.
205 Zustimmend: Fehr, S. 189.
206 Vgl. Fischer, § 13 Rn. 80 ff.; Lackner/Kühl, § 13 Rn. 5.

170 **Beispiel für ein strafrechtlich relevantes Unterlassen:** Geschäftsführer Gerd Grausam erfährt, dass Marion Müller von Rudi Rüpel gemobbt wird. Ihm ist bekannt, dass Frau Müller bereits mehrfach in Tränen ausgebrochen ist und sich wegen der Mobbingsituation in ärztlicher Behandlung befindet. Herr Grausam befürchtet eine Eskalation der Situation, unternimmt gleichwohl nichts. Er ist zugegen, als Frau Müller kurze Zeit später – wie befürchtet – infolge wüster Beschimpfungen und ungerechter Vorhaltungen kollabiert.

Anmerkung: Der Kollaps ist auf die Untätigkeit des Geschäftsführers zurückzuführen. Er blieb untätig, obwohl ihm die Situation bekannt war. Den Zusammenbruch hätte er leicht verhindern können. Hierzu hätte es lediglich einer an Rudi Rüpel gerichteten Aufforderung – eventuell unter Androhung arbeitsrechtlicher Konsequenzen – bedurft, das Mobbing unverzüglich einzustellen.

4. Unterlassene Hilfeleistung

171 Schlussendlich ist an eine Strafbarkeit Dritter wegen unterlassener Hilfeleistung (vgl. § 323 c Abs. 1 StGB) zu denken. Auch wenn eine solche nur äußerst selten in Betracht kommen dürfte, so verdeutlicht ein Urteil des BGH vom 20.10.2011, dass eine derartige Strafbarkeit vom Grundsatz her nicht ausgeschlossen werden kann.[207]

172 Da in Unglücksfällen selbst einem „Feind" die rettende Hand gereicht wird, dürften Dritte – unabhängig von ihrer Stellung bzw. Funktion am Arbeitsplatz und trotz ihrer eventuellen Klassifizierung als „Möglichmacher" – in Situationen, in denen Hilfe vonnöten ist, in aller Regel ihrer Verantwortung nachkommen und diese leisten bzw. eine solche organisieren. Gleichwohl ist es im Einzelfall niemals auszuschließen, dass eine notwendige Hilfeleistung etwa aus Angst vor dem Mobber oder wegen unzureichender Zivilcourage unterbleibt.

173 Gemäß § 323 c Abs. 1 StGB macht sich wegen unterlassener Hilfeleistung strafbar, wer bei Unglücksfällen nicht Hilfe leistet, obwohl dies erforderlich und ihm den Umständen nach zuzumuten ist (insbesondere ohne erhebliche eigene Gefahr und ohne Verletzung anderer wichtiger Pflichten). Unter einem **Unglücksfall** werden plötzlich eintretende Ereignisse verstanden, die erhebliche Gefahren für Menschen oder Sachen von erheblichem Wert hervorrufen oder hervorzurufen drohen.[208] Als ein solches Ereignis kommt auch eine Straftat Dritter (zB Arbeitskollegen, Untergebene) in Betracht.[209] Der Begriff der **Hilfeleistung** bezeichnet eine Tätigkeit, die der Intention nach auf Abwehr weiterer Schäden gerichtet und hierzu auch objektiv geeignet (dh zweckmäßig) ist.[210] **Erforderlich** ist diese, wenn ohne sie die Gefahr besteht, dass sich die Situation zu einer nicht ganz unerheblichen Schädigung der betreffenden Person oder Sache auswirkt.[211] **Zumutbar** ist eine Hilfeleistung vor allem dann, wenn sie den Täter nicht selbst einer erheblichen eigenen Gefahr aussetzt.[212]

---

207 BGH 20.10.2011 – 4 StR 71/11.
208 HM; vgl. Schönke/Schröder-Hecker, § 323 c Rn. 5; Fischer, § 323 c Rn. 3 a.
209 BGH 20.10.2011 – 4 StR 71/11.
210 Schönke/Schröder-Hecker, § 323 c Rn. 12.
211 Schönke/Schröder-Hecker, § 323 c Rn. 14.
212 Vgl. Schönke/Schröder-Hecker, § 323 c Rn. 19; Fischer, § 323 c Rn. 17.

Betrachten wir das Beispiel in → Rn. 170. Es ist erforderlich und zweckmäßig, Erste Hilfe zu leisten, einen Krankenwagen zu rufen und sich bis zu seinem Eintreffen um Frau Müller zu kümmern. Dies entspricht dem allgemeinen Sittlichkeitsempfinden. Zudem ist ein derartiges Verhalten für den Geschäftsführer nicht mit eigenen Gefahren verbunden. Mithin begeht er eine unterlassene Hilfeleistung.[213] 174

5. Kausalzusammenhang zwischen der Handlung und der Verwirklichung des Tatbestandes sowie Zurechenbarkeit des tatbestandlichen Erfolges

Auch wenn Verallgemeinerungen in der Regel fehl am Platz sind, so wird im Zusammenhang mit Mobbing dennoch von der folgenden Grundannahme auszugehen sein: Soweit es die Anstiftung, die Beihilfe sowie die Verleitung eines Untergebenen zu einer Straftat betrifft, werden der Kausalzusammenhang zwischen der Handlung des Dritten und der Verwirklichung des objektiven Tatbestandes sowie die Zurechenbarkeit des tatbestandlichen Erfolges regelmäßig gegeben sein. Entsprechendes dürfte bei einer Unterlassenstat gemäß § 13 StGB der Fall sein, wo auf eine **hypothetische Kausalität** dergestalt abzustellen ist, dass dem Täter die Nichtverhinderung des Erfolges dann zugerechnet wird, wenn die unterlassene Handlung nicht hinzugedacht werden kann, ohne dass der Erfolg entfiele.[214] Hingegen bedarf es bei der unterlassenen Hilfeleistung der Feststellung eines Kausalzusammenhangs sowie der Zurechenbarkeit nicht, da es sich hier um ein schlichtes (Un-)Tätigkeitsdelikt handelt. 175

6. Vorsätzliche und fahrlässige Tatbegehung

Sofern der Dritte einen Straftatbestand verwirklicht hat, muss dies vorsätzlich bzw. – wo gesetzlich zugelassen – fahrlässig erfolgt sein, wobei hinsichtlich beider Begrifflichkeiten auf die Ausführungen in → Rn. 99 ff. verwiesen werden kann. 176

Gemäß dem eindeutigen Gesetzeswortlaut erfordert sowohl die Anstiftung als auch die Beilhilfe ein **vorsätzliches Handeln des Teilnehmers** (vgl. §§ 26, 27 Abs. 1 StGB). Mithin ist eine fahrlässige Anstiftung bzw. Beihilfe nicht unter Strafe gestellt. 177

Da sich der Vorsatz des Anstifters auf eine bestimmte Haupttat beziehen muss, ist es nicht ausreichend, den Täter nur zu irgendwelchen unbestimmten, nur der Gattung oder dem Tatbestand nach umschriebenen Handlungen zu veranlassen. Vielmehr muss der Anstifter eine in den wesentlichen Merkmalen konkretisierte Haupttat vor Augen haben.[215] Demnach bleibt straflos, wer etwa als Geschäftsführer einen Vorgesetzten lediglich dazu bestimmt, eine konkrete Person so lange zu schikanieren und unter Druck zu setzen, bis diese kündigt. Erleidet der Betroffene aufgrund einer Handlung des Vorgesetzten eine Körperverletzung, wäre der Geschäftsführer trotz seiner bestimmenden Einflussnahme auf das Verhalten des Vorgesetzten nicht als Anstifter zu bestrafen. 178

213 Sa BGH 20.10.2011 – 4 StR 71/11, wobei die Entscheidung eine Mobbingsituation auf einem städtischen Bauhof zum Gegenstand hat.
214 Vgl. Fischer, Vor § 13 Rn. 39; BGH 10.8.1984 – 1 StR 9/84 – NStZ 1985, 26 (27).
215 Vgl. Fischer, § 26 Rn. 8; sa BGH 21.4.1986 – 2 StR 661/85 – BGHSt 34, 63 (64 f.).

179 Mit einem derartigen Ergebnis wird man der Mobbingproblematik kaum gerecht. Schließlich begeht der Mobber in der Regel eine Vielzahl von Handlungen. Es ist kaum vorstellbar, dass ein Dritter eine andere Person zunächst zu der einen, später zu einer anderen und wiederum später zu einer weiteren ausreichend konkretisierten Haupttat bestimmt. Eher dürfte es die Regel sein, dass der Dritte (zB Vorgesetzte) lediglich **ein Signal setzt**, mit Mobbinghandlungen zu beginnen. Folglich ist auf die Reichweite der Täterbestimmung abzustellen. Wer unmissverständlich zum Ausdruck bringt, dass ein anderer in einer bestimmten Art und Weise „fertig gemacht“ werden soll und den Mobber zu entsprechenden Aktivitäten bestimmt, muss sich auch die Handlungen zurechnen lassen, die seinen „Vorgaben“ entsprechen. Andernfalls würde er gegenüber einem konkret werdenden Anstifter begünstigt, der dem Mobber jede einzelne Mobbinghandlung exakt vorgibt.

180 Weiter muss der Anstifter die Umstände kennen, welche die Strafbarkeit des Angestifteten begründen. Er muss wissen, dass es sich bei der Tat um eine rechtswidrige handelt, die der Angestiftete vorsätzlich begeht.[216] Dies dürfte regelmäßig zu bejahen sein. Ein Geschäftsführer beispielsweise wird einen Vorgesetzten gerade deshalb zu der Tat bestimmen, weil diese rechtswidrig ist und er wegen der sich aus einer Tatbegehung möglicherweise ergebenden Konsequenzen gerade von einer eigenen Tatbegehung absieht.

181 Bei der Beihilfe muss der **Gehilfe** wissen, dass er eine bestimmte fremde Tat unterstützt und dass es mit der Hilfe seines Beitrags zur Deliktvollendung kommt.[217] Vorsätzlich handelt der Gehilfe, der die Haupttat des Täters fördern und damit zur Tatbestandsverwirklichung beitragen will, wobei er die wesentlichen Merkmale der Haupttat erkennen muss.[218]

182 Hinsichtlich der **Verleitung eines Untergebenen** zu einer Straftat genügt bedingter Vorsatz, wobei es ausreicht, wenn sich der Vorgesetzte die Tat des bzw. der Untergebenen in ihren Hauptmerkmalen vorstellt.[219] Dass der Einsatzleiter in allen in → Rn. 154 dargestellten Fallvarianten zumindest in der Form des bedingten Vorsatzes gehandelt hat, liegt nahe. Er wusste, was die Mitglieder des Sondereinsatzkommandos taten bzw. tun sollten, und er wollte dies auch. Dieser Umstand bezieht sich auch auf die Verwendung von Dienstmitteln (zB Werkzeug zum Aufbrechen der Wohnungstür), die Tatbegehung während der Dienstzeit sowie den Einsatz polizeilicher Autorität im Zusammenhang mit der Einweisung der Polizistin in die Nervenklinik.

183 Im Unterschied zu den voranstehenden Straftaten kann die **Unterlassenstat** gemäß § 13 StGB sowohl vorsätzlich als auch fahrlässig begangen werden, sofern im konkreten Einzelfall fahrlässiges Handeln mit Strafe bedroht ist (vgl. § 15 StGB). Bei Vorsatztaten muss sich der Täter bewusst sein, dass er nicht eingreift. Ob sich der Vorsatz auf den Erfolg sowie auf die Umstände, welche die Handlungspflicht begründen, einschließlich der Umstände, aus denen sich die Zumutbarkeit ergibt, sowie die Mög-

216 HM; vgl. Schönke/Schröder-Heine/Weißer, § 26 Rn. 20; Fischer, § 26 Rn. 10.
217 Schönke/Schröder-Heine/Weißer, § 27 Rn. 28.
218 Fischer, § 27 Rn. 22.
219 Vgl. Fischer, § 357 Rn. 6.

lichkeit der Erfolgsverhinderung erstrecken muss, ist umstritten.[220] In der **betrieblichen Praxis** dürfte der Fall überwiegen, dass Vorgesetzte gezielt untätig bleiben, sofern die Mobbingsituation für sie und/oder für das Unternehmen von Vorteil ist. Zu denken ist in dieser Hinsicht beispielsweise an einen Geschäftsführer, der in dem Tun des Mobbers die einmalige Gelegenheit erblickt, den Betriebsratsvorsitzenden loszuwerden. Gerade weil er die Tragweite des Handelns des Mobbers sowie die sich für den Mobbingbetroffenen hieraus ergebenden Risiken kennt, schaut er weg, hüllt er sich in Schweigen und versucht, sein Wissen nicht nach außen dringen zu lassen. Wäre es nicht so, würde er von seinem Weisungsrecht und den arbeitsrechtlichen Sanktionsmitteln (zB Abmahnung, Versetzung des Mobbers) Gebrauch machen und dem Mobbing ein Ende bereiten. All dies lässt die Annahme zu, dass ein derart handelnder Geschäftsführer vorsätzlich untätig bleibt.

Gemäß § 15 StGB ist die Strafbarkeit wegen **unterlassener Hilfeleistung** (§ 323 c 184
Abs. 1 StGB) an die Voraussetzung geknüpft, dass die Tat vorsätzlich begangen wird, wobei bedingter Vorsatz genügt.[221] Ist der Dritte entschlossen, dem Mobbingbetroffenen in einer konkreten Notlage seine Hilfe zu versagen, und macht er sich deshalb auch keine Gedanken über konkrete (dh erforderliche sowie zumutbare) Hilfsmaßnahmen, wird regelmäßig von einem **bedingten Vorsatz** auszugehen sein.[222]

7. Rechtswidriges Handeln

Der eingangs dargelegten Annahme folgend, dass das Handeln des Täters grundsätz- 185
lich nicht von einem Rechtfertigungsgrund gedeckt wird, wird diese Strafbarkeitsvoraussetzung als erfüllt unterstellt.

8. Verfahrensrechtliche Aspekte

In verfahrensrechtlicher Hinsicht sind die Verjährung von Straftaten, die Erforder- 186
lichkeit der Beschreitung des Privatklageweges nach erfolglosem Sühneversuch sowie die Beweisbarkeit der strafrechtlich relevanten Tatsachen als problematisch einzustufen.

a) Verjährung von Straftaten

In demselben Maße wie die Straftaten des Mobbers verjähren, unterliegen auch die 187
Straftaten des Dritten der Verjährung gemäß §§ 78 ff. StGB. Da der **Anstifter** gemäß § 26 StGB gleich dem Täter bestraft wird, kann insoweit Bezug genommen werden auf die Ausführungen in → Rn. 114 ff. mit der Folge, dass die Anstiftung in dem dort aufgezeigten Rahmen in drei bzw. fünf Jahren verjährt. Entsprechendes gilt für die **Beihilfe** sowie für die **Verleitung eines Untergebenen** zu einer Straftat. Schließlich richtet sich die Strafe für den Gehilfen gemäß § 27 Abs. 2 StGB, auch wenn diese nach § 49 Abs. 1 StGB zu mildern ist, nach der Strafandrohung für den Täter. § 357 Abs. 1 StGB bestimmt, dass der Vorgesetzte die für die rechtswidrige Tat des Untergebenen angedrohte Strafe verwirkt.

220 Vgl. Fischer, § 13 Rn. 87; SK-StGB-Stein, Vor § 13 Rn. 35.
221 Vgl. Fischer, § 323 c Rn. 28.
222 So auch: Lackner/Kühl, § 323 c Rn. 9.

188 Vergleichbares gilt ferner für eine **Unterlassungstat** gemäß § 13 StGB, da diese Vorschrift an den Tatbestand des Strafgesetzes anknüpft und lediglich eine Milderung der Strafe nach § 49 Abs. 1 StGB zulässt. So verjährt zum Beispiel die Körperverletzung des Mobbingbetroffenen durch Unterlassen gemäß § 223 StGB iVm §§ 13, 78 Abs. 3 Nr. 4 StGB in fünf Jahren.

189 Eindeutig ist hingegen die Verjährung der **unterlassenen Hilfeleistung** geregelt. Hier beträgt die Verjährungsfrist gemäß § 323 c Abs., 1 StGB iVm § 78 Abs. 3 Nr. 5 StGB drei Jahre.

190 Ob eine konkrete Straftat des Dritten verjährt ist, kann nur im Einzelfall beantwortet werden. Allerdings darf der Dritte davon ausgehen, dass seine Anstiftung, Beihilfe oder Verleitung eines Untergebenen nicht gesühnt werden kann, sofern der (Haupt-)Täter die Tatbeteiligung verschweigt bzw. ein solcher nicht zu ermitteln ist. **Insgesamt dürfte gelten**: Je geschickter und versteckter der Dritte agiert, desto weniger dürfte seine Tat bekannt werden mit der sich daraus ergebenden Konsequenz, dass er – soweit es die voranstehend angesprochenen Straftaten betrifft – spätestens in fünf Jahren nicht mehr damit rechnen muss, bestraft zu werden.

b) Strafantrag und Strafanzeige

191 Da die Strafbarkeit wegen Anstiftung und Beihilfe eine vorsätzlich begangene rechtswidrige Tat eines anderen voraussetzt, somit zu dieser in einem engen sachlichen Zusammenhang steht, ist hinsichtlich der Erforderlichkeit eines Strafantrags bzw. des Genügens einer Strafanzeige zur Einleitung strafrechtlicher Ermittlungen gegen den teilnehmenden Dritten zu differenzieren: Soweit es sich bei der Tat des anderen um ein **Offizialdelikt** handelt, ist auch die Anstiftung bzw. Beihilfe als ein solches zu werten, so dass für deren Strafverfolgung die Strafanzeige ausreicht. Ist diese dagegen ein Antragsdelikt, ist die Anstiftung bzw. Beihilfe ebenfalls als ein Antragsdelikt zu qualifizieren. Nur eine solche Differenzierung wird auch dem Interesse des Geschädigten gerecht. Wenn beispielsweise die Strafverfolgung eines Haus- und Familiendiebstahls gemäß § 247 StGB von der Stellung eines Strafantrags abhängig gemacht wird, dann muss dies erst recht für die Anstiftung bzw. Beihilfe zu einer solchen Tat gelten.

192 Demgemäß genügt für die Einleitung strafrechtlicher Ermittlungen gegen einen teilnehmenden Dritten, der den Mobber beispielsweise zu einer Nötigung angestiftet hat, die Erstattung einer Strafanzeige, während es bei der Anstiftung zu einer Sachbeschädigung der Stellung eines Strafantrags durch den Geschädigten bedarf. Entsprechendes muss hinsichtlich der Erforderlichkeit eines Strafantrags bzw. des Genügens einer Strafanzeige bei einer **Unterlassungstat** gemäß § 13 StGB gelten. Schließlich handelt es sich bei § 13 StGB nicht um einen Straftatbestand, sondern um die Beschreibung einer besonderen Form der Tatbegehung.[223] Mithin genügt zur Einleitung eines strafrechtlichen Ermittlungsverfahrens eine Strafanzeige, wenn die Unterlassungstat ein

223 Für die Richtigkeit dieser Schlussfolgerung sprechen im Übrigen auch die Überschriften im Strafgesetzbuch, die dem § 13 vorangestellt sind. Diese Vorschrift ist im zweiten Abschnitt („Die Tat") und dort im ersten Titel („Grundlagen der Strafbarkeit") enthalten.

Offizialdelikt ist. Handelt es sich hierbei hingegen um ein Antragsdelikt, ist die Stellung eines Strafantrages erforderlich.

Weil es sich bei dem **Verleiten eines Untergebenen** zu einer Straftat um ein Offizialdelikt handelt, werden die Strafverfolgungsbehörden tätig, sobald sie von der Tat erfahren. Ausgangspunkt hierfür dürfte regelmäßig eine Strafanzeige sein. Vergleichbares gilt für die **unterlassene Hilfeleistung**, die ebenfalls ein Offizialdelikt ist. 193

c) Sühneversuch und Privatklage

Sofern es sich bei der Anstiftung bzw. Beihilfe um eine Teilnahme an einem Antragsdelikt handelt, unterfallen diese somit auch der Regelung des § 374 StPO mit der Folge, dass die Erhebung einer Privatklage von einem erfolglosen Sühneversuch abhängen kann. Entsprechendes gilt gemäß den Ausführungen in → Rn. 192 auch für eine Unterlassungstat gemäß des § 13 StGB. Zu den Einzelheiten des Sühneversuchs, der Privatklage sowie der damit verbundenen Probleme sei auf → Rn. 126 ff. verwiesen. 194

d) Beweisbarkeit der Tat

Problematisch ist bei der Anstiftung, der Beihilfe sowie der Verleitung eines Untergebenen zu einer Straftat regelmäßig die Beweisbarkeit der Tat des Dritten. Das Wissen um eine Teilnahme an der Tat bzw. der Verleitung zu einer solchen dürften grundsätzlich nur der Mobber sowie der Teilnehmer bzw. der Untergebene teilen. Schließlich dürften diese kaum ein Interesse daran haben, dass weitere Personen von ihrem Wirken erfahren. Sofern sie schweigen, können Anhaltspunkte für ein Mitwirken des Dritten grundsätzlich nicht nach außen dringen. Daher dürfte die Teilnahme bzw. die Verleitung von Untergebenen nur in Ausnahmefällen bekannt werden, etwa wenn einer der Beteiligten sein Schweigen bricht. Nur dann haben die Dritten mit einer Bestrafung zu rechnen, wobei ihnen ihr Tun bewiesen werden muss. Verhält sich etwa ein teilnehmender Vorgesetzter recht geschickt, indem er ein **doppeltes „Spiel"** treibt, wird man diesen trotz einer Tatbezichtigung seitens des Täters kaum einer Teilnahme überführen können. 195

Beispiel für eine schwierige Beweislage: Geschäftsführer Gerd Grausam möchte das Betriebsratsmitglied Marion Müller „loswerden". Er überzeugt ihren Vorgesetzten, Frau Müller so lange unter Druck zu setzen und zu schikanieren, bis diese kündigt. Kurze Zeit später beschwert sich Frau Müller beim Betriebsrat über das Verhalten ihres Vorgesetzten. Als der Betriebsrat den Geschäftsführer während eines Gesprächs auf die Situation anspricht, bittet Herr Grausam den Vorgesetzen in das Sitzungszimmer, weist diesen zurecht und erteilt ihm eine Rüge. Was der Betriebsrat nicht weiß, ist der Umstand, dass Herr Grausam den Vorgesetzten bereits im Vorfeld über sein zu erwartendes „Schauspiel" informiert hatte. 196

Anmerkung: Wer würde Herrn Grausam bei einem solchen Gesprächsverlauf unterstellen, Anstifter zu sein?

Die Beweisproblematik stellt sich auch bei der **Unterlassungstat** gemäß § 13 StGB sowie bei der **unterlassenen Hilfeleistung**. Soweit es neben dem Mobbingbetroffenen keine weiteren Zeugen gibt, wird der Dritte stets einwenden, dass ihm der Schadenseintritt verborgen geblieben sei und er demzufolge zu keinem Zeitpunkt die Erforder- 197 lichkeit eines Handelns bzw. Eingreifens annehmen konnte. Insbesondere sei ihm nicht bekannt gewesen, dass der Geschädigte Mobbinghandlungen ausgesetzt war. Eine derartige Verteidigungsstrategie dürfte umso eher von Erfolg gekrönt sein, je größer das Unternehmen ist. Konflikte können hier leichter im Verborgenen schwelen und von der Betriebsöffentlichkeit unentdeckt bleiben. In **kleinen Betrieben** hingegen dürfte sich die Situation anders gestalten, da hier Konflikte aufgrund der Überschaubarkeit der Beschäftigten recht schnell zutage treten und damit kaum im Verborgenen ausgetragen werden können. Waren nur der Mobbingbetroffene sowie der Dritte bei der Tat zugegen, hängt es entscheidend davon ab, wessen Schilderungen mehr Glauben geschenkt wird.

§ 3 Schadensersatzrechtliche Aspekte

In diesem Kapitel werden wesentliche schadensersatzrechtliche Aspekte von Mobbing erörtert, die sich sowohl auf das allgemeine Zivilrecht als auch auf das Arbeitsrecht erstrecken. Zudem werden die schadensersatzrechtlichen Besonderheiten der Haftung von Beamten sowie von Dienstherrn thematisiert. Auf das Haftungsprivileg bei Personenschäden gemäß §§ 104 ff. SGB VII sowie auf eventuelle Schadensersatzansprüche der Sozialversicherungsträger wird in § 5 eingegangen. Daran anschließend erfolgt in § 6 im Zusammenhang mit den Pflichten der Beamten ein Eingehen auf dienstrechtliche Fragestellungen. 1

Hervorzuheben ist, dass schadensersatzrechtliche Ansprüche sowohl gegenüber natürlichen als auch gegenüber **juristischen Personen** (zB eV, GmbH, AG) geltend gemacht werden können. Insoweit unterscheidet sich das Zivilrecht vom Strafrecht. In diesem Kapitel wird abermals davon ausgegangen, dass einzelne Personen Mobbing betreiben. Treten mehrere Personen gemeinsam als Mobber auf, dann haften sie gegebenenfalls als **Gesamtschuldner** in der Weise, dass der Geschädigte von jedem Einzelnen Schadensersatz begehren kann – auch wenn die Gesamtschuldner untereinander zum Ausgleich verpflichtet sind (vgl. §§ 421, 840 Abs. 1 BGB). 2

I. Prozesshaftigkeit von Mobbing

Vergleichbar der Situation im Strafrecht stellt sich auch bei den schadensersatzrechtlichen Aspekten von Mobbing die Frage, ob bei der rechtlichen Würdigung auf die einzelnen Handlungen abzustellen oder ob der Geschehensprozess einer zusammenfassenden Begutachtung zugänglich ist. Das Bundesarbeitsgericht hat sich für Letzteres entschieden.[1] Rechtsprechung und Literatur haben sich dem angeschlossen, so dass insoweit ein Konsens besteht. 3

In seiner Entscheidung vom 16.5.2007 betont das **Bundesarbeitsgericht,**[2] dass die rechtlichen Besonderheiten bei Mobbing darin begründet seien, dass nicht eine einzelne, abgrenzbare Handlung, sondern die Zusammenfassung mehrerer Einzelakte in einem Prozess zu einer Rechtsgutsverletzung führen können, wobei die einzelnen Teilakte jeweils für sich betrachtet rechtlich neutral sein können. Rechtlich betrachtet gehe es damit um die Qualifizierung eines bestimmten Gesamtverhaltens als eine Verletzungshandlung im Rechtssinne. Die Zusammenfassung der einzelnen Verhaltensweisen erfolge dabei durch die ihnen zugrunde liegende Systematik und Zielrichtung, Rechte und Rechtsgüter zu beeinträchtigen.[3] 4

Die prozesshafte Betrachtung der Mobbingsituation hat vor allem Folgen für den Beginn von **Ausschluss- und Verjährungsfristen** (→ Rn. 110 ff.). 5

1 Grundlegend ist die Entscheidung BAG 16.5.2007 – 8 AZR 709/06.
2 BAG 16.5.2007 – 8 AZR 709/06.
3 Vgl. LAG Rheinland-Pfalz 16.2.2018 – 1 Sa 259/17; LAG Rheinland-Pfalz 18.8.2016 – 5 Sa 61/16; LAG Düsseldorf 26.3.2013 – 17 Sa 602/12; LAG Baden-Württemberg 3.8.2011 – 13 Sa 16/11; LAG Mecklenburg-Vorpommern 25.8.2010 – 2 Sa 111/10; BAG 22.7.2010 – 8 AZR 1012/08; LAG Berlin-Brandenburg 18.6.2010 – 6 Sa 271/10; LAG Köln 3.5.2010 – 5 Sa 1343/09; BAG 24.4.2008 – 8 AZR 347/07; BAG 25.10.2007 – 8 AZR 593/06.

6 Die Anerkennung eines weiten Handlungsbegriffs darf nicht darüber hinwegtäuschen, dass stets die Frage zu beantworten ist, ob das zu untersuchende Verhalten **sozialadäquat** ist. Insoweit stellen sich die gleichen Probleme, wie sie bereits in → § 2 Rn. 11 ff. erörtert worden sind. Äußerst viele Schadensersatzklagen sind in der Vergangenheit allein schon deshalb gescheitert, weil das erkennende Gericht das zu bewertende Verhalten als sozialadäquat betrachtet hat.[4]

II. Verhalten des Mobbers

7 Ein Mobber kann sich unter Umständen wegen Körperverletzung, Beleidigung, Sachbeschädigung und Diebstahl strafbar machen. Während das Strafrecht die Sanktionierung des Täters zum Gegenstand hat, geht es beim Schadensersatzrecht um den Ersatz zugefügter Schäden. Primäre Grundlage hierfür sind die §§ 823 ff. BGB, die das **schadensersatzrechtliche Äquivalent** zu den in strafrechtlicher Hinsicht unerlaubten Handlungen bilden. Bei der Haftung von Beamten sind schadensersatzrechtliche Besonderheiten zu beachten, auf die in → Rn. 59 ff. eingegangen wird.

8 Praxisrelevante Aspekte:

- Pflichtverletzung gemäß § 280 Abs. 1 BGB
- Unerlaubte Handlung gemäß § 823 BGB
- Sittenwidrige vorsätzliche Schädigung gemäß § 826 BGB
- Schmerzensgeld gemäß § 253 Abs. 2 BGB
- Widerruf sowie Unterlassung ehrverletzender Äußerungen analog §§ 823, 1004 BGB
- Unterlassung (weiterer) nonverbaler Mobbinghandlungen analog §§ 823, 1004 BGB

1. Schadensersatz wegen Pflichtverletzung

9 Verletzt der Schuldner eine Pflicht aus dem Schuldverhältnis,[5] so kann der Gläubiger gemäß § 280 Abs. 1 Satz 1 BGB Ersatz des hierdurch entstehenden Schadens verlangen. Etwas anderes gilt nach § 280 Abs. 1 Satz 2 BGB nur dann nicht, wenn der Schuldner die Pflichtverletzung nicht zu vertreten hat. Diese Vorschrift, die auch im Arbeitsvertragsrecht gilt, umfasst sowohl die Leistungs- als auch die Nebenleistungs- und **Verhaltenspflichten.**[6]

a) Haftung gegenüber dem Mobbingbetroffenen

10 Arbeitsvertragliche Beziehungen bestehen ausschließlich zwischen dem Mobbingbetroffenen und dem Arbeitgeber sowie zwischen dem Mobber und dem Arbeitgeber.

4 Vgl. etwa BAG 16.5.2007 – 8 AZR 709/06; BAG 15.9.2016 – 8 AZR 351/15; LAG Rheinland-Pfalz 16.2.2018 – 1 Sa 259/17 – sowie – 1 Sa 41/17; LAG Schleswig-Holstein 24.1.2017 – 1 Sa 6/16; LAG Mecklenburg-Vorpommern 6.12.2016 – 2 Sa 157/16; LAG Hessen 22.2.2016 – 16 Sa 889/15; LAG Düsseldorf 26.3.2013 – 17 Sa 602/12.

5 Eine auf Mobbing beruhende Pflichtverletzung wurde verneint bei einer unterbliebenen Beförderung wegen mangelnder Englischkenntnisse; vgl. LAG Köln 9.3.2009 – 5 Sa 1405/08.

6 Vgl. Palandt, § 280 Rn. 5 f., 12; HaKo-BGB/Schulze, § 280 Rn. 3, 8 ff.

Das **fehlende Vertragsverhältnis** zwischen dem Vertreter bzw. Erfüllungsgehilfen und dem geschädigten Arbeitnehmer hat der Bundesgerichtshof als Argument für die Ablehnung einer eigenen Haftung des Vertreters bzw. Erfüllungsgehilfen gegenüber dem Geschädigten herangezogen.[7] Larenz befürwortet hierbei eine Ausnahme, wenn der Schuldner persönlich das Vertrauen des Gläubigers in Anspruch genommen hat: Seine Haftung beruhe dann auf einem besonderen Vertrauensverhältnis zwischen dem Schuldner (dh Schädiger) und dem Gläubiger (dh Geschädigten), welches ein Schuldverhältnis ohne primäre Leistungspflicht zwischen beiden zur Folge habe.[8]

Die Vorstellung, dass es ein **besonderes Vertrauensverhältnis** am Arbeitsplatz gibt, 11
wonach Schädigungen des jeweils anderen zu unterbleiben haben, kann grundsätzlich nicht überzeugen. Wäre dies so, dann gäbe es wegen der zu befürchtenden Konsequenzen weder ungerechtfertigte Versetzungen und Kündigungen noch Klagen gegen zahlungsunwillige Arbeitgeber. Die von Larenz befürwortete Sachwalterhaftung kann daher im Zusammenhang mit Mobbing nur in äußerst engen Grenzen in Betracht kommen. Ein besonderes Vertrauensverhältnis kann allenfalls in speziell gelagerten Einzelfällen zwischen einem Vorgesetzten und einem Beschäftigten bestehen. Eine Haftung des mobbenden Vertreters bzw. Erfüllungsgehilfen gegenüber dem Mobbingbetroffenen im Rahmen des § 280 Abs. 1 BGB ist demnach grundsätzlich ausgeschlossen.

b) Haftung gegenüber dem Arbeitgeber

Das Arbeitsverhältnis ist von Haupt- und Nebenpflichten geprägt. Während sich die 12
Hauptpflichten unmittelbar aus dem Arbeitsvertrag ergeben, resultieren die **Nebenpflichten** aus der Natur des Arbeitsverhältnisses als ein Austauschverhältnis – dem Austausch von Entgelt gegen Arbeit. So verpflichtet der in § 242 BGB niedergelegte Grundsatz von Treu und Glauben beide Vertragspartner, aufeinander Rücksicht zu nehmen. Ausdrücklich normiert ist diese Pflicht in § 241 Abs. 2 BGB.[9]

Für den **Arbeitnehmer** bedeutet dies, dass er seine Verpflichtungen aus dem Arbeits- 13
verhältnis derart zu erfüllen, seine Rechte so auszulegen und die im Zusammenhang mit dem Arbeitsverhältnis stehenden Interessen seines Arbeitgebers so zu wahren hat, wie es von ihm unter Berücksichtigung seiner Stellung im Betrieb, seinen eigenen Interessen und den Interessen der anderen Belegschaftsangehörigen nach Treu und Glauben billigerweise verlangt werden kann.[10] Demnach sind beispielsweise die Verhaltensregeln einzuhalten, die für einen ungestörten Betriebsablauf notwendig sind. Entsprechendes gilt für eine gegebenenfalls existierende Betriebsordnung. Weiter ist Schaden vom Arbeitgeber abzuwenden sowie dazu beizutragen, dass ein solcher vermieden bzw. möglichst gering gehalten wird.[11]

7 BGH 10.6.1964 – VIII ZR 294/62 – NJW 1964, 2009; sa BGH 21.3.1967 – VI ZR 164/65 – MDR 1967, 577.
8 Larenz, S. 368.
9 Sa Schaub, § 53 Rn. 2.
10 HM; vgl. Schaub, § 53 Rn. 3.
11 Vgl. Zöllner/Loritz/Hergenröder, § 16 Rn. 15.

14 Soweit es den **privaten Lebensbereich** angeht, besteht eine derartige Verpflichtung grundsätzlich nicht.[12] Die arbeitsvertraglichen Nebenpflichten können das außerdienstliche Verhalten kaum begrenzen. Dem einzelnen Arbeitnehmer ist lediglich verwehrt, den Unternehmenszielen entgegenzuarbeiten bzw. ein Verhalten an den Tag zu legen, das sein Arbeitsverhältnis konkret berührt.[13] Auch ein sozialadäquates und damit rechtmäßiges Verhalten kann eine Verletzung arbeitsvertraglicher Nebenpflichten beinhalten, wie es etwa bei einer Verkäuferin der Fall ist, welche die Kunden ihres Arbeitgebers ignoriert.[14]

15 Stets ist zu bedenken, dass der **Umfang sowie** die **Grenzen** der Nebenpflichten von der Eigenart des Arbeitsverhältnisses dergestalt abhängen, dass sie bei einem Vorgesetzten stärker ausgeprägt sind, als es bei einem normalen Beschäftigten oder – in einer noch krasseren Weise – bei einer Aushilfskraft der Fall ist.[15]

16 Sofern man diese Grundsätze auf die Mobbingproblematik überträgt, ergibt sich, dass der Mobber jede **Störung des Betriebsfriedens** und des Betriebsablaufs zu unterlassen hat. Entsprechendes gilt für schadensverursachende Mobbinghandlungen zum Nachteil des Arbeitgebers sowie des Mobbingbetroffenen, sofern diese einen betrieblichen Bezug aufweisen und nicht nur dem Privatleben bzw. außerdienstlichen Verhalten zuzuordnen sind.

17 **§ 7 Abs. 3 AGG** stellt klar, dass eine Benachteiligung aus Gründen der Rasse, der ethnischen Herkunft, des Geschlechts, der Religion, der Weltanschauung, einer Behinderung, des Alters oder der sexuellen Identität eine Verletzung vertraglicher Pflichten darstellt. Insoweit konkretisiert diese Vorschrift die arbeitsvertraglichen Nebenpflichten.

18 **Beispiel für eine Nebenpflichtverletzung:** Die Filialleiterin vergiftet das Arbeitsklima. So rügt sie die ihr unterstellten Verkäuferinnen wegen jeder noch so kleinen Ungeschicklichkeit vor der Kundschaft lautstark mit den Worten: „Wenn Euch Eure Dummheit weh täte".

Anmerkung: Die Filialleiterin verletzt Nebenpflichten aus ihrem Arbeitsvertrag. Sie legt ein Verhalten an den Tag, das sich negativ auf das Arbeitsklima, den Betriebsablauf und die Wirtschaftlichkeit der Filiale auswirkt. Nicht wenige Kunden dürften ihr Verhalten zum Anlass nehmen, zu anderen Anbietern zu wechseln.

19 Ist der Arbeitgeber wegen der Nebenpflichtverletzung zur Kündigung des Arbeitsvertrags nach § 626 BGB berechtigt, kann er alternativ zu dem Schadensersatzanspruch den Arbeitsvertrag **kündigen** und den durch die Kündigung entstehenden Schaden (vgl. § 628 Abs. 2 BGB) ersetzt verlangen, wobei sich die Ersatzpflicht allerdings auf den Zeitraum bis zum nächsten ordentlichen Kündigungstermin beschränkt.[16]

12 Vgl. Schaub, § 53 Rn. 7.
13 Vgl. Schaub, § 53 Rn. 7.
14 Dieball, S. 484.
15 Sa Schaub, § 53 Rn. 4.
16 Vgl. Palandt, § 628 Rn. 8.

2. Schadensersatz aus unerlaubter Handlung

Nach § 823 Abs. 1 BGB ist zum Schadensersatz verpflichtet, wer vorsätzlich oder fahrlässig das Leben, den Körper, die Gesundheit, die Freiheit, das Eigentum oder ein sonstiges Recht einer anderen Person verletzt. Gemäß § 823 Abs. 2 Satz 1 BGB trifft die gleiche Verpflichtung denjenigen, der gegen ein den Schutz eines anderen bezweckendes Gesetz verstößt. 20

a) Verletzung des Körpers sowie der Gesundheit

Schutzgüter des § 823 Abs. 1 BGB sind unter anderem der Körper und die Gesundheit. Körperverletzungen und Gesundheitsbeschädigungen fallen häufig zusammen, müssen es jedoch nicht zwingend.[17] 21

Unter der **Körperverletzung** im Sinne des § 823 Abs. 1 BGB wird jeder unbefugte – nicht ganz unerhebliche – Eingriff in die körperliche Unversehrtheit verstanden. Hierzu zählt jedes Hervorrufen oder Steigern eines von den normalen körperlichen Funktionen nachteiligen abweichenden Zustands, wobei es keiner Schmerzzufügung bedarf.[18] Auch braucht sie keinen Krankheitswert zu haben oder einen Eingriff in die körperliche Substanz beinhalten.[19] Von einer **Verletzung der Gesundheit** gemäß § 823 Abs. 1 BGB wird dagegen gesprochen, wenn die Lebensvorgänge derart gestört sind, dass regelmäßig eine medizinische Behandlung erforderlich ist.[20] Es handelt sich hierbei um eine Störung der physischen, psychischen oder mentalen Befindlichkeit eines Menschen mit Krankheitscharakter.[21] **Seelische Schmerzen** unterfallen allerdings nur dann dem Schutzbereich des § 823 Abs. 1 BGB, sofern diese die Auswirkung der Verletzung des eigenen Körpers sowie der eigenen Gesundheit sind. **Psychische Beeinträchtigungen** müssen demzufolge pathologisch fassbar sein, um als Körper- bzw. Gesundheitsverletzung anerkannt werden zu können.[22] 22

b) Verletzung der Freiheit

Unter der Freiheit im Sinne des § 823 Abs. 1 BGB wird die **körperliche Bewegungsfreiheit** verstanden.[23] Ein Eingriff in die Fortbewegungsfreiheit ist vor allem dann gegeben, wenn der Geschädigte eingesperrt wird.[24] Ein bloßes Ausgrenzen genügt indes nicht.[25] 23

Beispiel für die Verletzung der Freiheit: Bernd Bäcker versperrt die Tür, so dass Marion Meier ihr Büro nicht verlassen kann. 24

---

17 Larenz/Canaris, S. 378; sa Soergel-Spickhoff, § 823 Rn. 38.
18 Vgl. Palandt, § 823 Rn. 4.
19 Larenz/Canaris, S. 377.
20 Sa MüKo-Wagner, § 823 Rn. 177; Palandt, § 823 Rn. 4.
21 Vgl. Larenz/Canaris, S. 377; MüKo-Wagner, § 823 Rn. 178.
22 BGH 4.4.1989 – VI ZR 97/88 – NJW 1989, 2317; sa Soergel-Spickhoff, § 823 Rn. 43; BGH 6.6.1989 – VI ZR 241/88 – BGHZ 107, 359 (363).
23 HM; vgl. statt vieler Palandt, § 823 Rn. 6; HaKo-BGB/Staudinger, § 823 Rn. 11.
24 Soergel-Spickhoff, § 823 Rn. 55.
25 Vgl. HaKo-BGB/Staudinger, § 823 Rn. 11; Soergel-Spickhoff, § 823 Rn. 53.

c) Verletzung des Eigentums

25 Eine Eigentumsverletzung gemäß § 823 Abs. 1 BGB ist gegeben, wenn derart auf eine Sache (vgl. §§ 90 ff. BGB) eingewirkt wird, dass ein adäquater Schaden eintritt. Nicht erforderlich ist eine Substanzverletzung.[26]

26 **Fallgruppen möglicher Eigentumsverletzungen:**[27]

- Substanzbeschädigung: Die Substanz der Sache wird beschädigt.
- Substanzzerstörung: Die Substanz der Sache wird zerstört.
- Sachentziehung: Die Sache wird dem Eigentümer oder einem berechtigten Besitzer entzogen.
- Aufhebung der Sachzuordnung: Die rechtliche Zuordnung der Sache zum bisherigen Inhaber wird aufgehoben.
- Funktionsbeeinträchtigung: Die Sache wird in ihrer Funktion beeinträchtigt.

27 **Beispiele für die Verletzung des Eigentums:**

- Max Meier zerkratzt den Lack des Pkw von Stefan Schmidt (Substanzbeschädigung).
- Bernd Bäcker zerstückelt eine Büropflanze von Marion Meier (Substanzzerstörung).
- Stefan Schmitz versteckt die Aktentasche von Max Müller (Sachentziehung).
- Max Meier verschenkt den Laptop des Stefan Schmidt (Aufhebung der Sachzuordnung).
- Stefan Schmidt sperrt den Computer, so dass er von Bernd Bäcker nicht mehr betätigt werden kann (Funktionsbeeinträchtigung).

28 Die aufgeführten Beispiele verdeutlichen, dass dem Mobber bei der Verletzung fremden Eigentums keine Grenzen gesteckt sind.

d) Verletzung sonstiger Rechte

29 Sonstige Rechte im Sinne des § 823 Abs. 1 BGB sind solche, die denselben rechtlichen Charakter wie das Eigentum haben und ebenso wie Leben, Gesundheit, Freiheit etc von jedermann zu beachten sind.[28] Sie müssen einen bestimmten materiellen oder immateriellen Wert haben, der dem Rechtsinhaber unter Ausschluss aller anderen Menschen zugewiesen ist.[29] Hierzu zählen unter anderem der (Mit-)Besitz,[30] das allgemeine Persönlichkeitsrecht[31] sowie der eingerichtete und ausgeübte Gewerbebetrieb.[32] Auch wird man das „Recht am Arbeitsplatz“ als ein sonstiges Recht im Sinne der Vorschrift ansehen müssen, auch wenn sich die herrschende Meinung dagegen entschieden hat.[33]

26 Palandt, § 823 Rn. 7.
27 Sa Larenz/Canaris, S. 387 ff.; Soergel-Spickhoff, § 823 Rn. 59 ff.
28 Vgl. Palandt, § 823 Rn. 11; sa Larenz/Canaris, S. 392; Soergel-Spickhoff, § 823 Rn. 86.
29 Däubler BGB, Kapitel 26 Rn. 25.
30 Vgl. Palandt, § 823 Rn. 13.
31 Vgl. Soergel-Spickhoff, § 823 Rn. 90; Palandt, § 823 Rn. 19.
32 HM; vgl. Palandt, § 823 Rn. 20.
33 Vgl. Palandt, § 823 Rn. 20 mwN.

aa) Verletzung des allgemeinen Persönlichkeitsrechts

Bei dem allgemeinen Persönlichkeitsrecht, das sich aus Art. 2 Abs. 1, Art. 1 Abs. 1 GG herleiten lässt und den Schutz des § 823 Abs. 1 BGB genießt,[34] handelt es sich inhaltlich um ein **Auffangrecht,** das hinter den Einzelrechten zurücktritt, welche den spezifischen Ausprägungen der Persönlichkeit einen besonderen Schutz verleihen.[35] Bei schweren Verletzungen des allgemeinen Persönlichkeitsrechts wird dem Geschädigten gegen den Schädiger ein Schmerzensgeld zuerkannt, wenn diese nicht in anderer Weise befriedigend ausgeglichen werden können,[36] etwa wenn den Schädiger eine schwere Schuld trifft oder wenn es sich um eine objektiv erheblich ins Gewicht fallende Beeinträchtigung des Persönlichkeitsrechts handelt.[37] So sprach das LAG Rheinland-Pfalz einem Arbeitnehmer ein Schmerzensgeld in Höhe von 20.000 EUR zu, bei dem der Arbeitgeber in Reaktion auf einen verlorenen Vorprozess eigens für den Arbeitnehmer Arbeitsbedingungen geschaffen hatte, die auf eine Ausgrenzung und Schlechterstellung des Arbeitnehmers gegenüber seinen Arbeitskollegen gerichtet war, die als Abstrafung und Schikanierung empfunden werden konnten.[38] 30

Dass Mobbinghandlungen geeignet sind, das allgemeine Persönlichkeitsrecht des Mobbingbetroffenen zu verletzen, ist **unbestritten.**[39] Rieble/Klumpp gehen davon aus, dass die Verletzung des allgemeinen Persönlichkeitsrechts die häufigste Schädigung darstellt, die bei Mobbing erfolgt.[40] 31

Soweit Personen mit Arbeitgeberfunktionen Mobbing betreiben, versuchen sie oftmals, ihre Handlungen mit der Ausübung des ihnen zustehenden **Weisungsrechts** zu rechtfertigen. Dabei übersehen sie, dass eine das Direktionsrecht überschreitende Weisung eine Verletzung des allgemeinen Persönlichkeitsrechts darstellen kann, wenn der Weisung sachlich nachvollziehbare Erwägungen fehlen.[41] Eine Weisung, die sich im Rahmen des dem Arbeitgeber zustehenden Direktionsrechts bewegt und der sich nicht eindeutig eine schikanöse Tendenz entnehmen lässt, kann dagegen nur in den seltensten Fällen eine Persönlichkeitsrechtsverletzung darstellen.[42] 32

Betreibt der Arbeitgeber die Auflösung des Arbeitsverhältnisses, indem er den Mobbingbetroffenen durch unterschiedliche Maßnahmen auf verschiedenen Ebenen zur 33

34 Vgl. Palandt, § 823 Rn. 84; BAG 16.5.2007 – 8 AZR 709/06.

35 Vgl. Däubler BGB, Kapitel 26 Rn. 45; BVerfG 14.2.1973 – 1 BvR 112/65 – BVerfGE 34, 269 (271 f.).

36 Vgl. LAG Rheinland-Pfalz 8.3.2017 – 4 Sa 294/16; LAG Niedersachsen 9.3.2009 – 9 Sa 378/08; LAG Niedersachsen 9.11.2009 – 9 Sa 1573/08; LAG Rheinland-Pfalz 2.8.2007 – 11 Sa 302/07; LAG Hamm 3.9.1997 – 14 Sa 433/97 – Seite 7 der Entscheidung; BGH 19.9.1961 – VI ZR 259/60 – BGHZ 35, 363 (368 f.); BGH 5.3.1963 – VI ZR 55/62 – BGHZ 39, 124 (133 f.); ArbG Berlin 6.9.1996 – 34 Ca 39707/95, WK 34 Ca 3603/96 – Seite 6 der Entscheidung; LAG Berlin 5.3.1997 – 13 Sa 137/96 – Seite 10 der Entscheidung; LAG Köln 7.1.1998 – 2 Sa 1014/97 – Seite 11 der Entscheidung.

37 BGH 19.9.1961 – VI ZR 259/60 – BGHZ 35, 363 (369).

38 LAG Rheinland-Pfalz 13.3.2014 – 2 Sa 96/13.

39 So schon Warschkow/Erdmann, S. 510; sa LAG Rheinland-Pfalz 13.3.2014 – 2 Sa 96/13; LAG Mecklenburg-Vorpommern 13.1.2009 – 5 Sa 112/08; LAG Niedersachsen 9.3.2009 – 9 Sa 378/08; LAG Rheinland-Pfalz 9.12.2009 – 8 SA 445/09; LAG Hamm 25.6.2002 – 18 (11) Sa 1295/01 – NZA-RR 2003, 8; LAG Thüringen 15.2.2001 – 5 Sa 102/00 – DB 2001, 1783 = AuR 2002, 226 = NZA-RR 2001, 347.

40 Rieble/Klumpp, S. 370.

41 LAG Rheinland-Pfalz 9.12.2009 – 8 Sa 445/09.

42 LAG Rheinland-Pfalz 9.12.2009 – 8 Sa 445/09.

Aufgabe des Arbeitsplatzes zu bewegen versucht, so verletzt der Arbeitgeber das allgemeine Persönlichkeitsrecht des Mobbingbetroffenen.[43]

bb) Verletzung des Rechts am eingerichteten und ausgeübten Gewerbebetrieb

34 Die Rechtsprechung erkennt ein Recht am eingerichteten und ausgeübten Gewerbebetrieb an, was in der Literatur teilweise auf Ablehnung bzw. Kritik gestoßen ist.[44] Meines Erachtens kann man ein derartiges Recht anerkennen, sofern den Arbeitnehmern in der gleichen Weise ein Recht am Arbeitsplatz zugestanden wird. Schließlich kann nicht eingesehen werden, weshalb ein Gewerbebetrieb in schadensersatzrechtlicher Hinsicht besser gestellt sein soll als ein Arbeitnehmer, der seinen Arbeitsplatz zwingend zur Existenzsicherung benötigt.

35 Sofern man ein Recht am eingerichteten und ausgeübten Gewerbebetrieb anerkennt, umfasst es die **gesamte wirtschaftliche Tätigkeit** eines Unternehmens einschließlich der Geschäftsverbindungen, der Kunden und der Außenstände.[45] Dieses ist verletzt, wenn durch einen rechtswidrigen unmittelbaren (dh betriebsbezogenen) Eingriff in den gewerblichen Tätigkeitskreis eingedrungen wird. Voraussetzung hierfür ist, dass der Eingriff nicht vom Gewerbebetrieb ohne Weiteres ablösbare Rechte oder Rechtsgüter betrifft.[46]

36 **Beispiel für die Verletzung des Rechts am eingerichteten und ausgeübten Gewerbebetrieb:** Rudi Rüpel veranlasst die Lieferanten seines Arbeitgebers wahrheitswidrig unter Hinweis auf ein angeblich unmittelbar bevorstehendes Insolvenzverfahren, den Betrieb nicht mehr mit Waren zu beliefern.

37 An einem unmittelbaren Eingriff in den Gewerbebetrieb fehlt es, wenn betriebsangehörige Arbeitnehmer, geschäftsführende Gesellschafter oder die Inhaber selbst durch den Schädiger verletzt werden[47] oder der Schädiger zum Betrieb gehörende Sachen zerstört, beschädigt oder entfernt.[48]

cc) Verletzung des Rechts am Arbeitsplatz

38 Ob es ein Recht am Arbeitsplatz gibt, **ist umstritten**. Das Bundesarbeitsgericht hat sich dagegen ausgesprochen.[49] Diese Ansicht geht meines Erachtens fehl, wenn man ein Recht am eingerichteten und ausgeübten Gewerbebetrieb zulässt. Denn es ist nicht akzeptabel, wenn ein Gewerbebetrieb in schadensersatzrechtlicher Hinsicht vorteilhafter behandelt wird als ein Arbeitnehmer, der seinen Arbeitsplatz zwingend benötigt, um seine wirtschaftliche Existenz und die seiner Familie sichern zu können, das Arbeitsentgelt die Existenzgrundlage eines jeden Arbeitnehmers darstellt und ein

43 ArbG Cottbus 8.7.2009 – 7 Ca 1960/08. In dem vorliegenden Rechtsstreit sprach das Gericht dem Mobbingbetroffenen ein Schmerzensgeld in Höhe von 30.000 EUR zu.

44 Vgl. Larenz/Canaris, S. 544 ff.; Brox/Walker SR II, S. 560; sa Palandt, § 823 Rn. 133.

45 Däubler BGB, Kapitel 26 Rn. 35.

46 HaKo-BGB/Staudinger, § 823 Rn. 122; BGH 9.12.1958 – VI ZR 199/57 – BGHZ 29, 65 (74).

47 Däubler BGB, Kapitel 26 Rn. 38; HaKo-BGB/Staudinger, § 823 Rn. 122.

48 HaKo-BGB/Staudinger, § 823 Rn. 122.

49 Vgl. BAG 4.6.1998 – 8 AZR 786/96 – S. 13 ff. der Entscheidung = BB 1999, 746 (747 f.); sa LAG Hessen 12.10.2011 – 18 Sa 502/11; so auch Medicus/Lorenz, 17. Aufl., Rn. 1307 mit der Argumentation, dass das Allgemeine Gleichbehandlungsgesetz sowie das allgemeine Persönlichkeitsrecht bei Mobbing Schutz gewähren; sa Sagmeister, S. 210.

ungekündigtes Arbeitsverhältnis vor allem in Zeiten hoher Arbeitslosigkeit von unschätzbarem Wert ist.

Sofern man ein Recht am Arbeitsplatz als ein sonstiges Recht im Sinne des § 823 Abs. 1 BGB bejaht, kann eine Verletzung desselben mittels einer vom Mobber erzwungenen **Druckkündigung** des Arbeitsvertrags des Mobbingbetroffenen (→ § 4 Rn. 29) erfolgen. Denkbar ist weiter der Fall, dass der Ruf eines Vorgesetzten durch Mobbing derart Schaden nimmt, dass sich dieser aus Gründen seiner weiteren beruflichen Entwicklung gezwungen sieht, den Arbeitsvertrag von sich aus zu kündigen. 39

dd) Verletzung eines Schutzgesetzes

Ein Schutzgesetz gemäß § 823 Abs. 2 BGB ist jede Rechtsnorm, die dem Schutz Einzelner oder einzelner Personenkreise vor der Verletzung eines Rechtsguts dient.[50] Eine Haftung nach § 823 Abs. 2 BGB setzt mithin voraus, dass der Geschädigte zu dem geschützten Personenkreis gehört, dass er in einem Rechtsgut oder Interesse verletzt worden ist, dessen Schutz das Gesetz zu wahren bestimmt ist, und dass sich schließlich in dem Schädigungsvorgang eine Gefahr verwirklicht hat, die durch das Gesetz abgewehrt werden sollte.[51] Schutzgesetze in diesem Sinne sind, soweit es das Strafgesetzbuch betrifft, unter anderem §§ 185 ff., 223, 229, 240, 303 StGB.[52] 40

Wie bereits in § 2 dargelegt wurde, können Mobbinghandlungen geeignet sein, eine Strafbarkeit des Mobbers zu begründen. Mithin kann im konkreten Fall infolge einer Mobbinghandlung ein Schutzgesetz im Sinne des § 823 Abs. 2 BGB verletzt sein, welches zugleich eine Schutzgutverletzung im Sinne des § 823 Abs. 1 BGB darstellen kann. Diesbezüglich ist beispielhaft an einen Mobber zu denken, der den Pkw des Mobbingbetroffenen beschädigt. Er verletzt zum einen dessen Eigentum gemäß § 823 Abs. 1 BGB, zum anderen das Schutzgesetz des § 303 StGB, wonach die Sachbeschädigung unter Strafe gestellt ist. 41

3. Schadensersatz wegen sittenwidriger vorsätzlicher Schädigung

Nach § 826 BGB ist zum Schadensersatz verpflichtet, wer in einer gegen die guten Sitten verstoßenden Weise einem anderen vorsätzlich Schaden zufügt. Unter dem Schaden im Sinne dieser Vorschrift wird **jeder Vermögensnachteil** sowie **jede Beeinträchtigung** eines rechtlich anerkannten Interesses und jede Belastung mit einer ungewollten Verpflichtung verstanden.[53] 42

Dass Mobbinghandlungen zu Vermögensnachteilen bei dem Mobbingbetroffenen führen können, liegt auf der Hand. Zu denken ist etwa an eine nicht erfolgte Beförderung des Mobbingbetroffenen infolge von Unterstellungen, Lügen, Verleumdungen und üblen Nachreden seitens des Mobbers sowie an die Ablehnung einer Gehaltserhöhung aus Gründen, die dem Mobbing zuzuschreiben sind. Auch beinhalten die in 43

50 Vgl. Palandt, § 823 Rn. 56 f.; HaKo-BGB/Staudinger, § 823 Rn. 143, 146.
51 Sa HaKo-BGB/Staudinger, § 823 Rn. 142 ff.
52 Vgl. Palandt, § 823 Rn. 69 mwN.
53 HM; vgl. statt vieler Palandt, § 826 Rn. 3.

→ Rn. 20 ff. erörterten unerlaubten Handlungen oftmals einen Vermögensschaden im Sinne des § 826 BGB.

44 **Sittenwidrig handelt**, wer gegen das Anstandsgefühl aller billig und gerecht Denkenden verstößt. Inhaltlich geht es hierbei um die entschiedene Missbilligung eines Verhaltens, dessen Verwerflichkeit sich aus dem verfolgten Ziel, den eingesetzten Mitteln, dem Missverhältnis von Zweck und Mittel, der zutage getretenen Gesinnung oder der eingetretenen Folgen ergeben kann.[54] **Unsittliche Motive** (zB Neid, Eifersucht, Rache, Schadenfreude) allein machen ein Verhalten so lange nicht sittenwidrig, als es zugleich der Wahrnehmung berechtigter Belange dient.[55] Fehlen solche, kann das Verhalten schikanös und damit sittenwidrig sein. Gleiches gilt, wenn das Verhalten durch illegitime Motive geprägt ist.[56]

45 Mobbing zeichnet sich dadurch aus, dass ein sozialer Konflikt verdeckt und höchst personifiziert ausgetragen wird. Je mehr sich ein solcher aufschaukelt, desto mehr wird der Mobbingbetroffene als Ursache des bestehenden Problems betrachtet – mit der Folge, dass das Problem erst dann gelöst zu sein scheint, wenn der Mobbingbetroffene aus dem Gesichtsfeld des Mobbers verschwunden ist. Mithin wird es dem Mobber ab einem gewissen (Zeit-)Punkt oftmals nur noch um die „Vernichtung" des Mobbingbetroffenen, um seinen Ausschluss aus dessen Wirkbereich gehen. Berechtigte Belange für das Verhalten des Mobbers dürfte es in objektiver Hinsicht kaum geben. Selbst in den Fällen, in denen das Handeln des Mobbers in gewisser Hinsicht nachvollziehbar erscheint und dem Mobber sogar eine gewisse Sympathie bzw. Verständnis für sein Verhalten entgegengebracht werden kann, darf es aus rechtsstaatlichen Gründen **nicht hinzunehmen** sein, wenn der Mobber beispielsweise in Betracht kommende Konkurrenten beförderungsabträglichen Mobbinghandlungen aussetzt, um sich selbst in das „rechte Licht" zu setzen und seine Beförderung „zu sichern", oder „Ekelpakete" mithilfe von Mobbinghandlungen aus deren Wirkbereiche drängt. Insoweit ist das Verhalten des Mobbers wegen des Einsatzes verwerflicher Mittel grundsätzlich als sittenwidrig anzusehen.

4. Zahlung von Schmerzensgeld

46 Gemäß § 253 Abs. 2 BGB kann eine billige Entschädigung in Geld (sog Schmerzensgeld) gefordert werden, wenn wegen einer Verletzung des Körpers, der Gesundheit, der Freiheit oder der sexuellen Selbstbestimmung Schadensersatz zu leisten ist wegen eines Schadens, der keinen Vermögensschaden darstellt. Dieser Anspruch setzt zunächst voraus, dass der Verletzte gegen den Schädiger einen Schadensersatzanspruch wegen der Verletzung eines der durch die Vorschrift geschützten Güter hat. Ob dieser auf einer unerlaubten Handlung oder auf einer Vertragsverletzung beruht, ist unerheblich. Insoweit können alle Normen, die den Schädiger zum Schadensersatz verpflichten (zB § 823 BGB), zugleich einen Anspruch auf Schmerzensgeld begründen.[57]

54 Sa Palandt, § 826 Rn. 4.
55 Soergel-Hönn, § 826 Rn. 40.
56 Soergel-Hönn, § 826 Rn. 41.
57 Vgl. Palandt, § 253 Rn. 5 f.; HaKo-BGB/Schulze, Vor §§ 249–253 Rn. 1.

Dass Mobbing zu einer Schadensersatzpflicht des Mobbers insbesondere wegen der Verletzung der **Gesundheit des Mobbingbetroffenen** führen kann, bedarf keiner weiteren Erörterung (→ Rn. 22). Lediglich dann, wenn das Wohlbefinden des Verletzten nur kurzfristig und unerheblich beeinträchtigt wurde, kann ein Anspruch auf Schmerzensgeld entfallen.[58] 47

Weitere Bedingung ist, dass der Mobbingbetroffene einen **Nichtvermögensschaden** erlitten hat. Hierzu zählen nachteilige Folgen für die körperliche und/oder seelische Verfassung des Verletzten, wie es etwa bei körperlichen sowie seelischen Schmerzen, Bedrückung, Angst, Kummer, Sorgen, Unbehagen, Wesensänderungen sowie der Schmälerung der Lebensfreunde der Fall ist[59] und im Zusammenhang mit Mobbing oftmals vorkommt. Beispielhaft sei insoweit die Beeinträchtigung des Wohlbefindens des Mobbingbetroffenen infolge von Niedergeschlagenheit oder Schlaflosigkeit genannt. 48

5. Widerruf und Unterlassung ehrverletzender Äußerungen

Sofern der Mobber ehrverletzende Äußerungen tätigt, ist es möglich, ihn auf Widerruf und Unterlassung derselben in Anspruch zu nehmen.[60] Schließlich werden in entsprechender Anwendung des § 1004 Abs. 1 BGB alle absoluten Rechte unter den Schutz dieser Vorschrift gestellt. Besonders geschützt sind: das Leben, die Gesundheit, die Freiheit, das allgemeine Persönlichkeitsrecht, die Ehre.[61] 49

Geht es um die **Beseitigung einer unwahren Tatsachenbehauptung**, deren Fortwirkung eine dauernde Störung eines geschützten Rechtsguts des Verletzten begründet (zB die verleumderische Bezichtigung als Prostituierte), dann kann der Widerruf einer solchen Behauptung insoweit verlangt werden, als der Störer die unwahre Behauptung richtigstellt. Unerheblich ist, wie groß der Personenkreis ist, gegenüber dem die Behauptung aufgestellt wurde. Andere Zwecke als die Richtigstellung der unwahren Behauptung (zB Genugtuung) können mit dem Widerrufanspruch analog § 1004 Abs. 1 Satz 1 BGB nicht verfolgt werden.[62] 50

Soweit sich die Unwahrheit der Tatsachenbehauptung nicht aufklären lässt, es keine ernsthaften Anhaltspunkte für die Wahrheit der Tatsachenbehauptung gibt, ist ein **eingeschränkter Widerruf** möglich, der darin besteht, dass der Störer erklärt, seine Behauptung nicht weiter aufrechterhalten zu wollen.[63] 51

Ein Widerruf der Äußerung kann nicht verlangt werden,[64] sofern es **ehrverletzende Werturteile** betrifft (zB Titulierung als „Hornochse"). Dies wird damit begründet, 52

58 Vgl. Palandt, § 253 Rn. 14.
59 Vgl. Palandt, § 253 Rn. 16; HaKo-BGB/Schulze, § 253 Rn. 2.
60 Vgl. ArbG Bamberg, Kammer Coburg 30.6.1999 – 3 Ca 1312/98 C; sa LAG Rheinland-Pfalz 8.11.2013 – 9 Sa 23/13.
61 Vgl. Palandt, § 1004 Rn. 4.
62 Vgl. Palandt, Einf. v. § 823 Rn. 40 ff.; BGH 13.10.1964 – VI ZR 167/63 – MDR 1965, 35; sa BGH 17.6.1953 – VI ZR 51/52 – BGHZ 10, 104 (106), der einen Widerrufsanspruch verneint, wenn die Tatsachenbehauptung nur gegenüber dem Verletzten aufgestellt wurde.
63 Vgl. Palandt Einf. v. § 823 Rn. 41.
64 Wohl hM; vgl. Palandt, Einf. v. § 823 Rn. 40; BGH 17.6.1953 – VI ZR 51/52 – BGHZ 10, 104 (105 f.); BGH 13.10.1964 – VI ZR 167/63 – MDR 1965, 35.

dass eine unter staatlichem Zwang abgegebene Entschuldigungserklärung nicht geeignet ist, die frühere Äußerung im Sinne eines Abrückens von dieser zu beseitigen, wie es insbesondere bei der Beleidigung der Fall ist.[65] Insoweit ist es nur möglich, dem Störer die weitere Verbreitung entsprechender Aussagen untersagen zu lassen.[66] Unter Umständen ist es möglich, ein erwirktes Unterlassungsurteil auf Kosten des Störers veröffentlichen zu lassen, wenn nur auf diese Weise eine vollständige Rehabilitation des Betroffenen erreicht werden kann.[67]

53 Drohen künftig weitere ehrverletzende Werturteile sowie unwahre Tatsachenbehauptungen, so kann der Betroffene analog § 1004 Abs. 1 Satz 2 BGB ihre Unterlassung verlangen, falls eine **Wiederholungsgefahr** besteht.[68] Erforderlich ist hierfür eine ernstliche, sich auf Tatsachen begründete Besorgnis weiterer Eingriffe, wobei diesbezüglich auf den Zeitpunkt der letzten mündlichen Verhandlung abzustellen ist.[69] Die Unterlassung weiterer erwiesen unwahrer Tatsachenbehauptungen kann ohne Weiteres verlangt werden; die Unterlassung weiterer erweislich wahrer Tatsachenbehauptungen kann hingegen nur beansprucht werden, wenn sich der Störer nicht auf ein Recht zu einer solchen Behauptung berufen kann. Ebenfalls ist die Unterlassung weiterer ehrverletzender Meinungsäußerungen sowie Werturteile möglich, sofern nicht dem Störer ein berechtigtes Interesse an der Wiederholung seiner Kritik zusteht.[70]

54 Dass einzelne Mobbinghandlungen geeignet sein können, den Mobber auf Widerruf und Unterlassung ehrverletzender Äußerungen in Anspruch zu nehmen, lässt sich mithilfe eines Urteils des Arbeitsgerichts Bamberg aus dem Jahre 1999 belegen.

55 **Auszug aus dem Tenor der Gerichtsentscheidung:**[71]

1. Die Beklagte wird verurteilt, ihre am ... geäußerte Beschuldigung, die Klägerin habe andere Mitarbeiterinnen gegen sie aufgehetzt und würde Mobbing gegen sie betreiben, gegenüber sämtlichen Mitarbeiterinnen und Mitarbeitern zu widerrufen.
2. Die Beklagte wird verurteilt, es zu unterlassen, zu behaupten, die Klägerin würde andere Mitarbeiterinnen gegen sie aufhetzen oder Mobbing gegen sie betreiben.
3. Für jeden Fall der Zuwiderhandlung wird ein Ordnungsgeld bis zu 500.000,00 DM[72] ersatzweise Ordnungshaft bis zu sechs Monaten, bei mehreren Zuwiderhandlungen bis zu insgesamt zwei Jahren, festgesetzt.

6. Unterlassung weiterer nonverbaler Mobbinghandlungen

56 Da die Beseitigung einer bereits abgeschlossenen und somit in der Vergangenheit liegenden nonverbalen Mobbinghandlung grundsätzlich nicht möglich ist, kommt eine

65 Palandt, Einf. v. § 823 Rn. 40.
66 Medicus/Lorenz, § 75 Rn. 5; sa Medicus/Lorenz, 17. Aufl., Rn. 1292, 1441; BAG 16.5.2007 – 8 AZR 709/06; BAG 28.10.2010 – 8 AZR 546/09.
67 BGH 25.11.1986 – VI ZR 57/86 – BGHZ 99,133 (139 f.).
68 Vgl. Palandt, Einf. v. § 823 Rn. 27 ff.; Brox/Walker SR II, S. 650; sa LAG Rheinland-Pfalz 10.3.2010 – 8 Sa 644/09, das in dem zu entscheidenden Mobbingfall eine Wiederholungsgefahr bereits deshalb abgelehnt hat, weil es keine Erstbegehung feststellen konnte; LAG Rheinland-Pfalz 8.11.2013 – 9 Sa 23/13; ArbG Bamberg, Kammer Coburg 30.6.1999 – 3 Ca 1312/98 C, Bl. 9 der Entscheidung.
69 Palandt, Einf. v. § 823 Rn. 27.
70 Vgl. Palandt, Einf. v. § 823 Rn. 29.
71 ArbG Bamberg, Kammer Coburg 30.6.1999 – 3 Ca 1312/98 C.
72 Dies entspricht rund 255.000 EUR.

Unterlassung weiterer solcher Aktivitäten infrage. Anspruchsgrundlage ist abhängig von der Art des betroffenen Schutzgutes § 1004 Abs. 1 Satz 2 BGB in unmittelbarer (dh bei Eigentumsbeeinträchtigungen, die nicht als Entziehung oder Vorenthaltung des Besitzes zu qualifizieren sind) oder analoger (dh bei Beeinträchtigungen anderer geschützter Rechtsgüter) Anwendung.

Voraussetzung ist, dass bereits ein **objektiv widerrechtlicher Eingriff** vorliegt und die Gefahr einer Wiederholung besteht, mithin ein weiterer Schaden droht. Ferner muss die fragliche Handlung konkret bezeichnet werden können. Allgemein gehaltene Anträge haben keinen vollstreckbaren Inhalt und sind deshalb unzulässig.[73] 57

Da es sich bei Mobbing um einen Geschehensprozess handelt, muss davon ausgegangen werden, dass sich Mobbinghandlungen jederzeit wiederholen können. Dies gilt vor allem dann, wenn der Mobber mit weiteren Handlungen gedroht hat. Ob diese ein geschütztes Rechtsgut in dem darlegten Sinne verletzen können, ist im konkreten Einzelfall zu beurteilen. 58

7. Schadensersatzrechtliche Besonderheiten bei der Haftung von Beamten

Schadensersatzrechtliche Besonderheiten gibt es für Beamte: 59

- § 75 Abs. 1 BBG (diese Vorschrift gilt für Beamte, auf die das Bundesbeamtengesetz Anwendung findet. Hingegen gilt der wortidentische § 48 BeamtStG für solche Beamte, auf die landesbeamtenrechtliche Vorschriften zur Anwendung gelangen) regelt abschließend die vermögensrechtliche Haftung des Beamten gegenüber seinem Dienstherrn und betrifft damit das Innenverhältnis zwischen diesen.[74]
- Die Haftung des Beamten gegenüber Dritten betrifft das Außenverhältnis. Im Bereich des privatrechtlichen einschließlich des verwaltungsprivatrechtlichen Verwaltungshandelns ergibt sich eine Haftung aus § 839 BGB, wobei Art. 34 GG grundsätzlich eine Eigenhaftung des Beamten ausschließt. Liegt eine Amtspflichtverletzung im Sinne des § 839 BGB nicht vor, ist Raum für eine Eigenhaftung des Beamten wegen unerlaubter Handlung, so dass die §§ 823 ff. BGB dann zur Anwendung gelangen können.

a) Haftung gemäß § 75 Abs. 1 BBG (§ 48 Satz 1 BeamtStG)

Gemäß § 75 Abs. 1 Satz 1 BBG (§ 48 Satz 1 BeamtStG) hat ein Beamter, der vorsätzlich oder grob fahrlässig die ihm obliegenden Pflichten verletzt, dem Dienstherrn, dessen Aufgaben er wahrgenommen hat, den daraus entstehenden Schaden zu ersetzen. Haben mehrere Beamte gemeinsam den Schaden verursacht, haften sie gemäß § 75 Abs. 1 Satz 2 BBG (§ 48 Satz 2 BeamtStG) als Gesamtschuldner. 60

Beispiele für Pflichtverletzungen: 61

- Verletzung des Mobbingbetroffenen mit einem Messer.
- Beleidigung des Mobbingbetroffenen.

73 Däubler BGB, Kapitel 33 Rn. 22.
74 Vgl. Battis, § 75 Rn. 1, 3.

- Verbreitung unwahrer Tatsachen über den Mobbingbetroffenen.
- Nichtbefolgung von Weisungen eines von Mobbinghandlungen betroffenen Vorgesetzten.
- Störung des Betriebsfriedens.

62 Ob dem Dienstherrn infolge der Pflichtverletzung ein **Schaden** entstanden ist, ergibt sich aus der Beantwortung der Frage, wie der Dienstherr stehen würde, wenn die Pflichtverletzung nicht erfolgt wäre.[75] Recht einfach lässt sich die Frage beantworten, wenn der Mobbingbetroffene etwa eine Entgeltfortzahlung im Krankheitsfall erhalten hat. Allerdings gibt es auch Fallkonstellationen, bei denen sich ein Schaden kaum feststellen und in Geld beziffern lässt. Dies betrifft vor allem die Zufriedenheit der Beschäftigten bei der Arbeit sowie den Betriebsfrieden.

b) Schadensersatzpflicht gemäß § 839 BGB

63 Verletzt ein Beamter vorsätzlich oder fahrlässig die ihm einem Dritten gegenüber obliegende **Amtspflicht**,[76] so hat er diesem den daraus entstehenden Schaden gemäß § 839 Abs. 1 Satz 1 BGB zu ersetzen. Hierzu bedarf es einer **Amtspflichtverletzung**, die dem Beamten (dh Mobber) dem Geschädigten (dh Mobbingbetroffenen) gegenüber obliegt. Eine solche liegt vor, sofern die Amtspflicht zumindest auch den Zweck verfolgt, das Interesse des Geschädigten zu wahren. Insoweit wird eine besondere Beziehung zwischen der verletzten Amtspflicht und der Person des Geschädigten verlangt.[77] Losgelöst von dem Erfordernis einer besonderen persönlichen Beziehung besteht die absolute gegenüber jedermann existierende Amtspflicht, unerlaubte Handlungen zu unterlassen.[78]

64 Dem Geschädigten muss infolge der Amtspflichtverletzung ein **Vermögensschaden** entstanden sein.[79] Ein solcher umfasst auch solche Schäden, die wegen der Verletzung des allgemeinen Persönlichkeitsrechts des Geschädigten eingetreten sind.[80] Dass dem Mobbingbetroffenen infolge einer Amtspflichtverletzung ein Vermögensschaden zugefügt werden kann, liegt auf der Hand und bedarf daher keiner weiteren Ausführung.

65 **Beispiel für einen Vermögensschaden:** Der Vorgesetzte Max Meier verhindert die anstehende Beförderung des Stefan Schmitz, die unter anderem eine Gehaltserhöhung zur Folge gehabt hätte.

8. Kausalzusammenhänge und Zurechenbarkeit der Handlungen

66 Kommt es zur Verletzung einer der vorgenannten Rechtsgüter oder Rechte, dann muss diese dem Mobber zurechenbar sein. Andernfalls entfällt eine Haftung des

75 Vgl. Schnellenbach/Bodanowitz, S. 255.
76 Sa OLG München 15.2.2007 – 1 U 5361/06.
77 Brox/Walker SR II, S. 610.
78 Soergel-Vinke, § 839 Rn. 112; BGH 25.9.1980 – III ZR 74/78 – BGHZ 78, 274 (279); BGH 16.6.1977 – III ZR 179/75 – BGHZ 69, 128 (138).
79 Brox/Walker SR II, S. 611; HaKo-BGB/Staudinger, § 839 Rn. 1.
80 BGH 25.9.1980 – III ZR 74/78 – BGHZ 78, 274 (280).

Mobbers. Zudem müssen – soweit erforderlich – die Kausalitätserfordernisse erfüllt sein.

Verletzt der Mobber ein durch § **823 BGB** geschütztes Rechtsgut oder Recht, wird ihm sein Handeln regelmäßig zuzurechnen sein. Besteht die Verletzungshandlung in einem Unterlassen, ist diese ihm nur dann zurechenbar, wenn es eine spezifische Rechtspflicht zur Abwendung des Erfolges gibt.[81] Wenngleich der Maßstab für die Beurteilung der Pflicht zur Abwendung des Erfolges nicht so streng ist wie der im Strafrecht, kann auf die Ausführungen in → § 2 Rn. 156 ff. verwiesen werden. Im Zivilrecht wird in diesem Zusammenhang von **Verkehrspflichten** sowie **Verhaltenspflichten** gesprochen, wobei diese zugleich die Messlatte für das von dem Mobber verlangte Verhalten bilden.[82] 67

Während im Strafrecht die Äquivalenztheorie vorherrscht (→ § 2 Rn. 94), bestimmt sich die Kausalität im Zivilrecht nach der **Adäquanztheorie**. Der Kausalzusammenhang muss bezüglich der unerlaubten Handlung (vgl. § 823 BGB) sowohl im Verhältnis Handlung/Verletzung eines geschützten Rechts bzw. Rechtsguts (sog haftungsbegründende Kausalität) als auch im Verhältnis Verletzung/Schaden (sog haftungsausfüllende Kausalität) bestehen.[83] Insoweit kann auch von einem doppelten Kausalitätserfordernis gesprochen werden. Dieses wird man auch im Rahmen des § 826 BGB fordern, denn die sittenwidrige vorsätzliche Schädigung baut auf § 823 BGB auf und stellt eine wichtige Ergänzung derselben dar.[84] 68

Das Kausalitätserfordernis stellt sich ferner bei der **Pflichtverletzung** (§ 280 Abs. 1 BGB). Hier muss ein adäquater Kausalzusammenhang zwischen der Pflichtverletzung und dem verursachten Schaden bestehen.[85] 69

Adäquanztheorie:[86] 70

Nach der Adäquanztheorie ist dem Handelnden ein Schaden nur dann zuzurechnen, wenn die von ihm gesetzte Bedingung im Allgemeinen und nicht nur unter ganz besonders eigenartigen, unwahrscheinlichen und nach dem regelmäßigen Verlauf der Dinge außer Betracht zu bleibenden Umständen zur Herbeiführung des Erfolgs geeignet war.

Die Kausalität stellt sich im Zusammenhang mit Mobbing oftmals als ein **kaum zu bewältigendes Problem** dar.[87] Wirft jemand einen Stein gezielt auf ein Fenster und wird das Fensterglas hierdurch zerstört, wird man eine Kausalität zwischen dem Steinwurf und der Beschädigung des Fensters sowie zwischen dieser und dem dadurch eingetretenen Schaden beim Eigentümer nicht bezweifeln. Komplizierter stellt sich die Situation bereits dar, wenn eine dritte Person an dem Geschehen beteiligt ist. 71

81 Vgl. HaKo-BGB/Staudinger, § 823 Rn. 56.
82 Sa HaKo-BGB/Staudinger, § 823 Rn. 60.
83 Vgl. Busemann, S. 43; LAG Rheinland-Pfalz 2.8.2007 – 11 Sa 302/07.
84 Sa Palandt, § 826 Rn. 1.
85 Vgl. Palandt, § 280 Rn. 38.
86 Busemann, S. 43; sa Medicus, Rn. 598; Brox/Walker, SR I, S. 351 f.; HaKo-BGB/Staudinger, § 823 Rn. 48; BGH 14.10.1971 – II ZR 313/69 – BGHZ 57, 137 (141).
87 So auch Ruberg, S. 127, 155.

72 **Beispiel:** Rudi Rüpel verspricht dem Personalchef für den Fall der Kündigung des Max Meier einen Vorteil.

Anmerkung: Handelt der Personalchef wie angesonnen, wird Max Meier seinen Arbeitsplatz verlieren und damit sicherlich Verdiensteinbußen erleiden. Auch wenn der in Aussicht gestellte Vorteil der Beweggrund für das Handeln des Personalchefs ist, so tritt der Schaden, der in dem Arbeitsplatzverlust und seinen Folgen zu erblicken ist, nur infolge der Kündigung seitens des Personalchefs ein. Lediglich sein Handeln ist für den Schaden ursächlich. Anders wäre die Situation zu beurteilen, wenn Rudi Rüpel einen derart großen Druck auf den Personalchef ausübt, dass dieser den Personalchef nach Abwägung aller Risiken und Gefahren zu dem Ausspruch einer objektiv nicht gerechtfertigten Druckkündigung veranlasst (zur Problematik der Druckkündigung → § 4 Rn. 28). Hier wäre es unbillig, nicht auch Herrn Rüpel für den Arbeitsplatzverlust einstehen zu lassen, der nur aufgrund seiner Drohung eingetreten ist. Schließlich setzt er den Personalchef in gewisser Weise als seine Waffe gegen Max Meier ein.

73 Die Bejahung eines weiten Handlungsbegriffs (→ Rn. 3 ff.) dürfte sich bei **Gesundheitsverletzungen** als vorteilhaft erweisen, da sich diese regelmäßig nur als Folge des prozesshaften Geschehens einstellen. Was vielleicht mit einem Unwohlsein beginnt, kann in einer Depression enden. Was aber ist, wenn mehrere Mobber losgelöst voneinander handeln – wer hat für welche Handlungen einzustehen und welche Handlungen welcher Person haben die Gesundheitsverletzung verursacht? Weiter kann sich die Frage stellen, ob der Nervenzusammenbruch des Mobbingbetroffenen nicht auch ohne das Wirken des Mobbers erfolgt wäre. Das Kausalitätsproblem lässt sich noch weiter auf die Spitze treiben: Der Nervenzusammenbruch könnte seine alleinige Ursache im privaten Bereich haben, mithin unabhängig von dem Mobbing eingetreten sein. Lässt sich der erforderliche Kausalzusammenhang nicht feststellen, entfällt eine Schadensersatzpflicht des Mobbers.

74 Unbestritten ist, dass Schmerzen, Angstzustände, Kummer, Wesensänderungen sowie die Schmälerung der eigenen Lebensfreude Folge von Mobbing sein können. Aber in der gleichen Weise kann nicht ausgeschlossen werden, dass sie auf private Lebensumstände zurückzuführen sind, die sich auch ohne das erlittene Mobbing eingestellt hätten.

75 Der Adäquanztheorie folgend haftet ein **Beamter** nur dann gemäß § 75 Abs. 1 BBG (§ 48 BeamtStG), wenn zwischen der Pflichtverletzung und dem Schaden des Dienstherrn ein ursächlicher Zusammenhang dergestalt besteht, dass die Pflichtverletzung geeignet war, den Schaden herbeizuführen.[88] Manipuliert der Mobber beispielsweise einen Einsatzwagen, indem er die Bremsanlage außer Funktion setzt, dann ist die Pflichtverletzung ohne Zweifel die adäquate Ursache dafür, wenn das Fahrzeug bei einem Bremsmanöver verunfallt. Schließlich kann der Unfall nur deshalb eintreten, weil die Bremsanlage außer Funktion gesetzt ist. Besteht der Schaden des Dienstherrn

88 Vgl. Battis, § 75 Rn. 12; Schnellenbach/Bodanowitz, S. 254.

hingegen in der Entgeltfortzahlung aus krankheitsbedingten Gründen, wird sich ein derartiger Ursachenzusammenhang nicht immer feststellen lassen.

Entsprechendes gilt, wenn es neben der Mobbingsituation weitere Probleme gibt, die der Privatsphäre des Mobbingbetroffenen zuzuordnen sind. Es stellt sich dann die Frage, welche Probleme für den Nervenzusammenbruch ursächlich waren bzw. ob dieser nicht auch ohne die Mobbingsituation eingetreten wäre. Noch verzwickter ist die Situation, wenn mehrere Mobber losgelöst voneinander handeln. In einem solchen Fall dürfte es oftmals schwierig sein, die Person des Schädigers zu ermitteln. 76

Im Rahmen einer Haftung gemäß **§ 839 BGB** muss zwischen dem Schaden und der Amtspflichtverletzung ein adäquat kausaler Zusammenhang bestehen.[89] Mithin ist zu fragen, welch einen Verlauf die Dinge bei einem pflichtgemäßen Handeln genommen hätten und wie sich die Vermögenssituation des Geschädigten dann darstellen würde.[90] Probleme sind kaum ersichtlich, wenn der Schaden auf einem Handeln des Mobbers beruht. Anders dürfte es bei Gesundheitsbeeinträchtigungen sein, die ihre Ursache auch im privaten Bereich des Mobbingbetroffenen haben können. Vor allem dann wird es vielfach nicht möglich sein, einen adäquat kausalen Zusammenhang zwischen einer konkreten Amtspflichtverletzung und dem Schaden des Mobbingbetroffenen herzustellen. 77

Gemäß einer Entscheidung des LAG München[91] sollen Schadensersatz- und Schmerzensgeldansprüche wegen Mobbing ausscheiden, wenn eine eindeutige Täter-Opfer-Zuordnung nicht möglich ist, vielmehr die Beteiligten zugleich Täter und Opfer sind. In dem zu entscheidenden Fall hatte der Kläger selbst nach Kräften zur Zuspitzung des Konflikts und damit zur Entstehung seiner reaktiven Depression beigetragen. 78

9. Rechtswidriges Handeln

Vergleichbar der Situation im Strafrecht entstehen schadensersatzrechtliche Ansprüche nur dann, wenn die Schadensverursachung rechtwidrig ist (vgl. § 823 Abs. 1 BGB). Dies dürfte in der Regel ohne Probleme zu bejahen sein. 79

10. Vorsätzliches und fahrlässiges Handeln

Eine Schadensersatzpflicht des Schädigers tritt grundsätzlich nur ein, wenn er den Schadenseintritt verschuldet hat. So bedingt § 823 Abs. 1 BGB, dass der Mobber vorsätzlich oder fahrlässig gehandelt hat, er mithin für das Geschehen verantwortlich ist. Nach § 276 Abs. 1 Satz 1 BGB hat der Schuldner, sofern nicht ein anderes bestimmt ist, Vorsatz und Fahrlässigkeit zu vertreten. **Vorsatz** in diesem Sinne ist das Wissen und Wollen des rechtswidrigen Erfolges. Der Handelnde muss den rechtswidrigen Erfolg voraussehen und in seinen Willen aufgenommen haben. Dass der Erfolg gewünscht oder beabsichtigt ist, ist ebenso unerheblich wie der Beweggrund des Tuns; es genügt, dass der Handelnde den Erfolg (beispielsweise die Verletzung eines durch 80

89 Vgl. Palandt, § 839 Rn. 77.
90 Vgl. BGH 6.4.1995 – III ZR 183/94 – NJW 1995, 2344 (2345).
91 LAG München 21.7.2005 – 3 Sa 13/05.

§ 823 BGB geschützten Rechtsguts oder Rechts) billigend in Kauf nimmt.[92] Das Bewusstsein der Rechtswidrigkeit gehört ebenfalls – anders als im Strafrecht – zum Vorsatz.[93]

81 Begriff des Vorsatzes:[94]

Vorsatz ist Wissen und Wollen des rechtswidrigen Erfolges.

82 § 276 Abs. 2 BGB definiert den Begriff der Fahrlässigkeit: **Fahrlässig** handelt, wer die im Verkehr erforderliche Sorgfalt außer Acht lässt. Dies setzt die Voraussehbarkeit und Vermeidbarkeit des rechtswidrigen Erfolges voraus.[95] Im Unterschied zum Strafrecht (→ § 2 Rn. 101) gilt im Zivilrecht ein **objektiv-abstrakter Sorgfaltsmaßstab.** Es ist darauf abzustellen, wie sich ein sorgfältiger Mensch mit durchschnittlicher Umsicht und Tüchtigkeit unter Berücksichtigung des jeweiligen Verkehrskreises verhalten würde.[96]

83 Begriff der Fahrlässigkeit:

- **Bewusst fahrlässig** handelt, wer mit dem Eintritt des Erfolges gerechnet, aber fahrlässig darauf vertraut hat, dass dieser nicht eintreten werde.[97]
- Hat der Schädiger den möglichen Eintritt des schädlichen Erfolges nicht erkannt, hätte er ihn aber bei gehöriger Sorgfalt voraussehen und verhindern können, dann liegt ein **unbewusstes fahrlässiges Handeln** vor.[98]
- Von **grober Fahrlässigkeit** ist die Rede, wenn die im Verkehr erforderliche Sorgfalt in einem besonders schweren Maße verletzt ist.[99]

84 Da inzwischen davon ausgegangen werden darf, dass die gesundheitlichen Gefahren sowie Folgen von Mobbing allgemein bekannt sind, kann einem Mobber in der Regel zumindest ein fahrlässiges Handeln unterstellt werden.[100] Ist ihm seine Gegnerschaft bzw. Antipathie gegenüber dem Mobbingbetroffenen bewusst und führt er seine Handlungen mit dem Ziel aus, dem Mobbingbetroffenen Schaden zuzufügen, wird man ein vorsätzliches Verhalten annehmen dürfen: Der Mobber weiß, dass er mit seinem Verhalten ein Rechtsgut oder Recht des Mobbingbetroffenen widerrechtlich verletzt und will dies auch.

85 Leitsatz des ArbG Eisenach vom 30.8.2006 – 3 Ca 1226/03:

Arbeitnehmer, die Mitarbeiter mobben, handeln im Hinblick auf eine mögliche Gesundheitsverletzung ihrer Opfer zumindest fahrlässig, denn sie müssen wegen der Eignung von Mobbingangriffen zur psychischen Destabilisierung einer Persönlichkeit zwangsläufig damit rechnen, dass diese früher oder später gesundheitliche Schädigungen hervorrufen.

92 Palandt, § 276 Rn. 10.
93 Palandt, § 276 Rn. 11.
94 HaKo-BGB/Schulze, § 276 Rn. 6.
95 Palandt, § 276 Rn. 12; sa LAG Rheinland-Pfalz 27.2.2008 – 8 Sa 558/07.
96 Palandt, § 276 Rn. 15 f.
97 Palandt, § 276 Rn. 13.
98 Palandt, § 276 Rn. 13.
99 Palandt, § 276 Rn. 14.
100 So auch: Esser/Wolmerath, S. 213.

Diese Grundsätze lassen sich auf die **sittenwidrige Schädigung** übertragen, wobei § 826 BGB eine Schadensersatzpflicht allerdings nur dann vorsieht, wenn der Schädiger vorsätzlich gehandelt hat, wobei ein bedingt vorsätzliches Handeln genügt, das die Sittenwidrigkeit der Handlung nicht umfassen muss.[101] Der Mobber muss das Bewusstsein haben, dass sein Handeln (bzw. Unterlassen)[102] zu einer Schädigung des Mobbingbetroffenen führen wird.[103] 86

Da eine Nebenpflichtverletzung Schadensersatzansprüche wegen **Pflichtverletzung** gemäß § 280 Abs. 1 BGB auslösen kann, ist nur eine solche Pflichtverletzung rechtlich von Relevanz, die der Schuldner zu vertreten hat (§ 280 Abs. 1 Satz 2 BGB). Insoweit hat er entsprechend § 276 BGB für Vorsatz und Fahrlässigkeit einzustehen.[104] 87

Von dem im Zivilrecht geltenden Grundsatz, wonach der Schuldner gemäß § 276 Abs. 1 Satz 1 BGB Vorsatz und Fahrlässigkeit zu vertreten hat, wird im Arbeitsrecht eine Ausnahme gemacht, wenn die schadensverursachende Nebenpflichtverletzung anlässlich einer Tätigkeit begangen wird, die durch den Betrieb veranlasst ist oder eine betriebliche Tätigkeit darstellt.[105] Insoweit muss sich der Arbeitgeber bei jedem Schaden, den ein Arbeitnehmer in Ausübung einer betrieblichen Tätigkeit verursacht, das **Betriebsrisiko** sowie seine Verantwortung für die Organisation des Betriebes und die Gestaltung der Arbeitsbedingungen zurechnen lassen.[106] Hierbei sind betriebliche Tätigkeiten solche, die dem Arbeitnehmer für den Betrieb arbeitsvertraglich übertragen worden sind oder die er im Interesse des Betriebes ausführt.[107] 88

Sofern diese Voraussetzungen erfüllt sind, hat der Arbeitnehmer nur für die Schäden aufzukommen, die er dem Arbeitgeber vorsätzlich oder grob fahrlässig zugefügt hat. Kann dem Arbeitnehmer nur eine geringe Schuld im Sinne leichtester Fahrlässigkeit vorgehalten werden, entfällt eine Schadensersatzpflicht. Bei mittlerer (dh normaler) Fahrlässigkeit ist der Schaden im Rahmen der Billigkeit zu ersetzen, wobei alle Umstände des Einzelfalls zu berücksichtigen sind.[108] Der Fahrlässigkeitsmaßstab wird dabei insoweit subjektiviert, als eine grobe Fahrlässigkeit nur dann angenommen werden kann, wenn dem Arbeitnehmer ein schwerer persönlicher Schuldvorwurf zu machen ist, er eine subjektiv schlechthin unentschuldbare Pflichtverletzung begangen hat.[109] Anders als im Rahmen des § 276 BGB müssen sich Vorsatz und Fahrlässigkeit nicht allein auf die Pflichtverletzung, sondern auch auf die Beeinträchtigung des Rechtsguts beziehen.[110] 89

Unproblematisch sind die Fälle, in denen der Mobber am Arbeitsplatz vorsätzlich oder grob fahrlässig Mobbinghandlungen zum Nachteil des Mobbingbetroffenen begeht, die bei dem Arbeitgeber zu einem Schaden führen. Insoweit kommt eine (volle) 90

101 Vgl. Palandt, § 826 Rn. 8, 10.
102 Vgl. Palandt, § 826 Rn. 7.
103 Vgl. Palandt, § 826 Rn. 11.
104 Vgl. HaKo-BGB/Schulze, § 280 Rn. 14.
105 Däubler Arbeitsrecht, Rn. 532 ff.
106 BAG 27.9.1994 – GS 1/89 (A) – AuR 1994, 423 = AuR 1995, 70 (71 f.).
107 BAG 27.9.1994 – GS 1/89 (A) – AuR 1995, 70 (72); sa Busemann, S. 45.
108 Statt vieler: Däubler Arbeitsrecht, Rn. 535.
109 Däubler Arbeitsrecht, Rn. 536.
110 Däubler Arbeitsrecht, Rn. 537.

Haftung des Mobbers sowohl nach den **Grundsätzen der Arbeitnehmerhaftung** als auch gemäß § 276 Abs. 1 BGB in Betracht. Kann dem Mobber hingegen nur ein Schuldvorwurf unterhalb der groben Fahrlässigkeit gemacht werden, ist für den Umfang der Haftung entscheidend, ob die schadensverursachende Pflichtverletzung als eine betriebliche bzw. betrieblich veranlasste Tätigkeit qualifiziert werden kann.

91 Nicht vorstellbar ist, dass einem Beschäftigten mittels Anstellungsvertrag die Aufgabe übertragen wird, Mobbing zu betreiben. Wegen den zahlreichen negativen Auswirkungen (→ § 1 Rn. 95 ff.) dürfte kein Arbeitgeber Interesse daran haben, dass jemand in seinem Unternehmen Mobbing betreibt. Allenfalls in Phasen des Personalabbaus kann es für ihn unter Kostengesichtspunkten von Vorteil sein, wenn es Mobbing gibt – etwa um auf diese Weise Sozialplankosten zu verringern. Da solche Konstellationen jedoch die Ausnahme sind, wird man im Grundsatz davon ausgehen können, dass die Grundsätze der Arbeitnehmerhaftung im Zusammenhang mit Mobbing nur höchst selten zur Anwendung gelangen.

92 Da dem Mobber in der Regel bewusst sein wird, dass seine Mobbinghandlungen nicht im Einklang mit den sich aus seinem Arbeitsvertrag ergebenden Nebenpflichten stehen, darf man in der Regel von einem zumindest fahrlässigen Handeln des Mobbers ausgehen, so dass eine Schadensersatzpflicht aus Pflichtverletzung (§ 280 Abs. 1 BGB) in Betracht kommen kann.

93 Neben dem Ausgleich für erlittene Schmerzen und Leiden soll das **Schmerzensgeld** dem Verletzten Genugtuung verschaffen. Insofern spricht sich Palandt dafür aus, eine Schadensersatzpflicht gemäß § 253 Abs. 2 BGB nur dann entstehen zu lassen, wenn der Schädiger die schadensverursachende Handlung vorsätzlich oder grob fahrlässig begangen hat.[111]

94 § 75 Abs. 1 Satz 1 BBG (§ 48 Satz 1 BeamtStG) macht die **Haftung des Beamten** davon abhängig, dass dieser die ihm obliegende Pflicht im zivilrechtlichen Sinne[112] vorsätzlich oder grob fahrlässig verletzt hat. Hierbei ist allerdings zu bedenken, dass sich das Verschulden nur auf die Pflichtverletzung, nicht aber auch auf den Eintritt des Schadens beziehen muss.[113]

95 Grob fahrlässig im Sinne des § 75 Abs. 1 Satz 1 BBG (§ 48 Satz 1 BeamtStG) handelt der Beamte, der die im Verkehr erforderliche Sorgfalt in einem besonders schweren Maße verletzt, schon einfachste, ganz naheliegende Überlegungen nicht angestellt und das nicht beachtet hat, was im konkreten Fall jedem einleuchten muss.[114] Hierbei sind subjektive Umstände insoweit zu berücksichtigen, als dem Beamten auch in subjektiver Hinsicht ein schweres Verschulden treffen muss.[115]

96 Ob dem Mobbing betreibenden Beamten ein Verschulden in dem dargelegten Sinne vorzuhalten ist, kann nur im konkreten Fall entschieden werden. Handelt er bewusst

111 Vgl. Palandt, § 253 Rn. 4.
112 Battis, § 75 Rn. 8.
113 Schnellenbach/Bodanowitz, S. 252; Battis, § 75 Rn. 8; BVerwG 7.12.1989 – 6 C 199.81 – BVerwGE 70, 296 (299).
114 Vgl. BVerwG 17.9.1964 – II C 147.61 – BVerwGE 19, 243 (248).
115 Vgl. BVerwG 17.9.1964 – II C 147.61 – BVerwGE 19, 243 (248).

und gewollt mit dem Ziel, den Mobbingbetroffenen zu schädigen, wird dies regelmäßig mit dem Bewusstsein der Pflichtwidrigkeit erfolgen. Anders lässt sich der Umstand nicht erklären, weshalb Mobber überwiegend im Verborgenen unter **Ausnutzung günstiger Gelegenheiten** handeln. Demzufolge wird oftmals Vorsatz anzunehmen sein.

Gemäß § 839 Abs. 1 Satz 1 BGB haftet der Beamte, der die **Amtspflichtverletzung** vorsätzlich oder fahrlässig begangen hat, wobei sich das Verschulden nur auf die Pflichtverletzung, nicht aber auch auf den Schaden beziehen muss.[116] 97

In der Regel wird ein Beamter seine Amtspflichten kennen. In der gleichen Weise wird ihm bewusst sein, dass er seine Pflichten verletzt, wenn er Schaden verursachende Mobbinghandlungen begeht. Diese Pflichtverletzung wird er in der Regel bewusst und gewollt in Kauf nehmen, sofern es ihm mit seinen Handlungen gerade auf eine Schädigung des Mobbingbetroffenen ankommt. Insbesondere das Handeln im Verborgenen unter Ausnutzung günstiger Situationen dürfte dafür sprechen, zumindest von einer fahrlässigen Amtspflichtverletzung ausgehen zu dürfen. 98

Da der Anspruch auf **Unterlassung weiterer Mobbinghandlungen** auf bereits in der Vergangenheit begangenen Mobbinghandlungen aufbaut, kommt es auf ein Verschulden des Mobbers nicht an. Entsprechendes gilt für den **Widerruf unwahrer Tatsachenbehauptungen**, weil hier die Richtigstellung der Behauptung im Vordergrund steht, wobei es nicht darauf ankommen kann, ob die Behauptung der unwahren Tatsache schuldhaft erfolgt ist. 99

11. Ermittlung des Schadens und seines Ausmaßes

Inhalt und Umfang des zu ersetzenden Schadens bemessen sich bei der unerlaubten Handlung gemäß § 823 BGB nach den **Grundsätzen der §§ 249 ff. BGB**, gegebenenfalls zudem nach den Sondervorschriften der §§ 843, 845 BGB, wobei grundsätzlich das negative Interesse zu ersetzen ist.[117] Der Geschädigte ist mithin so zu stellen, wie er stehen würde, wenn der Schaden nicht eingetreten wäre,[118] wobei der zu ersetzende Schaden jeden unmittelbar und mittelbar verursachten Nachteil umfasst, der aus der Verletzung des Rechts bzw. Rechtsguts entstanden ist, das dem Schutz des § 823 BGB unterliegt.[119] Auch bei der sittenwidrigen vorsätzlichen Schädigung richten sich Inhalt und Reichweite des zu ersetzenden Schadens nach §§ 249 ff. BGB.[120] 100

Gemäß § 249 BGB hat, wer zum Schadensersatz verpflichtet ist, den Zustand herzustellen, der bestehen würde, wenn der zum Ersatz verpflichtende Umstand nicht eingetreten wäre. Ist wegen der Verletzung einer Person oder wegen der Beschädigung einer Sache Schadensersatz zu leisten, kann der Geschädigte statt der Herstellung den dazu erforderlichen Geldbetrag verlangen. Ist die Herstellung nicht möglich oder zur 101

116 Palandt, § 839 Rn. 50.
117 Vgl. Palandt, Einf. v. § 823 Rn. 24; BGH 25.11.1997 – VI ZR 402/96 – NJW 1998, 983 (984).
118 BGH 14.10.1971 – VII ZR 313/69 – BGHZ 57, 137 (139); BGH 25.11.1997 – VI ZR 402/96 – NJW 1998, 983 (984).
119 Vgl. Palandt, Einf. v. § 823 Rn. 24.
120 Vgl. Palandt, § 826 Rn. 14.

Entschädigung des Geschädigten nicht genügend, hat der Ersatzpflichtige ihn gemäß § 251 Abs. 1 BGB in Geld zu entschädigen.

102 Im Rahmen des § 839 BGB richtet sich der Schadensersatzanspruch grundsätzlich auf **Ersatz in Geld**, nicht auf Naturalrestitution.[121] Die Schadensersatzpflicht des Beamten gemäß § 75 BBG (§ 48 BeamtStG) bemisst sich von ihrem Umfang her nach §§ 249, 251 BGB.[122]

103 Gleiches gilt für eine sich aus § 280 Abs. 1 BGB ergebende Schadensersatzpflicht wegen Pflichtverletzung.[123]

104 Regelmäßig wird der Schadensausgleich folglich in der **Zahlung von Geld** bestehen, wie es insbesondere bei der Verletzung des allgemeinen Persönlichkeitsrechts der Fall ist, soweit eine Befriedigung nicht in anderer Weise (zB Gegendarstellung in der Tageszeitung) erlangt werden kann.[124] In der gleichen Weise können Verletzungen des Lebens, des Körpers, der Gesundheit, der Freiheit, des Rechts am eingerichteten und ausgeübten Gewerbebetrieb sowie des Rechts am Arbeitsplatz nur mittels einer Geldzahlung kompensiert werden. Schlussendlich können zukünftige Schäden in Geld auszugleichen sein.[125]

105 Damit stellt sich die Frage, **in welcher Höhe** der Schaden anzusetzen ist. Während etwa der Unfallschaden an einem Pkw leicht messbar ist, gestaltet sich dies bei Schäden, die dem immateriellen Bereich zuzuordnen sind, eher schwierig. Letztendlich betrifft es die Bewertung etwa des Ansehens eines Menschen am Arbeitsplatz, dessen körperliche Unversehrtheit, seines gesundheitlichen Wohlbefindens in Geld. Dieses Problem scheint dem Gesetzgeber bewusst gewesen zu sein, indem er in § 253 Abs. 2 BGB von einer **billigen Entschädigung in Geld** spricht. Da die Prozessparteien stets über die Billigkeit der Entschädigung in Streit geraten, wird es grundsätzlich Aufgabe des angerufenen Gerichts sein, den Schaden zu ermitteln und folglich die Höhe des zu leistenden Schadensersatzes festzulegen (vgl. § 287 ZPO). Auf diese Weise wird wenigstens ein Ergebnis erreicht – wobei es müßig ist, über seine Angemessenheit zu philosophieren. Das Schmerzensgeld verfolgt eine doppelte Funktion: Es soll dem Geschädigten einen Ausgleich für die erlittenen materiellen Schäden gewähren und ihm zugleich Genugtuung für das ihm zugefügte Leid geben.[126] Schließlich ist das Schmerzensgeld in jedem Einzelfall unter Berücksichtigung des allgemeinen Schmerzensgeldniveaus in eine angemessene Relation zu Ausmaß und Schwere der Verletzung und zum Grad der Persönlichkeitseinbuße zu setzen, wobei gegebenenfalls die wirtschaftlichen Verhältnisse des Schädigers zu berücksichtigen sind.[127] Stets ist zu befinden, ob

121 Palandt, § 839 Rn. 77.
122 Vgl. Schnellenbach/Bodanowitz, S. 255; Battis, § 75 Rn. 12.
123 Vgl. Palandt, § 280 Rn. 32; HaKo-BGB/Schulze, § 280 Rn. 17.
124 Sa ArbG Stuttgart 19.10.2006 – 6 Ca 12098/05, das insoweit dem Einkommen des Mobbingbetroffenen keine Bedeutung zuspricht. Maßgeblich seien vielmehr die Genugtuung, der Präventionsgedanke und die Intensität der Persönlichkeitsrechtsverletzung. In dem zu entscheidenden Fall wurde eine Geldentschädigung in Höhe von 10.000 EUR zugesprochen.
125 Vgl. BAG 19.8.2010 – 8 AZR 315/09.
126 HM; vgl. HaKo-BGB/Schulze, § 253 Rn. 16.
127 Sa Palandt, § 253 Rn. 17; HaKo-BGB/Schulze, § 253 Rn. 20; BGH 16.2.1993 – VI ZR 29/92 – NJW 1993, 1531 (1532).

ein **einmaliger Kapitalbetrag** und/oder die **Zahlung einer Rente** zum Schadensausgleich erforderlich ist.[128]

106 Immer stellt sich die Frage, welche Geldleistung der Billigkeit entspricht und damit geeignet ist, den erlittenen Schaden auszugleichen. Dem Geschädigten kommt die Rechtsprechung hierbei insoweit entgegen, als ein **unbezifferter Klageantrag** genügt, wenn die Größenordnung des geforderten Geldbetrages erkennbar ist und dem Gericht die erforderlichen tatsächlichen Grundlagen zur Festlegung der Entschädigung unterbreitet werden.[129]

107 Ob eine eigenhändige Ermittlung der Schmerzensgeldhöhe der Realität entspricht und die Zustimmung des angerufenen Gerichts erlangen wird, ist fraglich. Insoweit dürfte der tatsächliche Wert einer „Tabelle zur Bemessung der Entschädigung wegen Mobbing“, wie sie Hille[130] darstellt, eher gering sein. In vergleichbarer Weise ist zu hinterfragen, ob die bislang von deutschen Gerichten zugesprochenen Geldbeträge der **Billigkeit** entsprechen und wirklich ausreichen, Mobbingschäden auszugleichen. Dies gilt vor allem dann, wenn ein Schadensersatzanspruch unter Hinweis auf eine äußerst hohe Abfindung verneint wird, die ein Arbeitnehmer aufgrund eines Aufhebungsvertrags von seinem Arbeitgeber erhalten hat.

108 Leitzsatz des LAG Köln vom 13.1.2005 – 6 Sa 1154/04:

Bei der Beurteilung, ob dem von Mobbing betroffenen Arbeitnehmer eine billige Entschädigung in Geld wegen eines immateriellen Schadens nach § 253 Abs. 2 BGB zu gewähren ist, kann auch eine bereits gezahlte, außergewöhnlich hohe Abfindung des Arbeitgebers berücksichtigt werden (hier: Ausschluss einer weitergehenden Entschädigung).

12. Verfahrensrechtliche Aspekte

109 In verfahrensrechtlicher Hinsicht stellen sind zwei Aspekte als problematisch dar – die Verjährung von Schadensersatzansprüchen sowie die Darlegungs- und Beweislast.

a) Verfall und Verjährung

110 Ansprüche aus und im Zusammenhang mit dem Arbeitsverhältnis unterliegen in der Regel **Ausschlussfristen**, die sich aus einem anzuwendenden Tarifvertrag oder aus dem Arbeitsvertrag ergeben (→ Rn. 228). Abhängig von ihrer Ausgestaltung können sie bei Mobbing Ansprüche aus unerlaubter Handlung im Sinne der §§ 823 ff. BGB sowie wegen Vertragsverletzung erfassen, gleich ob sie auf Schadensersatz, Schmerzensgeld oder Geldentschädigung gerichtet sind.[131] Ansprüche wegen der Verletzung des allgemeinen Persönlichkeitsrechts können ebenfalls verfallen.[132] Werden hiernach Ansprüche nicht binnen der einzuhaltenden Frist in der dafür vorgeschriebenen Form geltend gemacht, verfallen diese. Einer Klage ist mithin der Erfolg versagt.

128 Vgl. Palandt, § 253 Rn. 21; HaKo-BGB/Schulze, § 253 Rn. 21.
129 Vgl. LAG Hamm 3.11.2011 – 15 Sa 869/11.
130 Hille in Grünwald/Hille, S. 212.
131 LAG Hamm 23.3.2006 – 8 Sa 946/05.
132 BAG 16.5.2007 – 8 AZR 709/06.

111 Daneben unterliegen Schadensersatzansprüche aus unerlaubter Handlung nach §§ 823 ff. BGB den allgemeinen **Verjährungsvorschriften** der §§ 195 ff. BGB. Gleiches gilt für Ansprüche auf

- Schadensersatz wegen der Verletzung von Pflichten gemäß § 280 Abs. 1 BGB,
- Schmerzensgeld nach § 253 Abs. 2 BGB,
- Widerruf und Unterlassung.

112 Diese Ansprüche **verjähren nach drei Jahren** (vgl. § 195 BGB), sofern der Anspruch entstanden ist und der Gläubiger von den anspruchsbegründenden Umständen und der Person des Schuldners Kenntnis erlangt hat oder ohne grobe Fahrlässigkeit hätte erlangen müssen (vgl. § 199 Abs. 1 BGB). In diesem Fall beginnt die Verjährung mit dem Schluss des Jahres.[133] Gemäß § 199 Abs. 2 BGB verjähren Schadensersatzansprüche, die auf der Verletzung des Lebens, des Körpers, der Gesundheit oder der Freiheit beruhen, ohne Rücksicht auf ihre Entstehung und die Kenntnis oder grob fahrlässige Unkenntnis in **30 Jahren** von der Begehung der Handlung, der Pflichtverletzung oder dem sonstigen, den Schaden auslösenden Ereignis an. Sonstige Schadensersatzansprüche verjähren ohne Rücksicht auf die Kenntnis oder grob fahrlässige Unkenntnis in **zehn Jahren** von ihrer Entstehung an und ohne Rücksicht auf ihre Entstehung und die Kenntnis oder grob fahrlässige Unkenntnis in 30 Jahren von der Begehung der Handlung, der Pflichtverletzung oder dem sonstigen, den Schaden auslösenden Ereignis an, wobei die früher endende Frist maßgeblich ist (§ 199 Abs. 3 BGB).

113 Die Verjährung stellt im Zivilrecht – anders als im Strafrecht – kein Prozesshindernis dar. Nur wenn der Beklagte die **Einrede der Verjährung** erhebt – was er in der Regel auch tut –, wird die Klage wegen dieses Umstandes abgewiesen.[134]

114 Suchen Mobbingbetroffene einen Rechtsanwalt auf, schildern sie nicht selten Sachverhalte, die lange Zeit zurückliegen und daher oftmals verjährt sind. Es stellt sich dann die Frage, ob es gleichwohl Sinn machen kann, eine Schadensersatzklage zu erheben, etwa um den Mobber mit seinem Tun zu konfrontieren und sein Handeln in den Betrieb hineinzutragen. Nicht selten dürfte die Erhebung einer Klage eine **weitere Eskalation** des Konflikts zur Folge haben. Denkbar ist, dass der Arbeitgeber die Klageerhebung zum Anlass nimmt, mit dem Mobbingbetroffenen Verhandlungen über die Beendigung seines Arbeitsverhältnisses aufzunehmen.

115 Grundsätzlich wird ein **Dienstherr** ihm zustehende Ansprüche verfolgen. Daher kann unterstellt werden, dass es bezüglich der Wahrung von Verjährungsfristen, für die die §§ 195, 199 BGB zur Anwendung gelangen,[135] keine Probleme geben wird.

133 Vgl. BAG 11.12.2014 – 8 AZR 838/13 – wobei der Abschluss der letzten Mobbinghandlung maßgeblich ist.

134 Vgl. Brox/Walker SR I, S. 17; Medicus, Rn. 26.

135 Vgl. Battis, § 75 Rn. 15 f.

b) Darlegungs- und Beweislast

Zur Realisierung eines Anspruchs wird der Mobbingbetroffene in der Regel klagen müssen. Bereits bei der **Vorbereitung seiner Klage** dürften sich oftmals kaum zu überwindende Hürden auftun, die ihren Erfolg in eine weite Ferne rücken lassen. Schließlich lässt sich in der Regel nur schwer rekonstruieren, was genau vor längerer Zeit geschehen ist und welche Beweismittel dafür zur Verfügung stehen. So ist es kein Wunder, wenn es dem Mobbingbetroffenen nicht gelingt, sein Klagebegehren substantiiert vorzutragen.[136] 116

Im Rahmen des § 823 Abs. 1 BGB trägt grundsätzlich der Geschädigte die Darlegungs- und Beweislast hinsichtlich der unerlaubten Handlung des Schädigers, der Rechts- oder Rechtsgutsverletzung, des Schadens, der haftungsbegründenden sowie haftungsausfüllenden Kausalität und des Verschuldens.[137] Entsprechendes gilt für § 823 Abs. 2 BGB mit der Folge, dass der Geschädigte den Verstoß gegen das Schutzgesetz, den Schaden, den Kausalzusammenhang und grundsätzlich auch das Verschulden des Schädigers darlegen und gegebenenfalls auch beweisen muss.[138] Soweit es die Mobbinghandlungen betrifft, genügt die **Schilderung der konkreten Situation mit ungefährer Zeitangabe**; eine genaue Datumsangabe wird von den meisten Gerichten nicht verlangt.[139] 117

Leitsatz des LAG Berlin vom 6.3.2003 – 18 Sa 2299/02:[140] 118

Wer infolge von Mobbing Schmerzensgeld wegen der Verletzung des Persönlichkeitsrechts, der Ehre oder Gesundheit begehrt, muss die erforderlichen tatbestandlichen Voraussetzungen in ausreichendem Umfang darlegen.

Leitsatz des LAG Berlin vom 15.7.2004 – 16 Sa 2280/03:[141] 119

Behauptet eine Arbeitnehmerin, sie sei durch fortgesetzte Herabsetzungen und Schikanen ihres Arbeitgebers seelisch krank geworden, muss sie im Prozess um Schadensersatz und Schmerzensgeld die beanstandeten Verhaltensweisen so konkret darlegen und beweisen, dass in jedem Einzelfall beurteilt werden kann, ob diese Verhaltensweisen rechtswidrige und schuldhafte Überschreitungen des Direktionsrechts gewesen sind und ob der Handelnde damit zu rechnen hatte, dass sein Verhalten eine Erkrankung bei der Arbeitnehmerin verursachen könnte.

Macht der Mobbingbetroffene eine Gesundheitsverletzung geltend, so muss er beweisen, dass der Gesundheitsschaden auf das Handeln des Mobbers zurückzuführen ist. Ist dies bei einer Verletzung mittels eines Messers noch relativ leicht möglich,[142] kann 120

136 Sa Ruberg, S. 149.
137 Vgl. HaKo-BGB/Staudinger, § 823 Rn. 86; Palandt, § 823 Rn. 80.
138 Vgl. HaKo-BGB/Staudinger, § 823 Rn. 155; Palandt, § 823 Rn. 81; aA Däubler BGB, Kapitel 26 Rn. 170.
139 BAG 20.3.2003 – 8 AZN 27/03; sa ArbG Berlin 28.10.2011 – 28 Ca 9779/11; LAG Rheinland-Pfalz 4.6.2009 – 11 Sa 66/09; LAG Rheinland-Pfalz 11.1.2008 – 9 Sa 489/07; LAG Rheinland-Pfalz 30.4.2009 – 11 Sa 677/08; LAG Rheinland-Pfalz 14.8.2009 – 9 Sa 199/09, das insoweit von der zeitlichen Lage spricht; aA LAG Hessen 13.5.2011 – 3 Sa 1514/11, das eine konkrete Datumsangabe verlangt.
140 Sa LAG Rheinland-Pfalz 23.8.2011 – 3 Sa 125/11.
141 AuR 2005, 36; sa LAG Berlin 7.11.2002 – 16 Sa 938/02; LAG Schleswig-Holstein 25.7.2008 – 2 Ta 106/08; LAG Schleswig-Holstein 28.3.2006 – 5 Sa 595/05 – NZA-RR 2006, 402.
142 Hierfür spricht häufig bereits der Beweis des ersten Anscheins; vgl. Däubler BGB, Kapitel 26 Rn. 171 ff.

sich dies bei einer psychischen oder psychosomatischen Erkrankung als viel schwieriger erweisen.[143]

121 Je verzwickter die Situation am Arbeitsplatz und **je isolierter der Mobbingbetroffene** dort ist, je weniger Personen (zB Vorgesetzte, Arbeitskollegen) als Zeugen in Betracht kommen bzw. mit ihren Aussagen zur Sachaufklärung beitragen können oder wollen, desto eher wird einer Klage der Erfolg versagt sein.[144] Dies gilt vor allem dann, wenn der Mobbingbetroffene auf andere Beweismittel nicht zurückgreifen kann. Das LAG Thüringen hat diese Situation erkannt und daher die Anhörung des Mobbingbetroffenen im Prozess zugelassen.[145]

122 Leitsatz des LAG Thüringen vom 10.4.2001 – 5 Sa 403/00:[146]

> Die vielfach dadurch entstehende Beweisnot des Betroffenen, dass dieser allein und ohne Zeugen Verhaltensweisen ausgesetzt ist, die in die Kategorie Mobbing einzustufen sind, ist durch eine Art. 6 Abs. 1 der Europäischen Menschenrechtskonvention und damit den Grundsätzen eines fairen und auf Waffengleichheit achtenden Verfahrens entsprechende Anwendung der §§ 286, 448, 141 Abs. 1 Satz 1 ZPO auszugleichen. Dabei muss die im Zweifel erforderliche Anhörung einer Partei bei der gerichtlichen Überzeugungsbildung berücksichtigt werden.

123 **Günstiger** scheint die Ausgangslage zu sein, wenn die Erhebung einer Klage strategisch geplant und vorbereitet wird, um den Mobber für zukünftige Schädigungen in Regress nehmen zu können. Insoweit ist es ratsam, möglichst frühzeitig mit einer umfassenden Beweissammlung zu beginnen. Urkunden (zB ärztliche Befunde, beleidigende Briefe) sollten gesammelt und mögliche Zeugen (zB Kunden, Personalratsmitglieder) gebeten werden, sich unmittelbar nach dem zu bezeugenden Vorfall Notizen zu machen, um diese später bei Bedarf in einen Prozess einführen zu können.

124 Da generell gilt, dass sich mittels schriftlicher Aufzeichnungen später einzelne Geschehensverläufe besser nachvollziehen und Lücken im Erinnerungsvermögen schließen lassen, sollte der Mobbingbetroffene ein **„Mobbing-Tagebuch“** führen, um auf diese Weise eine relativ vollständige Dokumentation der Geschehnisse zu erhalten.[147] Hierbei muss allerdings bedacht werden, dass dem Tagebuch selbst kaum ein eigenständiger Beweiswert zukommen wird.[148] In demselben Maße wie Tagebuchaufzeichnungen der Wahrheit entsprechen können, ist die Anfertigung frei erfundener Geschichten denkbar. Diese können unter Umständen Bestandteil einer gezielten Mobbingstrategie des Verfassers sein, etwa um den angeblichen Schädiger aus tiefem Hass heraus zu vernichten.

143 Sa Däubler in Skowronek, S. 271; Däubler in Leymann, S. 85 ff.

144 So im Ergebnis auch Däubler in Leymann, S. 85 ff. mit der Schilderung eines anschaulichen Beispiels.

145 Sa BAG 14.11.2013 – 8 AZR 813/12 – mit dem Hinweis auf die ständige Rechtsprechung, nach der Voraussetzung für eine Parteivernehmung der beweispflichtigen Partei gemäß § 448 ZPO ist, dass für die zu beweisende Tatsache aufgrund einer vorausgegangenen Beweisaufnahme oder des sonstigen Verhandlungsinhalts eine gewisse Wahrscheinlichkeit spricht.

146 PersR 2001, 532 = AuR 2001, 274 = NZA-RR 2001, 347.

147 Vgl. Esser/Wolmerath, S. 269; sa LAG Thüringen 15.9.2009 – 7 Sa 381/08.

148 Sa LAG Rheinland-Pfalz 30.11.2015 – 3 Sa 371/15 – zum Aussagewert eines Mobbing-Tagebuchs in dem betreffenden Fall.

Musterfragen zur Anfertigung eines Tagebuchs:[149] 125

- Was ist heute (Datum, Uhrzeit) genau vorgefallen?
- Welche äußeren Bedingungen/Umstände lagen vor?
- Wer ist direkt/indirekt gegen mich vorgegangen und wer hat zugeschaut?
- Was war der Zweck und das Ziel der Handlung?
- Wurde ich als Person und/oder wurde mein soziales Ansehen angegriffen?
- Ist ein bestimmter Anlass/eine tieferliegende Ursache zu erkennen?
- Welche Gefühle wurden bei mir ausgelöst?
- Wie habe ich auf den Vorfall reagiert?
- Wer oder was hat mich unterstützt?
- Gibt es Zeugen und/oder andere/weitere Beweise?

Dass sich der Mobbingbetroffene in seinem Prozess auf Tagebuchaufzeichnungen sowie sonstige Notizen beziehen kann, hat das LAG Thüringen ausdrücklich betont. 126

Leitsatz des LAG Thüringen vom 15.2.2001 – 5 Sa 102/2000:[150] 127

Das Prinzip der Rechtsstaatlichkeit (Art. 20 Abs. 3 GG) und die Wahrung des Rechtsfriedens erfordern für die Durchführung von Gerichtsverfahren Regeln, die unabhängig von der Komplexität von Sachverhalten und ohne Ansehen der für die Justiz durch das Verfahren entstehenden Belastungen, der Durchsetzung des materiellen Rechts und damit der Gerechtigkeit Geltung verschaffen. Bei einem sich über einen unbestimmten Zeitraum erstreckenden Geschehen, wie es zB bei Mobbing der Fall ist, kann von dem Betroffenen nicht ohne Weiteres erwartet werden, dass er ohne Rückgriff auf gegebenenfalls tagebuchartig zu führende Aufzeichnungen zu einer vollständigen und damit wahrheitsgemäßen Aussage in der Lage ist, sei es, dass er als Partei in einem von ihm selbst betriebenen Mobbingschutzprozess nach § 141 ZPO angehört oder nach § 448 ZPO vernommen wird oder sei es, dass er als Zeuge in einem den Täter des Mobbings betreffenden Kündigungsschutzprozess aussagen muss. Bei der Aussage über länger zurückliegende Ereignisse kann deshalb ein Zeuge oder eine Partei auf seine bzw. ihre im unmittelbaren zeitlichen Zusammenhang mit diesen Ereignissen zur Gedächtnisstütze gefertigten Notizen und erst recht eine zu diesem Zweck gefertigte eidesstattliche Versicherung Bezug nehmen, wenn die Nichtgestattung der Bezugnahme auf eine Verhinderung der Beweisführung hinausliefe und diese Schriftstücke zu den Akten gereicht werden oder sich bereits dort befinden. Zur Ausschließung der schriftlichen Vorbereitung einer zum Zwecke der Wahrheitsverschleierung dienenden „Aussagekosmetik" oder von dritter Seite vorformulierter Aussage muss allerdings die vorzunehmende Glaubwürdigkeitsprüfung einem besonders strengen Maßstab unterworfen werden. Dabei kommt es insbesondere auf die Umstände des Zustandekommens der schriftlichen Aufzeichnungen an, die gegebenenfalls durch gerichtliche Rückfragen überprüft werden müssen.

In seiner Entscheidung vom 16.5.2007 hat das Bundesarbeitsgericht[151] der Ansicht des LAG Thüringen[152] eine Abfuhr erteilt, wonach das Vorliegen eines „mobbingtypischen" **medizinischen Befundes** erhebliche Auswirkungen auf die Beweislage haben 128

149 Vgl. Esser/Wolmerath, S. 270.
150 DB 2001, 1783 = AuR 2002, 226 = NZA-RR 2001, 347.
151 BAG 16.5.2007 – 8 AZR 709/06.
152 LAG Thüringen 15.2.2001 – 5 Sa 102/2000; so auch LAG Rheinland-Pfalz 9.12.2009 – 8 Sa 445/09.

soll. Sofern eine Konnexität zu den behaupteten Mobbinghandlungen feststellbar sei, müsse das Vorliegen eines solchen Befundes als wichtiges Indiz für die Richtigkeit dieser Behauptungen angesehen werden. Das Bundesarbeitsgericht lehnt eine Beweiserleichterung oder gar Beweislastumkehr ab.[153] Eine Beweiserleichterung lässt es nur dann zu, wenn ein enger zeitlicher Zusammenhang zwischen der schädigenden Handlung und dem Auftreten eines Gesundheitsschadens besteht.[154]

129 Nicht immer wird es eine gute Ausgangsposition für die Erhebung einer Klage geben. Schließlich setzt diese voraus, dass sich der Mobbingbetroffene seiner Situation bewusst ist und er die erforderliche Kraft für einen Prozess aufbringen kann. Nicht selten wird dies erst nach der Beendigung einer Heilbehandlung (zB stationärer Klinikaufenthalt) oder nach dem Ausscheiden aus dem Arbeitsverhältnis der Fall sein. Dann allerdings können sich die aufgezeigten Verfall- und Verjährungsprobleme stellen.

130 Vergleichbares gilt für die **sittenwidrige vorsätzliche Schädigung**, bei der den Mobbingbetroffenen die Darlegungs- und Beweislast für das Vorliegen der anspruchsbegründenden Tatsachen trifft. Diese umfasst das Vorliegen einer Schadensverursachung infolge eines sittenwidrigen Handelns sowie den Vorsatz des Schädigers.[155] Auch bei dem Anspruch auf **Schmerzensgeld** gemäß § 253 Abs. 2 BGB trifft den Mobbingbetroffenen die Darlegungs- und Beweislast für alle anspruchsbegründenden Tatsachen. Realistisch betrachtet wird man seine Chancen, in den Genuss von Schmerzensgeld zu gelangen, in den überwiegenden Fällen als äußerst gering einstufen müssen. Oftmals dürfte der Beweis nur äußerst schwer gelingen, da Ängste, Sorgen, Kummer, Wesensänderungen sowie die Schmälerung der eigenen Lebensfreude zahlreiche Ursachen haben können, deren Wurzeln sowohl am Arbeitsplatz als auch im **Privatleben** zu finden sind. Zu denken ist etwa an eine psychische Erkrankung, die bereits vor dem Beginn der Mobbinghandlungen aufgetreten ist, sowie an familiäre Probleme. Sind Anzeichen hierfür erkennbar, wird der Mobber diese in den Prozess einbringen und damit die Beweisbarkeit für den Mobbingbetroffenen (zusätzlich) erschweren.

131 Leitsätze des LAG Bremen vom 17.10.2002 – 3 Sa 78/02:[156]

1. In einem Prozess auf Schmerzensgeld wegen Mobbing gegen ihren direkten Vorgesetzten und ihren Arbeitgeber trägt die Klägerin die Darlegungs- und Beweislast für die Rechtsgutverletzung und den eingetretenen Schaden. Die Klägerin muss die klagebegründenden Tatsachen bezüglich aller anspruchsbegründenden Tatsachen entsprechend der Substantiierungstheorie so vortragen, dass es den Beklagten möglich ist zu erkennen, auf welche konkreten – nach Zeit und Ort identifizierbaren – Tatsachen sich die Anspruchstellerin bezieht.

153 Grundlegend BAG 16.5.2007 – 8 AZR 709/06; sa BAG 28.10.2010 – 8 AZR 546/09; LAG Hessen 25.10.2011 – 12 Sa 527/10; so im Ergebnis schon ArbG München 25.9.2001 – 8 Ca 1562/01; laut Brams, S. 881, soll es sich dabei um die herrschende Meinung handeln.

154 BAG 16.5.2007 – 8 AZR 709/06; sa LAG Mecklenburg-Vorpommern 5.7.2011 – 5 Sa 86/11.

155 Vgl. Palandt, § 826 Rn. 18; Busemann, S. 41 f.

156 FA 2003, 89 = AuR 2003, 37.

2. Die Beweisführung kann den Regeln des prima-facies Beweises dann folgen, wenn es sich um einen typischen Geschehensablauf handelt. Ein solcher liegt nicht vor, wenn für einen Zeitraum von 3 1/2 Jahren neun Vorfälle behauptet werden, weil damit nicht schlüssig der Tatbestand der dauernden Rechtsgutverletzung, „der fortgesetzten aufeinander aufbauenden und ineinander übergreifenden, der Anfeindung, Schikane oder Diskriminierung dienenden Verhaltensweisen von Kollegen oder Vorgesetzten“ dargelegt ist.

Beruft sich der Arbeitgeber auf eine Schadensersatzpflicht des Mobbers wegen einer 132
Pflichtverletzung gemäß § 280 Abs. 1 BGB, dann hat er darzulegen und gegebenenfalls auch zu beweisen, dass der Mobber eine solche begangen hat und diese adäquat kausal für einen Schaden des Arbeitgebers gewesen ist.[157] Ob dem Arbeitgeber dies gelingt, dürfte oftmals fraglich sein. Schließlich kann eine Schädigung der Gesundheit des Mobbingbetroffenen auf Handlungen des Mobbers zurückzuführen sein, ihre Ursachen aber auch ausschließlich im privaten Bereich des Mobbingbetroffenen haben. Falls mehrere Personen Mobbinghandlungen begehen bzw. begangen haben, muss der Arbeitgeber, sofern die Mobber nicht gemeinschaftlich handeln bzw. gehandelt haben, beweisen, dass eine bestimmte Person den Schaden verursacht hat. Je mehr die Arbeitskollegen (und gegebenenfalls weitere in Betracht kommende Personen) die Mobbinghandlungen billigen und sich in Schweigen hüllen, desto weniger wird die Aussicht bestehen, Klarheit in den Geschehensprozess zu bringen und den Sachverhalt aufzuklären.

Sofern der Mobbingbetroffene den **Widerruf einer unwahren Tatsachenbehauptung** 133
begehrt, muss er beweisen, dass der Mobber eine solche getätigt hat. Verlangt er die Unterlassung ehrverletzender Werturteile und unwahrer Tatsachenbehauptungen, dann sind die Tatsachen zu beweisen, die die **Gefahr einer Wiederholung** begründen. Wenn man bedenkt, dass die Mehrzahl der verbalen Ehrverletzungen hinter dem Rücken des Mobbingbetroffenen bzw. nur unter vier Augen geäußert werden, dann erscheinen Zweifel, ob dem Mobbingbetroffenen der erforderliche Beweis gelingt. Häufig wird er bereits mit dem Versuch fehlschlagen, den Urheber eines ehrverletzenden Gerüchts zu ermitteln. Je geringer die soziale Unterstützung bzw. der Rückhalt des Mobbingbetroffenen in der Belegschaft ist und je mehr sich die Arbeitskollegen sowie Vorgesetzten mit dem Mobber solidarisch verhalten, desto weniger dürften diese zu einer Sachverhaltsklärung beitragen. Leichter dürfte sich die Beweisführung hinsichtlich der Gefahr der Wiederholung verbaler und/oder nonverbaler Mobbinghandlungen gestalten, da die Prozesshaftigkeit des Mobbingphänomens die Gefahr weiterer Handlungen beinhaltet. Schließlich darf von dem Umstand ausgegangen werden, dass derjenige, der bereits in der Vergangenheit nachweislich Mobbinghandlungen begangen hat, solche auch in der Zukunft begehen wird. Insoweit liegt der Schwerpunkt bei der Beweisführung der in der Vergangenheit begangenen Mobbinghandlungen. Nur soweit diese gelingt, wird der Mobbingbetroffene mit einer Unterlassungsklage Erfolg haben.

157 Vgl. Palandt, § 280 Rn. 34.

134 Im Rahmen der **Beamtenhaftung** (§ 75 BBG bzw. § 48 BeamtStG) trifft den Dienstherrn die Last, alle anspruchsbegründenden Tatsachen zu beweisen, mithin die schuldhafte Pflichtverletzung des Beamten, den Schaden sowie den Kausalzusammenhang zwischen diesen.[158] Hierbei kann der Dienstherr zwar auf das Zeugnis des Mobbingbetroffenen zurückgreifen. Oftmals dürfte sich das Problem stellen, dass der Mobber im Verborgenen und unter Ausnutzung günstiger Situationen handelt, mithin die Person des Mobbers nicht selten unerkannt bleibt. Werden einen Schaden verursachende Mobbinghandlungen unter vier Augen begangen, wird es – sofern nicht auf andere Beweismittel zurückgegriffen werden kann – entscheidend von der Glaubwürdigkeit des Mobbingbetroffenen abhängen, ob seinen Aussagen gegenüber dem Vortrag des Mobbers Vorzug zu geben ist.

135 Soweit der Mobbingbetroffene eine Schadensersatzklage gegen den verbeamteten Mobber im Rahmen des § 839 BGB erhebt, trifft ihn die volle Beweislast dergestalt, dass er den Tatbestand der Amtspflichtverletzung sowie den Kausalzusammenhang zwischen der Amtspflichtverletzung und dem Schaden zu beweisen hat.[159] Ist dem Mobbingbetroffenen die Person des Schädigers bekannt, kann er versuchen, diesem die schadensverursachende schuldhafte Amtspflichtverletzung nebst Kausalzusammenhang zu beweisen. Dies wird eher nicht gelingen, wenn die **Amtspflichtverletzung unter vier Augen** erfolgt ist und das Vorbringen des Mobbers nicht derart konstruiert erscheint, dass sich seine Sachverhaltsschilderung als höchst unglaubwürdig darstellt. Zudem wird der Mobber den Schaden privaten Umständen des Mobbingbetroffenen zuschreiben, der losgelöst von etwaigen Amtspflichtverletzungen eingetreten ist. Zu denken ist etwa an den Verweis auf eine angespannte familiäre Situation des Mobbingbetroffenen, die diesen in eine schwere Depression gestürzt hat.

c) Beteiligung der betrieblichen Interessenvertretung

136 Sofern der Dienstherr gegen einen verbeamteten Mobber einen Schadensersatzanspruch gemäß § 75 BBG (§ 48 BeamtStG) geltend macht, hat dieser das Mitbestimmungsrecht des Personalrats gemäß § 76 Abs. 2 Satz 1 Nr. 9 BPersVG zu beachten, sofern dies von dem Beamten beantragt worden ist (vgl. § 76 Abs. 2 Satz 2 BPersVG). Der Dienstherr hat den Beamten **auf sein Antragsrecht hinzuweisen.**[160] Kommt er dem nicht nach, ist ein gegen den Beamten ergangener Leistungsbescheid rechtswidrig und mithin auf eine entsprechende Klage des Beamten aufzuheben.[161]

III. Verhalten Dritter

137 Soweit es den (nicht Mobbing betreibenden) Arbeitgeber betrifft, ist im Zusammenhang mit Mobbing an eine Haftung

158 Sa Schnellenbach/Bodanowitz, S. 264.
159 Vgl. Palandt, § 839 Rn. 84; sa BGH 6.4.1995 – III ZR 183/94 – NJW 1995, 2344 (2345) mwN.
160 Vgl. Altvater ua, § 76 Rn. 135; OVG Münster 18.11.1982 – 1 A 1211/80 – ZBR 1983, 239 (240).
161 OVG Lüneburg 10.12.1985 – 5 OVG A 31/84 – PersR 1998, 240; OVG Münster 18.11.1982 – 1 A 1211/80 – ZBR 1983, 239 (240).

- wegen Pflichtverletzung (§ 280 Abs. 1 BGB),
- wegen Benachteiligung (§ 15 Abs. 1, 2 AGG),
- für den Verrichtungsgehilfen (§ 831 BGB),
- für ein Organisationsverschulden (§ 823 Abs. 1 BGB),
- für Organmitglieder (§ 31 BGB) zu denken.

Daneben stellt sich die Frage nach einer Schadensersatzpflicht dessen, der als Vorgesetzter bzw. als eine Person mit Arbeitgeberfunktionen handelt, wobei beide Begriffe in einem umfassenden Sinn (zB Abteilungsleiter, Prokurist, Geschäftsführer) zu verstehen sind. Insoweit ist zu denken an eine Haftung als 138

- Organmitglied (§§ 823 ff. BGB),
- Sachwalter (§ 311 Abs. 3 BGB).

Im Bereich des **öffentlichen Dienstes** ist den schadensersatzrechtlichen Besonderheiten Rechnung zu tragen. Hier kommt eine Haftung des Dienstherrn gemäß Art. 34 GG iVm § 839 BGB sowie ein Anspruch des Mobbingbetroffenen auf Folgenbeseitigung bzw. auf Schadensersatz wegen der Verletzung der Fürsorgepflicht in Betracht. Grundlage für eine Haftung des verbeamteten Vorgesetzten können § 75 Abs. 1 BBG (§ 48 Satz 1 BeamtStG) sowie § 839 BGB sein. 139

1. Schadensersatz wegen Pflichtverletzung

§ 280 Abs. 1 BGB verpflichtet den Arbeitgeber zum Schadensersatz, wenn er die sich aus dem Arbeitsvertrag ergebenden Pflichten verletzt.[162] Ihn trifft die **arbeitsvertragliche Nebenpflicht** (Stichwort: Fürsorgepflicht), Schaden von seinen Beschäftigten abzuwenden, mithin geeignete Maßnahmen zu ergreifen, um diese vor Mobbing durch Kollegen oder Vorgesetzte zu schützen.[163] 140

Insoweit muss er sich schützend vor seine Arbeitnehmer stellen.[164] Auch verstößt es gegen die Fürsorgepflicht, wenn er selbst Handlungen oder Unterlassungen vornimmt, die dem Mobbing zuzurechnen sind.[165] Bereits der Verdacht, dass es beispielsweise am Arbeitsplatz eines infolge einer Eigenkündigung ausgeschiedenen Arbeitnehmers Mobbing gibt, verpflichtet den Arbeitgeber, diesen Umstand in einem Vorstellungsgespräch gegenüber Stellenbewerbern anzusprechen.[166] 141

Leitsatz des BAG vom 28.10.2010 – 8 AZR 546/09: 142

Ein Arbeitnehmer hat Anspruch darauf, dass auf sein Wohl und seine berechtigten Interessen Rücksicht genommen wird, dass er vor Gesundheitsgefahren, auch psychischer Art, geschützt wird, und dass er keinem Verhalten ausgesetzt wird, das bezweckt oder bewirkt, dass seine

162 Vgl. Palandt, § 280 Rn. 2 ff.
163 Vgl. BAG 16.5.2007 – 8 AZR 709/06; LAG Hamm 9.11.2009 – 9 Sa 1573/08; sa LAG Schleswig-Holstein 24.1.2017 – 1 Sa 6/16; LAG Rheinland-Pfalz 6.6.2016 – 1 Sa 190/15; LAG Rheinland-Pfalz 8.11.2013 – 9 Sa 23/13; LAG Köln 7.5.2014 – 11 Sa 959/13.
164 Grunewald, S. 1072.
165 HM; vgl. Grunewald, S. 1073; ArbG Cottbus 8.7.2009 – 7 Ca 1960/08; ArbG Wiesbaden 18.12.2008 – 5 Ca 46/08.
166 Kursawe, S. 248.

Würde verletzt und ein von Einschüchterungen, Anfeindungen, Erniedrigungen, Entwürdigungen oder Beleidigungen gekennzeichnetes Umfeld geschaffen wird. Der Arbeitgeber ist in diesem Zusammenhang insbesondere auch zum Schutz der Gesundheit und des Persönlichkeitsrechts des Arbeitnehmers verpflichtet.

143 Auszug aus dem Leitsatz des LAG Thüringen vom 10.4.2001 – 5 Sa 403/00:[167]

Der Arbeitgeber ist verpflichtet, das allgemeine Persönlichkeitsrecht der bei ihm beschäftigten Arbeitnehmer nicht selbst durch Eingriffe in deren Persönlichkeits- oder Freiheitssphäre zu verletzen, diese vor Belästigungen durch Mitarbeiter oder Dritte, auf die er einen Einfluss hat, zu schützen, einen menschengerechten Arbeitsplatz zur Verfügung zu stellen und die Arbeitnehmerpersönlichkeit zu fördern.

144 Daneben verpflichten §§ 618, 619 BGB, § 62 HGB den Arbeitgeber, für den Schutz von Leib, Leben und Gesundheit seiner Arbeitnehmer Sorge zu tragen. Dies beinhaltet die sichere Einrichtung und Unterhaltung des Arbeitsplatzes – soweit es nach der Natur der Arbeitsleistung möglich ist – sowie die Überwachung der Einhaltung der Sicherheitsvorschriften.[168] Der Arbeitgeber hat zudem darauf zu achten, dass der Arbeitnehmer bei der Ausübung seiner Tätigkeit keine vermeidbaren Schäden an seinem Eigentum oder Vermögen erleidet.[169] Ferner muss er das **Persönlichkeitsrecht des Arbeitnehmers** schützen, was den Schutz vor Angriffen des Arbeitgebers sowie vor Angriffen Dritter (zB Arbeitskollegen) beinhaltet.[170] So darf er weder selbst den Arbeitnehmer in der Ehre verletzen noch ehrverletzende Angriffe anderer zulassen.[171] Beleidigungen, üblen Nachreden sowie Verleumdungen hat er entgegenzuwirken.

145 Eine Verletzung seiner Fürsorgepflicht kann der Arbeitgeber vermeiden, der dem Mobbingbetroffenen eine Umsetzung bzw. Versetzung anbietet. Soweit sich eine Umsetzung bzw. Versetzung im Rahmen des arbeitgeberseitigen **Direktionsrechts** bewegt, ist eine Verletzung von Rechten des Mobbingbetroffenen in der Regel ausgeschlossen.[172]

146 Aus dem Urteil des ArbG Frankfurt/M. vom 21.6.1999 – 15 Ca 8106/95:[173]

Im Rahmen der allgemeinen Fürsorgepflicht hat der Arbeitgeber den Arbeitnehmer vor Diskriminierungen und vor Gesundheitsgefahren auch psychischer Art zu schützen. Einen solchen Schutz kann die Beklagte *(Anmerkung: die Arbeitgeberin)* zunächst einmal dadurch erreichen, dass sie die Klägerin *(Anmerkung: die Arbeitnehmerin)* innerbetrieblich entsprechend umsetzt und einem anderen Vorgesetzten, der ihr die Arbeit zuweist, unterstellt.... Mit dem Angebot einer räumlichen Trennung und dem Wechsel in der Vorgesetztenfunktion ist die Beklagte ihrer

167 PersR 2001, 532 = AuR 2001, 274 = DB 2001, 1204; sa LAG Hamm 16.7.2009 – 17 Sa 619/09; LAG Hessen 14.9.2010 – 12 Sa 1115/09.
168 Sa Däubler AR 2, Rn. 887.
169 Sa Däubler AR 2, Rn. 889 f.
170 So schon Künzl, Rn. 727.
171 So schon Künzl, Rn. 750.
172 Vgl. statt vieler BAG 24.4.2008 – 8 AZR 347/07; LAG-Rheinland-Pfalz 16.2.2018 – 1 Sa 259/17; LAG Rheinland-Pfalz 6.6.2016 – 1 Sa 190/15; LAG Schleswig-Holstein 2.5.2007 – 6 Sa 504/06; LAG Rheinland-Pfalz 14.8.2009 – 9 Sa 199/09; LAG Rheinland-Pfalz 4.6.2009 – 9 Sa 66/09; sa VG Würzburg 19.7.2011 – W 1 K 10.1340; VGH München 22.9.2010 – 16 b D 09.2133 sowie OVG Münster 8.9.2010 – 1 B 541/10 – zur Ausübung des Direktionsrechts durch den Dienstherrn.
173 Vgl. Bl. 6 f. der Entscheidung.

Fürsorgepflicht gegenüber der Klägerin nachgekommen, die sich im Hinblick auf dieses Angebot nicht begründet geäußert hat.

Das **Allgemeine Gleichbehandlungsgesetz** beinhaltet hinsichtlich der Verletzung vertraglicher Pflichten insoweit eine Klarstellung, als nach seinem § 7 Abs. 3 derjenige Arbeitgeber gegen die ihm obliegenden vertraglichen Pflichten verstößt, der einen Beschäftigten aus Gründen der Rasse, der ethnischen Herkunft, des Geschlechts, der Religion oder Weltanschauung, einer Behinderung, des Alters oder der sexuellen Identität benachteiligt. Zudem bestimmt § 3 Abs. 5 AGG, dass die Anweisung einer Person zur Benachteiligung einer anderen eine Benachteiligung darstellt. 147

Sofern der Arbeitgeber nicht selbst Mobbing betreibt, werden **schwerpunktmäßig Unterlassungen** im Vordergrund stehen: Der Arbeitgeber bleibt untätig, greift in eine konkrete Mobbingsituation nicht ein und lässt damit zu, dass weiteres Mobbing geschieht. Er kommt seinen Pflichten nicht nach und schützt den Mobbingbetroffenen nicht vor weiteren Mobbinghandlungen. Eine Pflichtverletzung durch aktives Tun stellt hingegen insbesondere das eigene Auftreten als Mobber sowie die Anweisung oder Anstiftung bzw. Beihilfe zu Mobbinghandlungen anderer dar. 148

All dies lässt erkennen, dass der Arbeitgeber im Zusammenhang mit Mobbing in vielfältigster Weise gegen arbeitsvertragliche Pflichten verstoßen kann, die geeignet sind, einen Haftungsanspruch gemäß § 280 Abs. 1 BGB zu begründen – wobei er sich gegebenenfalls das Handeln seiner Erfüllungsgehilfen nach § 278 BGB zurechnen lassen muss.[174] 149

2. Schadensersatz und Entschädigung wegen Benachteiligung

Bei einem Verstoß gegen das Verbot, Beschäftigte aus Gründen der Rasse, der ethnischen Herkunft, des Geschlechts, der Religion oder Weltanschauung, einer Behinderung, des Alters oder der sexuellen Identität zu benachteiligen, ist der Arbeitgeber gemäß § 15 Abs. 1 Satz 1 AGG verpflichtet, den durch die Benachteiligung entstandenen Schaden zu ersetzen. Die Haftung erstreckt sich dabei auf Schäden, die an der Person, an einer Sache oder am Vermögen entstanden sind.[175] Voraussetzung ist nach Satz 2 der Vorschrift, dass der Arbeitgeber die **Pflichtverletzung zu vertreten** hat. 150

§ 15 Abs. 2 AGG enthält – wobei Satz 2 der Vorschrift im Zusammenhang mit der Mobbingproblematik nicht von Bedeutung sein dürfte – darüber hinaus einen weiteren Ersatzanspruch, der sich auf immaterielle Schäden bezieht. Hiernach kann der Geschädigte wegen eines Schadens, der kein Vermögensschaden ist, eine angemessene Entschädigung in Geld verlangen.[176] 151

Dass Mobbing im Wege einer mittelbaren (vgl. § 3 Abs. 2 AGG) oder unmittelbaren (vgl. § 3 Abs. 1 AGG) Benachteiligung aus Gründen der Rasse, der ethnischen Herkunft, des Geschlechts, der Religion, der Weltanschauung, einer Behinderung, des Alters oder der sexuellen Identität erfolgen kann, liegt auf der Hand. Sofern dies der 152

174 Sa LAG Düsseldorf 30.1.2009 – 9 Sa 1695/07.
175 Nollert-Borasio/Perreng, § 15 Rn. 14.
176 Sa HK-ArbR/Berg, AGG § 15 Rn. 7.

Fall ist, kommt ein Anspruch aus § 15 Abs. 1 und/oder Abs. 2 AGG in Betracht. Wichtig ist dabei zu wissen, dass Ansprüche gegen den Arbeitgeber, die sich aus anderen Rechtsvorschriften ergeben, laut § 15 Abs. 5 AGG unberührt bleiben. So kann beispielsweise unter Umständen die Beseitigung einer Benachteiligung oder die Unterlassung zukünftiger Benachteiligungen verlangt werden.[177]

153 Eine analoge Anwendung des § 15 Abs. 1 und/oder Abs. 2 AGG ist unter Bezugnahme auf die Entscheidung des Bundesarbeitsgerichts vom 25.10.2007[178] zu bejahen, wenn Mobbing aus solchen Gründen erfolgt, die von § 1 AGG nicht erfasst werden. Dies ist die logische Konsequenz aus dem Urteil des Bundesarbeitsgerichts, das in dem zu entscheidenden Fall unter anderem eine analoge Anwendung des § 12 AGG bejaht hat.[179]

3. Schadensersatz gemäß § 831 Abs. 1 BGB

154 Nach § 831 Abs. 1 Satz 1 BGB ist zum Schadensersatz verpflichtet, wer einen anderen zu einer Verrichtung bestellt und dieser einem Dritten in Ausführung der Verrichtung einen Schaden widerrechtlich zufügt. Es handelt sich hierbei um eine **Haftung für eigenes Verschulden.**[180] Die Haftung trifft den Geschäftsherrn, dh die (natürliche oder juristische) Person, die dem in organisatorischer Hinsicht in abhängiger Stellung befindlichen Gehilfen einen Auftrag erteilt und in deren Interesse gearbeitet wird.

155 Voraussetzung für eine solche Haftung ist zunächst, dass der Gehilfe eine unerlaubte Handlung im Sinne der §§ 823 ff. BGB begangen hat, wozu eine tatbestandsmäßige rechtswidrige Handlung genügt. Schuldhaft muss er grundsätzlich nicht gehandelt haben.[181] Weiter muss es sich bei dem Schädiger um einen Verrichtungsgehilfen handeln, der den Schaden in Verrichtung der ihm vom Geschäftsherrn übertragenen Aufgaben verursacht hat.

156 Der **Begriff des Verrichtungsgehilfen** bestimmt sich nach der Zugehörigkeit zu dem Tätigkeits- und Einflussbereich des Geschäftsherrn. Das zentrale Kriterium ist hierbei dessen Weisungsrecht, weil sich darin die Zuordnung des Gehilfen zu dessen Herrschaftssphäre manifestiert.[182] Dies ist ohne Zweifel bei einem Beschäftigten der Fall, da er zum einen in den Herrschaftsbereich Betrieb bzw. Dienststelle eingegliedert ist und zum anderen dem Weisungsrecht seines Arbeitgebers unterliegt.[183] Aber auch Leiharbeitnehmer zählen hierzu, wenn sie derart in den Betrieb eingegliedert sind, dass sie den Weisungen des Entleihers sowie seiner Aufsicht unterfallen.[184] Hingegen zählen nicht hierzu: selbstständige Handwerker sowie sonstige selbstständige Unternehmer und Vorstandsmitglieder einer juristischen Person sowie deren verfassungs-

177 Vgl. HK-ArbR/Berg, AGG § 15 Rn. 13.
178 BAG 25.10.2007 – 8 AZR 593/06.
179 Siehe zu alledem: Wolmerath in Werkbuch Mobbing, S. 301 ff.
180 Vgl. HaKo-BGB/Staudinger, § 831 Rn. 1; Medicus/Lorenz, S. 499.
181 Vgl. Palandt, § 831 Rn. 1; Medicus/Lorenz, S. 500.
182 Larenz/Canaris, S. 478; sa Brox/Walker SR II, S. 595; BGH 30.6.1966 – VII ZR 23/65 – BGHZ 45, 311 (313); BGH 25.2.1988 – VII ZR 348/86 – BGHZ 103, 298 (303).
183 Vgl. Soergel-Krause, § 831 Rn. 19 f.
184 Vgl. Soergel-Krause, § 831 Rn. 26.

mäßig berufene Vertreter im Sinne des § 30 BGB.[185] Diesbezüglich ist insbesondere der Geschäftsführer einer GmbH zu nennen, bei dem eine Haftung des Geschäftsherrn (dh der GmbH) gemäß § 831 BGB ausgeschlossen ist. Abgesehen von diesen Ausnahmefällen handelt es sich bei allen Personen, die der Herrschaftssphäre des Arbeitgebers unterfallen, um Verrichtungsgehilfen im Sinne des § 831 BGB.

Letztendlich muss die Schadenshandlung **in Ausführung einer Verrichtung** erfolgt sein. Dies ist gegeben, wenn zwischen der aufgetragenen Verrichtung sowie der schädigenden Handlung ein innerer Zusammenhang besteht.[186] Ein solcher Zusammenhang ist selbst dann anzunehmen, wenn die schädigende Handlung eine noch im Leistungsbereich liegende Fehlleistung ist[187] oder der Verrichtungsgehilfe seine Befugnisse eigenmächtig oder irrtümlich überschreitet.[188] Hingegen wird eine Schadenshandlung nicht in Ausführung einer Verrichtung begangen, wenn diese nur aus Anlass oder **bei Gelegenheit** der Verrichtung erfolgt.[189] Das Verhalten des Gehilfen darf insoweit nicht aus dem Kreis oder aus dem allgemeinen Rahmen der ihm anvertrauten Aufgaben herausfallen.[190] Begreift man den § 831 BGB als Tatbestand einer vom Geschäftsherrn zu verantwortenden Verkehrspflichtverletzung im Hinblick auf die Auswahl, Überwachung und Organisation des Einsatzes seiner Hilfspersonen, dann muss es für die Beantwortung der Frage, ob ein Handeln in Ausführung einer Verrichtung erfolgt ist, entscheidend darauf ankommen, ob die Bestellung des Gehilfen zu einer Verrichtung für dessen unerlaubtes Verhalten typischerweise gefahrerhöhend war und ob der Geschäftsherr unter Berücksichtigung seiner rechtlichen Befugnisse und der Verkehrsanschauung als Garant für die Vermeidung eines solchen Fehlers angesehen werden kann.[191] Dies ist regelmäßig bei vorsätzlichen Schadenshandlungen des Verrichtungsgehilfen jedoch nicht der Fall.[192] 157

Soweit ein Beschäftigter einem Mobbingbetroffenen mittels einer vorsätzlich begangenen unerlaubten Handlung einen Schaden zufügt, wäre dieser demnach grundsätzlich **bei Gelegenheit** verursacht worden. Dem ist nicht zu folgen. Sofern der Mobber mit Wissen und Wollen seines Arbeitgebers Mobbinghandlungen begeht, handelt er im Rahmen der ihm übertragenen Aufgaben, mithin in Ausführung der Verrichtung. In einem solchen Fall muss es unerheblich sein, ob der Mobber fahrlässig oder vorsätzlich handelt. Man stelle sich diesbezüglich beispielsweise vor, dass der Arbeitgeber ein eigenes Interesse daran hat, dass der Mobber unerlaubte Handlungen begeht, weil er hofft, dass der Mobbingbetroffene diese zum Anlass für eine Kündigung nimmt. Liegt eine fahrlässige Schadensverursachung vor, wäre nach der oben dargelegten Auffassung entscheidend, ob ein innerer Zusammenhang zwischen der aufgetragenen Verrichtung und der Schadenszufügung besteht. Jeder Arbeitgeber trägt das 158

185 Vgl. HaKo/Staudinger, § 831 Rn. 7; Palandt, § 831 Rn. 6.
186 Statt vieler: Palandt, § 831 Rn. 9; HaKo/Staudinger, § 831 Rn. 9; LAG Rheinland-Pfalz 28.8.2001 – 5 Sa 521/01; LAG Berlin-Brandenburg 12.6.2009 – 13 Sa 267/09.
187 HaKo-BGB/Staudinger, § 831 Rn. 9.
188 Sa MüKo-Wagner, § 831 Rn. 26; HaKo-BGB/Staudinger, § 831 Rn. 9.
189 HM; vgl. HaKo-BGB/Staudinger, § 831 Rn. 9; Soergel-Krause, § 831 Rn. 31.
190 Palandt, § 831 Rn. 9.
191 Vgl. MüKo-Stein, 3. Aufl., § 831 Rn. 48.
192 HM; vgl. HaKo-BGB/Staudinger, § 831 Rn. 9.

Risiko, dass es Mobbing in seinem Betrieb gibt. Nur wenn präventive Maßnahmen gegen Mobbing ergriffen werden, kann ein solches ausgeschlossen bzw. als sehr gering gewertet werden. Dort, wo Arbeitgeber Mobbing geschehen lassen und insoweit dulden bzw. akzeptieren, ist ein innerer Zusammenhang zwischen der unerlaubten Handlung und der arbeitsvertraglich aufgetragenen Verrichtung anzunehmen – wobei es unerheblich sein muss, ob der mobbende Verrichtungsgehilfe vorsätzlich oder fahrlässig handelt. Schließlich kann Mobbing oftmals nur deshalb entstehen, weil der Arbeitgeber entweder die Ursache für das Entstehen von Mobbing geschaffen oder Alarmsignale nicht beachtet hat. Handelt der Beschäftigte vorsätzlich, dann ist mit Staudinger der erforderliche innere Zusammenhang zu bejahen, sofern durch die unerlaubte Handlung die übertragenen Pflichten verletzt werden.[193] Dies dürfte oftmals bei Vorgesetzten zu bejahen sein, die das ihnen übertragene Weisungsrecht zur Begehung von Mobbinghandlungen missbrauchen.

159 Gestützt wird diese Ansicht von dem Umstand, dass die Führung und Überwachung der ihnen unterstellten Personen zu den Aufgaben der Arbeitgeber, ihrer Vorgesetzten sowie der Personen mit Arbeitgeberfunktionen gehören. Werden diese Pflichten verletzt, kann von einem **Führungsfehlverhalten** gesprochen werden. Ist die Möglichkeit der Begehung von Mobbinghandlungen auf ein solches Fehlverhalten zurückzuführen, wird man gleichfalls einen inneren Zusammenhang zwischen der dem Vorgesetzten übertragenen Tätigkeit und der von dem Mobber begangenen unerlaubten Handlung bejahen müssen. Entsprechendes muss gelten, wenn das Mobbing seine Ursachen in den Umständen hat, unter denen die Arbeit zu verrichten ist. Zu nennen ist in dieser Hinsicht etwa die Belastung durch übermäßige Arbeitsverdichtung, fehlende Vertretungsregelungen sowie unzureichende Arbeitsbedingungen.

160 Hingegen ist ein Handeln bei Gelegenheit anzunehmen, wenn die Handlung des Mobbers in keinem Zusammenhang mit der ihm übertragenen Tätigkeit steht, wie es etwa bei einer Schädigung anlässlich eines zufälligen Zusammentreffens mit dem Mobbingbetroffenen in der Freizeit – etwa beim Einkauf im Supermarkt – der Fall sein kann.

4. Haftung für Organisationsverschulden

161 Sofern der Mobber nicht als Verrichtungsgehilfe im Sinne des § 831 Abs. 1 BGB betrachtet werden kann bzw. einen Schaden außerhalb des Anwendungsbereichs dieser Vorschrift verursacht (dh nicht in Ausführung der Verrichtung gemäß § 831 Abs. 1 BGB), ist an eine Haftung des Arbeitgebers nach den Grundsätzen der Organisationshaftung zu denken. Diese ist von besonderer Bedeutung, weil bei ihr eine Haftung des Arbeitgebers für alle Beschäftigten – unabhängig von ihrer Funktion und Stellung im Betrieb – (dh auch eines Geschäftsführers sowie Vorstandsmitglieds) zukommt. Grundlage für eine Haftung wegen Organisationsverschuldens ist § 823 Abs. 1 BGB, wobei sich das Verschulden des Arbeitgebers aus einer **Einstandspflicht für eine unzureichende Organisation** in dem Betrieb ergibt. Mit anderen Worten: Die Organisati-

193 HaKo-BGB/Staudinger, § 831 Rn. 9.

onshaftung folgt dem Grundsatz, dass der Unternehmer haftet, der es in vorwerfbarer Weise unterlassen hat, die Betriebsvorgänge so zu organisieren, dass im Rahmen des Möglichen niemand zu Schaden kommt.[194] Es handelt sich hierbei um eine besondere Form der Verkehrspflichthaftung, deren Prototyp die deliktische Produzentenhaftung gemäß § 823 Abs. 1 BGB ist.

Die Verkehrssicherungspflichten – und somit auch die Organisationspflichten – lassen sich auf den **Grundgedanken** zurückführen, dass derjenige, der eine Gefahrenquelle schafft oder in seinem Bereich andauern lässt oder unterhält, die ihn zumutbaren Vorkehrungen treffen muss, um zu verhindern, dass Dritte infolge der Gefahr zu Schaden kommen.[195] Soweit diese das Verhältnis des Arbeitgebers zu seinen Beschäftigten betreffen, werden sie durch die Fürsorgepflichten des Arbeitgebers geprägt.[196] Dieser hat die Pflicht, seine Beschäftigten vor Schäden am Arbeitsplatz zu bewahren, insbesondere deren Leben, Gesundheit und Persönlichkeit zu schützen. Damit trifft ihn zugleich die Pflicht, die erforderlichen organisatorischen Maßnahmen zu treffen, damit seine Beschäftigten am Arbeitsplatz zum einen keinen Schaden erleiden, zum anderen gehindert werden, schädigende Handlungen zu unternehmen.[197] Hierbei ist der Größe des Betriebs Rechnung zu tragen. Je größer der Betrieb ist, desto mehr muss sich der Arbeitgeber geeigneter Hilfspersonen bedienen, die er – unter Berücksichtigung der konkreten betrieblichen Umstände – im Rahmen des Erforderlichen zu kontrollieren bzw. überwachen hat.[198] 162

Konflikte am Arbeitsplatz sind nicht zu vermeiden. Sie müssen notwendigerweise immer wieder entstehen, weil die beteiligten Personen unterschiedliche Bedürfnisse haben und eigene, höchst individuelle Interessen verwirklichen wollen. Da es dem Arbeitgeber kaum möglich sein dürfte, seine Beschäftigten vor Konflikten am Arbeitsplatz zu schützen, wird man eine diesbezügliche Schutzpflicht kaum begründen können. Auch kann in der Regel davon ausgegangen werden, dass die Beschäftigten grundsätzlich in der Lage sind, Konflikte am Arbeitsplatz zu bewältigen. Die betriebliche Realität zeigt allerdings, dass es **Rahmenbedingungen am Arbeitsplatz** geben kann, die einer erfolgreichen Bewältigung von Konflikten entgegenstehen und die auf Organisationsdefizite der Arbeitgeberseite zurückzuführen sind. Diese beruhen oftmals auf falsch umgesetzten Managementkonzepten, Führungsfehlverhalten und unzureichenden Führungsstrukturen. Sie stellen Verstöße gegen die Verkehrssicherungspflichten der Arbeitgeberseite dar und lassen sich daher als **Organisationsdefizite** qualifizieren. Von einem Organisationsverschulden in diesem Sinne kann unter anderem dann gesprochen werden, wenn es der Arbeitgeber unterlassen hat, ein betriebliches Eingliederungsmanagement nach § 167 Abs. 2 SGB IX bei einem Beschäftigten durchzuführen, der infolge Mobbing arbeitsunfähig krankgeschrieben war und nach 163

194 Däubler BGB, Kapitel 27 Rn. 16; sa HaKo-Staudinger, § 823 Rn. 70.
195 Vgl. HaKo-BGB/Staudinger, § 823 Rn. 60.
196 Vgl. MüKo-Mertens, 3. Aufl., § 823 Rn. 310.
197 Vgl. BGH 19.6.1973 – VI ZR 178/71 – NJW 1973, 1602 (1603).
198 Sa HaKo-BGB/Staudinger, § 823 Rn. 70.

seiner Rückkehr in den Betrieb aufgrund pflichtwidriger Weisungen erneut erkrankt ist.[199]

164 **Beispiele für negative Rahmenbedingungen am Arbeitsplatz:**[200]

- Es werden künstlich Ängste (insbesondere Existenzängste in Form drohender Arbeitslosigkeit) geschürt, die dazu führen, dass offene, faire, konstruktive und zukunftsgerichtete Konfliktlösungen bei den einzelnen Beschäftigten als riskant erscheinen. Hierzu zählen Floskeln wie: „Wenn Sie den Überstunden nicht zustimmen, werden wir die Produktion ins Ausland verlagern müssen".
- Die zu bewältigende Arbeit wird infolge von Personalabbau derart verdichtet, dass eine ausreichende Kommunikation zwischen den Beschäftigten kaum oder überhaupt nicht mehr möglich ist. Spannungen, Missverständnisse etc können in einer solchen Situation oftmals nicht mehr sofort und ohne Weiteres in klärenden Gesprächen (zB während der „Zigarettenpause") abgebaut werden und schaukeln sich immer weiter auf.
- Es werden Personen mit Führungsaufgaben bzw. Vorgesetztenfunktionen betraut, denen die hierzu erforderliche soziale Kompetenz fehlt und/oder die keine Führungsqualitäten besitzen.
- Verantwortlichkeiten werden von der Führungsebene auf die Beschäftigten verlagert, ohne dass die betroffenen Beschäftigten zuvor in der erforderlichen Weise geschult wurden. Die Beschäftigten werden sodann mit Problemen konfrontiert, mit denen sie nicht umgehen können, die sie insbesondere nicht zu lösen vermögen.

165 Hat ein Mobbingbetroffener einen Schaden erlitten, der auf einer Handlung des Mobbers beruht und kann der Schaden auf ein Organisationsdefizit des Arbeitgebers zurückgeführt werden, dann sind die Voraussetzungen für eine Haftung des Arbeitgebers für Organisationsverschulden gemäß § 823 Abs. 1 BGB erfüllt.

166 Leitsatz des ArbG Eisenach vom 30.8.2005 – 3 Ca 1226/03:

Hat der Arbeitgeber dem Mobbinggeschehen keinen Einhalt geboten, haftet auch er jedenfalls unter dem Gesichtspunkt des Organisationsverschuldens (Verletzung der Verkehrssicherungspflicht) auf der Grundlage des § 823 BGB auf Ersatz der von einem Mobber verursachten Schäden.

167 Leitsatz des LAG Thüringen vom 10.4.2001 – 5 Sa 403/00:[201]

Der Arbeitgeber ist verpflichtet, das allgemeine Persönlichkeitsrecht der bei ihm beschäftigten Arbeitnehmer nicht selbst durch Eingriffe in deren Persönlichkeits- oder Freiheitssphäre zu verletzen, diese vor Belästigungen durch Mitarbeiter oder Dritte, auf die er einen Einfluss hat, zu schützen, einen menschengerechten Arbeitsplatz zur Verfügung zu stellen und die Arbeitnehmerpersönlichkeit zu fördern. Zur Einhaltung dieser Pflichten kann der Arbeitgeber als Störer nicht nur dann in Anspruch genommen werden, wenn er selbst den Eingriff begeht oder steuert, sondern auch dann, wenn er es unterlässt, Maßnahmen zu ergreifen oder seinen Betrieb so zu organisieren, dass eine Verletzung des Persönlichkeitsrechts ausgeschlossen ist.

---

199 LAG Düsseldorf 30.1.2009 – 9 Sa 1695/07.
200 Vgl. Glißmann bei Fricke, S. 33.
201 PersR 2001, 532 = AuR 2001, 274 = DB 2001, 1204.

5. Haftung für Handlungen von Organmitgliedern

Gemäß § 31 BGB ist der Verein für den Schaden verantwortlich, den der Vorstand, ein Mitglied des Vorstands oder ein anderer verfassungsmäßig berufener Vertreter einem Dritten durch eine in Ausführung der ihm zustehenden Verrichtung begangene, zum Schadensersatz verpflichtende Handlung zufügt. Dieser Grundsatz ist unter anderem auf alle juristischen Personen (zB GmbH, AG) und Personengesellschaften (OHG, KG) – nicht aber auf einzelkaufmännische Unternehmen[202] – übertragen worden, mit der Folge, dass § 31 BGB auf diese angewendet werden kann.[203] Dahinter steht der Gedanke, dass die Handlungen, die ein Organ im Rahmen der ihm übertragenen Aufgaben vornimmt, dem dahinterstehenden Vermögensträger zuzurechnen sind.[204] 168

Verfassungsmäßig berufene Vertreter im Sinne des § 31 BGB sind nicht nur die in dieser Vorschrift aufgeführten Organe. Für die Stellung als Vertreter genügt, dass diesem durch die allgemeine Betriebsregelung und Handhabung bedeutsame, wesensmäßige Funktionen des Vermögensträgers zur selbstständigen, eigenverantwortlichen Erfüllung zugewiesen sind, dass er den Vermögensträger auf diese Weise repräsentiert.[205] Der personelle Anwendungsbereich des § 31 BGB deckt sich insoweit in etwa mit dem Begriff des **leitenden Angestellten** im arbeitsrechtlichen Sinne.[206] 169

Fehlt es an einem Vertreter im Sinne des § 31 BGB, kann dennoch eine Haftung des Vermögensträgers nach dieser Vorschrift in Betracht kommen, wenn es dieser zu vertreten hat, dass es einen Vertreter nicht gibt und der verursachte Schaden bei der Existenz einer derartigen Person hätte vermieden werden können. Den Vermögensträger trifft in einem derartigen Fall eine Haftungspflicht, wenn er es in vorwerfbarer Weise unterlassen hat, die zur Wahrnehmung seiner **Aufsichtspflicht** erforderlichen Maßnahmen zu treffen (zB fehlende Beaufsichtigung der Beschäftigten), die Betriebsvorgänge so zu organisieren, dass im Rahmen des Möglichen niemand zu Schaden kommt. Insoweit kann von einem Organisationsmangel bzw. -verschulden des Arbeitgebers gesprochen werden.[207] 170

In der betrieblichen Praxis dürfte es kaum vorkommen, dass es nicht zumindest einen verfassungsmäßig berufenen Vertreter im Sinne des § 31 BGB gibt (zB Geschäftsführer, Prokurist, Betriebsleiter). **Allenfalls in kleinen Betrieben** dürfte eine derartige Person fehlen, so dass von einem Organisationsmangel ausgegangen werden kann, sofern es der Vermögensträger versäumt hat, einen Vertreter zu bestellen, und der Schaden des Mobbingbetroffenen bei der Existenz eines Vertreters hätte vermieden werden können. 171

202 MüKo-Arnold, § 31 Rn. 19.
203 Vgl. HaKo-BGB/Dörner, § 31 Rn. 10; Palandt, § 31 Rn. 3.
204 Larenz/Wolf, S. 195.
205 BGH 30.10.1967 – VII ZR 82/65 – BGHZ 49, 19 (21).
206 Palandt, § 31 Rn. 6.
207 Vgl. HaKo-BGB/Dörner, § 31 Rn. 6; Palandt, § 31 Rn. 7; BGH 10.5.1957 – I ZR 234/55 – BGHZ 24, 200 (213).

172 Zu den schadensersatzpflichtigen Handlungen im Sinne des § 31 BGB zählen Schadensersatzansprüche aus Pflichtverletzung sowie aus unerlaubter Handlung.[208] Diese müssen, um eine Haftung des Vermögensträgers auslösen zu können, von einem der in § 31 BGB aufgeführten Organe **in Ausführung** der ihm zustehenden Verrichtung begangen worden sein. Dies ist der Fall, wenn zwischen dem Handeln und dem allgemeinen Rahmen der übertragenen Obliegenheiten ein **innerer Zusammenhang** besteht. Nicht ausreichend ist hingegen, wenn die Handlung bei Gelegenheit erfolgt ist.[209] Sofern ein Organ seine Stellung missbraucht, kann auch ein vorsätzliches Überschreiten der Befugnisse noch in Ausführung der übertragenen Verrichtungen erfolgen, solange sich dieses aus der Sicht des Außenstehenden nicht so weit von dem Aufgabenkreis des Handelnden entfernt, dass der generelle Rahmen der ihm übertragenen Obliegenheiten überschritten ist.[210] Auch eine vorsätzliche unerlaubte Handlung kann in einem engen sachlichen Zusammenhang mit den zugewiesenen Verrichtungen stehen. Dies gilt insbesondere dann, wenn sie gerade die übertragenen besonderen Pflichten verletzt.[211] Ist beispielsweise der Geschäftsführer damit beauftragt, Personal abzubauen, dürfte die diesbezügliche Weisung des Gesellschafters jedes Verhalten umfassen, das dieser Zielerreichung dient. Mithin wird auch eine Handlung, die sich gegenüber dem Mobbingbetroffenen als eine Verletzung arbeitsvertraglicher (Neben-)Pflichten darstellt, von der Weisung des Gesellschafters gedeckt sein, so dass die Pflichtverletzung des Geschäftsführers in Ausführung der übertragenen Verrichtung begangen wird. Ob dies auch für eine **unerlaubte Handlung des Geschäftsführers** gilt, ist von der Reichweite der Weisung des Gesellschafters abhängig. Sofern ihre Begehung von der Weisung des Gesellschafters umfasst wird, ist diese ebenfalls in Ausführung der dem Geschäftsführer zustehenden Verrichtung erfolgt. Gleiches hat zu gelten, wenn die unerlaubte Handlung eine Verletzung der übertragenen Pflichten beinhaltet, der Geschäftsführer die Grenzen des ihm Erlaubten überschreitet.

173 Ferner wird man dem Vermögensträger solche schadensverursachenden Mobbinghandlungen zurechnen müssen, die einen Verstoß gegen die Grundsätze der Behandlung von Betriebsangehörigen gemäß § 75 BetrVG[212] beinhalten. Schließlich handelt es sich hierbei um gesetzliche Pflichten, deren Beachtung der Vermögensträger regelmäßig dem Geschäftsführer überträgt. Weiter ist ein erforderlicher innerer Zusammenhang anzunehmen, wenn der Geschäftsführer anlässlich einer betrieblichen Tätigkeit (zB Betriebsbegehung, Abteilungsbesprechung, Betriebsversammlung) dem Mobbingbetroffenen einen Schaden zufügt. Wird ein solcher hingegen anlässlich eines zufälligen Zusammentreffens in der Öffentlichkeit begangen (zB beide begegnen sich in ihrer Freizeit zufällig beim Einkaufen in einem Supermarkt), wird man den erforderlichen Zusammenhang verneinen müssen, so dass die schadensverursachende Handlung in einem solchen Fall **bei Gelegenheit** erfolgt ist.

208 Vgl. HaKo-BGB/Dörner, § 31 Rn. 7; Larenz/Wolf, S. 194.
209 BGH 8.7.1986 – VI ZR 47/85 – NJW 1986, 2941 (2942); HaKo-BGB/Dörner, § 31 Rn. 8.
210 BGH 8.7.1986 – VI ZR 47/85 – NJW 1986, 2941 (2942).
211 BGH 30.10.1967 – VII ZR 82/65 – BGHZ 49, 19 (23).
212 Sa § 67 Abs. 1 BPersVG für den Bereich des Bundespersonalvertretungsrechts.

6. Persönliche Haftung von Organmitgliedern gemäß §§ 823 ff. BGB

Neben der Organhaftung gemäß § 31 BGB tritt die persönliche Haftung des Organmitglieds,[213] so dass beide nach §§ 421, 840 BGB **als Gesamtschuldner** haften können.[214] Eine Eigenhaftung kommt in Betracht, wenn das Organmitglied im Rahmen seiner Organstellung selbst unmittelbar eine unerlaubte Handlung begeht oder an einer solchen mitwirkt, indem es etwa ein bestimmtes Verhalten einer nachgeordneten Stelle anordnet, das den Tatbestand einer unerlaubten Handlung erfüllt.[215] Ob eine deliktische Eigenhaftung auch dann eingreift, wenn im Bereich der organschaftlichen Aufgaben Organisationsmängel zu verzeichnen sind, die eine deliktische Schadenszufügung zur Folge haben, ist fraglich.[216] Sie dürfte zumindest dann zu verneinen sein, wenn der Vermögensträger bzw. Arbeitgeber für das Vorliegen des Organisationsmangels verantwortlich ist. 174

Sofern man sich der vom **Bundesgerichtshof**[217] vertretenen Meinung anschließt, ist eine Eigenhaftung des Organmitglieds generell ausgeschlossen. Die Pflichten zur ordnungsgemäßen Führung der Geschäfte berühren ausschließlich das Innenverhältnis zwischen dem Vermögensträger (Arbeitgeber) und dem Organ bzw. Organmitglied (zB Geschäftsführer, Vorstand). Gegenüber geschädigten Dritten kommt mithin lediglich eine Haftung des Vermögensträgers (zB GmbH, AG) in Betracht. Eine Ausnahme von diesem Grundsatz lässt der Bundesgerichtshof[218] zu, wenn mit den Pflichten aus der Organstellung Pflichten einhergehen, die von dem Organ nicht mehr nur für die Gesellschaft als deren Organ zu erfüllen sind, sondern die ihn aus besonderen Gründen persönlich gegenüber den Dritten treffen – wie es wegen einer dem Geschäftsführer als Aufgabe zugewiesenen oder von ihm jedenfalls in Anspruch genommenen Garantenstellung zum Schutz fremder Güter im Sinne des § 823 Abs. 1 BGB, die ihre Träger der Einflusssphäre der Gesellschaft anvertraut haben, der Fall ist. Hier kann über die Organstellung hinaus eine mit der Zuständigkeit für die Organisation und Leitung und der daraus erwachsenden persönlichen Einflussnahme auf die Gefahrenabwehr bzw. Gefahrensteuerung verbundene persönliche Verantwortung des Organs dem Dritten gegenüber zum Tragen kommen. Voraussetzung für eine Eigenhaftung ist, dass der Geschäftsführer zur Abwehr der Gefahrenlage in seinem Bereich gefordert ist. 175

Ist jemand beispielsweise als Geschäftsführer für Organisationsdefizite verantwortlich, die zugleich eine Verletzung der eigenen vertraglichen Pflichten beinhalten, dann steht dem Arbeitgeber das Recht zu, dieses Fehlverhalten zu sanktionieren. Erleiden Dritte aus einem solchen Fehlverhalten einen Schaden, haben sie regelmäßig die Möglichkeit, den Vermögensträger (Arbeitgeber) hierfür gemäß § 31 BGB in Regress 176

213 HM; vgl. HaKo-BGB/Dörner, § 31 Rn. 3; Palandt, § 31 Rn. 13.
214 HaKo-BGB/Dörner, § 31 Rn. 3; Palandt, § 31 Rn. 13.
215 Vgl. BGH 11.7.1995 – VI ZR 409/94 – NJW-RR 1995, 1369 (1370); BGH 14.5.1974 – VI ZR 8/73 – NJW 1974, 1371 (1372); BGH 5.12.1989 – VI ZR 335/88 – BGHZ 109, 297 (302).
216 Sa Altmeppen, S. 886 f. mwN.
217 BGH 5.12.1989 – VI ZR 335/88 – BGHZ 109, 297 (302).
218 BGH 5.12.1989 – VI ZR 335/88 – BGHZ 109, 297 (303 f.); sa Altmeppen, S. 885; HaKo-BGB/Dörner, § 31 Rn. 3; Palandt, § 31 Rn. 13.

zu nehmen. Da sie insoweit ausreichend geschützt sind, der Vermögensträger zudem in der Regel finanzkräftiger sein dürfte als sein Geschäftsführer, besteht kein Anlass, diesen gegenüber dem Dritten unmittelbar haften zu lassen. Daher ist eine Eigenhaftung des Organmitglieds gemäß §§ 823 ff. BGB auszuschließen.

177 Dieses Ergebnis ergibt sich auch dann, wenn man die vom Bundesgerichtshof herausgearbeitete Ausnahmesituation zulässt. Es ist kaum vorstellbar, dass sich etwa ein Geschäftsführer in seinem Anstellungsvertrag dazu verpflichtet, eine **besondere Garantenstellung** gegenüber den Beschäftigten zu übernehmen. Eine solche kann man allenfalls dann begründen, wenn etwa ein Geschäftsführer dem Mobbingbetroffenen verspricht, die Mobbingsituation zu beenden und dennoch untätig bleibt. Nur in diesem engen Rahmen wird er dem Mobbingbetroffenen gegenüber ein besonderes Vertrauen zum Ausdruck bringen, so dass dann Raum für eine persönliche Haftung des Geschäftsführers als Organmitglied gemäß §§ 823 ff. BGB ist.

7. Sachwalterhaftung des Erfüllungsgehilfen

178 Der Grundsatz, dass der Erfüllungsgehilfe keiner vertraglichen oder vertragsähnlichen Haftung ausgesetzt ist, wird durchbrochen, wenn dieser selbst gegenüber dem Geschädigten einen **Vertrauenstatbestand** geschaffen hat,[219] aufgrund dessen es unbillig wäre, ihn von einer eigenen Haftung freizusprechen. Diese Haftung, Sachwalterhaftung genannt, hat ihre Regelung in § 311 Abs. 3 BGB erfahren.

179 Grundsätzlich sind **normale Beschäftigte** von einer Sachwalterhaftung ausgenommen. Weder reicht ihre Sachkunde für die Annahme eines besonderen Vertrauensverhältnisses aus, noch kann etwa aus dem Interesse eines Beschäftigten auf Erlangung eines Provisionsanspruchs oder eines Vertragsschlusses zugunsten seines Arbeitgebers ein besonderes Interesse hergeleitet werden, welches es rechtfertigen könnte, sie in den Kreis der Sachwalter zu integrieren.[220] Sachwalter können hingegen im Einzelfall **Geschäftsführer, Geschäftsleitungsmitglieder** sowie alle anderen Personen sein, die die Geschicke eines Unternehmens (bzw. einer Dienststelle) leiten, die einen besonderen Einfluss in ihm ausüben und Mitverantwortung tragen.[221]

180 Voraussetzung für die Anerkennung einer Sachwaltereigenschaft und somit für eine Haftung ist gemäß § 311 Abs. 3 Satz 2 BGB, dass die betreffende Person persönlich in besonderem Maße das Vertrauen des Geschädigten in Anspruch genommen[222] oder ein besonderes (vornehmlich wirtschaftliches) Interesse an dem konkreten Vertrag hat.[223] Ein dem Geschädigten entgegengebrachtes **besonderes Vertrauen** kann sich zum Beispiel aus der außergewöhnlichen Sachkunde für den Vertragsgegenstand, der persönlichen Zuverlässigkeit sowie der Einflussnahmemöglichkeit des Schädigers auf

219 Vgl. Däubler BGB, Kapitel 12 Rn. 117; HaKo-BGB/Schulze, § 311 Rn. 19.
220 Vgl. BGH 4.7.1983 – II ZR 220/82 – BGHZ 88, 67 (69 f.).
221 Vgl. BGH 16.11.1978 – II ZR 94/77 – BGHZ 72, 382 (386); BGH 22.3.1979 – VII ZR 259/77 – BGHZ 74, 103 (109); sa Palandt, § 311 Rn. 65.
222 Vgl. Palandt, § 311 Rn. 60, 63; HaKo-BGB/Schulze, § 311 Rn. 19.
223 Vgl. Palandt, § 311 Rn. 60, 61; HaKo-BGB/Schulze, § 311 Rn. 19.

die Vertragsabwicklung ergeben.[224] Maßgeblich ist stets, dass der besondere Vertrauenstatbestand von dem Schädiger selbst oder in einer ihm zurechenbaren Weise geschaffen wurde und das Verhalten des Geschädigten maßgeblich beeinflusst hat.[225] Soweit diese Voraussetzungen erfüllt sind, treffen den Schädiger die Verpflichtungen aus dem Vertragsverhältnis selbst.[226]

Die als Sachwalter in Betracht kommenden Personen dürften in der Regel **kein eigenes Interesse** an dem Bestand eines einzelnen Beschäftigungsverhältnisses haben, was den Mobbingbetroffenen einschließt. Auch dürfte dieser Personenkreis gegenüber dem Mobbingbetroffenen in der Regel kaum ein besonderes Vertrauen in Anspruch nehmen, das geeignet ist, eine Sachwalterhaftung zu begründen. 181

Dem Beschäftigungsverhältnis liegt in der Regel **kein besonderes Vertrauensverhältnis** zwischen dem Beschäftigten und dem Kreis der möglichen Sachwalter zugrunde. Je größer ein Betrieb in personeller Hinsicht ist, desto geringer dürfte sich die Möglichkeit gestalten, ein Vertrauensverhältnis zu dem einzelnen Beschäftigten aufzubauen. Kaum etwas anderes dürfte gelten, wenn sich ein Beschäftigter an eine solche Person wendet, um sich etwa wegen der eigenen Mobbingbetroffenheit zu beschweren. Wenngleich es beispielsweise zum Aufgabenspektrum eines Personalchefs gehört, Beschwerden nachzugehen und berechtigten Beschwerden abzuhelfen, so wird mittels eines konkreten Gesprächs, das die Beschwerde eines Mobbingbetroffenen zum Gegenstand hat, grundsätzlich kein besonderes Vertrauensverhältnis zwischen den Gesprächspartnern geschaffen. Allenfalls dann, wenn dem Mobbingbetroffenen zugesichert wird, sich persönlich für diesen einzusetzen, um dem Mobbing ein Ende zu bereiten, setzt der Gesprächspartner einen Vertrauenstatbestand, der eine Sachwalterhaftung begründen kann. 182

8. Schadensersatzrechtliche Besonderheiten im Zusammenhang mit der Haftung des Dienstherrn

In schadensersatzrechtlicher Hinsicht gelten für den Dienstherrn grundsätzlich die voranstehend dargelegten allgemeinen Grundsätze mit folgenden Besonderheiten:[227] 183

- Der Dienstherr haftet gemäß Art. 34 GG iVm § 839 BGB, wenn jemand in Ausübung eines ihm anvertrauten öffentlichen Amtes die ihm einem Dritten gegenüber obliegende Amtspflicht verletzt hat.
- Verletzt der Dienstherr seine Fürsorgepflicht gegenüber einem Beamten, kann der Beamte (soweit eine Erfüllung des Anspruchs auf Beachtung der Fürsorgepflicht nicht genügt) den Dienstherrn auf Beseitigung der sich aus der Pflichtverletzung ergebenden Folgen in Anspruch nehmen.

224 Vgl. BGH 8.10.1987 – IX ZR 143/86 – NJW-RR 1988, 615 (616); BGH 22.3.1979 – VII ZR 259/77 – BGHZ 74, 103 (108); BGH 5.4.1971 – VII ZR 163/69 – BGHZ 56, 81 (85); HaKo-BGB/Schulze, § 311 Rn. 19.
225 Vgl. BGH 5.4.1971 – VII ZR 163/69 – BGHZ 56, 81 (85).
226 Vgl. BGH 5.4.1971 – VII ZR 163/69 – BGHZ 56, 81 (87).
227 Vgl. Battis, § 75 Rn. 6.

- Ist die Erfüllung einer Fürsorgepflicht nicht möglich und scheidet ein Folgenbeseitigungsanspruch aus, hat der Dienstherr wegen der Verletzung der Fürsorgepflicht Schadensersatz zu leisten.

Von der Verwaltungsgerichtsbarkeit ist weiter der **allgemeine öffentlich-rechtliche Unterlassungsanspruch** anerkannt, mit dem der Mobbingbetroffene die Unterlassung von Mobbinghandlungen verlangen kann.[228] Ein solcher Anspruch besteht allerdings dann nicht mehr, wenn der Mobber zwischenzeitlich in den Ruhestand versetzt wurde.[229]

a) Schadensersatz gemäß Art. 34 GG iVm § 839 BGB

184 Gemäß Art. 34 GG iVm § 839 BGB ist der Dienstherr dem Geschädigten gegenüber zum Schadensersatz verpflichtet, wenn jemand in Ausübung eines ihm anvertrauten öffentlichen Amtes eine dem Geschädigten gegenüber bestehende Amtspflicht verletzt hat.[230]

185 Leitsatz des OLG Stuttgart vom 28.7.2003 – 4 U 51/03:[231]

Mobbing kann zu einem Amtshaftungsanspruch führen, wenn Vorgesetzte eines Beamten im Rahmen der gemeinsamen Dienstausübung durch pflichtwidrige Handlungen das Persönlichkeitsrecht des Beamten oder dessen Gesundheit geschädigt haben.

186 Leitsatz des BGH vom 1.8.2002 – III ZR 277/01:[232]

Für Schäden, die dadurch entstehen, dass ein Polizeibeamter im Rahmen der gemeinsamen Dienstausübung durch seinen Vorgesetzten (Art. 4 Abs. 2 Satz 2 BayBG) systematisch und fortgesetzt schikaniert und beleidigt wird (Mobbing), haftet der Dienstherr des Schädigers nach Amtshaftungsgrundsätzen.

187 Um eine Haftung nach Art. 34 GG iVm § 839 BGB begründen zu können, ist nicht erforderlich, dass es sich bei dem Schädiger um einen Beamten im staatsrechtlichen Sinne handelt. Es genügt, dass er **hoheitliche Aufgaben** ausführt. Mithin können neben den Beamten im staatsrechtlichen Sinne auch die im öffentlichen Dienst beschäftigten Arbeiter und Angestellten Beamte im haftungsrechtlichen Sinne sein. Entscheidend ist, dass die betreffende Person zur Wahrnehmung hoheitlicher Aufgaben tätig geworden ist.[233]

188 Voraussetzung ist für eine Haftung, dass der Schädiger dem Geschädigten einen Schaden **in Ausübung eines öffentlichen Amtes** zugefügt hat. Ob dies der Fall ist, ergibt sich aus der Beantwortung der Frage, ob ein bestimmtes Verhalten des Schädigers als Ausübung eines öffentlichen Amtes anzusehen ist. Es muss diesbezüglich darauf abgestellt werden, ob die eigentliche Zielsetzung, in deren Sinn der Schädiger tätig wurde, einer hoheitlichen Tätigkeit zuzurechnen ist und zwischen dieser Zielsetzung so-

228 Vgl. VG Frankfurt (Oder) 26.3.2015 – 2 L 2/15; VG Köln 2.7.2018 – 19 L 558/18.
229 VG Frankfurt (Oder) 26.3.2015 – 2 L 2/15.
230 Vgl. Brox/Walker, SR II, S. 607 f.
231 NVwZ-RR 2003, 715; sa OLG Saarbrücken 11.4.2018 – 5 U 28/17.
232 DÖD 2002, 283.
233 HM; vgl. statt vieler HaKo-BGB/Staudinger, § 839 Rn. 6; sa BGH 24.6.1982 – III ZR 169/80 – BGHZ 84, 292 (299).

wie der schädigenden Handlung ein **so enger innerer und äußerer Zusammenhang** besteht, dass die schädigende Handlung noch als dem Bereich der hoheitlichen Betätigung angehörend angesehen werden kann.[234] Ein derartiger Zusammenhang ist beispielsweise dann anzunehmen, wenn der Schädiger seine dienstlichen Befugnisse überschreitet und das Gegenteil dessen tut, was seine dienstliche Pflicht ist.[235] Entsprechendes gilt, wenn der Schädiger die Amtsstellung zu eigensüchtigen und strafbaren Zwecken missbraucht oder dienstlich gebotene Handlungen unterlässt.[236] Dagegen ermangelt es an einem inneren Zusammenhang, wenn der Schädiger aus rein persönlichen, mit dem Dienst in keinerlei Weise zusammenhängenden Gründen handelt.[237]

Wer Mobbinghandlungen begeht, versucht regelmäßig, einen zwischen ihm und dem 189
Mobbingbetroffenen existierenden Konflikt in einer unfairen, höchst eigennützigen und rücksichtslosen Art und Weise zu lösen. Handelt es sich bei dem Mobber um einen Vorgesetzten, liegt die Gefahr nahe, dass er seine Amtsstellung insofern zur Verwirklichung seiner Ziele und mithin zur Begehung von Mobbinghandlungen missbraucht. Zu denken ist etwa an einen Vorgesetzten, der das Weisungsrecht gegenüber Untergebenen nutzt, um diese zu schikanieren. Aber auch der Mobber, der keine Vorgesetztenposition innehat, verstößt gegen seine dienstlichen Pflichten (→ § 4 Rn. 24 ff., → § 6 Rn. 10 ff.), wenn er unter Ausnutzung seiner Stellung als Beschäftigter der Dienststelle beispielsweise dem Mobbingbetroffenen Schaden an dessen Eigentum zufügt oder den Dienstfrieden stört. Hierbei kommt dem Mobber stets zugute, dass er als Beschäftigter der Dienststelle das Vertrauen der anderen Beschäftigten genießt sowie seine Ortskenntnisse und anderes Insiderwissen verwenden kann.

Zu beachten ist, dass eine Ersatzpflicht des Dienstherrn im Hinblick auf § 839 Abs. 3 190
BGB ausgeschlossen ist, wenn es der Mobbingbetroffene vorsätzlich oder fahrlässig unterlassen hat, den Schaden durch den Gebrauch eines Rechtsmittels abzuwenden. Insoweit hat der Mobbingbetroffene – sofern zur **Schadensminderung** möglich und zumutbar – gegenüber dem Mobber vorrangig **Primärrechtsschutz** in Anspruch zu nehmen – unmittelbar gegenüber dem Mobber im Wege eines Unterlassungsbegehrens oder gegenüber dem Dienstherrn mit dem Ziel, diesen im Rahmen der beamtenrechtlichen Fürsorgepflicht zu einem Tätigwerden zu bewegen.[238] Schließlich sei es generell möglich, in einer akuten Mobbingsituation Primärrechtsschutz zu begehren.[239]

---

234 Vgl. OLG Saarbrücken 11.4.2018 – 5 U 28/17; BGH 6.7.1989 – III ZR 79/88 – BGHZ 108, 230 (232); BGH 16.4.1964 – III ZR 182/63 – BGHZ 42, 176 (179); BGH 12.12.1991 – III ZR 10/91 – NJW 1992, 1227 (1228 mwN).

235 BGHZ 11, 181 (186).

236 Sa Bochmann, S. 260.

237 BGH 26.11.1953 – III ZR 26/52 – BGHZ 11, 181 (186).

238 Vgl. OLG Saarbrücken 11.4.2018 – 5 U 28/17; BVerwG 8.6.2017 – 2 B 17/17; BVerwG 3.11.2014 – 2 B 24/14; OVG des Saarlandes 12.4.2017 – 1 A 127/16; OVG Schleswig 23.5.2014 – 2 LA 15/14; VG Regensburg 20.3.2013 – RO 1 K 12.891; sa BGH 30.6.2016 – III ZR 316/15, wonach der Anspruchsausschluss nach § 839 Abs. 3 BGB wegen vorwerfbaren Nichtgebrauchs eines Rechtsmittels grundsätzlich auch auf Amtshaftungsansprüche wegen amtspflichtwidrigen Mobbings anwendbar ist. So auch OLG Brandenburg 8.9.2015 – 2 U 28/14 sowie OVG Münster 12.12.2013 – 1 A 71/11.

239 So OLG Brandenburg 8.9.2018 – 2 U 28/14.

b) Anspruch des verbeamteten Mobbingbetroffenen auf Folgenbeseitigung

191 Verletzt der Dienstherr eine dem verbeamteten Mobbingbetroffenen gegenüber obliegende Fürsorgepflicht, dann kann er – soweit ein Anspruch auf Erfüllung der Fürsorgepflicht nicht zur Schadensregulierung genügt – auf Beseitigung der durch die Fürsorgepflichtverletzung entstandenen Folgen in Anspruch genommen werden.[240]

192 Der Anspruch auf Folgenbeseitigung erfordert eine **Verletzung der Fürsorgepflicht**, mithin einen Verstoß gegen § 78 Satz 1 BBG (§ 45 Satz 1 BeamtStG), wonach der Dienstherr im Rahmen des Dienst- und Treueverhältnisses für das Wohl des Beamten zu sorgen hat. Wenngleich die sich aus § 78 BBG (§ 45 BeamtStG) ergebende Fürsorgepflicht des Dienstherrn die arbeitsrechtlichen Fürsorgepflichten übertreffen,[241] kann unter Verweis auf die Ausführungen in → Rn. 12 ff. festgehalten werden, dass die im Arbeitsrecht geltenden Fürsorgepflichten in der gleichen Weise gegenüber den Beamten zu beachten sind. Dass diese verletzt werden können, bedarf keiner besonderen Erwähnung.

193 Leitsatz des VG des Saarlandes vom 20.12.2011 - 2 K 668/10:[242]

Die Fürsorgepflicht des Dienstherrn erstreckt sich auch auf den Schutz des allgemeinen Persönlichkeitsrechts des Beamten vor rechtswidrigen persönlichen Angriffen durch Vorgesetzte und Mitarbeiter in Gestalt des sogenannten Mobbings.

194 Der Schaden, mithin die von dem Dienstherrn zu beseitigenden Folgen, besteht in den **rechtswidrigen Konsequenzen**, die sich aus der Verletzung der Fürsorgepflicht ergeben.[243]

195 **Beispiel für einen Schaden beim Mobbingbetroffenen:** Eine Mobbinghandlung des Manfred Meier besteht in der Vorenthaltung einer Beförderung des Sven Schmitz. Der Schaden für Sven Schmitz ergibt sich aus der Differenz zwischen den bislang erhaltenen und den höheren Bezügen, die mit der Beförderung verbunden gewesen wären.

c) Schadensersatzpflicht wegen der Verletzung der Fürsorgepflicht gegenüber dem verbeamteten Mobbingbetroffenen

196 Spätestens seit der Entscheidung des OVG Münster vom 12.12.2013 ist in der Rechtsprechung anerkannt, dass der verbeamtete Mobbingbetroffene einen Schadensersatzanspruch wegen der Verletzung der Fürsorgepflicht haben kann.[244] An einen solchen Anspruch ist zu denken, wenn die Erfüllung der Pflicht nicht möglich ist und ein Folgenbeseitigungsanspruch im konkreten Einzelfall ausscheidet.[245] Dieser ist regelmäßig auf einen Ausgleich des zugefügten Vermögensschadens gerichtet, kann aber auch auf Naturalrestitution gehen, etwa wenn es um die Richtigstellung diskriminierender Tatsachenbehauptungen geht. Auch kann Schmerzensgeld in Betracht zu zie-

240 Vgl. Battis, § 78 Rn. 20 f.

241 Die Fürsorgepflicht des Arbeitgebers umfasst grundsätzlich nicht die Familie eines Angestellten bzw. Arbeiters; sa Battis, § 78 Rn. 6.

242 Sa VG des Saarlandes 23.9.2008 – 2 K 1964/07; VG Münster 5.7.2011 – 4 K 30/10; VG Augsburg 23.11.2006 – Au 2 K 04.1773.

243 BVerwG 19.7.1984 – 3 C 81.82 – BVerwGE 69, 366 (370).

244 OVG Münster 12.12.2013 – 1 A 71/11; sa OVG Münster 1.12.2016 – 6 A 2386/14; VG Würzburg 6.12.2016 – W 1 K 15.338; VG Bayreuth 18.8.2015 – B 5 K 13.438.

245 Vgl. Battis, § 78 Rn. 21.

hen sein, sofern der Dienstherr seinen Beamten nicht gegen Mobbing in Schutz nimmt.[246]

Der Schadensersatzanspruch bedingt, dass ein für den Dienstherrn handelnder Amtswalter oder eine andere Person, derer sich der Dienstherr bedient, um seinen Fürsorge- und Schutzpflichten zu genügen, eben eine solche Pflicht verletzt hat.[247] Eine solche Pflichtverletzung ist nach einer Entscheidung des OVG Münster vom 1.12.2016 nicht gegeben, wenn sich der Dienstvorgesetzte weigert, mit einem Beamten ein Gespräch mit einem bestimmten Inhalt und Verlauf (Konfliktbeilegung) zu führen, auch wenn ein solches Gespräch nach (amts-)ärztlichen Feststellungen der Genesung des Beamten dient.[248] Weiter muss die Pflichtverletzung einen konkreten Schaden verursacht haben.[249] 197

Bei der Geltendmachung eines auf einer Fürsorgepflichtverletzung beruhenden Schadensersatzanspruchs ist zu beachten, dass der in § 839 Abs. 3 BGB zum Ausdruck kommende Rechtsgedanke der Schadensabwendungs- bzw. **Schadensminderungspflicht** Anwendung findet mit der Folge, dass die Ersatzpflicht grundsätzlich dann nicht eintritt, wenn es der Mobbingbetroffene vorsätzlich oder fahrlässig unterlassen hat, den Schaden durch Gebrauch eines Rechtsmittels abzuwenden.[250] 198

Leitsätze des VG des Saarlandes vom 20.12.2011 – 2 K 668/10:[251] 199

1. Nur ein Verhalten des Dienstherrn, das objektiv fürsorgepflichtwidrig und schuldhaft ist und adäquat kausal einen Schaden herbeigeführt hat, kann einen Schadensersatzanspruch wegen Verletzung der Fürsorgepflicht begründen.
2. Die Fürsorgepflicht des Dienstherrn erstreckt sich auch auf den Schutz des allgemeinen Persönlichkeitsrechts des Beamten vor rechtswidrigen persönlichen Angriffen durch Vorgesetzte und Mitarbeiter in Gestalt des sogenannten Mobbings.

9. Schadensersatzrechtliche Besonderheiten bei einer Haftung von verbeamteten Vorgesetzten

Ohne selbst als Mobber in Erscheinung zu treten, können Vorgesetzte, die über einen staatsrechtlichen Beamtenstatus verfügen, im Zusammenhang mit Mobbing Pflichten verletzen, die sie gegenüber ihrem Dienstherrn zu beachten haben. 200

Beispiel für eine Pflichtverletzung: Der Dienststellenleiter Max Meier genügt seiner Aufsichtspflicht nicht, indem er dem Mobbing freien Lauf lässt und nichts zu seiner Beendigung unternimmt – trotz entsprechender Beschwerden des Mobbingbetroffenen sowie Hinweisen des Personalrats. 201

246 Vgl. OVG Bautzen 4.9.2013 – 2 A 121/12.
247 Vgl. Schnellenbach/Bodanowitz, S. 296.
248 OVG Münster 1.12.2016 – 6 A 2386/14.
249 Vgl. Schnellenbach/Bodanowitz, S. 297.
250 Vgl. OVG Münster 12.12.2013 – 1 A 71/11; VG Bayreuth 18.8.2015 – B 5 K 13.438 – mwN; VG München 7.3.2017 – M 21 K 15.3808.
251 Sa VG des Saarlandes 23.9.2008 – 2 K 1964/07.

202 In einem solchen Fall ist an eine **Schadensersatzpflicht des Dienststellenleiters** gemäß § 75 Abs. 1 BBG (§ 48 BeamtStG) sowie gemäß § 839 BGB zu denken (zu den Einzelheiten → Rn. 60 ff.).

10. Kausalzusammenhänge und Zurechenbarkeit der Handlungen

203 Soweit es die Zurechenbarkeit von Handlungen betrifft, dürften regelmäßig keine Probleme existieren. Hingegen werden sich – vergleichbar der Situation beim Mobber – oftmals Kausalitätsprobleme zeigen, die einer Schadensersatzpflicht entgegenstehen (→ Rn. 66 ff.).

204 Die **Haftung für den Verrichtungsgehilfen** weist insoweit eine Besonderheit auf, als der haftungsbegründende Kausalzusammenhang zwischen dem Verschulden des Geschäftsherrn und der Schädigung durch den Gehilfen vermutet wird.[252] Ein solcher ist jedoch dann nicht gegeben, wenn der Schaden auch bei Anwendung der erforderlichen Sorgfalt entstanden sein würde. Da dieser Nachweis Gegenstand der Beweislast des Arbeitgebers ist, ist hierauf in → Rn. 234 ff. zurückzukommen.

205 Hinsichtlich einer **Haftung wegen eines Organisationsverschuldens** wird bedingt, dass die Verletzung der Organisationspflicht(en) adäquat kausal zu einer Rechtsgutsverletzung im Sinne des § 823 Abs. 1 BGB geführt hat. Für einen Anspruch auf **Folgenbeseitigung** ist Voraussetzung, dass ein Kausalzusammenhang sowohl in haftungsbegründender als auch in haftungsausfüllender Hinsicht besteht.[253] Soweit es den Schadensersatzanspruch eines Beamten wegen der **Verletzung der Fürsorgepflicht** betrifft, muss zwischen dem Pflichtenverstoß und dem eingetretenen Schaden ein adäquater Kausalzusammenhang bestehen.[254]

206 In → Rn. 66 ff. ist bereits dargelegt, dass sich die haftungsbegründende Kausalität oftmals nicht oder nur äußerst schwer feststellen lässt. Stets stellt sich im Zusammenhang mit den gesundheitsschädlichen Auswirkungen von Mobbing die häufig nicht zu beantwortende Frage, ob es nicht auch ohne die konkrete Pflichtverletzung bzw. ohne das vorliegende Organisationsverschulden zu der Gesundheitsschädigung gekommen wäre bzw. ob solche Umstände überhaupt Auslöser der Schädigung gewesen sind. Nur ausnahmsweise wird sich dieses Problem nicht stellen, etwa wenn der Mobbingbetroffene von einem Arbeitskollegen mit einem Messer verletzt wird.

11. Rechtswidriges Handeln

207 Unter Bezugnahme auf die Ausführungen in → Rn. 79 ist das Merkmal der Rechtswidrigkeit stets als erfüllt zu betrachten, so dass sich weitere Ausführungen erübrigen.

12. Vorsätzliches und fahrlässiges Handeln

208 Vergleichbar dem Mobber ist eine Schadensersatzpflicht des Arbeitgebers, von Personen mit Arbeitgeberfunktionen sowie von Vorgesetzten grundsätzlich davon abhän-

252 Vgl. Medicus/Lorenz SR II, S. 500.
253 BVerwG 19.7.1984 – 3 C 81.82 – BVerwGE 69, 366 (372).
254 Schnellenbach/Bodanowitz, S. 297.

gig, dass sie den geltend gemachten Schaden zu vertreten haben. So bestimmt § 15 Abs. 1 Satz 2 AGG ausdrücklich, dass eine Schadensersatzpflicht des Arbeitgebers wegen eines Verstoßes gegen das Benachteiligungsverbot nur dann in Betracht kommt, wenn der Arbeitgeber dies zu vertreten hat. Lediglich bei einer Haftung des Dienstherrn gemäß Art. 34 GG iVm § 839 BGB gilt dieser Grundsatz nicht. Insoweit wird nur bedingt, dass der Schädiger vorsätzlich oder fahrlässig gehandelt hat (→ Rn. 97 f.). Anderes wiederum gilt bei einer Entschädigung nach § 15 Abs. 2 AGG. Da dieser Anspruch verschuldensunabhängig ausgestaltet ist, kommt es nur darauf an, dass der Arbeitgeber gegen das Benachteiligungsverbot des § 7 Abs. 1 AGG verstoßen hat.[255]

a) Haftung für eigenes Verschulden

Sofern es die Haftung für eigenes Verschulden betrifft, muss der **Arbeitgeber** vorsätzlich oder fahrlässig gehandelt haben (zu den Einzelheiten → Rn. 80 ff.). Begeht er selbst Mobbinghandlungen, dann wird ihm in der Regel bewusst sein, dass er damit ihn treffende Fürsorgepflichten verletzt, die zu einer Schädigung des Mobbingbetroffenen führen können. Aber auch in den Fällen, in denen ihm dieses Bewusstsein fehlt, wird man dem Arbeitgeber vorwerfen können, dass er bei Beachtung der ihn treffenden Sorgfaltspflichten eine mögliche Schädigung des Mobbingbetroffenen hätte voraussehen müssen. Insoweit wird man ihm zumindest Fahrlässigkeit vorwerfen können. Gleiches gilt, wenn er zwar nicht selbst Mobbing betreibt, er aber in sonstiger Weise nicht seiner Fürsorgepflicht nachkommt, etwa weil er diesbezügliche Beschwerden des Mobbingbetroffenen ignoriert. 209

Entsprechendes wird man für Vorgesetzte sowie für **Personen mit Arbeitgeberfunktionen** annehmen dürfen, da man den Angehörigen dieses Personenkreises unterstellen kann, dass sie ihre Pflichten kennen und wissen bzw. wissen müssen, welche Konsequenzen mit einer Pflichtverletzung verbunden sein können. 210

Handelt ein **Sachwalter** dem Vertrauenstatbestand zuwider, erschüttert er das zum Mobbingbetroffenen bestehende besondere Vertrauensverhältnis. Er lässt weiterhin Mobbinghandlungen geschehen und verletzt damit die sich aus dem Arbeitsverhältnis ergebende Nebenpflicht, sich schützend vor den Mobbingbetroffenen zu stellen und Schaden von diesem abzuwenden. Da dem Sachwalter die Konsequenzen seines Verhaltens bewusst sein dürften bzw. er diese bei Beachtung der ihm zumutbaren Sorgfalt hätte erkennen müssen, wird man ihm in der Regel zumindest ein fahrlässiges Handeln unterstellen dürfen. 211

b) Einstandspflicht für Handlungen von Erfüllungsgehilfen

Bezüglich einer Haftung des Arbeitgebers bzw. Dienstherrn wegen der Verletzung einer Fürsorgepflicht ist zu vermerken, dass die Nebenpflicht von diesen nicht zwangsläufig selbst schuldhaft verletzt worden sein muss. Vielmehr genügt eine entsprechende Handlung des gesetzlichen Vertreters oder Erfüllungsgehilfen, soweit die- 212

255 HK-ArbR/Berg, AGG § 15 Rn. 7; Schleusener/Suckow/Plum, § 15 Rn. 57; Nollert-Borasio/Perreng, § 15 Rn. 9; sa BAG 18.5.2017 – 8 AZR 74/16; BAG 18.3.2010 – 8 AZR 1044/08.

ser im Rahmen des Beschäftigungsverhältnisses liegende Verpflichtungen des Arbeitgebers bzw. Dienstherrn wahrnimmt (vgl. § 278 BGB).[256]

213 § 278 BGB beruht auf dem Gedanken, dass der Schuldner gegenüber dem Gläubiger für seinen Geschäfts- und Gefahrenkreis verantwortlich ist. Zu dem Gefahrenkreis eines jeden Schuldners gehören die von ihm eingesetzten Hilfspersonen.[257] Wer für sich den Vorteil der Arbeitsteilung in Anspruch nimmt, hat folglich auch das Risiko zu tragen, dass der an seiner Stelle Handelnde schuldhaft rechtlich geschützte Interessen des Gläubigers verletzt.[258] Im Rahmen des § 278 BGB ist daher das Verhalten des Erfüllungsgehilfen bzw. des gesetzlichen Vertreters wie das eigene Verhalten des Schuldners zu beurteilen. Der Schuldner haftet insoweit **wie für eigenes Verschulden.**[259]

214 **Gesetzlicher Vertreter** im Sinne des § 278 BGB ist jeder, der mit Wirkung für den Arbeitgeber bzw. Dienstherrn handelt, ohne verfassungsmäßig berufener Vertreter im Sinne des § 31 BGB bzw. des § 89 Abs. 1 BGB iVm § 31 BGB zu sein.[260] **Erfüllungsgehilfe** ist, wer nach den tatsächlichen Gegebenheiten des Falles mit dem Willen des Arbeitgebers bzw. Dienstherrn bei der Erfüllung einer diesem obliegenden Verbindlichkeit als seine Hilfsperson tätig wird.[261] Erforderlich ist, dass der Erfüllungsgehilfe bzw. Vertreter in Erfüllung einer Verbindlichkeit des Arbeitgebers bzw. Dienstherrn gehandelt hat. Die von der Hilfsperson verrichtete Tätigkeit muss im Bereich des von dem Arbeitgeber bzw. Dienstherrn geschuldeten Geschäftsverhaltens liegen,[262] mit diesem in einem sachlichen Zusammenhang stehen.[263] Handlungen, die von ihrer Zielsetzung her nichts mit der übernommenen Aufgabe zu tun haben, werden als **Handeln bei Gelegenheit** qualifiziert, die nicht von § 278 BGB erfasst werden.[264]

215 Sofern man bedenkt, dass die Hinzuziehung als Gehilfe erst dessen Handlung ermöglicht, wird man dem Handeln bei Gelegenheit daher **enge Grenzen** stecken müssen. § 278 BGB ist mithin auf alle Schädigungen anzuwenden, die dem Gehilfen durch die Übertragung der Hilfstätigkeit erst ermöglicht oder erheblich erleichtert worden sind.[265]

216 Bedient sich ein Arbeitgeber bzw. Dienstherr Personen, die für ihn handeln bzw. denen einzelne Aufgaben übertragen worden sind, wie es etwa bei einem leitenden Angestellten sowie bei einem Vorgesetzten regelmäßig der Fall ist, so haben diese auch im Rahmen ihrer Aufgaben für die Beachtung der Fürsorgepflicht Sorge zu tragen. Dies kann zum Beispiel darin bestehen, sich schützend vor den Mobbingbetroffenen zu stellen und dessen Beschwerde nachzugehen. Wird das schuldhaft unterlassen,

256 Vgl. Larenz, S. 368; Brox/Walker SR I, S. 215 f.; sa LAG Niedersachsen 9.11.2009 – 9 Sa 1573/08; LAG Mecklenburg-Vorpommern 13.1.2009 – 5 Sa 112/08.
257 Palandt, § 278 Rn. 1; BGH 23.11.1995 – IX ZR 213/94 – NJW 1996, 464 (465).
258 BGH 23.11.1995 – IX ZR 213/94 – NJW 1996, 464 (465).
259 Vgl. HaKo-BGB/Schulze, § 278 Rn. 1
260 Palandt, § 278 Rn. 5 f.; HaKo-BGB/Schulze, § 278 Rn. 4.
261 Palandt, § 278 Rn. 7; HaKo-BGB/Schulze, § 278 Rn. 5; BGH 24.11.1995 – V ZR 40/94 – NJW 1996, 451 (451).
262 Palandt, § 278 Rn. 12; BGH 3.6.1993 – III ZR 104/92 – BGHZ 123, 1 (14).
263 Vgl. LAG Berlin-Brandenburg 12.6.2009 – 13 Sa 267/09.
264 HaKo-BGB/Schulze, § 278 Rn. 11; Palandt, § 278 Rn. 20.
265 So im Ergebnis auch Medicus, Rn. 333.

muss sich der Arbeitgeber das Handeln seines Gehilfen nach § 278 BGB zurechnen lassen. Schließlich besteht insoweit zwischen der übertragenen Aufgabe und der vom Arbeitgeber geschuldeten Fürsorgepflicht ein enger sachlicher Zusammenhang.

Begeht der Gehilfe hingegen selbst Mobbinghandlungen, die in keinem sachlichen Zusammenhang mit der übertragenen Aufgabe stehen, wie es etwa bei einem tätlichen Angriff der Fall ist, der in keiner Beziehung zu der Arbeit steht, kommt eine Anwendung des § 278 BGB nicht in Betracht. Dann hat der Gehilfe bei Gelegenheit gehandelt. 217

Abgesehen von den Fällen eines Handelns bei Gelegenheit wird dem untätig bleibenden Vorgesetzten in der Regel **zumindest Fahrlässigkeit** vorzuhalten sein. Teilweise wird er sogar vorsätzlich handeln. Dies dürfte insbesondere dann der Fall sein, wenn der Mobbingbetroffene mittels der Mobbinghandlungen zu einem Ausscheiden veranlasst werden soll, was bei Beschäftigten, die einem besonderen Kündigungsschutz unterliegen (zB werdende Mütter, Auszubildende, Betriebs- und Personalratsmitglieder, Schwerbehinderte) gelegentlich vorkommen dürfte. 218

Handelt es sich bei dem Gehilfen um einen **normalen Beschäftigten**, der zB als Arbeitskollege Mobbinghandlungen begeht, wird man eine Haftung des Arbeitgebers bzw. Dienstherrn gemäß § 278 BGB ebenfalls annehmen müssen, wenn der Gehilfe die Mobbinghandlungen während der Arbeitszeit in dem Betrieb bzw. in der Dienststelle bzw. an einem auswärtigen Arbeitsplatz verübt und diese nicht nur bei Gelegenheit erfolgen. Das dürfte beispielsweise dann der Fall sein, wenn Mobbinghandlungen begangen werden, weil der Mobber befürchtet, dass nicht er, sondern der Mobbingbetroffene die ausgeschriebene Vorarbeiterposition zugesprochen bekommt. Anders ist es jedoch, wenn gleichgestellte Kollegen einander beschimpfen oder ignorieren.[266] 219

c) Vermutetes Verschulden des Geschäftsherrn im Rahmen des § 831 BGB und Organisationsverschulden

Liegen die Voraussetzungen des § 831 Abs. 1 Satz 1 BGB vor, wird ein eigenes Verschulden des Geschäftsherrn hinsichtlich der Auswahl und der Beaufsichtigung des Verrichtungsgehilfen vermutet.[267] Dem kann der Geschäftsherr entgegentreten, wenn er fehlendes eigenes Verschulden nachweist (vgl. § 831 Abs. 1 Satz 2 BGB),[268] etwa den Nachweis erbringt, den Verrichtungsgehilfen derart ausgewählt bzw. überwacht zu haben, dass dieser die ihm übertragenen Aufgaben voraussichtlich ohne Schädigung Dritter würde durchführen können.[269] Sofern sich der konkrete Verursacher nicht ermitteln lässt, muss der Nachweis einer ordnungsgemäßen Auswahl bzw. Überwachung im Hinblick auf alle die Personen geführt werden, die als Urheber der Handlung in Betracht kommen.[270] 220

266 Benecke, S. 228.
267 Vgl. Palandt, § 831 Rn. 10.
268 Vgl. HaKo-BGB/Staudinger, § 831 Rn. 11.
269 Vgl. HaKo-BGB/Staudinger, § 831 Rn. 12.
270 HaKo-BGB/Staudinger, § 831 Rn. 13; BGH 19.6.1973 – VI ZR 178/71 – NJW 1973, 1602 (1603).

221 Die **Möglichkeit der Exkulpation** ist in der betrieblichen Praxis umso leichter, je größer der Betrieb bzw. die Dienststelle ist. Schließlich besteht vor allem in arbeitsteiligen (Groß-)Betrieben die Möglichkeit der Führung eines mehrstufigen (sog dezentralisierten) Entlastungsbeweises dergestalt, dass zum Beispiel der Geschäftsführer den Nachweis führt, wonach er höher positionierte Angestellte (insbesondere leitende Angestellte) ordnungsgemäß beaufsichtigt, die wiederum eine ordnungsgemäße Aufsicht durchführen, sofern eine ausreichende Organisation besteht, die eine ordnungsgemäße Geschäftsführung und Beaufsichtigung des gesamten Personals gewährleistet.[271] Da es in kleinen Betrieben kaum möglich sein wird, sich in einer derartigen Weise zu exkulpieren, wären die großen gegenüber den kleinen Betrieben in einem haftungsrechtlichen Vorteil. Um eine solche haftungsrechtlich ungerechtfertigt privilegierende Stellung zu vermeiden, hat die Rechtsprechung die Haftung für derartige Betriebe von § 831 BGB auf § 823 BGB iVm § 31 BGB verlagert. Gemäß dieser Vorschrift sind **Großbetriebe** gehalten, den betrieblichen Ablauf so zu gestalten, dass Betriebsangehörige hinreichend beaufsichtigt und damit gehindert werden können, schädigende Handlungen zu begehen.[272] Ein dabei unterlaufendes Organisationsverschulden wird dann auf der Ebene der Organhaftung angesiedelt, die die Möglichkeit der Exkulpation nicht kennt.[273]

222 Eine Haftung des Arbeitgebers bzw. Dienstherrn für Organisationsdefizite bedingt, dass die Organisationspflichten schuldhaft im Sinne des § 276 Abs. 1 BGB verletzt worden sind.[274] Dies erfordert, dass sich das Verschulden auch auf die Verletzung des in § 823 Abs. 1 BGB geschützten Rechtsguts beziehen muss. Hinsichtlich der Verletzung der Organisationspflicht wird vorausgesetzt, dass der Arbeitgeber bzw. Dienstherr die Möglichkeit einer Beeinträchtigung im Allgemeinen hätte erkennen müssen. Hingegen muss der Schaden nicht vom Verschulden erfasst sein.[275]

223 Ergreift ein Arbeitgeber bzw. Dienstherr keine geeigneten Maßnahmen zur Beendigung akuter Mobbingsituationen und/oder zur Verhütung weiterer Mobbingfälle, ist regelmäßig eine **fahrlässige Verletzung von Organisationspflichten** zu unterstellen, die auch eine eventuelle Rechtsgutsverletzung gemäß § 823 Abs. 1 BGB umfasst. Ist der Arbeitgeberseite eine akute Mobbingsituation bekannt und unternimmt sie trotzdem nichts zur Behebung ihrer Organisationsdefizite, dürfte häufig sogar von Vorsatz die Rede sein.

13. Ermittlung des Schadens und seines Ausmaßes

224 Hinsichtlich der Ermittlung des Schadens und seines Ausmaßes stellen sich die gleichen Probleme, wie sie bereits in → Rn. 100 ff. dargelegt sind. Wiederum ist der Schadensausgleich regelmäßig auf eine Entschädigung in Geld gerichtet. Die von dem Arbeitgeber zu vertretene Pflichtverletzung (vgl. § 280 Abs. 1 BGB) begründet einen Schadensersatzanspruch, der sich auf alle unmittelbaren und mittelbaren Nachteile

271 Sa HaKo-BGB/Staudinger, § 831 Rn. 13.
272 Vgl. HaKo-BGB/Staudinger, § 831 Rn. 13; BGH 19.6.1973 – VI ZR 178/71 – NJW 1973, 1602 (1603).
273 Vgl. HaKo-BGB/Staudinger, § 831 Rn. 13.
274 HaKo-BGB/Staudinger, § 823 Rn. 84.
275 HaKo-BGB/Staudinger, § 823 Rn. 84.

des schädigenden Verhaltens erstreckt (zB Kosten für die Inanspruchnahme eines Therapeuten) und auch Prozesskosten erfasst. Nicht zu ersetzen sind hingegen Folgeschäden, die außerhalb des Schutzzwecks der verletzten Nebenpflicht liegen.[276]

§ 15 Abs. 1 und Abs. 2 Satz 1 AGG sehen Schadensersatz und Entschädigung in unbeschränkter Höhe vor. Bei der Ermittlung eines Vermögensschadens ist zu fragen, wie der Betroffene dastehen würde, wäre er nicht benachteiligt worden.[277] 225

Der Grundsatz der Naturalherstellung (§ 249 Satz 1 BGB) verpflichtet den Dienstherrn im Rahmen eines **Folgenbeseitigungsanspruchs** zur Herstellung des Zustands, der bestehen würde, falls er die rechtswidrigen Folgen nicht herbeigeführt hätte. Bestehen die Folgen in einem finanziellen Nachteil des Beamten, ist dieser in Geld auszugleichen.[278] Bei einer Verletzung des allgemeinen Persönlichkeitsrechts ist eine Folgenbeseitigung insofern möglich, als der Dienstherr beispielsweise eine ehrverletzende dienstliche Beanstandung widerruft.[279] 226

14. Verfahrensrechtliche Aspekte

In verfahrensrechtlicher Hinsicht erweisen sich die Aspekte Verfall und Verjährung sowie Darlegungs- und Beweislast oftmals als problematisch. Auch wenn Ansprüche wegen Mobbing verwirkt werden können, so dürfte dieser Aspekt eher von untergeordneter Bedeutung sein.[280] Schlussendlich ist zu vermerken, dass als Kläger grundsätzlich nur der Mobbingbetroffene in Betracht kommen dürfte. 227

a) Verfall und Verjährung

Ansprüche können verwirkt werden.[281] Zudem können sie verfallen. Diesbezügliche Regelungen finden sich in Arbeits-[282] sowie Tarifverträgen,[283] die auf das Arbeitsverhältnis des Mobbingbetroffenen zur Anwendung gelangen. So hat das LAG Köln für den Bundesangestelltentarifvertrag entschieden, dass die tarifliche Verfallfrist gemäß **§ 70 BAT** für Schadensersatzansprüche eines Arbeitnehmers wegen Mobbing spätestens mit seinem Ausscheiden aus dem Arbeitsverhältnis beginnt.[284] Vergleichbares gilt für die Regelung des **§ 37 Abs. 1 Satz 1 TVöD-AT**,[285] und zwar auch dann, wenn 228

276 Vgl. HaKo-BGB/Schulze, § 280 Rn. 16.
277 Vgl. HK-ArbR/Berg, AGG § 15 Rn. 6; Schrader/Schubert, Rn. 484; sa OVG Lüneburg 10.1.2012 – 5 LB 9/10.
278 BVerwG 19.7.1984 – 3 C 81.82 – BVerwGE 69, 366 (371); sa Schnellenbach/Bodanowitz, S. 298.
279 Vgl. BVerwG 29.1.1987 – 2 C 34.85 – BVerwGE 75, 354 (355); Schnellenbach/Bodanowitz, S. 298.
280 Vgl. OVG Münster 12.12.2013 – 1 A 71/11 – zur Verwirkung von Schadensersatzansprüchen infolge erlittenen Mobbings.
281 Vgl. LAG Nürnberg 14.4.2015 – 7 Sa 615/14; LAG Nürnberg 25.7.2013 – 5 Sa 525/11; sa BAG 11.12.2014 – 8 AZR 838/13.
282 Sa BAG 20.6.2013 – 8 AZR 280/12.
283 Vgl. BAG 16.5.2007 – 8 AZR 709/06 – zu § 23 Abs. 2 Rahmentarifvertrag für die Arbeitnehmer der Unternehmen der PreussenElektra-Gruppe; vgl. LAG Hamm 2.9.2011 – 7 Sa 724/11 – zu § 15 Manteltarifvertrag für gewerbliche Arbeitnehmer der Druckindustrie; sa BAG 26.9.2013 – 8 AZR 1013/12 – zu § 33 Abs. 1 Satz 1 TV-Ärzte-KF; LAG Bremen 19.6.2013 – 2 Sa 91/11 – zu § 16 MTV Unterweser.
284 LAG Köln 3.6.2004 – 5 Sa 241/04 – jurisPR-ArbR 38/2004 Anm. 5; vgl. LAG Sachsen 17.2.2005 – 2 Sa 751/03 – zu § 70 BAT-O; sa LAG Hamm 23.3.2006 – 8 Sa 949/05; ArbG Frankfurt/M. 24.1.2007 – 7 Ca 5101/06.
285 Vgl. LAG Köln 2.3.2011 – 1 Ta 375/10; LAG Köln 28.5.2014 – 11 Sa 1102/12; sa LAG Köln 12.7.2010 – 5 Sa 890/09.

der Tarifvertrag kraft arbeitsvertraglicher Inbezugnahme Anwendung findet.[286] Gilt die tarifliche Ausschlussfrist aus **§ 37 TV-L** nur aufgrund arbeitsvertraglicher Inbezugnahme, sind davon Ansprüche des Arbeitnehmers auf Schmerzensgeld wegen vorsätzlicher Missachtung seines Persönlichkeitsrechts durch den Arbeitgeber selbst nicht erfasst.[287]

229 Im Zusammenhang mit Ansprüchen wegen Mobbing beginnt eine zu beachtende Ausschlussfrist regelmäßig **mit der zeitlich letzten Mobbinghandlung,**[288] was spätestens mit dem Ausscheiden aus dem Beschäftigungsverhältnis einhergeht.[289] Richten sich die Mobbingvorwürfe gegen mehrere Personen, so ist für den Beginn der Ausschlussfrist maßgeblich, ob diese losgelöst voneinander oder gemeinschaftlich gehandelt haben.[290]

230 Eine **gesetzliche Ausschlussfrist** enthält § 15 Abs. 4 Satz 1 AGG:[291] Hiernach muss der Anspruch auf Schadensersatz und/oder Entschädigung nach § 15 Abs. 1 sowie Abs. 2 AGG innerhalb einer Frist von zwei Monaten schriftlich geltend gemacht werden – wobei für den Beginn der Frist die letzte Mobbinghandlung maßgebend ist.[292] Abweichendes gilt nur dann, wenn die Tarifvertragsparteien etwas anderes vereinbart haben und der Kläger den betreffenden Tarifvertrag etwa aus Gründen der Allgemeinverbindlichkeit oder Tarifgebundenheit zu beachten hat. Im Falle einer Bewerbung oder eines beruflichen Aufstiegs beginnt die Ausschlussfrist mit dem Zugang der Ablehnung. In allen übrigen Fällen ist dies der Zeitpunkt, in dem der Kläger von der Benachteiligung Kenntnis erlangt (§ 15 Abs. 4 Satz 2 AGG).

231 Ob ein Schadensersatzanspruch verjährt ist (→ Rn. 110 ff.), kann nur für die konkrete Situation beurteilt werden.[293] Zwar steht die Verjährung einer Klageerhebung nicht entgegen. Jedoch hat der Kläger davon auszugehen, dass der Beklagte die **Einrede der Verjährung** erhebt und der Klage damit den möglichen Erfolg nimmt.

b) Darlegungs- und Beweislast

232 Vergleichbar der Situation bei der Geltendmachung von Schadensersatzansprüchen gegen den Mobber (→ Rn. 116 ff.) stellt sich auch bei der Geltendmachung von Schadensersatzansprüchen gegen Vorgesetzte, den Arbeitgeber sowie gegen Personen mit Arbeitgeberfunktionen das Problem der Darlegungs- und Beweislast.

---

286 ArbG Stuttgart 5.7.2016 – 30 Ca 7767/15.

287 LAG Mecklenburg-Vorpommern 21.7.2015 – 2 Sa 36/15.

288 BAG 16.5.2007 – 8 AZR 709/06; BAG 18.5.2017 – 8 AZR 74/16; LAG Rheinland-Pfalz 29.10.2015 – 2 Sa 193/15; LAG Köln 28.5.2014 – 11 Sa 1102/12; LAG Köln 12.7.2010 – 5 Sa 890/09; OLG Hamm 27.5.2014 – 28 U 105/13; OLG Hamm 3.4.2014 – I-28 U 105/13, 28 U 105/13.

289 LAG Köln 2.3.2011 – 1 Ta 375/10.

290 LAG Hamm 11.2.2008 – 8 Sa 188/08.

291 Sa BAG 18.5.2017 – 8 AZR 74/16 sowie BAG 15.3.2012 – 8 AZR 160/11, das keine Bedenken hinsichtlich der Wirksamkeit der Vorschrift hat.

292 BAG 18.5.2017 – 8 AZR 74/16.

293 Vgl. LG Essen 10.7.2014 – 4 O 343/11 – hinsichtlich einer Amtshaftungsklage nach Art. 34 GG iVm § 839 BGB.

Leitsätze des LAG Bremen vom 17.10.2002 – 3 Sa 78/02:[294] 233

- In einem Prozess auf Schmerzensgeld wegen „Mobbings“ gegen den direkten Vorgesetzten und ihren Arbeitgeber trägt die Klägerin die Darlegungs- und Beweislast für die Rechtsgutverletzung und den eingetretenen Schaden. Die Klägerin muss die klagebegründenden Tatsachen bzgl. aller anspruchsbegründenden Tatsachen entsprechend der Substantiierungstheorie so vortragen, dass es den Beklagten möglich ist zu erkennen, auf welche konkreten – nach Zeit und Ort identifizierbaren – Tatsachen sich die Anspruchstellerin bezieht.
- Die Beweisführung kann den Regeln des prima-facies Beweises dann folgen, wenn es sich um einen typischen Geschehensablauf handelt. Ein solcher liegt nicht vor, wenn für einen Zeitraum von 3 1/2 Jahren neun Vorfälle behauptet werden, weil damit nicht schlüssig der Tatbestand der dauernden Rechtsgutverletzung, „der fortgesetzten aufeinander aufbauenden und ineinander übergreifenden, der Anfeindung, Schikane oder Diskriminierung dienenden Verhaltensweisen von Kollegen oder Vorgesetzten“ dargelegt ist.

Soweit es die **Haftung für den Verrichtungsgehilfen** betrifft, trägt der Mobbingbetroffene die Beweislast hinsichtlich der Verrichtungsgehilfeneigenschaft des Schädigers, der Geschäftsherreneigenschaft des Arbeitgebers bzw. Dienstherrn, des Eingriffs in seine deliktisch geschützten Rechtsgüter und Rechte, des hierdurch adäquat kausal verursachten Schadens sowie der rechtswidrigen Schadenszufügung in Ausführung der Verrichtung, während dem Arbeitgeber bzw. Dienstherrn der Beweis für das Vorliegen von Rechtfertigungsgründen, der Zurechnungsunfähigkeit, der Entlastungsvoraussetzungen sowie eventuell mitwirkendes Verschulden des Mobbingbetroffenen obliegt.[295] 234

Leitsätze des LAG Nürnberg vom 2.7.2002 – 6 (3) Sa 154/91:[296] 235

- Ansprüche auf Schadensersatz und Schmerzensgeld wegen Arbeitsunfähigkeit, die der Arbeitnehmer auf Mobbing zurückführt, können nur begründet sein, wenn der Arbeitnehmer zumindest Pflichtwidrigkeiten des Arbeitgebers oder ihm nach § 278 oder § 831 BGB zurechenbarer Arbeitskollegen belegen kann.
- Fehlerhafte Weisungen des Vorgesetzten, wie die Arbeitsleistung zu erbringen ist, stellen keine Pflichtwidrigkeiten dar. Der Arbeitgeber ist auch nicht aus Gründen der Fürsorgepflicht gegenüber dem Arbeitnehmer gehalten, die sachliche Richtigkeit der Weisungen des Vorgesetzten zu überprüfen.
- Nimmt der Arbeitnehmer sich die fehlerhaften Weisungen so zu Herzen, dass er hiervon arbeitsunfähig wird, bestehen keine Schadensersatzansprüche gegen den Arbeitgeber.
- Befindet sich der Arbeitnehmer bereits im Stadium der Arbeitsunfähigkeit, so bedarf es besonderer Darlegungen dafür, dass weitere behauptete Pflichtwidrigkeiten des Arbeitgebers oder des Vorgesetzten kausal für das Weiterbestehen der psychischen und psychosomatischen Erkrankungen des Arbeitnehmers sind.

294 FA 2003, 89.
295 Vgl. HaKo-BGB/Staudinger, § 831 Rn. 16; BGH 19.6.1973 – VI ZR 178/71 – NJW 1973, 1602 (1603).
296 NZA-RR 2003, 121.

236 Der **Geschäftsherr** kann der Vermutung, hinsichtlich des eigenen Verschuldens bezüglich der Auswahl und der Beaufsichtigung des Verrichtungsgehilfen sowie des Bestehens eines Kausalzusammenhangs zwischen dem Verschulden des Geschäftsherrn und der Schädigung durch den Verrichtungsgehilfen entgegentreten, indem er fehlendes eigenes Verschulden und/oder den mangelnden Kausalzusammenhang nachweist (vgl. § 831 Abs. 1 Satz 2 BGB).[297] Er kann die Beweisführung versuchen, dass der Schaden auch bei Anwendung der erforderlichen Sorgfalt entstanden wäre, insbesondere nicht auf einer Sorgfaltsverletzung beruht. Insoweit muss er nachweisen, dass der Schaden selbst bei der gehörigen Sorgfalt eingetreten wäre, auch ein sorgfältig ausgewählter und überwachter Gehilfe den Schaden verursacht haben würde.[298] Nach allgemeiner Ansicht ist eine Haftung nach § 831 BGB ebenfalls ausgeschlossen, wenn dem Geschäftsherrn der Beweis gelingt, dass der Schaden nicht auf dem Mangel des Verrichtungsgehilfen beruht, der ihn als ungeeignet für die Verrichtung erscheinen lässt.[299]

237 Das **Repertoire möglicher Argumente** ist unerschöpflich, die Phantasie der Arbeitgeberseite und ihrer Prozessvertreter unbegrenzt. Selbst objektiv nicht gerechtfertigte Abmahnungen sowie Versetzungen des Mobbingbetroffenen, die vielleicht auf dessen Wunsch erfolgt sind, dürften bisweilen zur Untermauerung dessen, dass allein der Mobbingbetroffene für den verursachten Schaden verantwortlich sei, herangezogen werden. Kann ein Vortrag der Arbeitgeberseite mit den entsprechenden Bekundungen von Beschäftigten und Vorgesetzten untermauert und können Abmahnungen und dergleichen vorgelegt werden, wird die Exkulpation recht leicht gelingen. Die Angst vor dem Verlust des Arbeitsplatzes oder vor einem Karriereknick dürfte Arbeitskollegen und Vorgesetzte nicht selten bewegen, sich vor Gericht zumindest neutral zu verhalten, indem sie etwa aussagen, sich an nichts mehr erinnern zu können.

238 Auch wenn die Beweislast zwischen dem Mobbingbetroffenen und dem Arbeitgeber bzw. Dienstherrn aufgeteilt ist und Letzterer wegen der **Exkulpationslast** im ersten Blick in der schwierigeren prozessualen Situation zu sein scheint, so ist dennoch anzunehmen, dass der Arbeitgeberseite die Beweisführung letztendlich eher gelingen wird als dem Mobbingbetroffenen. Insbesondere der Kausalzusammenhang zwischen der Handlung des Mobbers und der Rechtsguts- bzw. Rechtsverletzung sowie zwischen dieser und dem Schaden des Mobbingbetroffenen dürfte oftmals nur schwer zu beweisen sein (→ Rn. 120 ff.). Dies gilt insbesondere dann, wenn der Mobber aus dem Verborgenen heraus unter Ausnutzung günstiger Situationen handelt und dem Mobbingbetroffenen nur dann einen Schaden zufügt, wenn es keine Zeugen gibt. Daneben stellt sich das allgemeine im Zusammenhang mit Mobbing ergebende Problem, einen eingetretenen Schaden einer konkreten schadensverursachenden Handlung sowie eventuell einer konkreten Person zuschreiben zu können.

239 **Das Besondere an der Haftung des Arbeitgebers** bzw. des Dienstherrn für Organisationsverschulden ist darin zu erblicken, dass der Mobbingbetroffene lediglich den erlit-

297 Vgl. HaKo-BGB/Staudinger, § 823 Rn. 10 ff.
298 Vgl. HaKo-BGB/Staudinger, § 831 Rn. 12.
299 HaKo-BGB/Staudinger, § 831 Rn. 12.

tenen Schaden sowie die Ursächlichkeit der Verletzung der Verkehrssicherungs- bzw. Organisationspflicht zu beweisen hat[300] – mithin, dass sein Schaden im Organisationsbereich des Arbeitgebers bzw. Dienstherrn durch einen objektiven Mangel oder verkehrswidrigen Zustand ausgelöst worden ist.[301] Hingegen hat der Arbeitgeber bzw. der Dienstherr zu beweisen, dass weder ihn noch ein verfassungsmäßig berufener Vertreter oder ein Organ ein Verschulden trifft.[302] Infolgedessen obliegt es ihm zu beweisen, dass die Arbeitsorganisation das Mobbing nicht ermöglicht haben kann[303] bzw. der Schaden unabhängig von einem festgestellten Organisationsmangel eingetreten ist.

Eine vergleichbare Beweislastverteilung gilt bezüglich des Schadensersatzanspruchs 240
eines Beamten wegen der **Verletzung der Fürsorgepflicht.** Hier hat der Beamte die Pflichtverletzung, den erlittenen Schaden sowie den zwischen beiden bestehenden Kausalzusammenhang zu beweisen,[304] während den Dienstherrn die Beweislast hinsichtlich eines fehlenden Verschuldens trifft.[305]

Wenngleich der Mobbingbetroffene regelmäßig in der Lage sein wird, einen ihm zu- 241
gefügten Schaden zu beweisen, so erscheint es zweifelhaft, ob er auch beweisen kann, dass der erlittene Schaden seine adäquat kausale Ursache in einem Organisationsdefizit seines Arbeitgebers bzw. Dienstherrn hat. Zum einen hängt die Bezeichnung eines Verhaltens als Führungsfehlverhalten von subjektiven Wertungen ab. So kann es durchaus sein, dass die Arbeitskollegen eine diesbezügliche Einschätzung des Mobbingbetroffenen nicht teilen. Zum anderen wird die Arbeitgeberseite stets einwenden, dass von einem Organisationsmangel nicht die Rede, ein solcher – sollte er wider Erwarten doch vorliegen – für den Schaden des Mobbingbetroffenen auf keinen Fall ursächlich gewesen sein könne. Zudem dürften besondere Umstände in der **Privatsphäre des Mobbingbetroffenen** in den Vordergrund der Auseinandersetzung gerückt werden. Nur soweit dem Mobbingbetroffenen die Beweisführung gelingt, kann er davon profitieren, dass der Arbeitgeber bzw. Dienstherr das mangelnde Verschulden beweisen muss. Ob es ihm gelingen wird, dem Arbeitgeber bzw. Dienstherrn die Beweislast des mangelnden Verschuldens aufzubürden, dürfte häufig fraglich sein.

Hinsichtlich einer **Haftung für Organmitglieder** gelten die allgemeinen Grundsätze, 242
so dass der Mobbingbetroffene alle anspruchsbegründenden Tatsachen darzulegen und im Falle des Bestreitens auch zu beweisen hat. Dies betrifft auch den Umstand, dass ein bestimmter verfassungsmäßig berufener Vertreter für den erlittenen Schaden verantwortlich ist.[306] Da Organmitglieder oftmals dazu neigen, andere für sich handeln zu lassen, können sie sich leicht hinter dem Rücken anderer verstecken und auf diese Weise erreichen, dass ihre wahre Rolle im Verborgenen bleibt.

300 Vgl. Kittner, Rn. 489.
301 BGH 26.11.1968 – VI ZR 212/66 – BGHZ 51, 91 (105).
302 Vgl. BGH 26.11.1968 – VI ZR 212/66 – BGHZ 51, 91 (105 ff.); BGH 19.11.1991 – VI ZR 171/91 – BGHZ 116, 104 (108 ff.).
303 Däubler in Skowronek, S. 272.
304 Vgl. Schnellenbach/Bodanowitz, S. 301.
305 Vgl. Schnellenbach/Bodanowitz, S. 301; BVerwG 24.8.1961 – II C 165.59 – BVerwGE 13, 17 (25).
306 Vgl. MüKo-Arnold, § 31 Rn. 44; sa Staudinger-Weick, § 31 Rn. 41, der dies nur fordert, soweit die Haftung auf ein vorsätzliches Verhalten des verfassungsmäßig berufenen Vertreters gestützt wird.

243 Den Nachweis etwa einer Pflichtverletzung (§ 280 Abs. 1 BGB) wird der Mobbingbetroffene regelmäßig nur dann führen können, wenn er oder ein Dritter den Arbeitgeber bzw. Dienstherrn oder einen Vorgesetzten mit Leitungsfunktion bereits zuvor in beweisbarer Weise auf die Mobbingsituation hingewiesen und/oder diesen um Abhilfe gebeten hatte. Man denke in diesem Zusammenhang etwa an einen entsprechenden **Hinweis eines Arbeitskollegen** oder des Betriebsrats sowie an die Erhebung einer schriftlichen Beschwerde durch den Mobbingbetroffenen. Da der Hinweis Dritter auf die Mobbingsituation als ein Akt der Solidarität bzw. Sympathie gewertet werden kann, darf weiter davon ausgegangen werden, dass solche Personen dem Mobbingbetroffenen bei Bedarf als Zeuge zur Verfügung stehen und somit auch bereit sind, zur Sachaufklärung beizutragen. Allerdings ist zu bedenken, dass die soziale **Isolierung des Mobbingbetroffenen** mit der Zeit immer mehr zunimmt. Dies hat auch zur Folge, dass er umso weniger auf fürsprechende und ihm wohlgesinnte Zeugen zurückgreifen kann, je länger das Mobbing andauert. Mithin schwindet mit zunehmender Zeit auch die Bereitschaft der Arbeitskollegen, einem Vorgesetzten oder dem Arbeitgeber bzw. Dienstherrn eine konkrete Mobbingsituation zu benennen.

244 In der Regel wird der Arbeitgeber bzw. Dienstherr nicht nur die Pflichtverletzung leugnen, sondern auch den Kausalzusammenhang zwischen der behaupteten Pflichtverletzung und dem Schaden des Mobbingbetroffenen in Abrede stellen. Hierzu wird er sich regelmäßig der **Zeugenaussagen** der Vorgesetzten sowie Arbeitskollegen des Mobbingbetroffenen bedienen. Weil zahlreiche Mobbingbetroffene mit zunehmender Dauer immer „auffälliger“ und „seltsamer“ werden, wird er ab einem bestimmten Zeitpunkt kaum mehr in der Lage sein, den Eindruck zu widerlegen, dass sein Schaden rein private Ursachen hat.

245 Sofern dem Mobbingbetroffenen der Beweis der Pflichtverletzung gelingt, muss er weiter das Vorliegen eines Schadens sowie den doppelten Kausalzusammenhang beweisen. Damit hat er den Beweis zu erbringen, dass er einen Schaden erlitten hat, der aufgrund der Pflichtverletzung eingetreten ist. Hingegen wird das Verschulden des Schuldners bzw. seines Erfüllungsgehilfen gemäß § 280 Abs. 1 Satz 2 BGB widerlegbar vermutet.[307]

246 Da bezüglich der Beweislast des Mobbingbetroffenen dieselben Grundsätze gelten, wie sie bereits im Hinblick auf eine Schadensersatzpflicht des Mobbers aus Pflichtverletzung dargelegt worden sind (→ Rn. 132), bleibt festzuhalten, dass ihn die **volle Beweislast** für das Vorliegen aller anspruchsbegründenden Tatsachen trifft. Dies gilt ferner für den Schadensersatzanspruch gegen Organmitglieder gemäß § 823 BGB, gegen Sachwalter, gegen den Dienstherrn gemäß Art. 34 GG iVm § 839 BGB sowie bei Ansprüchen gegen Beamte gemäß § 75 Abs. 1 BBG (§ 48 Satz 1 BeamtStG) sowie § 839 BGB.

247 Soweit das **Allgemeinen Gleichbehandlungsgesetzes** unmittelbar oder analog zur Anwendung gelangt, kommt dem Kläger die Beweiserleichterung des § 22 AGG zugute.

307 Vgl. HaKo-BGB/Schulze, § 280 Rn. 15.

Sofern er die Indizien (Tatsachen) beweist, die eine Benachteiligung wegen der Rasse, der ethnischen Herkunft, des Geschlechts, der Religion, der Weltanschauung, einer Behinderung, des Alters oder der sexuellen Identität vermuten lassen, trägt der Beklagte die Beweislast dafür, dass kein Verstoß gegen die Bestimmungen des Allgemeinen Gleichbehandlungsgesetzes zum Schutze vor Benachteiligung vorgelegen hat. Der Kläger hat seinen Indizienbeweis erbracht, wenn ausgehend von den bewiesenen Tatsachen nach allgemeiner Lebenserfahrung eine überwiegende Wahrscheinlichkeit für eine Benachteiligung besteht.[308]

c) Beteiligung der betrieblichen Interessenvertretung

Sofern der Dienstherr einen Schadensersatzanspruch gemäß § 75 BBG (§ 48 BeamtStG) geltend macht, hat er das Mitbestimmungsrecht des Personalrats gemäß § 76 Abs. 2 Satz 1 Nr. 9 BPersVG zu beachten, sofern dies **von dem Beamten beantragt** worden ist (§ 76 Abs. 2 Satz 2 BPersVG). Nach § 76 Abs. 2 Satz 2 BPersVG ist der Dienstherr verpflichtet, den Beamten auf sein Antragsrecht hinzuweisen. Unterlässt er dies, so ist eine nachfolgende Leistungsklage als unzulässig abzuweisen.[309] 248

IV. Verhalten von Arbeitskollegen und sonstigen Dritten

Als betriebliche Akteure kommen letztendlich Arbeitskollegen und sonstige Dritte in Betracht, die mit dem Mobbingbetroffenen sowie dem Mobber in dem Betrieb bzw. in der Dienststelle arbeiten. Dieser Personenkreis übt selbst keine Mobbinghandlungen aus (andernfalls sind sie Mobber). Trotzdem nimmt er eine wichtige Stellung ein, da er das Mobbing oftmals erst durch sein passives Verhalten ermöglicht bzw. teilnahmslos geschehen lässt. 249

1. Haftung von Arbeitskollegen

Arbeitskollegen, die selbst nicht Mobbing betreiben, können wegen ihres passiven Verhaltens **nicht zum Schadensersatz** herangezogen werden, da es stets an einer Kausalität zwischen ihrem Verhalten und dem Schaden des Mobbingbetroffenen ermangelt. Ob sie den Mobber beispielsweise zu einer Einstellung seiner Mobbinghandlungen auffordern oder nicht, ändert nichts an der Tatsache, dass ausschließlich der Mobber schadensverursachende Handlungen begeht, die adäquat für den Schaden des Mobbingbetroffenen sein können. Auch können die Arbeitskollegen nicht als Sachwalter qualifiziert werden. Schließlich besteht zwischen ihnen und dem Mobbingbetroffenen in der Regel kein besonderes Vertrauensverhältnis, das es rechtfertigen könnte, eine Haftung zuzulassen. 250

2. Haftung sonstiger Dritter

Die gemeinsame und gleichzeitige Beschäftigung bei demselben Arbeitgeber bzw. Dienstherrn ist nicht geeignet, ein Rechtsverhältnis zwischen den Beschäftigten zu begründen. Entsprechendes gilt für die bloße Anwesenheit in dem Betrieb bzw. in der 251

308 HK-ArbR/Braun, AGG § 22 Rn. 3 ff.; Schleusener/Suckow/Plum, § 22 Rn. 21; sa BAG 18.5.2017 – 8 AZR 74/16; OVG Koblenz 8.6.2018 – 1 A 11817/17.

309 Vgl. Altvater ua, § 76 Rn. 135.

Dienststelle. Befindet sich eine betriebsfremde Person als Gehilfe eines Geschäftspartners des Arbeitgebers bzw. Dienstherrn (zB Reinigungskraft) in dem Betrieb bzw. in der Dienststelle und fügt diese dem Mobbingbetroffenen durch eine Mobbinghandlung Schaden zu, so ist zu fragen, wie diese Schadenszufügung rechtlich zu qualifizieren ist. Hierbei ist zu bedenken, dass es eine **schuldrechtliche Verbundenheit** nur zwischen dem Arbeitgeber bzw. Dienstherrn und dem Geschäftspartner gibt. Sofern der Arbeitgeber bzw. Dienstherr durch eine von dem Gehilfen des Geschäftspartners begangene Pflichtverletzung einen Schaden erleidet (zB Entgeltfortzahlung im Krankheitsfall, krankheitsbedingter Produktionsausfall), hat der Arbeitgeber bzw. Dienstherr gegen den Geschäftspartner in der Regel einen Schadensersatzanspruch aus § 280 Abs. 1 BGB. Ein entsprechender Anspruch des Arbeitgebers bzw. Dienstherrn gegen den Gehilfen lässt sich nicht herleiten, da dieser regelmäßig nicht das persönliche Vertrauen des Arbeitgebers bzw. Dienstherrn in Anspruch genommen haben dürfte (→ Rn. 178 ff.).

252 Zwischen dem Mobbingbetroffenen und dem Geschäftspartner existiert keine schuldrechtliche Verbundenheit, so dass der Mobbingbetroffene auch keinen darauf beruhenden Schadensersatzanspruch gegen diesen hat.

253 Fügt der **Gehilfe** dem Mobbingbetroffenen durch eine Mobbinghandlung einen Schaden zu, kann der Mobbingbetroffene diesen nur im Rahmen der §§ 823 ff. BGB ersetzt verlangen. In Betracht kommt zudem ein Schadensersatzanspruch gegen den **Geschäftspartner des Arbeitgebers** bzw. Dienstherrn gemäß § 831 BGB. Da der Geschäftspartner in der Regel finanzkräftiger sein wird als der Gehilfe, dürfte der Mobbingbetroffene in erster Linie daran interessiert sein, seinen Schaden von dem Geschäftspartner ersetzt zu bekommen.

254 Gemäß § 831 Abs. 1 BGB ist derjenige, der einen anderen zu einer Verrichtung bestellt, zum Ersatz des Schadens verpflichtet, den der andere in Ausführung der Verrichtung einem Dritten widerrechtlich zufügt. Verrichtungsgehilfe in diesem Sinne ist derjenige (→ Rn. 156 f.), dem von dem Geschäftsherrn in dessen Interesse eine Tätigkeit übertragen wurde und der von den Weisungen des Geschäftsherrn abhängig ist. Dies ist bei Arbeitsverhältnissen regelmäßig der Fall, bei Werk- und Dienstleistungsverträgen hingegen nicht.[310] Handelt es sich bei dem Gehilfen um einen Beschäftigten des Geschäftspartners, dann kommt eine **Haftung des Geschäftspartners** in Betracht. Ist der Gehilfe hingegen bei einem Subunternehmer oder bei einem von dem Geschäftspartner beauftragten Unternehmen beschäftigt, scheidet eine Haftung des Geschäftspartners gemäß § 831 Abs. 1 BGB aus. In Betracht käme in einem solchen Fall nur eine Haftung des Geschäftspartners gemäß § 823 Abs. 1 BGB wegen der Verletzung einer Verkehrspflicht bei der Auswahl seines Vertragspartners,[311] was bei Mobbing allerdings nur in Ausnahmefällen in Betracht kommen dürfte.

310 Vgl. Däubler BGB, Kapitel 27 Rn. 8.
311 Vgl. Däubler BGB, Kapitel 27 Rn. 9.

Stets stellt sich auch hier die Problematik, dass der den Schadensersatz Begehrende die anspruchsbegründenden Tatsachen **darlegen und beweisen** muss, was jedoch – wie bereits mehrfach dargelegt – eher selten gelingen dürfte. 255

§ 4 Arbeitsrechtliche Aspekte

1 Soweit es die arbeitsrechtlichen Aspekte von Mobbing betrifft, gilt das Augenmerk zunächst dem Mobber, wobei unterstellt wird, dass dieser ein Arbeitnehmer im arbeitsrechtlichen Sinne ist. Im Anschluss daran wenden wir uns den Vorgesetzten, dem Arbeitgeber sowie den Personen mit Arbeitgeberfunktionen zu. Schlussendlich wird das Verhalten der Arbeitskollegen und sonstigen Dritten betrachtet. Dabei wird stets – soweit es von Bedeutung sein kann – unterstellt, dass Rechtfertigungs- und Schuldausschließungsgründe nicht vorliegen.

I. Verhalten des Mobbers

2 Mobber beeinflussen durch ihr Verhalten das **Betriebsklima** sowie die Arbeitsmoral in negativer Weise. Dies wirkt sich unter anderem negativ auf die Qualität der zu verrichtenden Arbeit sowie auf die Höhe des Krankenstandes aus. Die Kosten, die durch Mobbing verursacht werden, sind immens. Wenn Mobbing solche fatalen Auswirkungen auf den Betrieb bzw. auf die Dienststelle hat, dann stellt sich zwangsläufig die Frage nach der arbeitsrechtlichen Verantwortlichkeit des Mobbers – zumal Mobbinghandlungen mit der Verletzung arbeitsvertraglicher Nebenpflichten einhergehen (→ § 3 Rn. 12 ff.).

3 Soweit es die Benachteiligung aus Gründen der Rasse, der ethnischen Herkunft, des Geschlechts, der Religion, der Weltanschauung, einer Behinderung, des Alters oder der sexuellen Identität betrifft, spricht das Gesetz eine deutliche Sprache: Verstoßen Beschäftigte gegen das Benachteiligungsverbot des § 7 Abs. 1 AGG, so hat der Arbeitgeber die im Einzelfall geeigneten, erforderlichen und angemessenen **Maßnahmen zur Unterbindung** der Benachteiligung wie Abmahnung, Umsetzung, Versetzung oder Kündigung zu ergreifen (§ 12 Abs. 3 AGG). Gleiches gilt nach der Entscheidung des BAG vom 25.10.2007,[1] sofern die Mobbinghandlungen nicht dem § 1 AGG zugeordnet werden können. Denn in einem solchen Fall ist § 12 AGG analog anzuwenden.[2]

4 Bereits an dieser Stelle sei darauf hingewiesen, dass von dem Arbeitgeber der Ausspruch einer arbeitsrechtlichen Sanktion nur in äußerst engen Grenzen verlangt werden kann.[3] Insoweit ist sein Wille entscheidend, sanktionswürdiges Verhalten auch tatsächlich ahnden zu wollen. Wer als Arbeitgeber Mobbing fördert, begünstigt oder ermöglicht, der wird kaum ein Interesse daran haben, den Mobber zu sanktionieren. Entsprechendes gilt für solche Mobber, auf die der Arbeitgeber etwa wegen ihrer besonderen Stellung im Betrieb bzw. in der Dienststelle oder wegen ihren fachlichen Fähigkeiten angewiesen ist und die er nicht als Arbeitskraft verlieren möchte.

1. Ermahnung und Abmahnung des Mobbers

5 Die Ermahnung, auch Rüge sowie Verwarnung genannt, ist das **mildeste arbeitsrechtliche Sanktionsmittel**. Mit ihr wird – entweder mündlich oder schriftlich – eine kon-

1 BAG 25.10.2007 – 8 AZR 593/06.
2 Sa Wolmerath in Werkbuch Mobbing, S. 306.
3 Sa BAG 25.10.2007 – 8 AZR 593/06 – im Anschluss an LAG Hamm 6.3.2006 – 16 Sa 76/05.

krete Vertragsverletzung gerügt. Gleichzeitig wird der Ermahnte oftmals angehalten, seinen arbeitsvertraglichen Pflichten in Zukunft nachzukommen.[4] Wird diesem Sanktionsmittel ein dritter Bestandteil – die Androhung von Rechtsfolgen für den Fall der Wiederholung (zB Kündigung) – hinzugefügt, so spricht man von einer Abmahnung.[5]

Der Ausspruch einer Ermahnung bzw. Abmahnung ist grundsätzlich weder an die Einhaltung einer bestimmten **Form** noch an die Wahrung einer speziellen **Frist** gebunden. Allerdings ist der Arbeitgeber gut beraten, eine solche schriftlich und alsbald auszusprechen, damit er ihren Ausspruch notfalls beweisen und sein Recht zur Sanktionierung von Pflichtverletzungen nicht verwirken kann.[6] 6

2. Versetzung des Mobbers

Von ihrer Tragweite her bildet die Versetzung die nächsthöhere Stufe auf der Skala der betrieblichen Sanktionsmittel. Individualarbeitsrechtlich wird unter der Versetzung die Änderung des Aufgabenbereichs eines Arbeitnehmers nach der Art, dem Ort sowie der Zeit seiner Tätigkeit verstanden.[7] Dies kann, abhängig von der Ausgestaltung des Arbeitsvertrags und der Form der Versetzung, auf dreierlei Weise geschehen. 7

Wege der Versetzung eines Arbeitnehmers: 8

- Einvernehmliche Änderung des Arbeitsvertrags
- Ausübung des Direktionsrechts durch den Arbeitgeber
- Arbeitgeberseitig ausgesprochene Änderungskündigung

a) Einvernehmliche Änderung des Arbeitsvertrags

Den Arbeitsvertragsparteien steht es jederzeit frei, den Arbeitsvertrag zu ändern. Hierzu bedarf es lediglich eines beiderseitigen Einvernehmens. Ein solches liegt vor, wenn beide eine Änderung wünschen oder sich der Schwächere dem Stärkeren unterordnet. Nur wenn das Angebot zur Vertragsänderung angenommen wird, kann ein Abänderungsvertrag geschlossen werden. Die **Vertragsfreiheit** erlaubt es den Arbeitsvertragsparteien, eine Versetzung mittels einer Abänderungsvereinbarung zu regeln. Eine solche Vorgehensweise bietet sich insbesondere dann an, wenn die Versetzung des betreffenden Arbeitnehmers nicht schon von dem Arbeitgeber im Wege der Ausübung seines Direktionsrechts ausgesprochen werden kann. 9

Im Zusammenhang mit Mobbing dürften Abänderungsvereinbarungen zum Zwecke der Versetzung des Mobbers eher selten geschlossen werden. Aufgrund der Personifizierung der Konfliktsituation wird der Mobber regelmäßig davon ausgehen, dass er sich vertragstreu verhält. Die Verantwortung für die Situation wird er daher dem Mobbingbetroffenen zusprechen. In seinen Augen verhält sich nur dieser falsch. Demgemäß wird der Mobber der Meinung sein, dass nicht er, sondern der Mobbingbetroffene zu versetzen ist. Der Mobber dürfte daher kaum gewillt sein, seiner Ver- 10

4 Vgl. Stahlhacke/Preis/Vossen, Rn. 8; Grunewald, S. 1072; sa Schaub, § 132 Rn. 1, 2.
5 Vgl. statt vieler Däubler Arbeitsrecht, Rn. 521, 526; Schaub, § 132 Rn. 1, 2.
6 Sa Däubler Arbeitsrecht, Rn. 527 f.
7 Vgl. Schaub, § 241 Rn. 20.

setzung zuzustimmen. Eher wird er auf den Arbeitgeber dergestalt einwirken, dass dieser **den Mobbingbetroffenen versetzt**. Hierauf angesprochen wird dem Mobbingbetroffenen die Versetzung oftmals als eine Chance dargeboten, das Mobbing schnell und endgültig beenden zu können. Letzten Endes wird der Mobbingbetroffene seiner Versetzung zustimmen, auch wenn er sie als höchst ungerecht erachten sollte. Regelmäßig dürfte er die Versetzung als das kleinere Übel gegenüber der Alternative, weiterhin Mobbing ausgesetzt zu sein, begreifen.

11 Dass eine derartige Art der Konfliktlösung auch im Interesse des Arbeitgebers ist, verdeutlicht ein Urteil des Arbeitsgerichts Frankfurt/M.,[8] nach dem der Arbeitgeber eine **Fürsorgepflichtverletzung** gegenüber dem Mobbingbetroffenen dadurch vorbeugen bzw. ausschließen kann, indem er diesem eine Umsetzung bzw. Versetzung auf einen anderen Arbeitsplatz anbietet.

b) Ausübung des Direktionsrechts

12 Sofern ein Einvernehmen nicht erzielt werden kann, kommt eine vom Arbeitgeber angeordnete und von seinem Direktionsrecht gedeckte Versetzung in Betracht.

13 Unter dem Direktionsrecht wird die sich aus dem Arbeitsverhältnis ergebende **Weisungsbefugnis des Arbeitgebers** verstanden, die Leistungspflichten des Arbeitnehmers nach Art, Ort und Zeit im Einzelnen unter Berücksichtigung der sich aus dem Arbeitsvertrag sowie aus kollektivem Recht und Gesetzen ergebenden Grenzen nach billigem Ermessen (vgl. § 106 Satz 1 GewO) zu bestimmen.[9] Insoweit handelt es sich hierbei um eine Konkretisierung der Vertragspflichten des Arbeitnehmers.[10]

14 Eine vom Direktionsrecht getragene Versetzung kommt umso eher in Betracht, je weniger exakt die zu verrichtende Tätigkeit in dem betreffenden Arbeitsvertrag umschrieben ist. Je genauer hingegen die zu erbringende Tätigkeit bestimmt ist, desto weniger kann eine Versetzung im Wege des Direktionsrechts erfolgen. In einem solchen Fall ist nur noch an den Ausspruch einer Änderungskündigung zu denken.[11]

15 Ist die Versetzung des Mobbers im Wege der Ausübung des Weisungsrechts möglich, bedarf es eines entsprechenden Handelns des Arbeitgebers[12] – wobei zu bedenken ist, dass es von ihm abhängt, ob von diesem Sanktionsmittel Gebrauch gemacht wird. Mithin wird es zu einer Versetzung des Mobbers nicht kommen, wenn ein Interesse an einer solchen Personalmaßnahme nicht besteht.

c) Ausspruch einer Änderungskündigung durch den Arbeitgeber

16 Ist die Versetzung des Mobbers im Wege des Direktionsrechts ausgeschlossen und ist der Mobber mit seiner einvernehmlichen Versetzung nicht einverstanden, dann kann eine solche allenfalls mithilfe einer Änderungskündigung erreicht werden.

---

8 ArbG Frankfurt/M. 21.6.1999 – 15 Ca 8106/98 – Bl. 6 f. der Entscheidung.
9 Vgl. Däubler Arbeitsrecht, Rn. 504 ff.
10 Däubler/Deinert/Zwanziger-Zwanziger, KSchG § 2 Rn. 5 f.
11 Sa Zöllner/Loritz/Hergenröder, § 8 Rn. 14, § 52 Rn. 14.
12 Sa LAG Hamm 18.11.2010 – 15 Sa 508/10. Das Urteil hat die Umsetzung eines Arbeitnehmers zum Gegenstand, der mit Mobbingvorwürfen konfrontiert war.

Bei der Änderungskündigung handelt es sich um eine **Kündigung** des Arbeitsvertrags, welche mit dem **Angebot** verbunden ist, das Arbeitsverhältnis zu geänderten Bedingungen fortzusetzen (vgl. § 2 Satz 1 KSchG). Dies kann **in zweifacher Weise** erfolgen – als unbedingte Kündigung verbunden mit dem Angebot zum Abschluss eines Arbeitsvertrags bzw. als Kündigung unter der Bedingung, dass der von der Kündigung Betroffene nicht einer gleichzeitig angebotenen Vertragsänderung zustimmt.[13] Weiter kann die Änderungskündigung – abhängig von den konkreten Umständen – als eine ordentliche oder außerordentliche Änderungskündigung ausgesprochen werden.[14] Als eine **außerordentliche Änderungskündigung** wird sie insbesondere dann erfolgen, wenn eine ordentliche Änderungskündigung aus tarifvertraglichen Gründen ausgeschlossen ist.[15] 17

Sofern eine Änderungskündigung ausgesprochen worden ist, steht es im Belieben des Gekündigten, ob er diese akzeptiert. Nimmt er sie an, werden die neuen Vertragsbedingungen maßgebend. Wird das Angebot hingegen abgelehnt, läuft das Arbeitsverhältnis mit dem Ablauf der Kündigungsfrist aus. Handelt es sich um eine außerordentliche fristlose Änderungskündigung, endet das Arbeitsverhältnis mit dem Zugang der Ablehnungserklärung. Findet das Kündigungsschutzgesetz auf das Arbeitsverhältnis Anwendung (vgl. §§ 1 Abs. 1, 23 Abs. 1 KSchG), so kann der Gekündigte das Angebot **unter** dem **Vorbehalt annehmen**, dass die Änderung der Arbeitsbedingungen sozial gerechtfertigt ist (vgl. 2 KSchG) und beim zuständigen Arbeitsgericht Klage auf Feststellung erheben, dass die Änderung der Arbeitsbedingungen sozial ungerechtfertigt ist (vgl. § 4 Satz 2 KSchG). Hierbei ist zu beachten, dass der Vorbehalt innerhalb der Kündigungsfrist, spätestens jedoch innerhalb von drei Wochen nach dem Zugang der Kündigung erklärt (vgl. § 2 Satz 2 KSchG) und die Änderungsschutzklage innerhalb von drei Wochen nach Zugang der Kündigung erhoben werden muss (vgl. § 4 KSchG). 18

Ob ein Arbeitgeber zu dem Mittel der Änderungskündigung greift, um den Mobber wegen den Mobbinghandlungen und den damit verbundenen Verletzungen seiner arbeitsvertraglichen Pflichten zu sanktionieren, hängt von den **Umständen des Einzelfalls** ab. Hierbei dürfte die Regel gelten, dass nur der Arbeitgeber eine Änderungskündigung aussprechen wird, der damit eine Beendigung der Mobbingsituation verfolgt. Da Arbeitgeber geneigt sind, denjenigen zu sanktionieren, der sich am wenigsten wehrt bzw. auf den leichter verzichtet werden kann, darf davon ausgegangen werden, dass eher der **Mobbingbetroffene** als der Mobber von einer Änderungskündigung betroffen sein wird. Der Mobbingbetroffene dürfte sich oftmals der Änderungskündigung fügen, da er sich ein Ende der Mobbingangriffe erhofft. 19

13 Vgl. Schaub, § 137 Rn. 2.

14 Vgl. Schaub, § 137 Rn. 10 ff.

15 Die außerordentliche Änderungskündigung ist nur zulässig, wenn die Änderung unabweislich notwendig ist, die neuen Arbeitsbedingungen für den Arbeitnehmer zumutbar sind und das Änderungsangebot der Billigkeit entspricht. Vgl. Stahlhacke/Preis/Vossen, Rn. 528; BAG 7.6.1993 – 2 AZR 450/72 – BAG AP BGB § 626 Änderungskündigung Nr. 1 Bl. 609; BAG 6.3.1986 – 2 ABR 15/85 – DB 1986, 2605 (2607).

20 **Beispiel für eine Versetzung durch Änderungskündigung:** Monika Meier ist als Sekretärin des Geschäftsführers Sven Schulz eingestellt. Dies steht auch so in ihrem Arbeitsvertrag. Möchte ihr Sven Schulz einen anderen Arbeitsplatz mit einer anderen Tätigkeit und/oder in einer anderen Abteilung zuweisen, bedarf es hierzu einer Änderungskündigung. Schließlich handelt es sich bei der Zuweisung der neuen Tätigkeit um eine Abweichung von der im Arbeitsvertrag fest umschriebenen und von Monika Meier geschuldeten Tätigkeit als „Sekretärin des Geschäftsführers".

3. Kündigung des Mobbers

21 Während es im Belieben des von einer Änderungskündigung Betroffenen steht, ob das Arbeitsverhältnis beendet wird, kommt ihm eine solche Entscheidungsmöglichkeit bei der **Beendigungskündigung** nicht zu.

22 Formen der Beendigungskündigung sind die ordentliche sowie die außerordentliche Kündigung. Während die ordentliche Kündigung nur unter Einhaltung der im Einzelfall zu beachtenden Kündigungsfrist ausgesprochen werden kann (vgl. § 622 BGB), ist dies bei der außerordentlichen Kündigung grundsätzlich nicht der Fall. Diese wird in der Regel **fristlos** ausgesprochen (vgl. § 626 BGB), auch wenn sie mit einer sozialen Auslauffrist versehen werden kann.

a) Ordentliche Kündigung

23 Da das Mobbinggeschehen auf einzelne Verhaltensweisen des Mobbers (zB Verletzung arbeitsvertraglicher Pflichten) zurückzuführen ist, ist zunächst an eine ordentliche Kündigung seines Arbeitsvertrags **aus verhaltensbedingten Gründen** zu denken. Um eine solche handelt es sich auch dann, wenn der Arbeitgeber einem Entlassungsbegehren der Belegschaft und/oder der betrieblichen Interessenvertretung folgt, das objektiv durch das Vorliegen eines verhaltensbedingten Grundes seitens des Mobbers gerechtfertigt ist. Insoweit wird von einer **unechten Druckkündigung** gesprochen.[16] Folgt hingegen der Arbeitgeber dem Druck der Belegschaft, ohne dass ein rechtfertigender verhaltensbedingter Kündigungsgrund vorliegt, so liegt eine **echte Druckkündigung** vor, die regelmäßig als eine Kündigung aus betrieblichen Gründen zu qualifizieren ist.[17]

aa) Verhaltensbedingte Gründe

24 Eine auf das Verhalten des Arbeitnehmers gestützte Kündigung erfordert einen rechtswidrigen und schuldhaften Verstoß gegen eine arbeitsvertragliche Haupt- oder Nebenpflicht.[18] Da ihr ein Straf- oder Sühnecharakter nicht zukommt, muss weiter mit einer Wiederholung der Vertragsverletzung zu rechnen sein (sog **Negativ-Prognose**). Dies ist insbesondere dann der Fall, wenn das beanstandete Verhalten trotz einer bereits erfolgten Abmahnung nicht abgelegt worden ist.[19]

---

16 Gallner ua, § 1 Rn. 424; BAG 19.6.1986 – 2 AZR 5763/85 – BAG AP KSchG 1969 § 1 Betriebsbedingte Kündigung Nr. 33.
17 Vgl. Gallner ua, § 1 Rn. 424; sa BAG 4.10.1990 – 2 AZR 201/90 – NZA 1991, 468 (468); BAG 19.6.1986 – 2 AZR 5763/85 – BAG AP KSchG 1969 § 1 Betriebsbedingte Kündigung Nr. 33.
18 Vgl. Däubler/Deinert/Zwanziger-Däubler, KSchG § 1 Rn. 687.
19 Däubler/Deinert/Zwanziger-Däubler, KSchG § 1 Rn. 691.

Ein **außerdienstliches Verhalten** (zB eine strafbare Handlung in der Freizeit) kann eine Kündigung nur rechtfertigen, sofern das Arbeitsverhältnis dadurch konkret berührt wird.[20] 25

Beispiel für ein berücksichtigungsfähiges außerdienstliches Verhalten: Max Müller betritt das Betriebsgelände in seiner dienstfreien Zeit, um an dem Dienstfahrzeug des Sven Schmidt die Bremsanlage zu manipulieren. 26

Folgende Gründe sind abhängig von den Umständen des konkreten Einzelfalls für die Rechtfertigung einer verhaltensbedingten Kündigung anerkannt worden: 27

- Anschwärzen, Klatschen und Denunzieren von Arbeitskollegen.[21]
- Beleidigungen des Arbeitgebers, dessen Vertreters (zB Geschäftsführer) sowie von Arbeitskollegen und Mitgliedern der betrieblichen Interessenvertretung, sofern hierdurch der Betriebsfrieden nachhaltig gestört wird.[22]
- Störungen des Betriebsfriedens, sofern der Betriebsablauf oder das geordnete Zusammenleben beeinträchtigt wird (zB ausländerfeindliches Verhalten, Diskriminierung von Beschäftigten, Beleidigungen, Streitigkeiten und tätliche Auseinandersetzungen unter Arbeitskollegen).[23]
- Sexuelle Belästigungen.[24]
- Begehung von Straftaten, die zugleich einen Verstoß gegen arbeitsvertragliche Pflichten darstellen.[25]
- Tätlichkeiten gegenüber dem Arbeitgeber bzw. seinem Vertreter (zB Geschäftsführer) sowie gegenüber Arbeitskollegen.[26]

Derartige Verhaltensweisen werden von den Beschäftigten nicht selten zum Anlass genommen, von dem Arbeitgeber die Kündigung des Übeltäters zu verlangen. Existiert ein verhaltensbedingter Kündigungsgrund, handelt es sich um eine unechte Druckkündigung. Andernfalls liegt eine echte Druckkündigung vor, die allenfalls aus betrieblichen Gründen gerechtfertigt sein kann. 28

In der **betrieblichen Praxis** dürfte der Mobber eher selten Ziel der Druckausübung seitens der Belegschaft sein. Dies gilt vor allem dann, wenn er auf die Sympathie oder Passivität seiner Arbeitskollegen vertrauen kann. Etwas anderes dürfte hingegen für den Mobbingbetroffenen gelten.[27] Je länger das Mobbing andauert, umso mehr wird 29

20 Vgl. KR-Griebeling/Rachor, KSchG § 1 Rn. 450; LAG Hamm 10.3.1999 – 18 SA 2328/98 – NZA-RR 1999, 623 (625).

21 Vgl. KR-Griebeling/Rachor, KSchG § 1 Rn. 466; Stahlhacke/Preis/Vossen, Rn. 638.

22 Vgl. KR-Griebeling/Rachor, KSchG § 1 Rn. 462; Stahlhacke/Preis/Vossen, Rn. 648; BAG 21.1.1999 – 2 AZR 665/98.

23 Vgl. KR-Griebeling/Rachor, KSchG § 1 Rn. 467 ff.; Stahlhacke/Preis/Vossen, Rn. 651 f.

24 Vgl. KR-Griebeling/Rachor, KSchG § 1 Rn. 470, 500; Stahlhacke/Preis/Vossen, Rn. 646.

25 Vgl. KR-Griebeling/Rachor, KSchG § 1 Rn. 501; Stahlhacke/Preis/Vossen, Rn. 650.

26 Vgl. KR-Griebeling/Rachor, KSchG § 1 Rn. 462 ff.; Stahlhacke/Preis/Vossen, Rn. 650; vgl. BAG 6.10.2005 – 2 AZR 280/04.

27 Vgl. LAG Hamm 20.1.2011 – 15 Sa 20/10. Ein Arbeitnehmer hatte Arbeitskollegen des Mobbings bezichtigt und später seine Anschuldigungen wieder zurückgezogen. Daraufhin erklärten die Arbeitskollegen, nicht mehr mit dem Arbeitnehmer zusammenarbeiten zu wollen. Dies wiederum nahm der Arbeitgeber zum Anlass, dem Arbeitnehmer gegenüber eine Änderungskündigung auszusprechen.

er an seinem Arbeitsplatz, in seiner Abteilung etc isoliert und ausgegrenzt. Dies dürfte dazu führen, dass nicht der Mobber, sondern der Mobbingbetroffene mit einer Drucksituation konfrontiert werden kann. Hierbei dürfte das **Risiko des Mobbingbetroffenen**, „Zielscheibe" einer Druckkündigung zu werden, umso größer werden, je länger das Mobbing andauert. Die Feindseligkeit gegenüber dem Mobbingbetroffenen, seine anwachsende Isolation und Ausgrenzung am Arbeitsplatz sowie die Personifizierung des Mobbingkonflikts sprechen deutlich für eine solche Annahme.

30 Gemäß dem im Kündigungsschutzrecht geltenden **Grundsatz der Verhältnismäßigkeit** muss die Kündigung für den verfolgten Zweck geeignet, erforderlich und angemessen sein.[28] Diesbezüglich ist eine Abwägung zwischen den Interessen des Arbeitnehmers an der Erhaltung seines Arbeitsverhältnisses und dem (objektiven) Interesse des Arbeitgebers an der Beendigung des Arbeitsverhältnisses vorzunehmen.[29] Eine verhaltensbedingte Kündigung ist dann nicht verhältnismäßig, wenn eine Fortsetzung des Beschäftigungsverhältnisses auf einem anderen Arbeitsplatz möglich und dem Arbeitgeber auch zumutbar ist, der betreffende Arbeitnehmer beispielsweise auf einen freien Arbeitsplatz in einer anderen Abteilung versetzt werden kann.[30]

31 Die aufgezeigten Voraussetzungen für den Ausspruch einer verhaltensbedingten Kündigung sowie die damit verbundenen Probleme veranschaulichen, dass der Mobber eine solche äußerst selten zu befürchten hat, sofern er nicht schon in der Vergangenheit wegen Mobbing abgemahnt worden ist. Vergleichbares gilt, wenn ein bereits abgemahnter Mobber auf einen anderen Arbeitsplatz versetzt werden kann und er dem Arbeitgeber Besserung gelobt.

bb) Personenbedingte Gründe

32 Auch in der Person des Arbeitnehmers liegende Gründe können den Arbeitgeber berechtigen, sich dem **Druck Dritter** zu beugen und eine Kündigung auszusprechen. In einem solchen Fall beugt er sich einer Drucksituation, die durch persönliche Umstände des Arbeitnehmers ausgelöst wurde. Sofern ein personenbedingter Kündigungsgrund existiert, handelt es sich wiederum um eine unechte Druckkündigung. Ist ein solcher nicht gegeben, wird von einer echten Druckkündigung gesprochen.

33 **Beispiel für eine Drucksituation:** Der Leiterin eines Kindergartens[31] wird ein autoritärer Führungsstil sowie die mangelnde Fähigkeit zur Menschenführung vorgeworfen. Der Arbeitgeber beugt sich dem Druck der Erzieherinnen und spricht nach erfolgter Personalratsanhörung eine Kündigung aus.

34 Sicherlich können in der Person des Mobbers begründete Umstände geeignet sein, eine Drucksituation seitens der Beschäftigten zu begründen. Ein entsprechendes Verlangen des Mobbingbetroffenen allein wird indes kaum genügen, den Arbeitgeber zu einer Entlassung des Mobbers zu bewegen. Grundsätzlich bedarf es hierzu einer Vielzahl von Personen, die sich jedoch eher gegen den Mobbingbetroffenen als gegen den

28 Sa Stahlhacke/Preis/Vossen, Rn. 553.
29 KR-Griebeling/Rachor, KSchG § 1 Rn. 409.
30 Vgl. KR-Griebeling/Rachor, KSchG § 1 Rn. 406.
31 Vgl. LAG Hessen 29.10.2010 – 19 Sa 275/10; BAG 31.1.1996 – 2 AZR 158/95.

Mobber wenden dürften. Schnell lassen sich Gründe finden, die geeignet erscheinen, eine personenbedingte Kündigung des Mobbingbetroffenen zu rechtfertigen. Diese (zB verschlossenes Wesen, unzureichende Teamfähigkeit, umfangreiche krankheitsbedingte Fehlzeiten) können sich der Mobber sowie mit diesem sympathisierende Arbeitskollegen zunutze machen und gegenüber dem Arbeitgeber zur Begründung einer (aus ihrer Sicht) notwendigen Kündigung des Mobbingbetroffenen anführen.

Losgelöst von einer etwaigen Drucksituation kann der Arbeitgeber in der Person des Mobbers begründete Umstände (zB **autoritärer Führungsstil**, unzureichende Fähigkeit zur Menschenführung) zum Anlass nehmen, diesem zu kündigen. Dies wird allerdings umso weniger der Fall sein, je mehr der Arbeitgeber auf die Arbeitskraft des Mobbers nicht verzichten möchte – etwa weil er seine Leistungen und Fähigkeiten schätzt oder die Mobbinghandlungen für ihn von Vorteil sind. 35

cc) Betriebsbedingte Gründe

Sofern die Arbeitskollegen das Verhalten des Mobbers nicht dulden, können diese einen Druck dergestalt auf den Arbeitgeber ausüben, dass sich dieser im Interesse an einem **ungestörten Betriebsablauf** gezwungen sieht, dem Mobber zu kündigen. Ist die Kündigung durch das Vorliegen eines verhaltensbedingten oder personenbedingten Grundes gerechtfertigt, richtet sich diese unechte Druckkündigung nach den vorstehend dargelegten Grundsätzen. Soweit dies nicht der Fall ist, ist an eine echte Druckkündigung zu denken, die als eine betriebsbedingte Kündigung in Betracht kommen kann.[32] 36

Beispiel für eine echte Druckkündigung: Die Krankenschwester Monika Müller ist im Krankenhaus als eine schwierige Person bekannt, die ihre Arbeitskollegen bei jeder Gelegenheit wüst beschimpft. Ihre Anwesenheit ist in der jeweils betreffenden Station mit einer Zunahme des Krankenstands bei den Pflegekräften sowie mit einer Verschlechterung des Arbeitsklimas verbunden. Zahlreiche Beschwerden des Stationspersonals sowie von Patienten haben die Klinikleitung bewogen, Frau Müller in die Zentralsterilisation zu versetzen. Als die Beschäftigten dieser Abteilung von der bevorstehenden Versetzung erfahren, teilen sie dem Personalchef mit, dass eine Zusammenarbeit mit Frau Müller für sie nicht in Betracht kommt. Sofern die Klinikleitung an der geplanten Maßnahme festhalte, könne sie sich auf einen „Krankenstand 100“ sowie auf den Ausspruch von Kündigungen einstellen. Die Klinikleitung fühlt sich daher außerstande, Monika Müller in die Zentralsterilisation zu versetzen. Vielmehr sieht sie sich aus Interesse an einem reibungslosen Betriebsablauf veranlasst, den Personalrat zu ihrer Kündigung anzuhören und diese sodann auszusprechen. 37

Nach allgemeiner Ansicht[33] ist eine auf Verlangen dritter Personen ausgesprochene Kündigung **grundsätzlich unwirksam**. Die Fürsorgepflicht des Arbeitgebers verpflichtet diesen, sich schützend vor den betroffenen Arbeitnehmer zu stellen und die den Druck ausübenden Personen von ihrem Kündigungsverlangen abzubringen. Dies gilt insbesondere dann, wenn der Arbeitgeber den Druck Dritter (zB durch das Verbrei- 38

32 Siehe statt vieler: Däubler AR 2, Rn. 1136; BAG 4.10.1990 – 2 AZR 201/90 – NZA 1991, 468 (468).

33 Vgl. Schaub, § 127 Rn. 89; Blaese, S. 178; KR-Griebeling/Rachor, KSchG § 1 Rn. 586 mwN; sa BAG 4.10.1990 – 2 AZR 201/90 – NZA 1991, 468; BAG 31.1.1996 – 2 AZR 158/95 – NZA 1996, 581.

ten von Gerüchten) selbst herbeigeführt hat. Nur wenn die Drohenden an ihrem in Aussicht gestellten Verhalten festhalten und dem Arbeitgeber dadurch bedingt ein schwerer wirtschaftlicher Schaden droht, kann eine aus betrieblichen Gründen ausgesprochene Kündigung wirksam sein, sofern sich diese als das einzig praktisch in Betracht kommende Mittel zur Schadensabwendung darstellt.

39 **Bewertung des Beispiels:** Betrachten wir den Fall von Frau Müller (→ Rn. 37) unter Berücksichtigung dieser Aspekte, so ist der Klinikleitung der Ausspruch einer Beendigungskündigung verwehrt, wenn Frau Müller auf einen freien Arbeitsplatz in einer anderen Abteilung bzw. Station versetzt werden kann. Nur soweit dies nicht der Fall ist und andere Sanktionsmittel (zB der Ausspruch einer Abmahnung) nicht in Betracht kommen, muss die Klinikleitung prüfen, wie hoch der zu erwartende Schaden sein würde, wenn sie sich dem Druck der Beschäftigten nicht beugt. Sofern die Arbeitsplätze der Drohenden ohne größere Probleme in recht kurzer Zeit neu besetzt bzw. die Arbeit ohne größere Schwierigkeiten und ohne Risiken für die Patienten des Krankenhauses von anderen Abteilungen oder einem externen Dienstleister erledigt werden können, wird man von der Klinikleitung verlangen müssen, auf den Ausspruch einer Kündigung zu verzichten. Andernfalls ist ihr insbesondere zum Schutze der Patienten der Ausspruch einer Kündigung zuzugestehen.

40 In der **betrieblichen Praxis** dürfte es eher selten vorkommen, dass sich die Beschäftigten zusammenschließen, um von dem Arbeitgeber die Entlassung des Mobbers zu erzwingen. Etwa die Angst, eventuell selbst Zielscheibe des Mobbers zu werden sowie mangelnde Zivilcourage dürften oftmals Beweggründe sein, sich nicht gegen den Mobber zu verbünden. Etwas anderes dürfte allenfalls dann erfolgen, wenn ein Mobber zeitgleich und losgelöst voneinander gegen mehrere Personen Mobbing betreibt, sich die Betroffenen zusammentun und im Schulterschluss die Entlassung ihres Peinigers fordern. Oftmals dürften die Arbeitskollegen – wenn vielfach auch unausgesprochen – der Ansicht des Mobbers folgen, den Mobbingbetroffenen als „das Problem" zu erachten und zur Lösung der Situation von dem Arbeitgeber dessen Kündigung einfordern. Ein Mobber, der sich der Sympathie seiner Arbeitskollegen gewiss ist und sich großer Beliebtheit erfreut, der wird sich kaum Sorgen müssen, „Opfer" einer Druckkündigung zu werden. Gleiches gilt für Mobber, vor denen sich die Arbeitskollegen fürchten.

b) Außerordentliche Kündigung

41 Soweit eine Vertragsverletzung derart schwerwiegend ist, dass dem anderen Teil unter Berücksichtigung aller Umstände des Einzelfalls und unter Abwägung der Interessen beider Vertragsteile aufgrund von Tatsachen die Fortsetzung des Arbeitsverhältnisses bis zum Ablauf der konkret zu beachtenden Kündigungsfrist nicht zuzumuten ist, kann dies eine außerordentliche (fristlose) Kündigung gemäß § 626 Abs. 1 BGB rechtfertigen.[34] Zu bedenken ist dabei, dass eine solche nur **innerhalb von zwei Wochen** erfolgen kann, wobei diese Frist mit dem Zeitpunkt zu laufen beginnt, in dem der Kündigungsberechtigte von den für die Kündigung maßgebenden Tatsachen Kenntnis erlangt (§ 626 Abs. 2 BGB).

34 Vgl. Däubler/Deinert/Zwanziger-Däubler, BGB § 626 Rn. 34.

Leitsatz des LAG Thüringen vom 15.2.2001 – 5 Sa 102/00:[35] 42

Für die Einhaltung der für den Ausspruch einer außerordentlichen Kündigung bestehenden zweiwöchigen Ausschlussfrist des § 626 Abs. 2 BGB kommt es bei einer mobbingbedingten außerordentlichen Kündigung entscheidend auf die Kenntnis desjenigen Ereignisses an, welches das letzte, den Kündigungsentschluss auslösende Glied in der Kette vorangegangener weiterer, in Fortsetzungszusammenhang stehender Pflichtverletzungen bildet.

aa) Wichtiger verhaltensbedingter Kündigungsgrund

Verhaltensbedingte Gründe stellen nur dann einen wichtigen Grund im Sinne des § 626 Abs. 1 BGB dar, wenn nicht nur in objektiver Hinsicht eine rechtswidrige Pflichtverletzung vorliegt, sondern der betreffende Arbeitnehmer seine Pflicht zudem in vorwerfbarer und schuldhafter Weise verletzt hat.[36] Gleiches gilt für ein **außerdienstliches Verhalten**, das einen wichtigen Grund für eine außerordentliche Kündigung nur dann liefern kann, wenn es auf das Arbeitsverhältnis einwirkt.[37] 43

Leitsatz des LAG Sachsen-Anhalt vom 27.1.2000 – 9 Sa 473/99:[38] 44

Das von einem Arbeitnehmer ausgehende Mobbing ist an sich geeignet, einen wichtigen Grund für eine fristlose Kündigung abzugeben. Da es sich allerdings auch bei Mobbing um steuerbares Verhalten des Arbeitnehmers handelt, ist eine Abmahnung vor Ausspruch der Kündigung nicht generell entbehrlich. Sie ist jedenfalls dann erforderlich, wenn durch sie die Wiederherstellung des Vertrauens erwartet werden kann.

Um eine außerordentliche Kündigung rechtfertigen zu können, müssen die verhaltensbedingten Gründe noch gravierender sein als bei einer ordentlichen Kündigung, da dem Arbeitgeber anderenfalls zuzumuten ist, das Arbeitsverhältnis unter Einhaltung der Kündigungsfrist zu beenden.[39] Auch bedarf es regelmäßig einer vorausgegangenen **Abmahnung** wegen des beanstandeten Verhaltens.[40] 45

Beispielhafte Gründe für eine außerordentliche verhaltensbedingte Kündigung: 46

- Massive, wiederholte Ehrverletzungen gegenüber unterstellten Mitarbeitern unter Ausnutzung der Vorgesetztenstellung.[41]
- Grobe Beleidigungen, die mit einer erheblichen Ehrverletzung verbunden sind.[42]
- Bewusst wahrheitswidrige Tatsachenbehauptungen, etwa wenn sie den Tatbestand der Nötigung erfüllen.[43]
- Sexuelle Belästigungen.[44]

35 DB 2001, 1783 = AuR 2002, 226 = NZA-RR 2001, 347.
36 Galler ua, BGB § 626 Rn. 67.
37 Stahlhacke/Preis/Vossen, Rn. 640.
38 Sa LAG Rheinland-Pfalz 11.1.2008 – 9 Sa 489/07.
39 Sa Däubler AR 2, Rn. 1123.
40 Sa Däubler AR 2, Rn. 1123.
41 LAG Rheinland-Pfalz 11.1.2008 – 9 Sa 489/07.
42 Vgl. BAG 10.12.2009 – 2 AZR 534/08; LAG Niedersachsen 16.9.2011 – 16 Sa 212/11; LAG Saarland 16.7.2014 – 2 Sa 162/13; LAG Hamm 15.7.2011 – 13 Sa 436/11; LAG Hamm 17.2.2011 – 15 Sa 1042/10.
43 Vgl. BAG 10.12.2009 – 2 AZR 534/08; LAG Niedersachsen 16.9.2011 – 16 Sa 212/11.
44 Vgl. BAG 29.6.2017 – 2 AZR 302/16; Stahlhacke/Preis/Vossen, Rn. 646; Schaub, § 127 Rn. 119.

- Stalking gegenüber Arbeitskollegen.[45]
- Begehung von Straftaten im Betrieb bzw. mit Berührung zum Arbeitsverhältnis.[46]
- Tätlichkeiten im Betrieb.[47]
- Schwere Verstöße gegen die betriebliche Ordnung, die mit einer konkreten Störung des Betriebsfriedens verbunden sind (zB infolge der Bedrohung eines Vorgesetzten sowie Tätlichkeiten zwischen Arbeitskollegen).[48]
- Ausländerfeindliche Hetzparolen.[49]

In seiner Entscheidung vom 15.7.2013 bringt es das ArbG Magdeburg[50] auf den Punkt, indem es die Gründe für eine außerordentliche verhaltensbedingte Kündigung wie folgt beschreibt: „Als grundsätzlich geeignet, einen wichtigen Grund zur fristlosen Kündigung zu bilden, werden insbesondere auch tätliche Angriffe, Beleidigungen, üble Nachrede und Verleumdungen gegenüber Arbeitskollegen, insbesondere wenn sich diese als Mobbing darstellen, oder das ständige Begeben in immer weiter eskalierende Auseinandersetzungen mit mehreren Vorgesetzten angesehen."

47 Gemäß ihrem Charakter als allerletztes Mittel der Sanktion arbeitsvertraglicher Pflichtverletzungen sollen **Nebenpflichtverletzungen** grundsätzlich keinen wichtigen Grund im Sinne des § 626 Abs. 1 BGB darstellen.[51] Diese Ansicht kann nur überzeugen, wenn es sich um Pflichtverletzungen mit gar keinen bzw. recht geringen Konsequenzen handelt, wie es etwa bei einer verspäteten Arbeitsaufnahme infolge Verschlafens der Fall sein kann. Hat eine Nebenpflichtverletzung weitreichende Konsequenzen zur Folge, was bei Mobbing wegen der Beschädigung der Gesundheit des Mobbingbetroffenen regelmäßig gegeben ist – und ist die im Rahmen des § 626 Abs. 1 BGB anzustellende Prognose zukünftigen Verhaltens negativ –, so muss auch eine Nebenpflichtverletzung unter Beachtung aller Besonderheiten des konkreten Falls geeignet sein, einen wichtigen Grund darzustellen.[52] Andernfalls müsste der kündigungswillige Arbeitgeber, sofern ihm andere Handlungsalternativen wie etwa eine Versetzung nicht zur Verfügung stehen, eine ordentliche verhaltensbedingte Kündigung, verbunden mit einer sofortigen **Freistellung von der Arbeit** bis zum Ablaufen der Kündigungsfrist, aussprechen. Dies wäre vielleicht in betriebswirtschaftlicher Hinsicht möglich, jedoch unbillig. Ein Beispiel soll dies verdeutlichen.[53]

48 **Beispiel für eine außerordentliche verhaltensbedingte Kündigung:** Max Meier betreibt eine ausländerfeindliche Hetze gegen seinen türkischen Arbeitskollegen. Er ist deswegen auch schon vor nicht allzu langer Zeit abgemahnt worden. Eines Tages eskaliert das ausländer-

45 BAG 19.4.2012 – 2 AZR 258/11.
46 Vgl. Stahlhacke/Preis/Vossen, Rn. 687; Schaub, § 127 Rn. 123 f.
47 Vgl. Stahlhacke/Preis/Vossen, Rn. 650; Schaub, § 127 Rn. 125.
48 Vgl. Stahlhacke/Preis/Vossen, Rn. 652.
49 LAG Hamm 11.11.1994 – 10 (19) Sa 100/94 – NZA 1995, 994; BAG 1.7.1999 – 2 AZR 676/98.
50 ArbG Magdeburg 15.7.2013 – 3 Ca 713/13 HBS.
51 Vgl. KR-Fischermeier, BGB § 626 Rn. 153.
52 Sa Däubler/Deinert/Zwanziger-Däubler, BGB § 626 Rn. 124; KR-Fischermeier, BGB § 626 Rn. 153; BAG 12.5.2010 – 2 AZR 845/08, wonach eine Kündigung aus wichtigem Grund in Betracht kommt, wenn das Gewicht der Pflichtverletzung durch erschwerende Umstände verstärkt wird.
53 Vgl. Esser/Wolmerath, S. 217.

feindliche Verhalten, indem er seinen Arbeitskollegen ohne ersichtlichen Grund angreift und mit einem Messer verletzt. Da beide in einem kleinen Handwerksbetrieb mit zwölf Beschäftigten arbeiten, sieht der Arbeitgeber zum Schutz des Lebens und der Gesundheit seines Mitarbeiters keine andere Wahl, als Max Meier fristlos zu entlassen.

Anmerkung: Welche andere Handlungsalternative hat der Arbeitgeber? Er könnte Max Meier erneut ermahnen oder abmahnen – sicherlich ohne Erfolg. Eine Versetzung scheitert mangels einer entsprechenden Möglichkeit. Ist es ihm zuzumuten, Herrn Meier ordentlich zu kündigen und ihn gleichzeitig unter Fortzahlung der Bezüge bis zum Ablauf der Kündigungsfrist von der Arbeit freizustellen? – wohl kaum. Die Situation kann im Interesse des Arbeitgebers, der das Leben und die Gesundheit seiner Beschäftigten zu schützen hat, nur gelöst werden, indem man ihm das Recht einräumt, Max Meier fristlos zu kündigen – zumal weitere ausländerfeindliche Handlungen zu befürchten sind.[54]

Leitsatz des LAG Thüringen vom 15.2.2001 – 5 Sa 102/2000:[55] 49

Das sog Mobbing kann auch ohne Abmahnung und unabhängig davon, ob es in diesem Zusammenhang zu einer Störung des Betriebsfriedens gekommen ist, die außerordentliche Kündigung eines Arbeitsverhältnisses rechtfertigen, wenn dadurch das allgemeine Persönlichkeitsrecht, die Ehre oder die Gesundheit des Mobbingopfers in schwerwiegender Weise verletzt werden. Je intensiver das Mobbing erfolgt, umso schwerwiegender und nachhaltiger wird die Vertrauensgrundlage für die Fortführung des Arbeitsverhältnisses gestört. Muss der Mobbingtäter erkennen, dass das Mobbing zu einer Erkrankung des Opfers geführt hat, und setzt dieser ungeachtet dessen das Mobbing fort, dann kann für eine auch nur vorübergehende Weiterbeschäftigung des Täters regelmäßig kein Raum mehr bestehen.

bb) Wichtiger betriebsbedingter Kündigungsgrund

Übt die Belegschaft einen derart großen Druck auf den Arbeitgeber aus, dass ihm keine andere Möglichkeit verbleibt, als sich von dem Mobber zu lösen, dann kann diese Situation unter Umständen den Ausspruch einer betriebsbedingten außerordentlichen (in der Regel auch fristlosen) Kündigung rechtfertigen.[56] Insoweit gelten die in → Rn. 36 ff. dargelegten Grundsätze mit der Besonderheit, dass sich die **Drucksituation** noch intensiver als bei der ordentlichen echten Druckkündigung darstellt, so dass dem Arbeitgeber nicht zuzumuten ist, das Arbeitsverhältnis bis zum Ablaufen der Kündigungsfrist fortzusetzen. Mithin müssen ihm schwere wirtschaftliche Nachteile drohen.[57] 50

Beispiel für eine außerordentliche fristlose Kündigung aus betrieblichen Gründen: Die Leiterin eines Kindergartens verprellt sowohl die Eltern als auch die Erzieherinnen insbesondere wegen ihres autoritären Führungsstils sowie der mangelnden Fähigkeit zur Menschenführung derart, dass dem Träger des Kindergartens seitens der Eltern mit der unverzüglichen Abmeldung ihrer Kinder aus der Einrichtung sowie seitens der Erzieherinnen mit der Kün- 51

54 So im Ergebnis auch Grunewald, S. 1072.
55 DB 2001, 1783 = AuR 2002, 226 = NZA-RR 2001, 347.
56 Vgl. Däubler/Deinert/Zwanziger-Däubler, BGB § 626 Rn. 290; BAG 31.1.1996 – 2 AZR 158/95 – NZA 1996, 581 (583).
57 Däubler/Deinert/Zwanziger-Däubler, BGB § 626 Rn. 290.

digung für den Fall gedroht wird, dass sich der Kindergartenträger nicht schnellstmöglich von der Leiterin trennt, die wegen ihres Verhaltens bereits in der Vergangenheit mehrfach abgemahnt wurde und Anlass für zahlreiche Beschwerden, Abmeldungen von Kindern sowie Kündigungen seitens der Beschäftigten war.

Anmerkung: Hier steht die Existenz des Kindergartens auf dem Spiel, die durch das angedrohte Abmelden der Kinder sowie durch das in Aussicht gestellte Ausscheiden der Erzieherinnen bedroht wird. Zudem ist der Ruf bzw. das Ansehen der Einrichtung gefährdet. Ruf und Ansehen sind entscheidend für das Anmeldeverhalten der Eltern. Die Existenzbedrohung der Einrichtung ist in diesem Fall derart gravierend, dass sich eine unverzügliche Trennung von der Leiterin als unabweisbar notwendig erweist.

52 Ob der Mobber mit einer außerordentlichen Kündigung rechnen muss, hängt entscheidend von den konkreten Umständen des Falls sowie von der Dauer des Mobbingprozesses ab. Richtet sich das Mobbing gegen einen Einzelnen, dürfte eine Drucksituation für den Arbeitgeber nur dann entstehen, wenn sich die Arbeitskollegen mit dem Mobbingbetroffenen solidarisieren. Dies dürfte allerdings eher selten vorkommen.

4. Entfernung betriebsstörender Mobber gemäß § 104 BetrVG

53 Während dem Personalvertretungsrecht die Möglichkeit der Entfernung betriebsstörender Arbeitnehmer aufgrund eines diesbezüglichen Verlangens des Personalrats fremd ist, bestimmt § 104 Satz 1 BetrVG, dass der **Betriebsrat** von dem Arbeitgeber die Entlassung oder Versetzung desjenigen verlangen kann, der durch gesetzwidriges Verhalten oder durch grobe Verletzung der in § 75 Abs. 1 BetrVG enthaltenen Grundsätze den Betriebsfrieden wiederholt ernstlich stört. Allerdings unterfallen der Vorschrift nur Arbeitnehmer im Sinne des § 5 Abs. 1 BetrVG (vornehmlich Angestellte, Arbeiter sowie die zu ihrer Berufsausbildung Beschäftigten), mithin nicht die in § 5 Abs. 2 BetrVG aufgeführten Personen, leitende Angestellte (vgl. § 5 Abs. 3, 4 BetrVG) und Leiharbeitnehmer.[58]

a) Wiederholte verschuldete ernstliche Störung des Betriebsfriedens

54 § 104 BetrVG erfasst nur solche Verhaltensweisen, die gesetzeswidrig sind (dh gegen eine Rechtsnorm verstoßen)[59] oder eine grobe (dh besonders schwerwiegende)[60] Verletzung der in § 75 Abs. 1 BetrVG enthaltenen Grundsätze darstellen. Von einer Störung des Betriebsfriedens spricht das LAG Berlin-Brandenburg in seiner Entscheidung vom 18.7.2016, wenn die physische oder psychische Gesundheit der Belegschaft oder erheblicher Teile der Belegschaft gestört ist.[61] Abgesehen von dem Fall eines besonders schwerwiegenden Fehlverhaltens, aufgrund dessen den übrigen Arbeitnehmern eine weitere Zusammenarbeit mit dem Arbeitskollegen nicht zugemutet werden

58 HM; vgl. DKKW-Kittner/Bachner, § 104 Rn. 9.
59 HaKo-BetrVG/Braasch, § 104 Rn. 5.
60 HaKo-BetrVG/Braasch, § 104 Rn. 4; sa Fitting, § 104 Rn. 5, der Mobbing als eine grobe Verletzung der Grundsätze des § 75 Abs. 1 BetrVG wertet.
61 LAG Berlin-Brandenburg 18.7.2016 – 10 TaBV 367/16.

kann, bedarf es eines **wiederholten Fehlverhaltens**, das zudem eine ernstliche Störung des Betriebsfriedens darstellen muss.[62] Von einer solchen kann gesprochen werden, wenn sich das Ereignis auf den Betrieb und auf die Zusammenarbeit im Betrieb auswirkt,[63] es zu einer erheblichen Beunruhigung einer beachtlichen Zahl von Arbeitnehmern kommt.[64] Grundsätzlich muss das Verhalten des Mobbers verschuldet im Sinne einer objektiven Sorgfaltswidrigkeit und einer subjektiven Vorwerfbarkeit sein, wobei Fahrlässigkeit genügt.[65]

Beispiel für eine wiederholte ernstliche Störung des Betriebsfriedens: Max Meier vergiftet das Arbeitsklima durch fortlaufende ausländerfeindliche Äußerungen und Diskriminierungen der ausländischen Arbeitskollegen. Dies führt zu einer erheblichen Unruhe nicht nur unter den ausländischen Beschäftigten. Von einem ungestörten Betriebsablauf kann hier nicht mehr gesprochen werden. 55

Wenn man bedenkt, dass sich das Mobbing aus zahlreichen kleinen Handlungen zusammensetzt, die zwar in ihrer jeweiligen Wirkung von unterschiedlicher Qualität sein können, allerdings oftmals die in § 75 BetrVG niedergelegten Grundsätze verletzen (zB Diskriminierung, Beleidigung, sexuelle Belästigung), so ist nicht zu verkennen, dass diese in ihrem Zusammenwirken den Betriebsfrieden ernstlich stören können. Indem es dem Mobber regelmäßig auf eine Behinderung, Diskriminierung, Schädigung etc des Mobbingbetroffenen ankommt und er sich hierbei stets auch der den Betriebsfrieden störenden Auswirkungen bewusst sein wird, kann ihm zumindest ein fahrlässiges Handeln vorgeworfen werden. 56

b) Verlangen des Betriebsrats nach Kündigung oder Versetzung des Mobbers

Der Betriebsrat kann die Versetzung bzw. Kündigung des Mobbers nur dann gemäß § 104 BetrVG verlangen, wenn er einen entsprechenden **Beschluss** gefasst hat, der ordnungsgemäß zustande gekommen sein muss.[66] Bei der Wahl des geforderten Sanktionsmittels hat er zudem dem **Grundsatz der Verhältnismäßigkeit** Rechnung zu tragen.[67] 57

Zunächst wird der Betriebsrat überlegen, wie er eine Beilegung der betriebsstörenden Situation erreichen kann. Schließlich hat er nicht nur die Interessen des Mobbingbetroffenen, sondern auch die des Mobbers zu vertreten. Daher dürfte der Betriebsrat zunächst das **Gespräch mit dem Mobber** suchen, um diesen zu einer Änderung seines Verhaltes zu bewegen. Hat dieses keinen Erfolg, wird der Betriebsrat das Problem sicherlich gegenüber dem Arbeitgeber ansprechen und die Ergreifung geeigneter Maßnahmen (zB Abmahnung) verlangen. Allenfalls bei einem besonders schwerwiegenden Fehlverhalten dürfte er ausnahmsweise auf eine unverzügliche Entfernung des Betriebsstörers bestehen. 58

62 HM; vgl. DKKW-Kittner/Bachner, § 104 Rn. 2.
63 DKKW-Kittner/Bachner, § 104 Rn. 5.
64 GK-Raab, § 104 Rn. 8; LAG Köln 15.10.1993 – 13 TaBV 36/93 – NZA 1994, 431 (432).
65 HM; vgl. HaKo-BetrVG/Braasch, § 104 Rn. 8; Fitting, § 104 Rn. 8.
66 Vgl. DKKW-Kittner/Bachner, § 104 Rn. 12; HaKo-BetrVG/Braasch, § 104 Rn. 9.
67 DKKW-Kittner/Bachner, § 104 Rn. 13; Hako-BetrVG/Braasch, § 104 Rn. 9.

59 Da die Bewertung einzelner Verhaltensweisen subjektiven Wertungen unterliegt und Mobbinghandlungen zudem in der Regel im Verborgenen begangen werden, wird ein erstmals als Betriebsstörer entlarvter Mobber eher selten befürchten müssen, dass der Betriebsrat seine Versetzung oder sogar Kündigung verlangt. Der Betriebsrat dürfte – wie soeben dargestellt – zunächst versuchen, den Mobber von seinem betriebsstörenden Verhalten unter Hinweis auf die ansonsten drohenden Konsequenzen abzubringen. Zudem ist zu bedenken, dass dem Mobber sein betriebsstörendes Verhalten – welches er stets in Abrede stellen wird – nachgewiesen werden muss. In der Konsequenz hat allenfalls ein wiederholt als Betriebsstörer entlarvter oder besonders aggressiv handelnder Mobber zu befürchten, dass der Betriebsrat seine Versetzung bzw. Kündigung verlangt.

c) Prüfungs- und Handlungspflicht des Arbeitgebers

60 Sofern der Betriebsrat die Versetzung oder Kündigung des Mobbers verlangt, hat der Arbeitgeber den ihm vorgetragenen Sachverhalt unter dem Blickwinkel des § 104 BetrVG in eigener Verantwortung zu **prüfen.**[68] Falls ihm das Verlangen des Betriebsrats als begründet erscheint, hat er die beantragte Maßnahme durchzuführen, ohne dass es hierzu der Beteiligung des Betriebsrats gemäß § 99 bzw. § 102 BetrVG bedarf.[69] Auf welche Art und Weise er die Maßnahme durchführt, unterliegt allein seiner Entscheidung.[70] Erachtet der Arbeitgeber die begehrte Personalmaßnahme als unbegründet, hat er sich schützend vor die betreffende Person zu stellen. Zudem ist es seine Aufgabe, den Betriebsrat von seinem Verlangen abzubringen.[71] Ist es ihm nicht möglich, sich dem Druck des Betriebsrats zu erwehren, kann er unter Beachtung der für die Druckkündigung geltenden Grundsätze notfalls kündigen.[72]

61 Kommt der Arbeitgeber dem Verlangen des Betriebsrats nicht nach, hat der Betriebsrat die Möglichkeit – ohne dass er hierzu eine bestimmte Frist zu wahren hat[73] – das **Arbeitsgericht** mit dem Ziel anzurufen, dass dieses dem Arbeitgeber aufgibt, die verlangte Maßnahme durchzuführen. Gibt das Arbeitsgericht dem Betriebsrat Recht, hat der Arbeitgeber die Maßnahme unverzüglich[74] nach Eintritt der Rechtskraft des Beschlusses umzusetzen, will er nicht die **Verhängung eines Zwangsgelds** von bis zu 250 EUR für jeden Tag der Zuwiderhandlung riskieren (§ 104 Sätze 2, 3 BetrVG). Wird der Antrag des Betriebsrats hingegen abgelehnt, steht damit fest, dass das Verlangen des Betriebsrats unbegründet war.

5. Beteiligung der betrieblichen Interessenvertretung

62 Grundsätzlich besteht kein Beteiligungsrecht der betrieblichen Interessenvertretung im Zusammenhang mit dem Ausspruch von **Ermahnungen und Abmahnungen.** In

68 Vgl. HaKo-BetrVG/Braasch, § 104 Rn. 10.

69 Vgl. HaKo-BetrVG/Braasch, § 104 Rn. 11; DKKW-Kittner/Bachner, § 104 Rn. 12; BAG 15.5.1997 – 2 AZR 519/96 – AuR 1997, 374.

70 Vgl. GK-Raab, § 104 Rn. 12.

71 DKKW-Kittner/Bachner, 13. Aufl., § 104 Rn. 11.

72 Vgl. HaKo-BetrVG/Braasch, § 104 Rn. 10.

73 Der Betriebsrat kann lediglich sein Antragsrecht verwirken. Vgl. DKKW-Kittner/Bachner, § 104 Rn. 16.

74 Fitting, § 104 Rn. 17 f.; DKKW-Bachner, § 104 Rn. 17; HaKo-BetrVG/Brasch, § 104 Rn. 13; eine Kündigung ist zum nächst zulässigen Kündigungstermin auszusprechen.

der gleichen Weise hat sie keine rechtlichen Möglichkeiten, den Ausspruch einer solchen zu verhindern. Allenfalls im Wege der betriebspolitischen Intervention (zB Herstellung von Betriebsöffentlichkeit) besteht die Chance, ihren Ausspruch zu verhindern oder den Widerruf einer solchen zu erwirken – was am ehesten bei einer offensichtlich nicht gerechtfertigten Ermahnung bzw. Abmahnung gelingen kann.

Vor dem Ausspruch einer Versetzung hat der Arbeitgeber hingegen die betriebliche Interessenvertretung zu beteiligen. Die **Beteiligung des Betriebsrats** bei einer Versetzung richtet sich nach §§ 99–101 BetrVG, wobei der Begriff der Versetzung im betriebsverfassungsrechtlichen Sinne in § 95 Abs. 3 Satz 1 BetrVG legal definiert wird. Bei einer beabsichtigten Änderungskündigung hat der Arbeitgeber zudem das Anhörungsrecht des Betriebsrats gemäß § 102 BetrVG zu beachten. 63

Die **Beteiligung des Personalrats** ist in § 75 Abs. 1 Nr. 3 BPersVG und in § 79 BPersVG geregelt, wobei zu berücksichtigen ist, dass es eine dem § 99 Abs. 1 Satz 1 BetrVG vergleichbare Kleinbetriebsklausel nicht gibt. § 75 Abs. 1 Nr. 3 BPersVG differenziert allerdings zwischen der Versetzung und der Umsetzung, ohne diese zu definieren. Während unter der Versetzung in personalvertretungsrechtlicher Hinsicht die dauernde Beschäftigung eines Arbeitnehmers in einer anderen Dienststelle desselben Arbeitgebers verstanden wird,[75] ist die Umsetzung die Übertragung eines anderen Arbeitsplatzes (dh eines anderen Aufgabenbereiches) innerhalb derselben Dienststelle.[76] Beide Begriffe sind wiederum von der Abordnung[77] zu unterscheiden, die gemäß § 75 Abs. 1 Nr. 4 BPersVG ebenfalls der Mitbestimmung des Personalrats unterliegt, wegen ihrer zeitlichen Begrenztheit allerdings kaum als Sanktionsmittel in Betracht kommen dürfte.[78] 64

Vor dem Ausspruch einer ordentlichen bzw. außerordentlichen **Kündigung** ist die betriebliche Interessenvertretung ebenfalls zu beteiligen, will nicht der Arbeitgeber die gerichtliche Feststellung der Unwirksamkeit der Kündigung bereits wegen fehlender Beteiligung des Betriebs- bzw. Personalrats riskieren. Die Anhörung des Betriebsrats ist in § 102 BetrVG geregelt, die Beteiligung des Personalrats sieht § 79 BPersVG vor. 65

Bereitet der Arbeitgeber die Beteiligung des Betriebs- bzw. Personalrats in dem erforderlichen Maße vor, wird er in der Regel nicht zu befürchten haben, dass eine Versetzung oder Kündigung des Mobbers aus betriebsverfassungs- bzw. personalvertretungsrechtlichen Gründen unwirksam ist. Das **Risiko einer ordnungsgemäßen Beteiligung** der Interessenvertretung trägt der Arbeitgeber im Zusammenhang mit einer ausgesprochenen Kündigung allerdings nur insoweit, als sich der Gekündigte mittels einer Kündigungsschutzklage wehrt. Soweit eine solche nicht erhoben wird, entfaltet die Kündigung nach Ablauf der Klagefrist (vgl. § 7 KSchG) ihre Wirksamkeit. Inso- 66

75 Vgl. Altvater ua, § 75 Rn. 55; Lorenzen ua-Rehak, § 75 Rn. 142.
76 Vgl. Altvater ua, § 75 Rn. 63; Lorenzen ua-Rehak, § 75 Rn. 142; BVerwG 22.5.1980 – 2 C 30.78 – BVerwGE 60, 144 (146).
77 Die Abordnung ist nur möglich, wenn sie im Tarif- bzw. Arbeitsvertrag zugelassen ist oder der Beschäftigte ihr zustimmt; vgl. Altvater ua, § 75 Rn. 70 ff.; Lorenzen ua-Rehak, § 75 Rn. 192.
78 Sa VG Schleswig 23.8.2017 – 11 B 34/17, das sich in seiner Entscheidung mit einer Abordnung zu dem Zweck der Wiederherstellung des Betriebsfriedens befasst.

weit ist dann ohne Belang, ob der Arbeitgeber die betriebliche Interessenvertretung ordnungsgemäß beteiligt hat.

6. Darlegungs- und Beweislast

67 Sofern der Arbeitgeber von einer Verletzung arbeitsvertraglicher (Neben-)Pflichten erfährt, bedeutet dies nicht zwangsläufig, dass der betreffende Arbeitnehmer mit einer Sanktion rechnen muss. Schließlich unterliegt eine solche der **Möglichkeit einer arbeitsgerichtlichen Überprüfung**. Macht der sanktionierte Arbeitnehmer von seinem Klagerecht Gebrauch, hat der Arbeitgeber die Tatsachen darzulegen und gegebenenfalls auch zu beweisen, die ihn zum Ausspruch des Disziplinierungsmittels veranlasst haben.

68 Handelt es sich bei dem Sanktionsmittel um eine Ermahnung oder Abmahnung, trägt der Arbeitgeber die Darlegungs- und Beweislast für das tatsächliche Vorliegen der beanstandeten Vertragsverletzung.[79] Bei einer Änderungskündigung betrifft dies die Notwendigkeit der Änderung der Arbeitsbedingungen sowie die soziale Rechtfertigung der angebotenen neuen Vertragsbestandteile.[80] Bei einer Kündigung ist der Arbeitgeber darlegungs- und beweispflichtig für die Tatsachen, aus denen sich die Wirksamkeit der Kündigung ergibt, mithin im Falle der verhaltensbedingten Kündigung insbesondere für das beanstandete Verhalten, für die schuldhafte Verletzung einer Vertragspflicht sowie für das Vorliegen einer zuvor erfolglos ausgesprochenen ordnungsgemäßen Abmahnung. Im Falle der Druckkündigung muss er regelmäßig die Drucksituation sowie die Unabwendbarkeit der Kündigung darlegen und beweisen. Vergleichbares gilt bei der außerordentlichen Kündigung für die Voraussetzungen des § 626 BGB.[81] Schlussendlich muss er gegebenenfalls beweisen, dass er den Betriebsbzw. Personalrat vor Ausspruch der Kündigung ordnungsgemäß beteiligt hat.[82]

69 In der **betrieblichen Praxis** sind zahlreiche Fallkonstellationen denkbar, die dazu führen, dass der Arbeitgeber wegen der ihn treffenden Darlegungs- und Beweislast von einer Sanktion des Mobbers absieht. Das folgende Beispiel[83] trägt dem Umstand Rechnung, dass auch gegenüber dem Mobber eine arbeitgeberseitige Fürsorgepflicht existiert, die sich im konkreten Fall auch zugunsten des Mobbers auswirken kann.

70 **Beispiel für das Absehen von einer Sanktion:** Frau Fischer bezichtigt Max Müller der sexuellen Belästigung. Da diese unter vier Augen erfolgt sein soll, können Dritte nicht zu dem Sachverhalt befragt werden. Beide Personen sind bei den Arbeitskollegen im gleichen Maße beliebt. Beschwerden sowie Anlass zur Klage hat es gegenüber beiden bislang keine gegeben. Da Max Müller die ihm zur Last gelegten Handlungen bestreitet und Frau Fischer der Lüge bezichtigt, fühlt sich der mit der Angelegenheit befasste Personalchef außerstande, einer der beiden Sachverhaltsschilderungen der jeweils anderen gegenüber mehr Glauben zu schenken. Er sieht sich nicht in der Lage, eine Entscheidung zu fällen. Ge-

---

79 Vgl. Däubler/Deinert/Zwanziger-Deinert, BGB § 314 Rn. 113.
80 Vgl. Däubler/Deinert/Zwanziger-Zwanziger, KSchG § 2 Rn. 260.
81 Vgl. Stahlhacke/Preis/Vossen, Rn. 559 ff.; sa Grunewald, S. 1073; LAG Rheinland-Pfalz 11.1.2008 – 9 Sa 489/07.
82 Sa Stahlhacke/Preis/Vossen, Rn. 310.
83 Sa die Fallschilderung bei Warschkow/Erdmann, S. 509 f.

mäß dem Grundsatz in dubio pro reo sieht er sich gezwungen, das Vorliegen einer sexuellen Belästigung zu verneinen und von einer Sanktionierung abzusehen.

Solche und damit vergleichbare Situationen scheinen bei Mobbing nicht selten zu sein. Mobbingbetroffene berichten immer wieder, dass sie Angriffen seitens des Mobbers nur dann ausgesetzt sind, wenn es keine Zeugen (zB Vorgesetzte, Arbeitskollegen) gibt. Den Aussagen des Mobbingbetroffenen stehen in einer derartigen Situation regelmäßig diejenigen des Mobbers gegenüber. Gelingt es nicht, den wahren Sachverhalt zu ermitteln, wird man dem Mobber die Verletzung von Nebenpflichten kaum nachweisen können. Eine Sanktionierung des Mobbers dürfte dann nicht erfolgen. 71

Antipathie und Sympathie sowie Freundschaften und Feindschaften prägen die sozialen Beziehungen am Arbeitsplatz. Wer im Betrieb beliebt ist, der kann eher und umfangreicher mit sozialer Unterstützung rechnen, als es bei einer unbeliebten sowie ausgegrenzten Person der Fall ist. Dies kann dazu führen, dass im Betrieb bzw. in der Dienststelle nicht immer ein Interesse daran besteht, dass einzelne Missstände erkannt, aufgedeckt und beseitigt werden. Das sich in Schweigen hüllen, der Verweis auf Nichtwissen, aber auch absichtliche Falschaussagen können dazu beitragen, dass der wahre Sachverhalt nicht aufgeklärt werden kann. 72

7. Verwirkung von Sanktionsrechten

Obwohl die Verhängung von arbeitsrechtlichen Sanktionen grundsätzlich nicht von der Beachtung bestimmter Fristen abhängt – insoweit bildet die Frist zum Ausspruch einer außerordentlichen Kündigung gemäß § 626 Abs. 2 Satz 1 BGB eine Ausnahme –, kann das Recht des Arbeitgebers zur Sanktion des Arbeitnehmers wegen der Verletzung arbeitsvertraglicher (Neben-)Pflichten verwirkt werden.[84] 73

In der Praxis sind diesbezügliche Probleme eher unwahrscheinlich. Entweder der Arbeitgeber nimmt die Kenntnis von einem sanktionswürdigen Verhalten des Mobbers zum Anlass, alsbald entsprechend zu handeln, oder er verzichtet – aus welchen Gründen auch immer – endgültig darauf. 74

II. Verhalten von Vorgesetzten, des Arbeitgebers sowie von Personen mit Arbeitgeberfunktionen

Wie bereits in → § 3 Rn. 140 ff. ausgeführt, trifft den Arbeitgeber die Pflicht, insbesondere Sorge dafür zu tragen, dass bei ihm beschäftigte Arbeitnehmer am Arbeitsplatz keinen Schaden an Leben und Gesundheit erleiden. Entsprechendes kann man von Vorgesetzten verlangen, zumal sich der Arbeitgeber das (Nicht-)Verhalten dieses Personenkreises regelmäßig nach § 278 BGB zurechnen lassen muss. Somit stellt sich die Frage, welche arbeitsrechtlichen Konsequenzen sich für einen Vorgesetzten, den Arbeitgeber sowie für eine andere mit Arbeitgeberfunktionen ausgestattete Person ergeben können, der bzw. die dieser Fürsorgepflicht zuwiderhandelt und nicht gegen 75

84 Vgl. Däubler/Deinert/Zwanziger-Däubler, BGB § 242 Rn. 2 f.; Däubler/Deinert/Zwanziger-Deinert, BGB § 314 Rn. 106.

das Mobbing einschreitet bzw. keine geeigneten Maßnahmen zum Schutze des Mobbingbetroffenen ergreift.

76 **Mögliche arbeitsrechtliche Maßnahmen** gegenüber dem Arbeitgeber:

- Beschwerde des Mobbingbetroffenen an den Vorgesetzten bzw. Arbeitgeber
- „Ermahnung" bzw. „Abmahnung" des Arbeitgebers durch den Mobbingbetroffenen
- Zurückbehaltung der Arbeitsleistung durch den Mobbingbetroffenen
- Einvernehmliche Auflösung des Arbeitsvertrags
- Kündigung des Arbeitsvertrags durch den Mobbingbetroffenen

1. Beschwerde des Mobbingbetroffenen

77 Unter der Beschwerde wird jedes Vorbringen eines Arbeitnehmers verstanden, mit dem er darauf hinweist, dass er sich entweder vom Arbeitgeber, von Vorgesetzten oder von Arbeitskollegen benachteiligt, ungerecht behandelt oder in sonstiger Weise beeinträchtigt fühlt, und mit dem er Abhilfe des ihn persönlich belastenden Zustandes begehrt.[85]

78 Das Recht, sich bei seinem Arbeitgeber zu beschweren, lässt sich aus der **Fürsorgepflicht des Arbeitgebers** herleiten.[86] Daneben hat es in zahlreichen Bestimmungen eine ausdrückliche Berücksichtigung gefunden (vgl. §§ 84 ff. BetrVG, § 68 Abs. 1 Nr. 3 BPersVG; § 13 Abs. 1 AGG; § 17 Abs. 2 ArbSchG; zum Beschwerderecht der Beamten vgl. § 125 BBG sowie → § 6 Rn. 4 f.).

a) Adressat der Beschwerde

79 Die Beschwerde ist an die dafür **zuständige Stelle des Betriebs bzw. der Dienststelle** zu richten (vgl. § 84 Abs. 1 Satz 1 BetrVG; § 13 Abs. 1 Satz 1 AGG). Wer dies ist, ergibt sich aus dem organisatorischen Aufbau des Betriebs bzw. der Dienststelle – es sei denn, dass der Arbeitgeber die Zuständigkeit explizit geregelt hat. Sofern Letzteres nicht gegeben ist, hat sich der Beschwerdeführer zunächst an seinen unmittelbaren Vorgesetzten zu wenden. Nur wenn der Beschwerde – aus welchen Gründen auch immer – der Erfolg versagt ist, kann der jeweils nächst höhere Vorgesetzte (letztlich bis hin zum Arbeitgeber selbst) konsultiert werden.[87]

80 Sofern Vorgesetzte an Mobbing beteiligt sind, erscheint es zweifelhaft, ob eine an den Vorgesetzten bzw. Arbeitgeber gerichtete Beschwerde geeignet sein kann, Mobbing Einhalt zu gebieten. Wer Mobbing duldet, begünstigt oder sogar fördert, der wird kaum gewillt sein, sich seine eigene Rolle einzugestehen, diese zu offenbaren und aktiv gegen Mobbing einzuschreiten. In vielen Fällen wird sogar zu befürchten sein, dass sich der Adressat der Beschwerde schützend vor den Mobber stellt bzw. geeignete Maßnahmen zwar ankündigt, aber nicht umsetzt. Wer etwa als Arbeitgeber einen Vorgesetzten bestimmt, einen anderen so lange unter Druck zu setzen, bis dieser kün-

85 HaKo-BetrVG/Lakies, § 84 Rn. 9; sa Altvater ua, § 68 Rn. 15.
86 DKKW-Buschmann, § 84 Rn. 1.
87 Vgl. Hako-BetrVG/Lakies, § 84 Rn. 16.

digt, oder als Vorgesetzter einem Mitarbeiter unmissverständlich zu verstehen gibt, dass der Mobbingbetroffene eine derartige Behandlung verdiene und der Mitarbeiter nur so weitermachen solle, der wird kaum gewillt sein, einer Beschwerde nachzugehen.

Erfolg kann eine Beschwerde eher dann haben, wenn ihr Adressat nichts mit der 81
Mobbingsituation zu tun hat. In diesen Fällen gibt es keinen Widerspruch mit eigenen Interessen, so dass der Beschwerdeführer grundsätzlich davon ausgehen kann, die Berechtigung der Beschwerde werde neutral, wenn nicht sogar mit einem gewissen Wohlwollen geprüft.

Häufig wird der Mobbingbetroffene die Rolle des Adressaten seiner Beschwerde 82
nicht kennen. Dann ist es aus Sicht des Mobbingbetroffenen recht ungewiss, ob seine Beschwerde Erfolg haben kann. Da dieses Resultat nicht von dem Status des Betroffenen abhängt (Arbeiter, Angestellter oder Auszubildender), wird es ebenfalls für solche Beschwerden gelten, die Beamte nach § 125 BBG vorbringen (→ § 6 Rn. 4 f.).

b) Beschwerdegegenstand und Beschwerdeverfahren

Gegenstand der Beschwerde kann eine individuelle Benachteiligung, eine ungerechte 83
Behandlung oder sonstige Beeinträchtigung des Einzelnen sein.[88] Die Empfindung der **Beeinträchtigung einer persönlichen Position**[89] muss sich aus dem Arbeitsverhältnis ergeben, so dass außerbetriebliche sowie außerdienstliche Umstände ein Beschwerderecht (zB nach § 84 Abs. 1 BetrVG) nur begründen können, soweit sie auch das Arbeitsverhältnis berühren.[90] Da § 84 Abs. 1 BetrVG nur die Individualbeschwerde zulässt, ist die Erhebung einer **Popularbeschwerde** ausgeschlossen.[91] Daher können vor allem Arbeitskollegen keine Beschwerde für den Mobbingbetroffenen erheben.

Viele Mobbinghandlungen sind geeignet, die persönliche Situation des Mobbingbe- 84
troffenen zu beeinträchtigen. Dass Mobbingbetroffene dies auch so empfinden, bedarf keiner weiteren Erläuterung – andernfalls könnten solche nicht geeignet sein, das gesundheitliche Wohlbefinden nachteilig zu beeinflussen und gesundheitliche Schäden hervorzurufen.

Das in § 84 BetrVG niedergelegte Beschwerderecht, wonach jeder Arbeitnehmer das 85
Recht hat, sich bei den zuständigen Stellen des Betriebs zu beschweren, ist weitreichender als man vielleicht auf den ersten Blick vermuten mag. Zum einen gilt es nicht nur für normale Beschäftigte, sondern auch für Leiharbeitnehmer (vgl. § 14 Abs. 2 Satz 3 AÜG) und Auszubildende[92] – nicht jedoch für leitende Angestellte (vgl. § 5 Abs. 3, 4 BetrVG) –,[93] zum anderen gelangt das Beschwerderecht auch in solchen Be-

88 Vgl. DKKW-Buschmann, § 84 Rn. 15.
89 DKKW-Buschmann, § 84 Rn. 19.
90 GK-Franzen, § 84 Rn. 12.
91 HM; vgl. HaKo-BetrVG/Lakies, § 84 Rn. 11.
92 GK-Franzen, Vor § 81 Rn. 21.
93 GK-Franzen, Vor § 81 Rn. 22. Leitende Angestellte können ihr Beschwerderecht insoweit nur aus dem Beschäftigungsverhältnis herleiten.

trieben zur Anwendung, die über keinen Betriebsrat verfügen – weil entweder kein Betriebsrat gewählt wurde oder der Betrieb nicht betriebsratsfähig ist.[94]

86 Obwohl es eine dem § 84 BetrVG vergleichbare Regelung im Personalvertretungsrecht nicht gibt, wird man die voranstehend dargelegten Grundsätze auch auf den **öffentlichen Dienst** übertragen können, da § 68 Abs. 1 Nr. 3 BPersVG ein Beschwerderecht der im öffentlichen Dienst Beschäftigten voraussetzt.

87 Weitere Beschwerdemöglichkeiten eröffnet **§ 13 Abs. 1 Satz 1 AGG**. Nach dieser Vorschrift hat jeder Beschäftigte im Sinne des § 6 Abs. 1 AGG (dh auch leitende Angestellte)[95] das Recht, sich bei den zuständigen Stellen des Betriebs, des Unternehmens oder der Dienststelle zu beschweren, wenn er sich im Zusammenhang mit seinem Beschäftigungsverhältnis vom Arbeitgeber, von Vorgesetzten, anderen Beschäftigten oder Dritten aus Gründen der Rasse, der ethnischen Herkunft, des Geschlechts, der Religion, oder Weltanschauung, einer Behinderung, des Alters oder der sexuellen Identität benachteiligt fühlt.

c) Überprüfung der Beschwerde und Abhilfeverpflichtung des Arbeitgebers

88 Hat ein Mobbingbetroffener eine Beschwerde erhoben (die Beachtung einer besonderen Form sowie Frist ist hierfür regelmäßig nicht erforderlich),[96] dann hat der Arbeitgeber diese zu **prüfen** und dem Mobbingbetroffenen das **Ergebnis seiner Untersuchungen mitzuteilen**. Erkennt er die Berechtigung der Beschwerde an, so hat er ihr **abzuhelfen**. Diese Pflicht ist in § 84 Abs. 2 BetrVG ausdrücklich festgeschrieben. Gleiches gilt für die Beschwerde wegen einer Benachteiligung bezüglich eines in § 1 AGG genannten Grundes (vgl. § 13 Abs. 1 AGG). In beiden Fällen handelt es sich um eine gesetzliche Verpflichtung des Arbeitgebers.[97] Erkennt er die Berechtigung der Beschwerde gegenüber dem Beschwerdeführer ausdrücklich an, so führt dies zu einer vertraglichen Selbstbindung des Arbeitgebers, die – in Verbindung mit § 84 Abs. 2 BetrVG bzw. § 13 Abs. 1 AGG – den Rechtsgrund für einen individuellen Abhilfeanspruch des Beschwerdeführers gibt.[98]

89 Die Prüfung der Berechtigung der Beschwerde sowie ihr Ergebnis hängt maßgeblich davon ab, welche Rolle dem Arbeitgeber in dem konkreten Mobbinggeschehen zukommt. Soweit er kein Interesse an einer Aufarbeitung der Situation hat, wird er bestrebt sein, die Beschwerde im Sande verlaufen zu lassen bzw. abschlägig zu bescheiden. Selbst wenn er der Mobbingsituation gegenüber neutral eingestellt ist, besteht die Gefahr, dass die Beschwerdestelle zu der Annahme gelangt, das Berichtete sei frei erfunden. Dies kann etwa dann der Fall sein, wenn der Mobbingbetroffene keine konkrete Person zu nennen vermag bzw. eine solche das ihr vorgeworfene Verhalten bestreitet. Der Mobbingbetroffene muss die Richtigkeit seiner Schilderungen beweisen,[99] was eher selten gelingen dürfte. Selbst wenn er es schaffen sollte, die Beschwer-

94 HaKo-BetrVG-Lakies, § 84 Rn. 1.
95 Sa HK-ArbR/Berg, AGG § 6 Rn. 3.
96 Vgl. HaKo-BetrVG/Lakies, § 84 Rn. 17.
97 Vgl. GK-Franzen, § 84 Rn. 25.
98 Fitting, § 84 Rn. 18.
99 Sa Däubler AR 2, Rn. 469.

destelle von der Wahrheit zu überzeugen, so ist damit nicht zwangsläufig zugleich der Erfolg der Beschwerde garantiert. Insbesondere eine **unzureichende soziale Kompetenz** sowie die Angst, einer der beteiligten Personen unrecht zu tun, dürfte dazu führen, dass vielen Beschwerden der Erfolg versagt ist.

d) Klageerhebung und außerbetriebliches Beschwerderecht

Hilft der Arbeitgeber der für begründet erachteten Beschwerde nicht ab, kann vor 90
dem zuständigen Arbeitsgericht geklagt werden. Zudem kann eventuell von dem außerbetrieblichen Beschwerderecht gemäß § 17 Abs. 2 Satz 1 ArbSchG Gebrauch gemacht werden.

Nach **§ 3 Abs. 1 Satz 1 ArbSchG** ist der Arbeitgeber verpflichtet, die erforderlichen 91
Maßnahmen des Arbeitsschutzes unter Berücksichtigung der Umstände zu treffen, welche die Sicherheit und Gesundheit der Beschäftigten bei der Arbeit betreffen. Maßnahmen des Arbeitsschutzes sind gemäß der Legaldefinition des § 2 Abs. 1 ArbSchG Maßnahmen zur Verhütung von Unfällen bei der Arbeit und arbeitsbedingten Gesundheitsgefahren einschließlich Maßnahmen der menschengerechten Gestaltung der Arbeit. Der in der Vorschrift enthaltene Maßnahmenkatalog unterstreicht die gesetzliche Verankerung eines umfassenden Arbeitsschutzansatzes.[100]

Die Maßnahmen zur Verhütung von arbeitsbedingten Gesundheitsgefahren gehen 92
über die Verhütung von Unfällen bei der Arbeit hinaus und beziehen sich auf alle anderen Gefahren für die Sicherheit und die Gesundheit der Beschäftigten, die durch die Arbeitsbedingungen verursacht werden.[101] Damit wird das uralte Ziel einer menschengerechten Gestaltung der Arbeit verfolgt, welches auch unter den Stichworten „Humanisierung der Arbeit“ sowie „Gute Arbeit“ diskutiert wird. Dieses beinhaltet eine Verbesserung der Bedingungen, unter denen die Arbeit zu leisten ist.

Von seiner Zielsetzung her umfasst der **Gesundheitsschutz** die physische und psychi- 93
sche Integrität des Arbeitnehmers bzw. die Erhaltung einer solchen Integrität gegenüber Beeinträchtigungen durch medizinisch feststellbare Verletzungen oder Erkrankungen, wobei unter der Gesundheit nicht nur das Freisein von Krankheit oder Gebrechen, sondern auch die physischen und geistig-seelischen Faktoren begriffen werden, die sich auf die Gesundheit auswirken und die in unmittelbarem Zusammenhang mit der Sicherheit und der Gesundheit bei der Arbeit stehen.[102]

Wie bereits in → § 1 Rn. 83 dargestellt, kann Mobbing seine Ursachen in den Rah- 94
menbedingungen haben, unter denen die Arbeit zu verrichten ist. Beispielhaft sind mangelnde Arbeitsorganisation, Fehler im Führungsverhalten sowie unklare Kompetenzregelungen zu nennen. Hinzu trat in den 90er Jahren des letzten Jahrhunderts eine fortschreitende Verdichtung der Arbeit; immer weniger Beschäftigte mussten immer mehr leisten, weil zwar Arbeitsplätze abgebaut wurden, sich die Menge der zu

100 Vgl. HK-ArbR/Hamm/Faber, ArbSchG §§ 3–6 Rn. 2; Kittner/Pieper, § 2 Rn. 1.
101 Vgl. HK-ArbR/Hamm/Faber, ArbSchG § 2 Rn. 1; sa Kittner/Pieper, § 2 Rn. 5.
102 Vgl. Kittner/Pieper, § 1 Rn. 8; Bücker/Feldhoff/Kohte, Rn. 235; HK-ArbR/Hamm/Faber, ArbSchG § 2 Rn. 2.

erbringenden Arbeiten, Dienstleistungen etc aber nicht verminderte.[103] Heute sind es der demografische Wandel und der Fachkräftemangel, die dazu beitragen, dass sich die Arbeit auch weiterhin verdichtet. Zudem sind die Anforderungen an zahlreiche Tätigkeiten gestiegen, hat die Arbeit an Komplexität gewonnen. Solche Bedingungen, unter denen die Arbeit zu leisten war und auch in Zukunft zu leisten ist, widersprechen weithin nicht nur den Prinzipien einer menschengerechten Gestaltung der Arbeit. Sie sind zudem geeignet, Menschen in ihrem Wohlbefinden zu beeinträchtigen und letztendlich gesundheitliche Schäden zu verursachen.

95 Ergreift der Arbeitgeber Maßnahmen, die nicht ausreichen, die Sicherheit und den Gesundheitsschutz bei der Arbeit zu gewährleisten, ist der Mobbingbetroffene gemäß § 17 Abs. 2 Satz 1 ArbSchG berechtigt, sich an die zuständige Behörde im Sinne dieser Vorschrift zu wenden (sog außerbetriebliches Beschwerderecht). Ist der Arbeitgeber aufgrund einer Beschwerde des Mobbingbetroffenen (zB gemäß § 84 Abs. 1 BetrVG oder § 13 Abs. 1 Satz 1 AGG) bereits auf die Mobbingsituation hingewiesen worden, wird man von dem Mobbingbetroffenen nicht verlangen können, sich noch einmal mit einer Beschwerde an den Arbeitgeber zu wenden, bevor er sich an die außerbetriebliche Beschwerdestelle wendet.[104]

96 Ob die **Erhebung einer Klage** gegen den Arbeitgeber und/oder eine **außerbetriebliche Beschwerde** geeignet ist, Mobbing zu beenden, muss oftmals bezweifelt werden. Insbesondere ist zu befürchten, dass die Situation weiter eskaliert und die Beschwerde mit einer Abmahnung wegen unloyalen Verhaltens quittiert wird.

2. Ermahnung und Abmahnung des Arbeitgebers

97 Arbeitgeber, die als Mobber in Erscheinung treten und/oder ihrer Pflicht zuwider nicht gegen Mobbing einschreiten, können von dem Mobbingbetroffenen in der gleichen Weise ermahnt und abgemahnt werden, wie dies der Arbeitgeber kann (→ Rn. 5 f.). Ob der Ausspruch einer Ermahnung bzw. Abmahnung geeignet ist, Einfluss auf das Verhalten des Arbeitgebers und seiner Führungskräfte zu nehmen, wird man eher selten annehmen dürfen – etwa wenn ein Arbeitgeber auf die Arbeitskraft des Mobbingbetroffenen zwingend angewiesen ist, auf seine Mitarbeit nicht verzichten möchte oder die Ermahnung bzw. Abmahnung zum Anlass nimmt, das Mobbing zu beenden. Will ihn hingegen der Arbeitgeber aus dem Betrieb drängen, dürfte ihr Ausspruch dazu führen, dass der **Druck auf den Mobbingbetroffenen** verstärkt wird. Vorstellbar sind dann Trennungsgespräche. Gleichwohl kann auch in einem solchen Fall der Ausspruch einer Abmahnung sinnvoll sein. Dies gilt vor allem dann, wenn die Beendigung des Beschäftigungsverhältnisses aus gesundheitlichen Gründen unausweichlich ist und die Abmahnung dem Ziel dient, einen wichtigen Grund im Sinne des § 159 SGB III zu liefern, um damit die Verhängung einer Sperrzeit durch die Arbeitsagentur zu verhindern (zur Problematik der Verhängung einer Sperrzeit wegen Arbeitsaufgabe → Rn. 110 ff.).

---

103 Vgl. die Ausführungen von Adolf Breyer, Eva-Maria Lobner und Margarita Helmle in dem AiB-Gespräch „Psychische Belastungen am Arbeitsplatz“, dokumentiert in AiB 1997, 209 (209 f.).

104 So wohl auch im Ergebnis: Kittner/Pieper, § 17 Rn. 7; GK-Franzen, § 84 Rn. 9.

3. Zurückbehaltung der Arbeitsleistung

§ 273 Abs. 1 BGB statuiert das Recht, die Arbeitsleistung zurückbehalten zu dürfen, ohne hierbei auf das Arbeitsentgelt verzichten zu müssen. Getreu dem Motto, dass grundsätzlich niemandem zugemutet werden darf, sich bewusst einer Gefahr auszusetzen, kann der Mobbingbetroffene im Falle von Gesundheitsgefährdungen am Arbeitsplatz von diesem Recht Gebrauch machen.[105] Soweit eine Verletzung der Fürsorgepflicht seitens des Arbeitgebers vorliegt, muss dieser zuvor erfolglos auf die Fürsorgepflichtverletzung hingewiesen[106] und ihm die Gelegenheit auch in zeitlicher Hinsicht eingeräumt worden sein, den beanstandeten Missstand abzustellen.[107] Pauschale Behauptungen genügen dabei nicht. Vielmehr muss der Mobbingbetroffene die **Gründe konkret darlegen**, auf die er sein Zurückbehaltungsrecht stützt.[108] 98

Da jede Nichtbeachtung arbeitsschutzrechtlicher Normen eine Verletzung arbeitsvertraglicher Pflichten darstellt, kann jeder Mobbingbetroffene, dessen Arbeitgeber die Handlungspflicht nach § 3 Abs. 1 Satz 1 ArbSchG verletzt, seine Arbeitsleistung so lange zurückbehalten, bis der Arbeitgeber seinen Pflichten nachgekommen ist.[109] Für die Dauer des vertragswidrigen Zustands hat er einen **Anspruch auf Fortzahlung der Vergütung**, der sich nach § 615 BGB richtet.[110] Entsprechendes gilt nach § 14 AGG für den Fall der (sexuellen) Belästigung, sofern der Arbeitgeber keine oder nur offensichtlich ungeeignete Maßnahmen zu ihrer Unterbindung ergreift.[111] 99

Die Ausübung des Zurückbehaltungsrechts darf in ihrer Wirkung **nicht überschätzt** werden. Sie wird nur den Arbeitgeber veranlassen, längst überfälliges Handeln nachzuholen, der den Mobbingbetroffenen nicht als Arbeitskraft verlieren möchte. Ist ihm dessen Situation gleichgültig oder kommt ihm sogar ein Ausscheiden des Mobbingbetroffenen gelegen, dürfte er das Fernbleiben von der Arbeit oftmals wegen beharrlicher Arbeitsverweigerung[112] mit einer fristlosen Kündigung quittieren.[113] In einer derartigen Fallkonstellation löst der Mobbingbetroffene durch sein Fernbleiben einen **Pingpong-Effekt** aus. Sofern der Gekündigte nicht das Arbeitsgericht anruft, hat der Arbeitgeber keine nachteiligen Konsequenzen zu erwarten. Und selbst wenn eine Klage erhoben wird, kann sich der Arbeitgeber notfalls im Wege eines Abfindungsvergleichs freikaufen, wobei sich sein Prozessrisiko regelmäßig in der Höhe der Abfindung widerspiegeln wird. Schließlich ist es der **Mobbingbetroffene**, der vor Gericht beweisen muss, dass er ein Recht zur Zurückbehaltung seiner Arbeitsleistung hatte, mithin die von seinem Arbeitgeber behauptete Pflichtverletzung eines unentschuldig- 100

105 Vgl. Kollmer, S. 38; sa LAG Hessen 26.8.1997 – 5 Sa 535/97 – Seite 11 der Entscheidung.

106 Vgl. LAG Schleswig-Holstein 29.11.2007 – 1 Sa 202/07: Erforderlich ist die konkrete Mitteilung, welche einzelnen Verhaltensweisen beanstandet werden; ein pauschaler Hinweis reicht insoweit nicht aus.

107 Vgl. Kittner/Pieper ArbSchR, ArbSchG § 9 Rn. 19; LAG Hessen 26.8.1997 – 5 Sa 535/97 – Seiten 10 f. der Entscheidung.

108 BAG 13.3.2008 – 2 AZR 88/07.

109 Däubler Arbeitsrecht, Rn. 566; Kittner/Pieper ArbSchR, ArbSchG § 9 Rn. 16 ff.

110 Däubler AR 2, Rn. 422.

111 Vgl. zu den Einzelheiten HK-ArbR/Berg, AGG § 14 Rn. 2 ff.

112 Sa Dormann, S. 19.

113 Vgl. BAG 22.10.2015 – 2 AZR 569/14: Eine beharrliche Arbeitsverweigerung, die geeignet ist, eine außerordentliche fristlose Kündigung zu rechtfertigen, kann darin liegen, dass der Arbeitnehmer sich zu Unrecht auf ein Leistungsverweigerungsrecht nach § 275 Abs. 3 BGB und/oder ein Zurückbehaltungsrecht gemäß § 273 Abs. 1 BGB beruft.

ten Fernbleibens von der Arbeit nicht vorliegt.[114] Zur Vermeidung eines solchen Pingpong-Effektes kann es sich anbieten, eine Klage auf Feststellung zu erheben, dass der Mobbingbetroffene berechtigt ist, seine Arbeitsleistung zurückzubehalten.[115]

101 Von der Zurückbehaltung der Arbeitsleistung ist das **Verbot zur Arbeitsleistung** zu unterscheiden. Ein solches kann sich bei einer schwangeren Arbeitnehmerin aus § 16 Abs. 1 MuSchG ergeben, wenn psychisch bedingter Stress Leben oder Gesundheit von Mutter oder Kind gefährden.[116]

102 Von der Zurückbehaltung der Arbeitsleistung ist weiter die **Weigerung** des Mobbingbetroffenen zu unterscheiden, (etwa nach einer stufenweisen Wiedereingliederung)[117] **auf seinen bisherigen Arbeitsplatz zurückzukehren.**[118] Das SG Dortmund hat dem Mobbingbetroffenen in einem Fall, in dem der Arbeitgeber eine solche Weigerung mit einer entgeltlosen Freistellung von der Arbeitsleistung beantwortet hatte, einen Anspruch auf Arbeitslosengeld zugesprochen.

Leitsätze des SG Dortmund vom 10.10.2016 – S 31 AL 84/16

1. Weigert sich eine Beschäftigte auf ihren bisherigen Arbeitsplatz in einem ungekündigten Arbeitsverhältnis wegen Mobbings zurückzukehren, hat sie Anspruch auf Arbeitslosengeld, da eine faktische Beschäftigungslosigkeit vorliegt, die im Sinne von § 138 Abs. 1 Nr. 1 SGB III für eine Beschäftigungslosigkeit genügt.
2. Es ist unschädlich, dass die Beschäftigte das Arbeitsverhältnis erst dann kündigen will, wenn sie eine andere Beschäftigung gefunden hat, noch, dass sie versucht, die Wiederaufnahme der Beschäftigung bei dem bisherigen Arbeitgeber durch eine Versetzung zu erreichen.

4. Auflösung des Arbeitsvertrags

103 Arbeitsverträge können jederzeit **im beiderseitigen Einvernehmen** ohne Beachtung einer Kündigungsfrist beendet werden. Zu beachten ist lediglich das Schriftformerfordernis gemäß § 623 BGB. Das Verlangen des Mobbingbetroffenen zur Auflösung seines Arbeitsvertrags stellt häufig eine „Flucht nach vorne“ dar. Von einer Sanktionierung des Arbeitgebers kann hingegen kaum gesprochen werden, da der Abschluss eines derartigen Vertrags für den Arbeitgeber eher selten mit Nachteilen verbunden sein dürfte.

104 Mobbingbetroffene verlangen manchmal – teilweise sogar recht überstürzt – den Abschluss eines Auflösungsvertrages, wenn es für sie die einzige Möglichkeit zu sein scheint, dem Mobbing ein Ende setzen zu können. Verbunden ist damit allerdings in der Regel die **Verhängung einer Sperrzeit** wegen Arbeitsaufgabe durch die Arbeitsagentur (→ Rn. 110 ff.; sa § 159 Abs. 1 Satz 2 Nr. 1 SGB III), sofern nicht ein neuer

114 Sa Esser/Wolmerath, S. 239.

115 Vgl. BAG 23.1.2007 – 9 AZR 557/06 – zu den Voraussetzungen einer solchen Klage.

116 BAG 21.3.2001 – 5 AZR 352/99 – AiB 2002, 383; sa BAG 7.11.2007 – 5 AZR 883/06; LAG Hamm 10.10.2006 – 9 Sa 1557/05; LAG Hessen 14.4.2004 – 2 Sa 803/03.

117 Vgl. § 74 SGB V.

118 Sa BAG 28.6.2018 – 2 AZR 436/17 sowie LAG München 6.12.2016 – 9 Sa 481/16 – hinsichtlich der Weigerung, der Zuweisung eines neuen Arbeitsplatzes zu folgen, sowie der nachfolgend arbeitgeberseitig ausgesprochenen außerordentlichen Kündigung der Arbeitnehmerin.

Arbeitsplatz gefunden ist. Auch ist zu bedenken, dass Auflösungsverträge regelmäßig **umfassende Ausgleichsklauseln** enthalten, die sich im Einzelfall negativ auswirken, etwa der Geltendmachung von Schadensersatzansprüchen entgegenstehen können.

Leitsatz des LAG Berlin vom 26.8.2005 – 6 Sa 633/05:[119] 105

Die Regelung in einem Arbeitsvertrag, wonach sämtliche Ansprüche des Arbeitnehmers aus seinem Arbeitsvertrag und aus Anlass von dessen Beendigung – gleich aus welchem Rechtsgrund – abgegolten sein sollen, kann auch etwaige Schadensersatz- oder Entschädigungsansprüche des Arbeitnehmers gegen seinen Vorgesetzten wegen sogenannten Mobbings erfassen.

5. Kündigung des Arbeitsvertrags

Ist der Arbeitgeber zum Abschluss eines Auflösungsvertrags nicht bereit oder ist ein 106
solcher nicht akzeptabel, bleibt dem Mobbingbetroffenen die Möglichkeit der Kündigung.[120] Auch diese ist für den Arbeitgeber eher selten mit Nachteilen verbunden. Ihr kommt überwiegend lediglich das Setzen eines Zeichens in dem Sinne von: „Mit mir nicht!“ zu. Schließlich ist es der Mobbingbetroffene, der aus dem Arbeitsverhältnis ausscheidet, selbst wenn er – sprachlich zum Ausdruck gebracht – dem Arbeitgeber kündigt.

a) Ordentliche Kündigung

Eine ordentliche Kündigung des Arbeitsvertrags ist **jederzeit möglich**. Einer Begrün- 107
dung bedarf es hierzu nicht, da das Kündigungsschutzgesetz gemäß § 1 Abs. 1 KSchG ausschließlich auf arbeitgeberseitig ausgesprochene Kündigungen Anwendung findet. In der gleichen Weise erfolgt keine Beteiligung der betrieblichen Interessenvertretung, da sich § 102 BetrVG bzw. § 79 BPersVG ebenfalls nur auf die arbeitgeberseitige Kündigung bezieht. Grundsätzlich hat der kündigungswillige Mobbingbetroffene daher nur die konkret zu beachtende **Kündigungsfrist** (vgl. § 622 BGB) sowie das **Schriftformerfordernis** gemäß § 623 BGB zu wahren.

b) Außerordentliche Kündigung

Der Ausspruch einer außerordentlichen (fristlosen) Kündigung ist unter Umständen 108
möglich[121] (→ Rn. 41 ff.), wobei neben der Missachtung der arbeitgeberseitigen Fürsorgepflicht[122] und dem Nichteinschreiten gegen Mobbinghandlungen von Kollegen, Vorgesetzten oder Dritten[123] der Umstand einer Erkrankung auf unabsehbare Zeit einen wichtigen Grund im Sinn des § 626 Abs. 1 BGB darstellen kann.[124] In diesem Zusammenhang ist darauf hinzuweisen, dass es vor dem Ausspruch einer solchen Kündigung regelmäßig einer „Abmahnung“ bedarf,[125] sofern nicht ausgeschlossen

119 NZA-RR 2006, 67.
120 Siehe beispielhaft BAG 22.3.2018 – 8 AZR 190/17.
121 Sa Gallner ua, BGB § 626 Rn. 108.
122 Gallner ua, BGB § 626 Rn. 108.
123 Gallner ua, BGB § 626 Rn. 108.
124 Sa BAG 22.3.2018 – 8 AZR 190/17.
125 Sa ErfK-Niemann, BGB § 626 Rn. 36

werden kann, dass eine solche zu einer – auch subjektiv gesehen – deutlichen Verbesserung der Arbeitssituation geführt hätte.[126]

6. Folgen der Aufgabe des Arbeitsverhältnisses

109 Der Ausspruch einer Kündigung bzw. der Abschluss eines Auflösungsvertrags ist zwangsläufig mit dem Verlust des Arbeitsplatzes verbunden. Ist eine Anschlussbeschäftigung bei einem anderen Arbeitgeber nicht gefunden, ist der Gang zur Agentur für Arbeit die Regel. Nicht selten folgt der Euphorie, dem Mobbing endlich entronnen zu sein, die **Ernüchterung**, dass es nicht einfach sein wird, eine neue Arbeitsstelle zu finden. Vergleichbares gilt für den Sprung in eine berufliche Selbständigkeit.

a) Verhängung einer Sperrzeit durch die Agentur für Arbeit

110 Dem Mobbingbetroffenen droht eine Sperrzeit wegen der Aufgabe des Arbeitsverhältnisses gemäß § 159 Abs. 1 Satz 2 Nr. 1 SGB III, welche gemäß § 49 Abs. 1 Nr. 3 a SGB V auch zu einem Ruhen eines eventuell bestehenden Anspruchs auf Krankengeld führt. Sofern die Sperrzeit von zwölf Wochen (vgl. § 159 Abs. 3 Satz 1 SGB III) für den Betroffenen eine besondere Härte bedeutet, wird diese auf sechs Wochen halbiert (§ 159 Abs. 3 Satz 2 Nr. 2 Buchst. b SGB III), wobei sich die besondere Härte nach etwaigen Besonderheiten der Situation, durch welche die Sperrzeit ausgelöst worden ist, bemisst.[127]

111 Leitsatz des LSG Rheinland-Pfalz vom 28.2.2003 - L 1 AL 57/01:[128]

Wer sich als Arbeitnehmer gemobbt fühlt und kündigt, hat zwar nicht unbedingt einen wichtigen Kündigungsgrund, kann aber auf eine kürzere Sperrfrist beim Arbeitslosengeld hoffen. In einem solchen Fall könne der Entschluss des Mitarbeiters, das Arbeitsverhältnis von sich aus zu kündigen, „verständlich und entschuldbar" sein.

112 Die Verhängung einer Sperrzeit kann der Mobbingbetroffene in aller Regel verhindern, wenn er der Arbeitsagentur nachweist, dass er für sein Verhalten einen **wichtigen Grund** gehabt hat (§ 159 Abs. 1 Satz 1 SGB III). Schließlich soll eine Sperrzeit dann nicht eintreten, wenn dem Arbeitnehmer ein Festhalten an der Beschäftigung nicht zugemutet werden kann.[129]

113 Vorliegen muss bzw. musste der wichtige Grund zum Zeitpunkt der Auflösung des Arbeitsverhältnisses.[130]

114 **Beispiele für das Vorliegen eines wichtigen Grundes:**

- Der Beschäftigte ist gemäß § 626 BGB zu einer fristlosen Kündigung seines Arbeitsverhältnisses berechtigt.[131]

---

126 LAG Sachsen-Anhalt 28.4.2010 – 5 Sa 7/09.
127 Karmanski in Brand, § 159 Rn. 159 ff.; sa SG Wiebaden 15.10.1998 – S 11 AL 499/98 – info also 1999, 193 (195).
128 EzA-Schnelldienst 2003, 20.
129 Karmanski in Brand, § 159 Rn. 120.
130 Karmanski in Brand, § 159 Rn. 126.
131 Karmanski in Brand, § 159 Rn. 127; sa BSG 17.7.1964 – 7 RAr 4/64 – BSGE 21, 205 (207).

- Das körperliche oder geistige Leistungsvermögen würde die künftige Ausübung der bisherigen Tätigkeit zumindest wesentlich erschweren.[132]
- Die Verhältnisse am Arbeitsplatz sind von einer tiefgreifenden Zerrüttung des notwendigen Mindestvertrauens sowie der Grundregeln des persönlichen Umgangs zwischen den Arbeitskollegen geprägt und von dem betroffenen Arbeitnehmer wurden die ihm zumutbaren Versuche zur Beseitigung dieser Umstände unternommen.[133]
- Psychischer Druck wird in einem Maße ausgeübt, dass dem Arbeitnehmer die Fortführung seines Beschäftigungsverhältnisses nicht mehr zugemutet werden kann.[134]

Leitsatz des SG Wiesbaden vom 15.10.1998 – S 11 AL 499/98:[135] 115

Mobbing begründet einen wichtigen Grund im Sinne des Sperrzeitenrechts für die Aufgabe einer Beschäftigung regelmäßig dann, wenn es sich für den betroffenen Arbeitnehmer um Nachteile von einigem Gewicht handelt.

Zur Vermeidung einer Sperrzeit wird man regelmäßig verlangen müssen, dass der 116 Mobbingbetroffene ihm **zumutbare Versuche** unternimmt bzw. unternommen hat, um das Mobbing zu beenden.[136] Hierzu gehört insbesondere die Beschwerde an den Arbeitgeber und/oder an den Betriebs- bzw. Personalrat. Lediglich dann, wenn die Mobbinghandlungen von dem Arbeitgeber selbst ausgehen oder dieser solche fördert oder ermöglicht, wird man von dem Erfordernis der Erhebung einer Beschwerde an diesen absehen können, da ihr der Erfolg von vornherein versagt bleiben dürfte. Insoweit wird man dem Mobbingbetroffenen allenfalls zumuten können, eine Beschwerde an den Betriebs- bzw. Personalrat zu richten.

Leitsatz des LSG Niedersachsen vom 1.1.2001 – l 8 AL 157/00: 117

Wer psychischen Druck aufgrund angedrohter „Repressalien" und angedrohtem „Spießrutenlauf" durch den Arbeitgeber als wichtigen Grund für den Abschluss eines Aufhebungsvertrags behauptet, muss diese Umstände seinem zuständigen Arbeitsamt *(heute: Agentur für Arbeit)* sofort unterbreiten, sofern eine Sperrzeit droht bzw. festgestellt wird. Geschieht dies nicht zeitnah, ist die Annahme eines besonderen psychischen Drucks, der eine vorzeitige Lösung des Beschäftigungsverhältnisses aus wichtigem Grund möglicherweise als gerechtfertigt erscheinen ließe, nicht möglich.

b) Ersatz des durch die Kündigung verursachten Schadens

Sofern der Arbeitgeber die Kündigung des Arbeitsvertrags veranlasst hat, ist er dem 118 Arbeitnehmer gegenüber zum Ersatz des durch die Aufhebung des Arbeitsverhältnisses entstehenden Schadens verpflichtet (vgl. § 628 Abs. 2 BGB), wenn die ausgesprochene außerordentliche Kündigung wirksam ist[137] und eine schuldhafte Vertragsverletzung seitens des Arbeitgebers vorliegt.[138] Entsprechendes gilt, wenn das Arbeitsver-

132 Karmanski in Brand, § 159 Rn. 129.
133 Karmanski in Niesel/Brand, § 144 Rn. 139 unter Bezugnahme auf SG Mannheim 9.3.1994 – S 5 Ar 1827/93 – info also 1994, 212; sa SG Wiesbaden 15.10.1998 – S 11 AL 499/98 – info also 1999, 193.
134 Karmanski in Niesel/Brand, § 144 Rn. 139 unter Bezugnahme auf BSG 25.4.1990 – 7 RAr 16/89 – DBlR § 119 AFG Nr. 3649; Gagel-Winkler, SGB III § 159 Rn. 164, 181.
135 Info also 1999, 193.
136 Sa Karmanski in Brand, § 159 Rn. 123 f.
137 Sa LAG Sachsen-Anhalt 28.4.2010 – 5 Sa 7/09.
138 HaKo-BGB/Schreiber, § 628 Rn. 3.

hältnis aus den vorgenannten Gründen durch einen **Auflösungsvertrag** bzw. durch eine **ordentliche Kündigung** beendet worden ist.[139] Zu ersetzen ist der Schaden, der dem Arbeitnehmer durch die fristlose Beendigung des Arbeitsverhältnisses entstanden ist.[140] Der Arbeitnehmer ist so zu stellen, wie er bei einem Fortbestand des Arbeitsverhältnisses stehen würde.[141] Der hiernach zu ersetzende Schaden kann beispielsweise neben der Zahlung von Urlaubs- und Weihnachtsgeld sowie Tantiemen in der Erstattung von Bewerbungskosten sowie in der Zahlung entgangener Vergütung bestehen.[142] Hierbei muss sich der Arbeitnehmer allerdings anrechnen lassen, was er infolge der Beseitigung des Arbeitsverhältnisses erspart oder durch anderweitige Verwendung seiner Dienste erwirbt oder zu erwerben schuldhaft unterlässt.[143] Die an sich in zeitlicher Hinsicht unbegrenzte Schadensersatzpflicht des Arbeitgebers wird nach der Rechtsprechung beschränkt auf den Zeitraum bis zum Ablauf der Frist, die für eine Beendigung des Arbeitsverhältnisses aufgrund ordentlicher Kündigung gelten würde.[144] Damit relativiert sich die Höhe des zu ersetzenden Schadens. Da sich ein entsprechender Geldbetrag leicht errechnen lässt, kann sich für den Arbeitgeber unter Umständen eine **provozierte außerordentliche Kündigung** rechnen. In dieser Hinsicht ist etwa an einen Mobbingbetroffenen zu denken, der einen besonderen Kündigungsschutz genießt (zB schwerbehinderte Menschen, Auszubildende, werdende Mütter, Beschäftigte in Elternzeit; vgl. § 17 MuSchG, § 18 BEEG, § 22 BBiG, § 15 KSchG, § 168 SGB IX).

119 Sofern das Arbeitsverhältnis des Mobbingbetroffenen den Regelungen des Kündigungsschutzgesetzes unterliegt (vgl. §§ 1 Abs. 1, 23 Abs. 1 KSchG) kommt zudem eine angemessene Abfindung gemäß §§ 9, 10, 13 KSchG in Betracht, mit der der Verlust des Bestandsschutzes ausgeglichen werden soll.[145] Soweit es das (Mobbing-)Verhalten anderer Arbeitnehmer betrifft, kann dieses einen Auflösungsantrag des Mobbingbetroffenen rechtfertigen, wenn der Arbeitgeber das Verhalten durch eigenes Tun entscheidend veranlasst oder das Verhalten der anderen Arbeitnehmer jedenfalls geduldet hat, ohne hiergegen einzuschreiten.[146]

120 Leitsatz des BAG vom 26.7.2001 – 8 AZR 739/00:

Der Schadensersatzanspruch des Arbeitnehmers wegen Auflösungsverschuldens des Arbeitgebers gemäß § 628 Abs. 2 BGB ist zeitlich begrenzt. Nach dem Zweck der Norm beschränkt sich der Anspruch grundsätzlich auf den dem kündigenden Arbeitnehmer bis zum Ablauf der Kündigungsfrist einer fiktiven Kündigung entstehenden Vergütungsausfall, zu dem allerdings eine den Verlust des Bestandsschutzes ausgleichende angemessene Entschädigung entsprechend §§ 9, 10 KSchG hinzutreten kann.

139 HK-ArbR/Waas/Palonka, BGB § 628 Rn. 12.
140 Sa HK-ArbR/Waas/Palonka, BGB § 628 Rn. 16.
141 Palandt, § 628 Rn. 8.
142 Vgl. Esser/Wolmerath, S. 240; HK-ArbR/Waas/Palonka, BGB § 628 Rn. 18.
143 Vgl. HK-ArbR/Waas/Palonka, BGB § 628 Rn. 18.
144 HK-ArbR/Waas/Palonka, BGB § 628 Rn. 11; Ruberg, S. 138.
145 Vgl. HK-ArbR/Waas/Palonka, BGB § 628 Rn. 18 f. mwN; BAG 26.7.2001 – 8 AZR 739/00; BAG 22.4.2004 – 8 AZR 269/03.
146 LAG Rheinland-Pfalz 15.12.2015 – 8 Sa 183/15.

Leitsatz des LAG Hessen vom 23.3.2001 – 9/2 Sa 761/00:[147] 121

Schadensersatzansprüche nach § 628 Abs. 2 BGB wegen einer auf den Vorwurf des Mobbings gestützten Eigenkündigung des Arbeitnehmers setzen voraus, dass die Kündigungserklärungsfrist des § 626 Abs. 2 BGB eingehalten wird.

III. Verhalten von Arbeitskollegen und sonstigen Dritten

Indem es arbeitsvertragliche Beziehungen lediglich zwischen dem Arbeitgeber und seinen Arbeitnehmern gibt, erübrigt sich eine Bewertung des Verhaltens sonstiger Dritter in arbeitsrechtlicher Hinsicht. Hier hat die Arbeitgeberseite lediglich die Möglichkeit, auf den Geschäftspartner, der den Dritten beschäftigt, dahin gehend einzuwirken, dass er von einer weiteren Entsendung des Dritten absieht oder diesen in der erforderlichen Weise sanktioniert. Von Interesse bleibt somit, wie das Verhalten der Arbeitskollegen im Zusammenhang mit dem Mobbinggeschehen zu bewerten ist, auch wenn diese nicht als Mobber in Erscheinung treten. 122

1. Pflichtverletzungen

Da das Verhalten der Arbeitskollegen nur im Falle einer arbeitsvertraglichen Nebenpflichtverletzung einer Sanktion zugeführt werden kann, stellt sich die Frage, wie ihr Verhalten zu bewerten ist, sofern sich diese im Zusammenhang mit Mobbing **passiv verhalten** und ihren Vorgesetzten bzw. Arbeitgeber nicht über die Situation informieren. 123

Mobbing wirkt sich negativ auf die betrieblichen Arbeitsabläufe aus, so dass insoweit an eine Nebenpflicht der Sicherung der Arbeitsabläufe[148] zu denken ist. Im Hinblick auf Mobbing bezieht sich diese auf das Verhalten der Belegschaftsmitglieder untereinander. Einem drohenden Schadenseintritt steht die Gefahr gegenüber, dass das Handeln einzelner Arbeitskollegen von den anderen betrieblichen Akteuren als ein Denunzieren verstanden wird und sich daraus für den Handelnden selbst Konsequenzen (zB Abmahnung wegen betriebsstörenden Verhaltens) ergeben können.[149] Eine Lösung dieses Problems kann meines Erachtens nur mittels einer **Abwägung der schützenswerten Interessen** des Mobbingbetroffenen sowie der Arbeitskollegen unter Berücksichtigung aller Umstände und Besonderheiten des konkreten Einzelfalls sowie der Stellung der sich passiv verhaltenden Personen innerhalb der Betriebshierarchie erfolgen – wie es im Ergebnis auch Däubler in den Fällen der Schädigung von Eigentum tut.[150] 124

Die sich hieraus für den konkreten Einzelfall ergebenden **Konsequenzen** lassen sich anhand der folgenden Fallbeispiele verdeutlichen. 125

147 NZA-RR 2002, 581; sa LAG Düsseldorf 15.2.2018 – 13 Sa 833/17; LAG Rheinland-Pfalz 30.10.2008 – 10 Sa 340/08.
148 Vgl. Däubler AR 2 1998, Rn. 659.
149 Sa Däubler AR 2 1998, Rn. 660.
150 Vgl. Däubler AR 2 1998, Rn. 661.

126 **Beispiele unterschiedlicher Konsequenzen:**

1. Max Müller erfährt, dass Bernd Becker noch an demselben Tag in der Kantine erzählen will, dass Marion Meier in ihrer Freizeit als Prostituierte tätig sei, um diese bei den Arbeitskollegen in ihrem Ansehen zu schädigen.
2. Max Müller weiß, dass Marion Meier schon seit längerem Mobbingangriffen des Bernd Becker ausgesetzt ist und sich aus diesem Grunde in ärztlicher Behandlung befindet. Als Herr Müller erfährt, dass Bernd Becker zum „Endspurt" ansetzen will, um Frau Meier aus der Abteilung zu vertreiben, schweigt er – obwohl er damit rechnet, dass Frau Meier bei der nächsten Attacke aufgrund ihrer stark angeschlagenen Gesundheit einen Nervenzusammenbruch erleiden wird.
3. Max Müller sieht, wie Bernd Becker das Password des Computers von Marion Meier verändert, so dass diese nicht arbeiten kann. Dies wird erst nach einem Eingreifen des Administrators möglich. Max Müller schweigt, als sich sein Vorgesetzter später in der Abteilung erkundigt, wer sich diesen „Spaß" erlaubt hat.

Anmerkungen zu den Beispielen: Die aus dem Handeln von Bernd Becker resultierenden Schäden unterscheiden sich in den drei Fällen. Während Frau Meier im ersten Beispiel einen Schaden an ihrem sozialen Ansehen in der Belegschaft erleidet, besteht dieser im zweiten Fall in einer Verletzung ihrer Gesundheit. Im dritten Beispiel wird nicht Marion Meier, sondern ihr Arbeitgeber geschädigt, da er sie gemäß § 615 Satz 3 BGB[151] entlohnen muss, ohne eine entsprechende Gegenleistung in Form geleisteter Arbeit zu erhalten. Weiter ist davon auszugehen, dass Herr Becker vorsätzlich gehandelt hat.

Gehen wir zunächst von der Annahme aus, dass es sich bei Max Müller um einen Arbeitskollegen von Marion Meier handelt, der mit dieser auf derselben Hierarchieebene oder unter der von Frau Meier steht. Informiert Herr Müller seinen Vorgesetzen in dem ersten Beispiel über das beabsichtigte Handeln des Herrn Becker, steht er im Betrieb schnell als Denunziant dar, wenn der angekündigte Angriff wider Erwarten nicht ausgeführt oder in der Belegschaft bekannt wird, dass dieser aufgrund einer arbeitgeberseitigen Intervention unterbunden wurde. Entsprechendes gilt für das dritte Beispiel, wenn in der Belegschaft bekannt wird, dass Max Müller den Bernd Becker „verpfiffen" hat. Sofern man bedenkt, dass es grundsätzlich keine allgemeine (Rechts-)Pflicht zur Erstattung von Strafanzeigen einer bereits begangenen bzw. einer beabsichtigten Straftat gibt, wird man auch im Arbeitsverhältnis nicht verlangen können, dass eine solche Mitteilung an den Arbeitgeber zu erfolgen hat. Mithin stellen passive Verhaltensweisen vor oder während schadensverursachenden Mobbinghandlungen keine Verletzung arbeitsvertraglicher Nebenpflichten dar. Handelt es sich bei Max Müller hingegen um einen Vorgesetzten, so ist dieser sowohl bei einer fahrlässigen als auch bei einer vorsätzlichen Schädigung von Eigentum des Arbeitgebers sowie von Belegschaftsangehörigen und solchen Störungen, die den Arbeitsablauf betreffen, zum Handeln verpflichtet.[152] Soweit dies nicht der Fall ist, eine Mobbinghandlung mithin nicht zu einem Eigentumsschaden bzw. zu einer Betriebsstörung führt, besteht

151 Sa Palandt, § 615 Rn. 21 f.
152 Däubler AR 2 1998, Rn. 661.

auch keine Pflicht zum Tätigwerden. Obwohl die Verbreitung ehrenrühriger Behauptungen dazu führt, für ausreichenden Gesprächsstoff im Betrieb zu sorgen, wird der Betriebsablauf alleine dadurch nicht beeinträchtigt.[153] *Vergleichbares wird regelmäßig für eine Körperverletzung gelten, die keine Auswirkungen auf den Betriebsablauf hat. Manipulationen am Computer können zu Störungen im Betriebsablauf führen. Dass solche durch die Änderung der Zugangsberechtigung an dem Computer von Frau Meier verursacht wurden, ist nicht ersichtlich. Mithin besteht auch für Max Müller in seiner Eigenschaft als Vorgesetzter in den drei Fällen keine vertragliche Pflicht, geeignete Aktivitäten zu ergreifen, um einen Schaden abzuwenden.*

Ermangelt es an einer **Nebenpflichtverletzung**, scheidet eine arbeitsrechtliche Sanktio- 127
nierung des Verhaltens von Arbeitskollegen – sowie Vorgesetzten – aus. Anders ist es nur dann, wenn eine Schädigung von Eigentum des Mobbingbetroffenen zu befürchten oder die Schädigung des Mobbingbetroffenen (die nicht sein Eigentum betrifft) mit einer Störung des Betriebsablaufs verbunden ist. Ein Untätigbleiben kann dann eine Nebenpflichtverletzung beinhalten, die gegebenenfalls mit einer Ermahnung, Abmahnung, Versetzung oder Kündigung sanktioniert werden und Schadensersatzansprüche des Arbeitgebers wegen Pflichtverletzung gemäß § 280 Abs. 1 BGB auslösen kann. Da den Arbeitgeber insoweit die Darlegungs- und Beweislast trifft, wird er sich gut überlegen, ob eine Sanktion erfolgen soll, diese zudem im Fall der Versetzung bzw. Kündigung der vorherigen Beteiligung der Interessenvertretung bedarf. Begehen mehrere Beschäftigte dieselben bzw. vergleichbare Pflichtverletzungen, ist weiter zu bedenken, dass es schwierig sein kann, Sanktionsmaßnahmen gegen eine Vielzahl von Beschäftigten zu verhängen. Zum einen dürfte dies oftmals an der Beweisbarkeit scheitern, zum andern kann sich ein derartiges Tun negativ auf das Betriebsklima sowie auf die Qualität und Quantität der Arbeitsergebnisse auswirken.

2. Kollektive Ausübung des Zurückbehaltungsrechts

Anerkannt ist, dass das Zurückbehaltungsrecht gemäß § 273 Abs. 1 BGB (→ 128
Rn. 98 ff.) auch kollektiv ausgeübt werden kann.[154] Seine Kollektivität ist allerdings insoweit beschränkt, als nur diejenigen ihre Arbeitsleistung verweigern können, die von dem Rechtsverstoß **unmittelbar betroffen** sind. Dieses Recht steht unter anderem den Betroffenen zu, die sich auf eine Fürsorgepflichtverletzung des Arbeitgebers berufen oder ihre Arbeitsleistung wegen einer akuten Gefährdung für Leib und Leben nicht in zumutbarer Weise erbringen können,[155] oder wenn der Arbeitgeber gegen die sich für ihn aus § 3 Abs. 1 ArbSchG ergebende Pflicht verstößt.[156] Da die Arbeitskollegen keinen Mobbinghandlungen ausgesetzt sind, erscheint eine Verletzung arbeitsvertraglicher Pflichten ihnen gegenüber kaum möglich, so dass dieser Personenkreis im Zusammenhang mit der Situation des Mobbingbetroffenen nicht berechtigt ist, seine Arbeitskraft kollektiv zurückzubehalten.

153 Sa Däubler AR 2 1998, Rn. 661.
154 Vgl. Däubler Arbeitsrecht, Rn. 187, 566.
155 Vgl. LAG Hessen 26.8.1997 – 7 Sa 535/97 – Seiten 10 f. der Entscheidung.
156 Vgl. Däubler Arbeitsrecht, Rn. 566.

3. Folgen einer Druckausübung

129 Beschäftigte können derart Druck auf den Arbeitgeber ausüben, dass dieser sich veranlasst sieht, eine Kündigung gegenüber dem Mobbingbetroffenen oder dem Mobber auszusprechen.

a) Schadensersatzanspruch des Gekündigten

130 Liegen personen- oder verhaltensbedingte Gründe für eine Kündigung vor, ist eine auf Verlangen Dritter ausgesprochene Kündigung gerechtfertigt.[157] Dies gilt selbst dann, wenn der Arbeitgeber bei einer nicht erfolgten Druckausübung von dem Ausspruch einer Kündigung abgesehen hätte. Insoweit ist der Druck Dritter in rechtlicher Hinsicht unbeachtlich. Gibt es hingegen keine eine Druckkündigung rechtfertigenden Kündigungsgründe, wird durch die Kündigung in das **Recht am Arbeitsplatz** des betroffenen Beschäftigten eingegriffen. Dies hat zur Folge, dass der Gekündigte eventuell einen Schadensersatzanspruch gegen den Arbeitgeber sowie gegen die den Druck ausübenden Personen haben kann.[158] Ob eine diesbezügliche Klage Erfolg haben kann, wird davon abhängen, ob es dem Gekündigten gelingt, die der Kündigung zugrunde liegende Drucksituation zu beweisen.

b) Abmahnung und Schadensersatz

131 Losgelöst davon, ob eine durch Druck erfolgte Kündigung wirksam ist, stets wird der Arbeitgeber genötigt (vgl. § 240 Abs. 1 StGB), ein bestimmtes Verhalten an den Tag zu legen. Zudem wird der **Betriebsablauf** gestört. Man denke etwa an die Ankündigung, so lange nur noch Dienst nach Vorschrift zu verrichten, bis die betreffende Person weg ist. Mithin wird sich die Druckausübung in der Regel als eine schuldhafte Verletzung der sich aus dem Arbeitsvertrag ergebenden Treuepflicht darstellen, die mit einer Abmahnung sanktioniert werden kann. In der gleichen Weise kann ein durch die Druckausübung verursachter Schaden im Rahmen des § 280 Abs. 1 BGB geltend gemacht werden.

132 In der **betrieblichen Praxis** dürfte ein Arbeitgeber indes kaum gewillt sein, die Druck ausübenden Beschäftigten zu sanktionieren bzw. in Regress zu nehmen. Schließlich wirken sich solche Maßnahmen vor allem auf das Arbeitsklima, die Zufriedenheit der Beschäftigten, den Krankenstand und die Qualität sowie Quantität der Arbeitsergebnisse negativ aus. Maßnahmen dürften daher umso unwahrscheinlicher sein, je größer die Gruppe der Druck ausübenden Personen ist. Schließlich weiß der Arbeitgeber in der Regel nicht, wie die Beschäftigten auf eine Sanktion und/oder auf ein Schadensersatzbegehren reagieren. Neben der Abnahme der Leistungsbereitschaft ist etwa an eine Zunahme der Fehlzeiten zu denken, ferner an eine Verschlechterung der Arbeitsergebnisse. Letztendlich ist zu bedenken, dass sich der ausgeübte Druck regelmäßig gegen Vorgesetzte, Außenseiter sowie Angehörige einer Minderheit richtet.[159] Handelt es sich bei dem Mobbingbetroffenen bzw. bei dem Mobber um eine diesem Personenkreis zuzurechnende Person, wird sich der Arbeitgeber oftmals im Interesse

157 Vgl. Schaub, § 127 Rn. 89.
158 Vgl. Schaub, § 127 Rn. 90.
159 Vgl. Däubler Arbeitsrecht, Rn. 863.

eines ungestörten Arbeitsablaufs dem Anliegen der Beschäftigten anschließen bzw. sich mit diesen solidarisieren. Er wird dann die Schuld nicht bei der Belegschaft, sondern bei dem Mobbingbetroffenen bzw. dem Mobber suchen. Dies wiederum dürfte zur Folge haben, dass der Arbeitgeber kaum gewillt sein wird, Sanktionen gegen seine Beschäftigten zu verhängen bzw. diese auf Schadensersatz in Anspruch zu nehmen.

IV. Abmahnung und Kündigung des Mobbingbetroffenen

Gelegentlich kommt es vor, dass der Arbeitgeber den Mobbingbetroffenen abmahnt 133
oder ihm kündigt. Die Gründe für ein solches Verhalten können äußerst unterschiedlich sein. Sie reichen von einer Kündigung aus krankheitsbedingten Gründen[160] über eine durch Intrigen des Mobbers herbeigeführte Kündigung bis hin zur Mobbinghandlung „Kündigung".[161] Aber auch die Bezichtigung anderer Personen, diese würden gegen ihn Mobbing betreiben, kann in eine Kündigung des Betreffenden münden.[162] Vergleichbares gilt für die Abmahnung, die nicht selten der Vorbote für eine sich abzeichnende Kündigung aus verhaltensbedingten Gründen ist. Eine solche kann rechtsmissbräuchlich sein, wenn sie zu Mobbingzwecken ausgesprochen wird.[163]

Leitsatz des LAG Frankfurt/M. vom 21.2.2003 - 12 Sa 561/02: 134

Mobbinghandlungen begründen keinen Sonderkündigungsschutz für deren Opfer, sie können zur Treu- oder Sittenwidrigkeit einer Kündigung in der Probezeit führen, wenn der Arbeitgeber sie sich zu eigen macht und die Kündigung aus willkürlichen oder verwerflichen Motiven ausspricht.

Leitsatz des ArbG Eisenach vom 30.8.2005 - 3 Ca 1226/03: 135

Eine Kündigung wegen krankheitsbedingter Fehlzeiten, die durch vom Arbeitgeber nicht unterbundenes Mobbing entstanden sind, ist mit dem Grundsatz von Treu und Glauben (§ 242 BGB) nicht vereinbar.

Leitsatz des LAG Rheinland-Pfalz vom 26.4.2004 - 7 Sa 1220/01: 136

Kommt es am Arbeitsplatz zu einer drastischen Verschlechterung des Klimas, die dazu führt, dass die Mobbingbetroffene auf Dauer arbeitsunfähig erkrankt, so kann der Arbeitgeber aus seiner arbeitsvertraglichen Nebenpflicht heraus gehalten sein, an Stelle einer krankheitsbedingten Kündigung alle Maßnahmen zu ergreifen, um bestehende Kommunikationsstörungen zu beseitigen. Hierzu zählt eine gutachterlich als erfolgversprechend beurteilte Supervision.

Leitsatz des LAG Hamm vom 24.1.2008 - 15 Sa 876/07: 137

Eine krankhafte Persönlichkeitsstörung mit paranoiden und narzisstischen Anteilen rechtfertigt keine Kündigung aus personenbedingten Gründen, wenn eine dauernde Leistungsunfähigkeit

160 Vgl. LAG Thüringen 28.6.2007 – 3 Sa 36/07.

161 Sa LAG Köln 10.3.2008 – 14 Sa 1251/07, wonach der Mobbingbetroffene die Kündigung rechtzeitig mittels Kündigungsschutzklage angreifen muss, sofern er von seinem Arbeitgeber Schadensersatz wegen der Kündigung begehrt, die der Mobbingbetroffene auf ein Mobbing des Arbeitgebers zurückführt.

162 Vgl. LAG Hamm 28.2.2013 – 15 Sa 1275/12 wonach der Vorwurf des Arbeitnehmers, er werde gemobbt, als wichtiger Grund für eine fristlose Kündigung ausscheidet, wenn bereits unklar ist, wen konkret der Arbeitnehmer des Mobbings bezichtigt hat und wen er damit erheblich in seiner Ehre verletzt haben soll.

163 Vgl. LAG Schleswig-Holstein 11.5.2004 – 5 Sa 170c/02 – NZA-RR 2005, 244; sa LAG Niedersachsen 9.2.2010 – 13 Sa 896/09; LAG Hamm 2.9.2011 – 7 Sa 724/11; LAG Hamm 16.7.2009 – 17 Sa 619/09.

nicht festgestellt werden kann und die Möglichkeit besteht, dass die krankheitsbedingten Defizite im Bereich des zwischenmenschlichen Beziehungsverhaltens, der Anpassungsfähigkeit sowie der Teamfähigkeit durch eine Therapie verbessert werden können.

138 Zu bedenken ist, dass sich ein Arbeitgeber im Zweifel vor Gericht „freikaufen" kann, indem er mit dem Mobbingbetroffenen die Beendigung des Arbeitsverhältnisses gegen **Zahlung einer Abfindung** vereinbart. Im Rahmen des § 9 KSchG ist es dem Arbeitgeber zudem im Prozess möglich, die **Auflösung des Arbeitsverhältnisses** zu beantragen, sofern Gründe vorliegen, die eine den Betriebszwecken dienliche weitere Zusammenarbeit mit dem Mobbingbetroffenen nicht erwarten lassen.[164] Allerdings ist es dem Arbeitgeber verwehrt, sich auf solche zu berufen, wenn er die Spannungen verursacht und das Verhalten des Arbeitnehmers, auf das er sich beruft, provoziert hat.[165] Sofern es Spannungen zwischen dem Mobbingbetroffenen und anderen Beschäftigten gibt, wird man von dem Arbeitgeber zudem verlangen können, zunächst die besagten Spannungen abzubauen, bevor er eine Vertragsauflösung beantragt.[166]

139 Leitsätze des LAG Schleswig-Holstein vom 18.12.2001 – 5 Sa 300/01:

1. Gemäß § 9 Abs. 1 Satz 2 KSchG hat das Arbeitsgericht auf Antrag des Arbeitgebers das Arbeitsverhältnis aufzulösen und den Arbeitgeber zur Zahlung einer angemessenen Abfindung zu verurteilen, wenn Gründe vorliegen, die eine den Betriebszwecken dienliche weitere Zusammenarbeit zwischen Arbeitgeber und Arbeitnehmer nicht erwarten lassen. Ob das der Fall ist, beurteilt sich allein nach objektiven Umständen, ein Verschulden des Arbeitnehmers ist nicht Voraussetzung.

2. Eine den Betriebszwecken gedeihliche weitere Zusammenarbeit ist nicht zu erwarten, wenn der Arbeitnehmer seinen Kollegen und Vorgesetzten vorwirft, Mobbing gegen ihn zu betreiben, ohne dass er hierfür ausreichende Tatsachen vorgetragen hat.[167]

164 Sa LAG Köln 12.12.2008 – 11 Sa 777/08; LAG Thüringen 26.2.2008 – 7 Sa 160/07.
165 BAG 2.6.2005 – 2 AZR 234/04; sa LAG Schleswig-Holstein 3.4.2007 – 4 TaBV 39/07.
166 So wohl LAG Düsseldorf 2.7.2009 – 11 Sa 278/09; sa LAG Berlin-Brandenburg 13.12.2016 – 7 Sa 1318/16.
167 Sa LAG Köln 12.12.2008 – 11 Sa 777/08.

§ 5 Sozialrechtliche Aspekte

Sofern die Träger der Sozialversicherung Leistungen erbringen, die dem Mobbingbetroffenen zugutekommen, stellt sich für diese regelmäßig die Frage, ob und inwieweit sie den Mobber und/oder Dritte dafür in Regress nehmen können. Darüber hinaus kann sich für einen Mobbingbetroffenen die Frage stellen, ob er infolge des Mobbinggeschehens einen Arbeitsunfall im Sinne des § 8 SGB VII erlitten haben kann oder ob wegen der krankheitsbedingten Folgen des erlittenen Mobbings eine Berufskrankheit (vgl. § 9 SGB VII) anzuerkennen ist (→ Rn. 11–29). 1

I. Verhalten des Mobbers

Das Sozialrecht kennt zwei Schadensersatzansprüche, die den Sozialversicherungsträgern die **Möglichkeit eines Rückgriffs** auf das Vermögen des Schädigers eröffnen: § 110 Abs. 1 SGB VII und § 116 SGB X. 2

1. Haftung gegenüber den Sozialversicherungsträgern gemäß § 110 SGB VII

§ 110 Abs. 1 SGB VII regelt die Haftung der infolge eines Versicherungsfalls entstandenen Aufwendungen der Sozialversicherungsträger. Anspruchsberechtigt sind neben den Trägern der gesetzlichen Unfallversicherung vor allem die der gesetzlichen Rentenversicherung sowie der gesetzlichen Krankenversicherung, sofern sie Leistungen aus Anlass eines Versicherungsfalls im Sinne des SGB VII erbracht haben.[1] Obgleich dieser Haftungsanspruch dem Zivilrecht zuzuordnen ist,[2] soll eine Erörterung der Haftungsgrundlage an dieser Stelle erfolgen, da die Erörterung sozialrechtlicher Aspekte im Vordergrund steht. 3

Voraussetzung für einen Haftungsanspruch gemäß § 110 Abs. 1 Satz 1 SGB VII ist, dass eine Person, deren Haftung nach den §§ 104–107 SGB VII beschränkt ist, einen Versicherungsfall vorsätzlich oder grob fahrlässig herbeigeführt hat.[3] 4

a) Haftungsrechtlich begünstigter Personenkreis

Die §§ 104–107 SGB VII bestimmen, wer zu dem haftungsrechtlich begünstigten Personenkreis gehört. Soweit es sich bei dem **Arbeitgeber**[4] um eine natürliche Person handelt und dieser als Mobber in Erscheinung tritt, kann sich die Haftungsfreistellung aus § 104 Abs. 1 SGB VII iVm § 136 Abs. 3 Nr. 1 SGB VII ergeben, sofern der Mobbingbetroffene für das Unternehmen tätig ist oder zu dem Unternehmen in einer sonstigen die gesetzliche Unfallversicherung begründenden Beziehung steht. Im Übrigen sind **juristische Personen** des privaten sowie öffentlichen Rechts selbst Unternehmer und mithin haftungsprivilegiert im Sinne des § 104 Abs. 1 SGB VII.[5] Da juristische Personen selbst keine Mobbinghandlungen begehen können, sind diese insoweit zu vernachlässigen. 5

1 HM; vgl. Lauterbach-Dahm, § 110 Rn. 7; Hauck-Nehls, § 110 Rn. 6.
2 Vgl. Lauterbach-Dahm, § 110 Rn. 6; Hauck-Nehls, § 110 Rn. 26.
3 Sa LAG Hamm 13.6.2008 – 12 Sa 1851/07 – zu der früher geltenden Regelung des § 636 RVO.
4 Das SGB VII kennt nicht den Arbeitgeber, sondern spricht stets vom Unternehmer; vgl. §§ 104 Abs. 1, 111, 136 Abs. 3 SGB VII.
5 Kater/Leube, § 104 Rn. 5 und § 136 Rn. 11; Lauterbach-Dahm, § 136 Rn. 19.

6 Handelt es sich bei dem Mobber um einen **Beschäftigten** des Unternehmens, kann sich die Haftungsfreistellung gemäß § 105 Abs. 1 SGB VII unter der Bedingung ergeben, dass der Mobber den Versicherungsfall durch eine betriebliche Tätigkeit verursacht hat. Aber auch **Nicht-Betriebsangehörige** (zB Leiharbeitnehmer) kommen als haftungsprivilegierte Personen in Betracht, sofern sie (zum Zeitpunkt der Herbeiführung des Versicherungsfalls) in den Betrieb bzw. in die Dienststelle eingegliedert sind und eine betriebliche Tätigkeit ausüben.[6] Haftungsprivilegiert sind die angeführten Personenkreise mithin nur, soweit sie betriebliche Tätigkeiten verrichten.

7 Unter der **betrieblichen Tätigkeit** im Sinne des § 105 Abs. 1 SGB VII versteht man eine solche, die aus betrieblichen Gründen ausgeführt wird und den Zwecken des Unternehmens dient.[7] Ob eine solche erfolgt, beurteilt sich vom Standpunkt der betreffenden Person her, der sich an objektiven Maßstäben orientieren muss.[8] Mobbinghandlungen werden schwerpunktmäßig am Arbeitsplatz während der Arbeitszeit begangen bzw. stehen in einem engen sachlichen Zusammenhang mit diesem. Gleichwohl dürften sie nur in den seltensten Fällen etwa auf Veranlassung des Arbeitgebers erfolgen bzw. seinem mutmaßlichen Willen entsprechen. Dies wäre beispielsweise der Fall, wenn der Geschäftsführer einen Abteilungsleiter anweist, eine bestimmte Person so lange zu schikanieren, bis diese kündigt.

8 Sofern man bedenkt, dass der Sinn der Haftungsfreistellung darin zu erblicken ist, den Schädiger vor solchen Schadensersatzansprüchen freizustellen, die aus einer ihm zum Zeitpunkt der Schadenszufügung übertragenen oder von ihm übernommenen Tätigkeit für den Betrieb und dessen betrieblichen Zweck entstehen können – es hingegen keine Notwendigkeit gibt, den Schädiger von solchen Schadensersatzansprüchen freizustellen, die aus einem Verhalten des Schädigers erwachsen können, das mit seiner betrieblichen bzw. dienstlichen Aufgabenstellung nicht im Zusammenhang steht[9] –, kann eine Mobbinghandlung in sozialrechtlicher Hinsicht nicht als eine Tätigkeit qualifiziert werden, die aus betrieblichen Gründen erfolgt bzw. dem unternehmerischen Zwecken dienen kann. Gleiches muss gelten, wenn ein Mobber im Auftrag oder mit Billigung des Arbeitgebers handelt. Schließlich kann selbst ein Handeln, das etwa zum Zwecke der Einsparung von Sozialplanabfindungen erfolgt, nicht dem eigentlichen Unternehmenszweck dienen. Jede andere Sichtweise könnte zu **unbilligen Konsequenzen** führen. Schließlich wäre es nicht hinnehmbar, wenn etwa der im Auftrag seines Arbeitgebers handelnde Mobber in den Genuss einer Haftungsfreistellung nach § 105 Abs. 1 SGB VII gelangen könnte, der auftragslos handelnde Mobber hingegen nicht. Abgesehen von den Fällen der Anstiftung zu Mobbing bzw. der ausdrücklichen Billigung der Mobbinghandlungen durch den Arbeitgeber bzw. Geschäftsführer etc dürfte ein Mobber zudem kaum der Ansicht sein, dass seine Mob-

---

6 Vgl. Petri in Petri/Voelzke/Wagner, § 105 Rn. 3; Krasney ua-Krasney, § 105 Rn. 10; Waltermann, S. 3402; Rolfs, S. 3178; Kater/Leube, § 105 Rn. 8; Gitter/Schmitt, S. 192; Lauterbach-Dahm, § 105 Rn. 8 ff., der auf eine Eingliederung verzichtet.

7 Vgl. Lauterbach-Dahm, § 105 Rn. 10; Schmitt, § 105 Rn. 6; Krasney ua-Krasney, § 105 Rn. 10 a; sa BAG 9.8.1966 – 1 AZR 426/65 – NJW 1967, 220 (221 f.).

8 Vgl. Schmitt, § 105 Rn. 6; Krasney ua-Krasney, § 8 Rn. 32.

9 BAG 9.8.1966 – 1 AZR 426/65 – NJW 1967, 220 (222).

binghandlungen geeignet sind, den Unternehmenszwecken zu dienen. Sind Mobbinghandlungen mithin nicht als betriebliche Tätigkeiten im Sinne des § 105 Abs. 1 Satz 1 SGB VII zu qualifizieren, so bedeutet dies, dass der Personenkreis der Mobbing betreibenden Geschäftsführer, Vorgesetzten, Arbeitskollegen, Auszubildenden und „wie Beschäftigte" nicht zu den von dieser Vorschrift erfassten privilegierten Personen gehören.

§ 106 Abs. 1 SGB VII erweitert den Kreis der begünstigten Personen auf solche Perso- 9
nen, die in den in § 2 Abs. 1 Nrn. 2, 3, 8 SGB VII genannten Unternehmen tätig sind, ohne eine betriebliche Tätigkeit im Sinne des § 105 SGB VII auszuführen, und zwar im Verhältnis der in den vorgenannten Vorschriften erwähnten Versicherten untereinander sowie in Bezug auf die Betriebsangehörigen desselben Unternehmens. Damit sind beispielhaft Auszubildende gemeint, die an einer Bildungsveranstaltung außerhalb ihres Beschäftigungsverhältnisses (zB Praktikum) teilnehmen, das der eigenen beruflichen Aus- und Fortbildung dient. Da es sich bei Mobbing um einen Geschehensprozess handelt, der regelmäßig über einen längeren Zeitraum verläuft, dürften die von § 106 Abs. 1 SGB VII erfassten Personen kaum als Mobber in Erscheinung treten können, so dass diese Personengruppe insoweit vernachlässigt werden kann. Entsprechendes gilt für den von § 107 SGB VII erfassten Personenkreis, da in dieser Vorschrift die Besonderheiten in der Seefahrt geregelt sind und nicht bekannt ist, ob und in welchem Umfang Mobbing in diesem Bereich anzutreffen ist.[10]

Demgemäß kommt nur die als Mobber in Erscheinung tretende **natürliche Person** 10
„Arbeitgeber" als haftungsprivilegierte Person in Betracht. Bei allen anderen Personen ist eine Anwendbarkeit des § 110 SGB VII ausgeschlossen.

b) Vorliegen eines Versicherungsfalls

Kommt für eine Haftung gemäß § 110 Abs. 1 SGB VII nur die natürliche Arbeitgeber- 11
person in Betracht, muss diese – um einen Haftungsanspruch des betreffenden Sozialversicherungsträgers auslösen zu können – einen auf Mobbing beruhenden Versicherungsfall herbeigeführt haben. Versicherungsfälle im Sinne des gesetzlichen Unfallversicherungsrechts – und damit auch im Sinne des § 110 Abs. 1 Satz 1 SGB VII – sind gemäß der **Legaldefinition in § 7 Abs. 1 SGB VII** Arbeitsunfälle und Berufskrankheiten.

aa) Arbeitsunfall

Gemäß § 8 Abs. 1 Satz 1 SGB VII sind Arbeitsunfälle im Sinne dieses Gesetzes solche 12
Unfälle, die in der gesetzlichen Unfallversicherung Versicherte infolge einer den Versicherungsschutz nach §§ 2, 3 oder § 6 SGB VII begründenden Tätigkeit (sog versicherte Tätigkeit) erleiden. Hierzu bedarf es eines **ursächlichen, inneren Zusammenhangs** zwischen einer versicherten unfallzufügenden Tätigkeit und dem Unfall (sog haftungsbegründende Kausalität) sowie zwischen dem Unfall und dem erlittenen Gesundheitsschaden (sog haftungsausfüllende Kausalität),[11] wobei unter dem **Gesund-**

10 Sa Meschkutat/Stackelbeck/Langenhoff, S. 144 ff.
11 Schmitt, § 8 Rn. 11, 105 ff., 146 ff.; sa LSG Berlin-Brandenburg 15.3.2012 – L 3 U 189/09.

heitsschaden jeder regelwidrige körperliche, geistige oder seelische Zustand zu verstehen ist.[12] Das Merkmal des inneren Zusammenhangs dient der Abgrenzung der den Versicherungsschutz begründenden Tätigkeit von solchen Tätigkeiten, die dem privaten (eigenwirtschaftlichen) Bereich des Versicherten zuzurechnen sind, da Letztere nicht dem Versicherungsschutz unterfallen.[13] Eigenwirtschaftliche Tätigkeiten sind solche, die zu dem persönlichen Lebensbereich des Versicherten gehören oder zumindest rechtlich wesentlich von der Verfolgung privater Belange geprägt sind.[14]

13 **Unfälle** sind laut § 8 Abs. 1 Satz 2 SGB VII zeitlich begrenzte, von außen auf den Körper einwirkende Ereignisse, die zu einem Gesundheitsschaden oder zum Tod führen. Das Merkmal der zeitlichen Begrenzung ist erforderlich, um den Arbeitsunfall von der Berufskrankheit sowie der Krankheit im Sinne des Krankenversicherungsrechts abgrenzen zu können.[15] Demgemäß unterfällt dem Arbeitsunfall nur eine solche schädigende Einwirkung, die innerhalb eines verhältnismäßig kurzen fixierbaren Zeitraums (regelmäßig die Dauer einer Arbeitsschicht bzw. eines Arbeitstages) erfolgt.[16] Mithin handelt es sich nicht um einen Arbeitsunfall, wenn die Häufung vieler kleiner Schädigungen erst in ihrem Zusammenwirken über einen längeren Zeitraum zu einer Gesundheitsstörung führen.[17] Etwas anderes gilt allerdings dann, wenn sich eine einzelne Einwirkung aus der Gesamtheit der Schädigungen derart hervorhebt, dass sie nicht nur als die letzte von mehreren für den Erfolg gleichwertigen Einwirkungen erscheint. In diesem Fall ruft die letzte Einwirkung den Arbeitsunfall hervor.[18] Ebenfalls handelt es sich nicht um einen Arbeitsunfall, wenn es an einem von außen auf den Körper des Geschädigten einwirkenden Ereignis ermangelt, die Schädigung auf einer **inneren Ursache** (zB Herz-Kreislauf-Versagen) beruht.[19]

14 Handelt es sich bei dem **Mobbingbetroffenen** um einen Arbeitnehmer, ergibt sich seine Eigenschaft als in der gesetzlichen Unfallversicherung versicherte Person aus § 2 Abs. 1 Nr. 1 SGB VII.[20] Gleiches gilt für Auszubildende.[21] Diese werden mit den Mobbinghandlungen regelmäßig am Arbeitsplatz während der Arbeitszeit konfrontiert; wobei zu bedenken ist, dass auch während **Arbeitspausen** Versicherungsschutz in der gesetzlichen Unfallversicherung besteht.[22] Nur in den seltensten Fällen dürften die Handlungen auch außerhalb dieser Sphäre erfolgen, etwa nach Arbeitsende und außerhalb des Arbeitsplatzes. Zu der Zeit, zu der die Mobbinghandlungen ausgeführt werden, dürfte der Mobbingbetroffene wiederum nur in den seltensten Fällen einer eigenwirtschaftlichen Tätigkeit nachgehen. Vielmehr ist grundsätzlich davon auszu-

12 Schmitt, § 8 Rn. 171.
13 Vgl. Lauterbach-Schwerdtfeger, § 8 Rn. 210; Krasney ua-Krasney, § 8 Rn. 27.
14 Sa Lauterbach-Schwerdtfeger, § 8 Rn. 214.
15 Krankheit im Sinne des Krankenversicherungsrechts ist ein regelwidriger körperlicher oder geistiger Zustand, der eine Behandlungsbedürftigkeit und/oder Arbeitsunfähigkeit zur Folge hat; vgl. Schmitt, § 8 Rn. 139, § 9 Rn. 5.
16 Vgl. Hessisches LSG 9.12.2016 – l 9 U 206/16; Hessisches LSG 23.10.2012 – L 3 U 119/11; LSG Mecklenburg-Vorpommern 19.3.2014 – L 5 U 12/12.
17 Vgl. Hessisches LSG 23.10.2012 – L 3 U 12/07.
18 Hessisches LSG 9.12.2016 – 9 L U 206/16; sa LSG Baden-Württemberg 16.8.2001 – L 7 U 18/01.
19 Voelzke in Petri/Voelzke/Wagner, § 8 Rn. 8; sa Kater/Leube, § 8 Rn. 124; Krasney ua-Krasney, § 8 Rn. 332.
20 Vgl. Schmitt, § 2 Rn. 2.
21 Vgl. Lauterbach-Schwerdtfeger, § 2 Rn. 128 ff.; Schmitt, § 2 Rn. 5.
22 Schmitt, § 8 Rn. 16.

gehen, dass ein innerer Zusammenhang zwischen der versicherten Tätigkeit und einer infolge einer Mobbinghandlung erlittenen Verletzung besteht. Entsprechendes gilt für die Mitglieder der betrieblichen Interessenvertretung während der Ausübung ihres Amtes.[23]

Eine Übertragung der zum **Streit** entwickelten Grundsätze, wonach ein aus persönlichen Gründen entfachter Streit einen inneren Zusammenhang zwischen der versicherten Tätigkeit und einer im Verlaufe der Auseinandersetzung erlittenen Verletzung ausschließt,[24] ist auf die Mobbingproblematik nicht zu übertragen. Schließlich werden Streitigkeiten eher offen ausgetragen, während den Mobbinghandlungen regelmäßig ein verdeckter sozialer Konflikt zugrunde liegt, der mit einer Infragestellung der Integrität des anderen sowie dessen sozialen Beziehungen einhergeht. 15

Besteht die Mobbinghandlung in einer Einwirkung, die innerhalb eines verhältnismäßig kurzen fixierbaren Zeitraums erfolgt und einen Gesundheitsschaden in dem dargelegten Sinne verursacht, wie es etwa bei der Zufügung einer Stichwunde mit einem Messer der Fall ist, handelt es sich zweifelsfrei um ein von außen auf den Körper des Mobbingbetroffenen einwirkendes Ereignis, das während einer versicherten Tätigkeit erfolgt und als ein Arbeitsunfall im Sinne des § 8 Abs. 1 Satz 1 SGB VII qualifiziert werden kann.[25] 16

Das Besondere an Mobbing ist, dass die Vielzahl der Handlungen in ihrer Komplexität und ihrem Zusammenwirken eine Erkrankung des Mobbingbetroffenen bewirkt. Insofern gilt: „Steter Tropfen höhlt den Stein“. Eine einzelne Einwirkung dürfte sich nur in den seltensten Fällen derart hervorheben, dass diese einen Arbeitsunfall hervorruft. 17

Erleidet ein Mobbingbetroffener während oder nach der Beendigung eines Mobbingangriffs einen **Herzstillstand** oder einen **Herzinfarkt**, kann dieser auf einer inneren Ursache des Mobbingbetroffenen beruhen. Dieser kann allerdings auch Folge eines von außen auf den Körper einwirkenden Ereignisses sein und etwa durch ein **starkes Erschrecken** hervorgerufen werden. Worauf der Gesundheitsschaden zurückzuführen ist, wird regelmäßig **Gegenstand gutachterlicher Tätigkeit**, mithin ein Problem der Beweisbarkeit sein. 18

Ist die einen Schaden auslösende Handlung das letzte Glied einer Kette von Mobbinghandlungen (sprichwörtlich der Tropfen, der das Fass zum Überlaufen bringt), dann kann nicht von einem Arbeitsunfall im Sinne des § 8 Abs. 1 Satz 1 SGB VII gesprochen werden.[26] In dieser Hinsicht ist beispielhaft an eine Person zu denken, die den Mobbingangriffen entfliehen möchte, allerdings keinen anderen Ausweg sieht, als sich das Leben zu nehmen.[27] Etwas anderes gilt dagegen, wenn der **Suizid** des 19

23 Krasney ua-Krasney, § 8 Rn. 114; BSG 20.5.1976 – 8 RU 76/75 – BSGE 42, 36 (37).
24 Krasney ua-Krasney, § 8 Rn. 171; sa Lauterbach-Schwerdtfeger, § 8 Rn. 274; Voelzke in Petri/Voelzke/Wagner, § 8 Rn. 46; BAG 9.8.1966 – 1 AZR 426/65 – NJW 1967, 220 (222).
25 Vgl. SG Lüneburg 28.7.2008 – S 3 U 4/06, das ein psychisch besonders belastendes Mitarbeitergespräch als einen Arbeitsunfall anerkannt hat.
26 Sa Kater/Leube, § 8 Rn. 27.
27 Vgl. Krasney ua-Krasney, § 8 Rn. 416.

Mobbingbetroffenen auf einem psychischen Trauma beruht, das durch einen betrieblichen Vorgang mit überragender psychischer Belastung (zB ein die berufliche Existenz bedrohendes Personalgespräch) ausgelöst wurde.[28]

bb) Berufskrankheit

20 Berufskrankheiten sind gemäß § 9 Abs. 1 Satz 1 SGB VII Krankheiten, welche die Bundesregierung durch Rechtsverordnung (sog **Berufskrankheiten-Verordnung**) mit Zustimmung des Bundesrates als Berufskrankheiten bezeichnet hat und die der Versicherte infolge einer den Versicherungsschutz nach §§ 2, 3 oder § 6 SGB VII begründenden Tätigkeit erleidet.

21 Eine Krankheit, die nicht in dieser Verordnung verzeichnet ist oder bei der die dort bestimmten Voraussetzungen nicht vorliegen, ist **wie eine Berufskrankheit** als Versicherungsfall anzuerkennen, sofern im Zeitpunkt der Entscheidung nach neuen Erkenntnissen der medizinischen Wissenschaft die Voraussetzungen für eine Bezeichnung nach § 9 Abs. 1 Satz 2 SGB VII erfüllt sind, mithin die Krankheit nach den Erkenntnissen der medizinischen Wissenschaft durch besondere Einwirkungen verursacht ist, denen bestimmte Personengruppen durch ihre versicherte Tätigkeit in erheblich höherem Grade als die übrige Bevölkerung ausgesetzt sind (§ 9 Abs. 2 iVm Abs. 1 Satz 2 SGB VII).

22 **Mangels Anerkennung als Krankheit** findet sich Mobbing nicht in der Berufskrankheiten-Verordnung.[29] Zudem beinhaltet diese keine Krankheitsbilder, die Folge von Mobbing sein können.[30] Mithin scheiden mobbingbedingte Berufskrankheiten im Sinne des § 9 Abs. 1 Satz 1 SGB VII aus bzw. können durch Mobbing verursachte Krankheiten nicht als Berufskrankheiten im Sinne dieser Vorschrift qualifiziert werden.

23 Neuere – dh nach Erlass der Berufskrankheiten-Verordnung vom 31.10.1997 gewonnene und nach bewährten Forschungsergebnissen hinreichend gefestigte[31] – Erkenntnisse der medizinischen Wissenschaft, wonach es Personengruppen gibt, die durch ihre Arbeit in erheblich höherem Maße als die übrige Bevölkerung schädigenden Einwirkungen ausgesetzt sind, die geeignet sind, ein bestimmtes, auf Mobbing zurückführbares Krankheitsbild zu verursachen, liegen nicht vor. Demgemäß haben die Sozialgerichte bislang eine Anerkennung von Krankheiten gemäß § 9 Abs. 2 iVm Abs. 1 Satz 2 SGB VII verneint.[32]

24 Leitsatz des LSG Berlin vom 15.7.2003 – L 2 U 145/01:

Es ist allgemein keine Berufsgruppe feststellbar, die einer gegenüber dem Bevölkerungsdurchschnitt erhöhten Mobbinggefahr ausgesetzt ist.

---

28 Bayerisches LSG 29.4.2008 – L 18 U 272/04.

29 Berufskrankheiten-Verordnung vom 31.10.1997, BGBl. I 2623, zuletzt geändert durch die Vierte Verordnung zur Änderung der Berufskrankheiten-Verordnung vom 10.7.2017, BGBl. I 2299; sa Hessisches LSG 28.6.2011 – L 3 U 30/08; Hessisches LSG 1.12.2009 – L 3 U 157/07.

30 Sa LSG Berlin 15.7.2003 – L 2 U 145/01.

31 Vgl. Kater/Leube, § 9 Rn. 84 f.; Schmitt, § 9 Rn. 25.

32 Sa Hessisches LSG 23.10.2012 – L 3 U 199/11 für eine Schreibkraft; Hessisches LSG 28.6.2011 – L 3 U 30/08; Hessisches LSG 1.12.2009 – L 3 U 157/07; LSG Baden-Württemberg 16.8.2001 – L 7 U 18/01.

Leitsätze des SG Dortmund vom 19.2.2003 – S 36 U 267/92: 25

1. Psychische Krankheiten als Folge von Mobbing am Arbeitsplatz können nicht als Berufskrankheit entschädigt werden. Zum einen tauchen sie in der Verordnung über Berufskrankheiten nicht auf. Zum anderen gibt es bislang keine wissenschaftlich gesicherten Erkenntnisse dafür, dass Mobbing eine bestimmte Berufsgruppe krank machen kann.
2. Es liegen keine neuen medizinischen Erkenntnisse darüber vor, dass die Personengruppe der **Sicherheitsingenieure** in erheblich höherem Maße an psychischen Erkrankungen leidet als die übrige Bevölkerung.

Leitsatz des LSG Rheinland-Pfalz vom 10.6.2003 – L 3 U 76/03: 26

Es liegen derzeit keine neuen Erkenntnisse der medizinischen Wissenschaft vor, wonach **Erzieher** oder Heimerzieher durch ihre Tätigkeit in erheblich höherem Grade Stresseinwirkungen ausgesetzt sind, die zu einem Burn-Out-Syndrom führen können.

Leitsatz des LSG Hamburg vom 23.7.1997 – III Ubf 18/96: 27

Mobbing beinhaltet keine spezifischen Belastungen, denen gerade die Berufsgruppe der **Techniker und Ingenieure des Elektrofachs** in besonderer Weise ausgesetzt ist.

Leitsatz einer Entscheidung des SG Köln vom 5.4.2001:[33] 28

Es gibt keine Erkenntnisse darüber, dass die Berufsgruppe der **Finanzbuchhalter** in besonderer Weise Mobbing oder Psychoterror ausgesetzt ist.

Ob diese inzwischen als absolut gefestigt zu bezeichnende Rechtsprechung[34] unumstößlich auch für die Beschäftigten in den Berufsfeldern Bestand haben kann, die gemäß den Erkenntnissen von Zapf sowie Meschkutat/Stackelbeck/Langenhoff überrepräsentativ Mobbing ausgesetzt sind (→ § 1 Rn. 68), ist zumindest fraglich. Es ist nicht auszuschließen, dass es einzelne Personengruppen gibt, die durch ihre Arbeit in einem höheren Grade als die übrige Bevölkerung psychischen Belastungen infolge Mobbing ausgesetzt sind.[35] Daher müsste im konkreten Einzelfall ein Rückgriff auf § 9 Abs. 2 SGB VII möglich sein – mit der Folge, dass einzelne auf Mobbing zurückführbare typische Krankheiten durchaus wie eine Berufskrankheit als Versicherungsfall anzuerkennen sind. 29

c) Zivilrechtliche Schadensersatzpflicht

Die §§ 104 ff. SGB VII sehen eine Haftungsbeschränkung nur für **Personenschäden** einschließlich der durch einen Personenschaden verursachten Folgen vor, die sich aus anderen gesetzlichen Vorschriften (als dem SGB VII) ergeben und durch einen Versicherungsfall verursacht sind. Ihnen gleichgestellt sind Schmerzensgeldansprüche und Ersatzansprüche wegen der Beschädigung oder des Verlustes eines Hilfsmittels. Hin- 30

33 Das Aktenzeichen dieser Entscheidung ist nicht bekannt.
34 Vgl. Hessisches LSG 28.6.2011 – L 3 U 30/08.
35 Das LSG Berlin 15.7.2003 – L 2 U 145/01 – wertet die Studie als eine Bestätigung dafür, dass es keine von Mobbing besonders betroffene Personengruppe gebe, sondern es sich um ein im Erwerbsleben häufig anzutreffendes Problem handle. Dem folgt die Sozialgerichtsbarkeit bislang uneingeschränkt.

gegen unterliegen **Sachschäden** – mit Ausnahme der an Hilfsmitteln – nicht der Haftungsbeschränkung.[36]

31 Dass Mobbinghandlungen bisweilen zu einer Schadensersatzpflicht des Arbeitgebers führen können, bedarf an dieser Stelle keiner weiteren Ausführung.

d) Schuldhaftes Herbeiführen des Versicherungsfalls

32 Sofern im konkreten Fall ein Versicherungsfall im Sinne des § 7 Abs. 1 SGB VII (Arbeitsunfall bzw. Berufskrankheit) festgestellt werden kann, der dem Haftungsprivileg gemäß §§ 104–107 SGB VII unterfällt, muss dieser von dem Schädiger gemäß § 110 Abs. 1 Satz 1 SGB VII vorsätzlich oder grob fahrlässig herbeigeführt worden sein. Da der Begriff des **Vorsatzes** nach den Grundsätzen des Zivilrechts bestimmt werden muss,[37] kann insoweit auf die Ausführungen in → § 3 Rn. 80 ff. verwiesen werden. Entsprechendes gilt für die **grobe Fahrlässigkeit** – allerdings mit der Besonderheit, dass man dem Mobber sein den Versicherungsfall verursachendes Verhalten auch in subjektiver Hinsicht insoweit vorwerfen können muss, als er in nicht entschuldbarer Weise gegen den objektiven Sorgfaltsmaßstab verstoßen hat. Mithin wird eine objektiv besonders krasse und auch subjektiv schlechthin unentschuldbare Pflichtverletzung verlangt.[38]

33 Ob der Versicherungsfall vorsätzlich oder grob fahrlässig in dem dargelegten Sinn herbeigeführt worden ist, lässt sich nur im konkreten Einzelfall beurteilen. Soweit dies zutrifft, ist eine Haftung gemäß § 110 Abs. 1 SGB VII möglich. Andernfalls schließt das fehlende Verschulden eine solche aus.

e) Verfahrensrechtliche Aspekte

34 In verfahrensrechtlicher Hinsicht stehen zwei Problemkreise im Vordergrund: die Verjährung des Erstattungsanspruchs sowie die Beweislast des Sozialversicherungsträgers.

35 Gemäß § 113 SGB VII **verjährt der Erstattungsanspruch** nach § 110 Abs. 1 SGB VII in entsprechender Anwendung der §§ 195, 199 Abs. 1 und 2, 203 BGB mit der Maßgabe, dass die Verjährungsfrist von dem Tag an gerechnet wird, an dem die Leistungspflicht für den Unfallversicherungsträger bindend festgestellt oder ein entsprechendes Urteil rechtskräftig geworden ist. Ist die Leistungspflicht des Erstattungspflichtigen festgestellt, dürfte der anspruchsberechtigte Sozialversicherungsträger stets darauf bedacht sein, dass der Erstattungsanspruch nicht verjährt. Ist die Erstattungspflicht nicht bindend festgestellt, etwa weil die Person des Ersatzpflichtigen nicht ermittelt bzw. diesem ein den Arbeitsunfall herbeiführendes Verhalten nicht nachgewiesen werden kann, verjährt der Erstattungsanspruch zwar erst in 30 Jahren. Hierbei muss jedoch davon ausgegangen werden, dass die Möglichkeit des Sozialversicherungsträgers, den Mobber zu einem späteren Zeitpunkt ermitteln und dann in Regress nehmen zu können, mit zunehmender Zeit schwindet.

---

36 Vgl. Krasney ua-Krasney, § 104 Rn. 21 ff.
37 Vgl. Petri in Petri/Voelzke/Wagner, § 104 Rn. 4; Hauck-Nehls, § 110 Rn. 10.
38 Vgl. Lauterbach-Dahm, § 110 Rn. 11.

Bei dem Ersatzanspruch gemäß § 110 Abs. 1 SGB VII handelt es sich um eine zivilrechtliche Streitigkeit. Mithin finden auf die Geltendmachung des Anspruchs die **zivilrechtlichen Verfahrensgrundsätze** Anwendung, so dass der Aufwendungsersatz begehrende Sozialversicherungsträger die anspruchsbegründenden Tatsachen darlegen und im Falle des Bestreitens auch beweisen muss. Er muss gegebenenfalls beweisen, dass die als Mobber in Erscheinung getretene natürliche Arbeitgeberperson den Versicherungsfall vorsätzlich oder grob fahrlässig herbeigeführt hat. Der zudem erforderliche Beweis, dass ein Arbeitsunfall vorliegt, dürfte oftmals schwer zu führen sein. Eher selten wird es dem Sozialversicherungsträger gelingen, die für einen Arbeitsunfall erforderliche haftungsbegründende Kausalität (dh den ursächlichen Zusammenhang zwischen einer bestimmten Handlung des Mobbers und dem Arbeitsunfall) sowie die haftungsausfüllende Kausalität (dh den ursächlichen Zusammenhang zwischen dem Arbeitsunfall und der Schädigung des Mobbingbetroffenen) zu beweisen. Entsprechendes gilt für die Berufskrankheit. Weiter stellt sich das Problem, dass der Sozialversicherungsträger den Beweis erbringen muss, dass der Mobbingbetroffene einer Personengruppe angehört, die durch ihre Arbeit in einem erheblich höheren Maße als die übrige Bevölkerung psychischen Belastungen infolge Mobbing ausgesetzt ist, die wiederum ein bestimmtes auf Mobbing zurückführbares Krankheitsbild verursachen müssen. 36

f) Haftungsumfang

Sofern dem Sozialversicherungsträger die Beweisführung gelingt, haftet der Mobber für die infolge des Versicherungsfalls gesetzmäßig und/oder satzungsmäßig erbrachten[39] Aufwendungen (Sach-und Geldleistungen), allerdings nur **bis zur Höhe des zivilrechtlichen Schadensersatzanspruchs** (§ 110 Abs. 1 Satz 1 SGB VII), unter Umständen unter Beachtung eines **Mitverschuldens des Versicherten.**[40] Allerdings können die Sozialversicherungsträger gemäß § 110 Abs. 2 SGB VII nach billigem Ermessen, insbesondere unter Berücksichtigung der wirtschaftlichen Verhältnisse des Schädigers, auf den Ersatzanspruch ganz oder teilweise verzichten.[41] 37

2. Schadensersatzpflicht gegenüber den Versicherungsträgern gemäß § 116 SGB X

Soweit der Schädiger bereits nach § 110 SGB VII einzustehen hat, ist eine Haftung dieser Person gemäß § 116 SGB X ausgeschlossen.[42] Demzufolge findet § 116 SGB X auf alle Schadensverursacher Anwendung, die von den Sozialversicherungsträgern nicht gemäß § 110 SGB VII in Anspruch genommen werden können, die nicht zu dem Kreis der haftungsprivilegierten Personen im Rahmen der §§ 104–107 SGB VII zählen.[43] Damit kommen als schadensersatzpflichtige Personen alle als Mobber in Erscheinung tretenden Geschäftsführer, Vorgesetzten, Arbeitskollegen, Auszubildende und „wie Beschäftigte“ (insbesondere Leiharbeitnehmer) in Betracht, bei denen ein Regress gemäß § 110 SGB VII ausgeschlossen ist. 38

39 Vgl. Schmitt, § 110 Rn. 12.
40 Vgl. Lauterbach-Dahm, § 110 Rn. 17; Schmitt, § 110 Rn. 13 f.
41 Sa Lauterbach-Dahm, § 110 Rn. 23 f.
42 Kater/Leube, Vor §§ 104–113 Rn. 2.
43 Vgl. Gitter/Schmitt, S. 193.

39 § 116 SGB X regelt den **Übergang von Schadensersatzansprüchen**, die ein geschädigter Sozialleistungsempfänger gegen den Schadensverursacher hat, auf einen oder mehrere Sozialleistungsträger.[44] Die Vorschrift gilt für die Träger der gesetzlichen Kranken-, Pflege-, Unfall- und Rentenversicherung einschließlich der Altershilfe für Landwirte und für die Sozialhilfeträger, zudem gemäß § 116 Abs. 10 SGB X für die Bundesagentur für Arbeit sowie die Träger der Grundsicherung für Arbeitsuchende nach dem SGB II. Ergänzt wird § 116 SGB X durch § 117 SGB X, wonach die Leistungsträger Gesamtgläubiger sind, sofern mehrere von diesen Sozialleistungen erbracht haben und der in den Fällen des § 116 Abs. 2, 3 SGB X übergegangene Schadensersatzanspruch begrenzt ist, untereinander jedoch im Verhältnis der von ihnen erbrachten Leistungen zum Ausgleich verpflichtet sind (vgl. § 117 Sätze 1, 2 SGB X). Auch wenn eine solche Gesamtgläubigerschaft besteht, steht der Ersatzanspruch im Innenverhältnis nur dem Leistungsträger zu, der eine Sozialleistung alleine erbracht hat (vgl. § 117 SGB X Satz 3). Obwohl der Schadensersatzanspruch gemäß § 116 SGB X dem Zivilrecht zuzuordnen ist,[45] wird er an dieser Stelle behandelt, da die Behandlung sozialrechtlicher Aspekte im Vordergrund steht.

40 § 116 Abs. 1 Satz 1 SGB X normiert den **Regelfall**, wonach – abgesehen von dem Sonderfall des § 116 Abs. 6 SGB X, der für einen Anspruchsübergang bei Schädigungen durch in häuslicher Gemeinschaft lebenden Familienangehörigen Vorsatz bedingt (sog Familienprivileg) – ein auf anderen gesetzlichen Vorschriften beruhender Anspruch auf Ersatz eines Schadens auf den Versicherungsträger oder Träger der Sozialhilfe übergeht, soweit dieser aufgrund des Schadensereignisses Sozialleistungen zu erbringen hat, die der Behebung eines Schadens der gleichen Art dienen und sich auf denselben Zeitraum wie der vom Schädiger zu leistende Schadensersatz beziehen.

a) Anspruch des Geschädigten gegen den Schädiger

41 Erforderlich ist für einen Anspruchsübergang, dass der Geschädigte gegen den Schädiger einen Schadensersatzanspruch hat, der sich aus anderen Rechtsnormen als dem Sozialgesetzbuch ergibt. Hierzu zählen in erster Linie sich aus dem Bürgerlichen Gesetzbuch herleitende Haftungsnormen wie **Ansprüche aus unerlaubter Handlung** gemäß §§ 823 ff. BGB oder aus **Pflichtverletzung** gemäß § 280 Abs. 1 BGB[46] (→ § 3 Rn. 9 ff.).

b) Bestehendes Sozialleistungsverhältnis

42 Weiter ist erforderlich, dass zwischen dem geschädigten Mobbingbetroffenen und dem betreffenden Sozialleistungsträger ein Sozialleistungsverhältnis besteht, aufgrund dessen der Leistungsträger Sozialleistungen zu erbringen hat. Hierzu ist ausreichend, dass ein Anspruch bereits dem Grunde nach entstanden ist.[47] In der Regel dürfte sich der Mobbingbetroffene zu den Sozialleistungsträgern in einem **Versicherungsverhältnis** befinden. Als Angestellter bzw. Arbeiter und Auszubildender[48] ist er gemäß § 2

44 Vgl. Kittner/Reinhard, SGB X § 116 Rn. 1.
45 Vgl. Kittner/Reinhard, SGB X § 116 Rn. 1; von Wulffen/Schütze-Bieresborn, § 116 Rn. 1 a.
46 Vgl. Hauck/Noftz-Schlaeger/Bruno, § 116 Rn. 39, 48, 53; Gitter/Schmitt, S. 196, 338.
47 Vgl. Kittner/Reinhard, SGB X § 116 Rn. 1; Gitter/Schmitt, S. 196, 338.
48 Vgl. Lauterbach-Schwerdtfeger, § 2 Rn. 128 ff.; Schmitt, § 2 Rn. 5.

Abs. 1 Nr. 1 SGB VII in der gesetzlichen Unfallversicherung, gemäß § 24 Abs. 1 SGB III in der Arbeitslosenversicherung, gemäß § 5 Abs. 1 Nr. 1 SGB V in der gesetzlichen Krankenversicherung, gemäß § 20 Abs. 1 Sätze 1, 2 Nr. 1 SGB XI in der sozialen Pflegeversicherung und gemäß § 1 Satz Nr. 1 SGB VI in der gesetzlichen Rentenversicherung versichert. Damit hat er einen Leistungsanspruch, sofern ein **Versicherungsfall** eingetreten ist und die Voraussetzungen für die Leistungspflicht des Leistungsträgers erfüllt sind. Soweit hingegen eine Leistungspflicht des Leistungsträgers nicht besteht, entfällt zwangsläufig auch die Möglichkeit eines Anspruchsübergangs auf einen oder mehrere Sozialversicherungs- bzw. Sozialhilfeträger.

c) Kongruenz zwischen der Sozialleistung und dem zu ersetzenden Schaden

Letztendlich ist Voraussetzung, dass sowohl in sachlicher als auch in zeitlicher Hinsicht eine Kongruenz (dh Gleichartigkeit) zwischen der Sozialleistung und dem zu ersetzenden Schaden besteht.[49] 43

In **sachlicher Hinsicht** liegt eine Kongruenz vor, wenn die Sozialleistung eine Kompensation eines artgleichen Schadens bezweckt, die Sozialleistung demselben Zweck dient wie die Schadensersatzpflicht des Schädigers.[50] Beide Leistungen müssen unmittelbar durch ein und dasselbe schadenstiftende Ereignis ausgelöst werden und übereinstimmend die Aufgabe haben, die vom Geschädigten erlittene Schädigung zu beseitigen.[51] Eine sachliche Kongruenz besteht gemäß § 116 Abs. 1 Satz 2 SGB X auch bei Beiträgen, die von Sozialleistungen zu zahlen sind. Hierzu zählen unter anderem die Beiträge zur Kranken-, Pflege- und Rentenversicherung sowie an die Bundesagentur für Arbeit.[52] Ebenfalls existiert eine solche regelmäßig bei Heilungskosten gemäß §§ 27 ff. SGB V sowie §§ 27 ff. SGB VII, da diese mit den zivilrechtlichen Schadensersatzansprüchen des Geschädigten gegenüber dem Schädiger deckungsgleich sind.[53] Gleiches gilt für Renten wegen Erwerbsminderung (§ 43 SGB VI), Krankengeld (§ 44 SGB V), Unfallrenten (§ 56 SGB VII), Arbeitslosengeld (§§ 117 ff. SGB III) sowie Verletzten- und Übergangsgeld (§§ 20 ff. SGB VI, §§ 45 ff. SGB VII, §§ 136 ff. SGB III), da sie den zivilrechtlichen Erwerbsschäden entsprechen.[54] Bei Ansprüchen auf Schmerzensgeld ist eine sachliche Gleichartigkeit hingegen zu verneinen, da die Leistungsträger entsprechende Leistungen nicht gewähren.[55] Gleiches gilt grundsätzlich für Sachschäden, wobei die Hilfsmittel gemäß § 8 Abs. 3 SGB VII iVm § 31 SGB VII (zB Brille, Hörgerät, Prothese) eine Ausnahme bilden.[56] 44

In **zeitlicher Hinsicht** gibt es eine Kongruenz, wenn der Zeitraum, für den die Sozialleistung erbracht wird, deckungsgleich ist mit dem Zeitraum, für den der Geschädigte gegenüber dem Schädiger einen Anspruch auf Schadensersatz hat.[57] Sofern der Zeit- 45

49 Vgl. statt vieler: Kittner/Reinhard, SGB X § 116 Rn. 1.
50 Hauck/Noftz-Schlager/Bruno, § 116 Rn. 128; von Wulffen/Schütze-Bieresborn, § 116 Rn. 5.
51 Hauck/Noftz-Schlager/Bruno, § 116 Rn. 126 ff.
52 Vgl. Hauck/Noftz-Schlager/Bruno, § 116 Rn. 165; von Wulffen/Schütze-Bieresborn, § 116 Rn. 6 ff.
53 Sa Hauck/Noftz-Schlager/Bruno, § 116 Rn. 133; von Wulffen/Schütze-Bieresborn, § 116 Rn. 5 b.
54 Sa Hauck/Noftz-Schlager/Bruno, § 116 Rn. 140 ff.; von Wulffen/Schütze-Bieresborn, § 116 Rn. 5 b.
55 Vgl. Hauck/Noftz-Schlager/Bruno, § 116 Rn. 151; von Wulffen/Schütze-Bieresborn, § 116 Rn. 12.
56 Vgl. Hauck/Noftz-Schlager/Bruno, § 116 Rn. 139; von Wulffen/Schütze-Bieresborn, § 116 Rn. 5 a.
57 Hauck/Noftz-Schlager/Bruno, § 116 Rn. 160; von Wulffen/Schütze-Bieresborn, § 116 Rn. 16.

raum der zeitlichen Kongruenz überschritten wird, bleibt dies für den Schädiger ohne Folgen. Insoweit kann der Leistungsträger von dem Schädiger keinen Ersatz verlangen.[58] Hat beispielsweise der Mobber Verdienstausfall für die Dauer von sechs Wochen zu leisten, zahlt die Berufsgenossenschaft jedoch eine Unfallrente für einen Zeitraum von zwei Monaten, dann kann der Mobber hinsichtlich der Rentenzahlungen nur für den Zeitraum von sechs Wochen in Anspruch genommen werden.[59]

d) Folgen des Anspruchsübergangs

46 Sofern die tatbestandlichen Voraussetzungen erfüllt sind, geht grundsätzlich[60] die Forderung des geschädigten Mobbingbetroffenen gegen den Mobber mit dem Schadensereignis auf den Leistungsträger über.[61] Da der Anspruch nur in dem Umfang übergehen kann, wie er im Verhältnis Schädiger zu Geschädigtem entstanden ist, muss sich der Leistungsträger gemäß §§ 404, 412 BGB **Einwendungen und Einreden** des Schuldners (zB die Einrede der Verjährung) entgegenhalten lassen.[62] Soweit dem Geschädigten ein mitwirkendes Verschulden oder eine mitwirkende Verantwortlichkeit vorzuwerfen oder der Ersatzanspruch durch Gesetz der Höhe nach begrenzt ist, geht nur der zum Schadensersatz verpflichtende Teil auf den Leistungsträger über (§ 116 Abs. 3 Sätze 1, 2 SGB X).

47 Hat der Geschädigte von dem zum Schadensersatz Verpflichteten auf einen übergegangenen Anspruch mit befreiender Wirkung gegenüber dem Leistungsträger Leistungen erhalten, so hat der Geschädigte dem Leistungsträger die von diesem erbrachten Leistungen zu erstatten (§ 116 Abs. 7 Satz 1 SGB X). Sofern den Leistungen eine befreiende Wirkung nicht zukommt, haften der Geschädigte und der Schädiger dem Leistungsträger gegenüber als Gesamtschuldner (§ 116 Abs. 7 Satz 2 SGB X).[63]

e) Darlegungs- und Beweislast

48 Da der Sozialversicherungs- bzw. Sozialhilfeträger oder die Bundesagentur für Arbeit im Rahmen des § 116 SGB X einen Anspruch erwirbt, den der Mobbingbetroffene zivilrechtlich durchsetzen müsste, gilt dies auch für den Leistungsträger. Damit trifft ihn die Darlegungs- und Beweislast für das Vorliegen der anspruchsbegründenden Tatsachen. Dies hat zur **Konsequenz,** dass der Leistungsträger nicht nur die anspruchsbegründenden Tatsachen des Schadensersatzanspruchs des Mobbingbetroffenen, sondern auch die eigene Leistungspflicht gegenüber diesem sowie die Kongruenz zwischen der Sozialleistung und dem zu ersetzenden Schaden darzulegen und zu beweisen hat. Ob dem Leistungsträger dies gelingen wird, muss sich im konkreten Fall zeigen. Es ist zu befürchten, dass es eher selten zu einer Schadensersatzpflicht des Mobbers gemäß § 116 SGB X kommt.

---

58 Vgl. Hauck/Noftz-Schlager/Bruno, § 116 Rn. 161 ff.

59 Sa Hauck/Noftz-Schlager/Bruno, § 116 Rn. 160 f.; von Wulffen/Schütze-Bieresborn, § 116 Rn. 16.

60 Beachte die Härteklausel des § 116 Abs. 3 Satz 3 SGB X sowie das Familienprivileg gemäß § 116 Abs. 6 SGB X.

61 Hauck/Noftz-Schlager/Bruno, § 116 Rn. 169, 172 ff.; Gitter/Schmitt, S. 196, 340.

62 Vgl. Hauck/Noftz-Schlager/Bruno, § 116 Rn. 170, 210; HaKo-BGB/Schulze, § 412 Rn. 1.

63 Entsprechendes gilt nach dem Wortlaut des § 116 Abs. 7 SGB X auch für die Hinterbliebenen des Geschädigten.

II. Verhalten von Vorgesetzten, des Arbeitgebers, von Personen mit Arbeitgeberfunktionen sowie von Arbeitskollegen und sonstigen Dritten

Soweit es das Verhalten der übrigen betrieblichen Akteure (zB Geschäftsführer, Vorgesetzte, Arbeitskollegen) betrifft, die nicht als Mobber in Erscheinung treten, sind Haftungsansprüche der Leistungsträger gemäß § 110 SGB VII sowie nach § 116 SGB X denkbar. 49

1. Haftung gemäß § 110 SGB VII

Wenn eine der vorgenannten Personen einen Versicherungsfall vorsätzlich oder fahrlässig herbeigeführt hat, kommt eine Haftung gemäß § 110 SGB VII nur insoweit in Betracht, als der Versicherungsfall auf einem **Unterlassen** beruht.[64] Da ein solches jedoch nur dann von rechtlicher Bedeutung sein kann, wenn den untätig Bleibenden eine Pflicht zum Handeln trifft, reduziert sich eine Anwendbarkeit der Vorschrift auf solche Personen, denen im Verhältnis zum Mobbingbetroffenen eine Garantenstellung zukommt. Nur soweit diese Personen ihre Garantenpflicht vorsätzlich oder grob fahrlässig verletzen, können sie einen Versicherungsfall durch Unterlassen herbeiführen. 50

Wie bereits in → § 3 Rn. 182 ausgeführt, gibt es nur in Ausnahmefällen eine besondere Vertrauensbeziehung zwischen einem Vorgesetzten und dem Mobbingbetroffenen, die geeignet ist, eine **Garantenstellung** zu begründen. Trifft den Arbeitgeber die sich aus dem Arbeitsvertrag ergebende Pflicht, den Mobbingbetroffenen vor Schäden zu schützen (→ § 3 Rn. 140 ff.), so ist dieser als Garant zu qualifizieren, wenn ihm die Mobbingsituation bekannt ist. Hinsichtlich der Arbeitskollegen sowie sonstigen Personen dürfte eine Garantenstellung hingegen nur im Ausnahmefall zu bejahen sein. Soweit eine solche besteht, müssen die weiteren Voraussetzungen des § 110 SGB VII erfüllt sein, so dass diesbezüglich auf die Ausführungen in → Rn. 3 ff. verwiesen werden kann. Nur wenn die dort erörterten Voraussetzungen erfüllt sind, besteht die Möglichkeit einer Haftung gemäß § 110 Abs. 1 SGB VII. 51

2. Schadensersatzpflicht gemäß § 116 SGB X

Falls eine der vorgenannten Personen gegenüber dem Mobbingbetroffenen zum Schadensersatz verpflichtet ist, kann der betreffende Schadensersatzanspruch im Rahmen der §§ 116, 117 SGB X auf einen oder mehrere Leistungsträger übergegangen sein. Schließlich ist der Anspruchsübergang gemäß § 116 Abs. 1 SGB X lediglich davon abhängig, dass der Geschädigte einen Schadensersatzanspruch hat, der auf einer anderen gesetzlichen Grundlage als dem Sozialgesetzbuch beruht. Ein Anspruchsübergang ist allerdings ausgeschlossen, wenn eine Haftungsbeschränkung im Rahmen der §§ 104 ff. SGB VII gegeben ist. In einem solchen Fall erfolgt lediglich eine Haftung nach § 110 SGB VII.[65] 52

64 Sa Krasney ua-Krasney, § 110 Rn. 10; Lauterbach-Dahm, § 110 Rn. 9.
65 Lauterbach-Dahm, § 110 Rn. 26; so schon: Kater/Leube, § 110 Rn. 3.

III. Haftung des Unternehmens

53 In sozialrechtlicher Hinsicht ist abschließend an eine Haftung des Unternehmens gemäß § 111 SGB VII bzw. nach § 116 SGB X zu denken.

1. Haftung gemäß § 111 SGB VII

54 Gemäß § 111 Satz 1 SGB VII haftet nach Maßgabe des § 110 SGB VII auch die Vertretene, wenn ein Mitglied eines vertretungsberechtigten Organs, Abwickler oder Liquidatoren juristischer Personen, vertretungsberechtigte Gesellschafter oder Liquidatoren einer Personengesellschaft des Handelsrechts oder gesetzliche Vertreter der Unternehmer in Ausführung ihnen zustehender Verrichtungen den Versicherungsfall vorsätzlich oder grob fahrlässig verursacht haben, wobei eine nach § 110 SGB VII bestehende Haftung derjenigen, die den Versicherungsfall verursacht haben, unberührt bleibt (§ 111 Satz 2 SGB VII). Das Gleiche gilt nach § 111 Satz 3 SGB VII für Mitglieder des Vorstands eines nicht rechtsfähigen Vereins sowie für vertretungsberechtigte Gesellschafter einer Personengesellschaft des bürgerlichen Rechts mit der Maßgabe, dass sich die Haftung auf das Vereins- bzw. Gesellschaftsvermögen beschränkt.

a) Herbeiführung eines Versicherungsfalls in Ausübung der Vertretung

55 Eine Haftung des bzw. der Vertretenen nach § 111 SGB VII erfordert, dass der Vertreter den Versicherungsfall in **Ausübung seiner Vertretung** verursacht hat. Mithin ist eine Haftung ausgeschlossen, sofern der Versicherungsfall gelegentlich der Tätigkeit herbeigeführt wurde.[66] Entsprechendes gilt, wenn der von dem Vertreter verursachte Versicherungsfall auf einer Überschreitung der ihm übertragenen bzw. zugewiesenen Aufgaben beruht.[67]

56 Wurde eine einen Versicherungsfall im Sinne des § 7 Abs. 1 SGB VII verursachende Mobbinghandlung etwa von einem Geschäftsführer grob fahrlässig oder vorsätzlich begangen, um den Mobbingbetroffenen zu einer Aufgabe seines Arbeitsverhältnisses zu bewegen, kann dies im Rahmen der dem Geschäftsführer übertragenen bzw. zugewiesenen Aufgaben erfolgt sein. Wird er beispielsweise vom Gesellschafter beauftragt, Personal abzubauen, dann soll er dies möglichst kostengünstig tun. Mit welchen Mitteln dies erfolgt, wird dem Gesellschafter relativ gleichgültig sein, sofern sich der Geschäftsführer **im Rahmen des rechtlich Erlaubten** bewegt. Schafft es dieser, einen Teil der Belegschaft zu Eigenkündigungen zu bewegen, können damit zahlreiche Einsparungen (zB Wegfall von Sozialplanabfindungen) verbunden sein. Nur wenn der Versicherungsfall gelegentlich der Vertretungstätigkeit verursacht wird, entfällt eine Haftung des Unternehmens gemäß § 111 SGB VII, so dass dann nur noch eine Haftung des Vertreters in Betracht kommen kann.

57 Wurde der Versicherungsfall hingegen von einer Person herbeigeführt, die nicht als Vertreter des Unternehmens zu qualifizieren ist (zB Vorgesetzter, Arbeitskollege), so haftet das Unternehmen nur, wenn dem Vertreter ein zumindest grob fahrlässiges

66 Vgl. Lauterbach-Dahm, § 111 Rn. 2; Hauck-Nehls, § 111 Rn. 7; Krasney ua-Krasney, § 111 Rn. 7; Schmitt, § 111 Rn. 3.

67 Vgl. Lauterbach-Dahm, § 111 Rn. 2; Hauck-Nehls, § 111 Rn. 7; Schmitt, § 111 Rn. 3.

Handeln bei der Beauftragung und/oder der Beaufsichtigung der betreffenden Person zur Last gelegt werden kann. Dabei muss sich das grob fahrlässige Verhalten hinsichtlich der Beauftragung bzw. Beaufsichtigung gerade auf den Tätigkeitsbereich beziehen, in dem sich der Versicherungsfall durch das vorsätzliche oder grob fahrlässige Verhalten der betreffenden Person ereignet hat.[68]

b) Haftungsumfang

Sofern man eine Haftung des bzw. der Vertretenen gemäß § 111 SGB VII bejahen kann, richtet sich ihr Umfang nach § 110 SGB VII, wobei zu bedenken ist, dass die Sozialversicherungsträger im Rahmen des § 110 Abs. 2 SGB VII auf eine solche ganz oder teilweise verzichten können.[69] Ist sowohl eine Haftung des Vertreters nach § 110 SGB VII als auch eine Haftung des bzw. der Vertretenen nach § 111 SGB VII zu bejahen, haften beide als Gesamtschuldner,[70] wenngleich das Interesse überwiegen dürfte, das regelmäßig zahlungsfähigere Unternehmen in Anspruch zu nehmen. 58

c) Verfahrensrechtliche Aspekte

Auch hinsichtlich der Haftung des Unternehmens gemäß § 111 SGB VII stellen sich die **Beweisprobleme,** auf die bereits in → Rn. 36 eingegangen wurde. Hinzu kommt, dass der Leistungsträger im Prozess darlegen und gegebenenfalls auch beweisen muss, dass der Vertreter den Versicherungsfall in Ausführung seiner Verrichtung verursacht hat oder ihm ein zumindest grob fahrlässiges Handeln bei der Beauftragung oder Beaufsichtigung eines anderen (zB eines Vorgesetzten) zur Last gelegt werden kann. Dies dürfte eher selten gelingen, so dass eine Haftung nach § 111 SGB VII eher von theoretischer Bedeutung sein dürfte. Dagegen dürfte sich die Frage einer **Verjährung** des Erstattungsanspruchs gemäß § 113 SGB VII kaum stellen, da grundsätzlich von dem Umstand ausgegangen werden darf, dass die Sozialversicherungsträger bestrebt sein müssten, ihnen zustehende Ansprüche zu realisieren (→ Rn. 35). 59

2. Schadensersatzpflicht gemäß § 116 SGB X

Indem § 116 Abs. 1 Satz 1 SGB X den Anspruchsübergang auf den Leistungsträger lediglich von einer Schadensersatzpflicht des Schädigers gegenüber dem Geschädigten abhängig macht, kann sich eine Schadensersatzpflicht des Unternehmens im Rahmen dieser Vorschrift ergeben. Da die Voraussetzungen sowie die sich bei der Geltendmachung des Anspruchs ergebenden Probleme bereits erörtert sind, kann auf die Ausführungen in → Rn. 38 ff. verwiesen werden. 60

IV. Entschädigung des Mobbingbetroffenen nach dem Opferentschädigungsgesetz

In seiner Entscheidung vom 14.2.2001[71] geht das Bundessozialgericht der Frage nach, ob ein Mobbingbetroffener gegenüber dem Staat einen **Anspruch auf Beschädigtenversorgung** nach dem Opferentschädigungsgesetz haben kann. Es verneint dies 61

---

68 Krasney ua-Krasney, § 111 Rn. 7.
69 Sa Lauterbach-Dahm, § 111 Rn. 6.
70 Vgl. Schmitt, § 111 Rn. 6; Lauterbach-Dahm, § 111 Rn. 6.
71 BSG 14.2.2001 – B 9 VG 4/00 R – BSGE 87, 276.

mit folgender Begründung: § 1 Abs. 1 OEG erfordere einen vorsätzlichen, rechtswidrigen tätlichen Angriff, der zu einer gesundheitlichen Schädigung geführt hat. Hierbei sei der Grundgedanke des Gesetzes zu bedenken, wonach nur Opfer von Gewalttaten entschädigt werden sollen.[72] Mithin decke das Opferentschädigungsgesetz nicht alle aus dem gesellschaftlichen Zusammenleben resultierende Verletzungsrisiken ab.[73] Im Verlaufe des Mobbinggeschehens werde der Mobbingbetroffene verbal attackiert, in seinen Möglichkeiten zur Kommunikation eingeschränkt, in seinen sozialen Beziehungen angegriffen und in seinem Ansehen herabgesetzt. Außer in Extremfällen werde dabei der Rahmen des zwar gesellschaftlich Missbilligten, aber nicht Strafbaren nicht verlassen und die Schwelle zum kriminellen Unrecht nicht überschritten. Nur jenseits dieser Schwelle und selbst dort nur ausnahmsweise würden einzelne Mobbinghandlungen als auf den Körper des Mobbingbetroffenen zielende Einwirkungen und damit als tätliche Angriffe im Sinne des Opferentschädigungsgesetzes anzusehen sein.[74] Von den bei Mobbing in Betracht kommenden Ehrverletzungsdelikten Beleidigung, üble Nachrede und Verleumdung könne nur die Beleidigung durch Tätlichkeiten begangen werden. Dasselbe gelte für die Nötigung und wird bei der Körperverletzung die Regel sein.[75]

62 Die **Quintessenz dieser Entscheidung** ist, dass Mobbingbetroffene lediglich dann einen Anspruch auf Beschädigtenversorgung nach dem Opferentschädigungsgesetz haben können, sofern ein Gesundheitsschaden infolge eines **tätlichen Angriffs** eingetreten ist.[76] Klassisches Beispiel hierfür ist die Zufügung einer Stichwunde mit einem Messer. Gleiches soll nach Auffassung des LSG Niedersachsen-Bremen für das **Stalking** (vgl. § 238 StGB) gelten.[77] Allein verbale Belästigungen sollen hingegen nicht geeignet sein, einen tätlichen Angriff im Sinne des § 1 OEG darzustellen.[78]

63 Offen lässt das Bundessozialgericht in seinem Urteil die Frage, welche Entscheidung zu fällen wäre, wenn das Mobbing aus einer Kette tätlicher Angriffe besteht, die nicht jeder für sich genommen, wohl aber in ihrer Gesamtwirkung allgemein geeignet sind, einen Gesundheitsschaden beim Mobbingbetroffenen hervorzurufen.

64 Leitsatz des BSG vom 14.2.2001 – B 9 VG 4/00 R:[79]

Opfer von Mobbing haben grundsätzlich keinen Anspruch auf Entschädigung nach dem Opferentschädigungsgesetz. Das Opferentschädigungsgesetz ist auf Mobbing nur dann anzuwenden,

72 Sa BSG 16.12.2015 – B 9 V 1/13 R.

73 Sa BSG 12.5.2016 – B 9 V 11/16 B; BSG 16.12.2014 – B 9 V 1/13 R; LSG Nordrhein-Westfalen 19.12.2007 – L 10 VG 25/02 – wonach Vorgänge des gesellschaftlichen Lebens, die den Betroffenen in seinem Ansehen, seiner Ehre, seiner Selbstachtung und seiner gesellschaftlichen Reputation verletzen, nicht unter den Begriff des tätlichen Angriffs fallen.

74 Sa BSG 29.4.2010 – B 9 VG 1/09 R.

75 Sa Bayerisches LSG 28.3.2017 – L 20 VG 4/13.

76 Sa Bayerisches LSG 26.1.2016 – L 15 VG 8/12; LSG Niedersachsen-Bremen 19.11.2015 – L 10 VE 31/12; BSG 16.12.2014 – B 9 V 1/13 R.

77 Vgl. LSG Niedersachsen-Bremen 18.3.2010 – L 12 VG 2/06 sowie LSG Niedersachsen-Bremen 22.6.2006 – L 13 VG 7/05 – für ein Stalking vor der Zeit des Inkrafttretens des § 238 StGB; einschränkend: BSG 7.4.2011 – B 9 VG 2/10 R; sa SG Aachen 6.9.2016 – S 12 VG 28/14.

78 LSG Niedersachsen-Bremen 22.4.2010 – L 10 VG 18/08.

79 BSGE 87, 276.

wenn das Opfer tätlich angegriffen worden ist und dadurch einen Gesundheitsschaden erlitten hat.

Nach dem Willen der Bundesregierung soll zum 1.1.2022 das **SGB XIV** in Kraft treten, das die „Soziale Entschädigung“ zum Inhalt haben soll. Zeitgleich soll das dann obsolet gewordene Opferentschädigungsgesetz außer Kraft treten.[80] Insoweit bleibt abzuwarten, mit welchem Wortlaut das beabsichtigte Gesetz schlussendlich in Kraft treten wird. 65

80 Vgl. den Referentenentwurf des BMAS vom 20.11.2018.

§ 6 Dienstrechtliche Aspekte

1 Während das Recht der im öffentlichen Dienst beschäftigten Angestellten und Arbeiter dem privatrechtlichen Teil des Dienstrechts zuzuordnen ist, auf das grundsätzlich das allgemeine Arbeits- und Sozialrecht Anwendung findet, betrifft der öffentlichrechtliche Teil des Dienstrechts das Recht der Beamten.[1] Im Beamtenrecht gibt es **Besonderheiten**, die sich aus der speziellen rechtlichen Beziehung zwischen dem Beamten und seinem Dienstherrn ergeben.[2] Obgleich auch Richter, Berufssoldaten und kirchliche Bedienstete Angehörige des öffentlichen Dienstes sind, werden diese im Weiteren ausgeklammert, da ihre Rechtsstellung spezialgesetzlich geregelt ist.

2 Die folgenden Ausführungen orientieren sich an dem Bundesbeamtengesetz und betreffen mithin solche Beamte, auf die dieses Gesetz Anwendung findet. Beamte, für die landesbeamtenrechtliche Vorschriften gelten, werden von den nachfolgenden Ausführungen nur insoweit erfasst, als das Beamtenstatusgesetz gleichlautende Vorschriften enthält, die der Bundesgesetzgeber den Landesgesetzgebern zur Beachtung vorgegeben hat. Diese sind, sofern vorhanden, in Klammern gesetzt. Auch in diesem Kapitel wird – soweit es von Relevanz ist – unterstellt, dass Rechtfertigungs- sowie Schuldausschließungsgründe nicht zum Tragen kommen.

3 Im Zusammenhang mit Mobbing sind in dienstrechtlicher Hinsicht **drei Aspekte** zu betrachten:

- das Beschwerderecht des verbeamteten Mobbingbetroffenen;
- die Verhängung disziplinarrechtlicher Sanktionen gegen Beamte;
- der Anspruch des verbeamteten Mobbingbetroffenen auf Unfallfürsorge.

I. Beschwerderecht des verbeamteten Mobbingbetroffenen

4 Vergleichbar den Angestellten und Arbeitern können sich auch Beamte – folglich auch der verbeamtete Mobbingbetroffene – beschweren. Soweit es das **Allgemeine Gleichbehandlungsgesetz** betrifft, ergibt sich das Beschwerderecht aus § 13 Abs. 1 Satz 1 AGG iVm § 24 Nr. 1 AGG. **Das personalvertretungsrechtliche Beschwerderecht** folgt aus § 68 Abs. 1 Nr. 3 iVm § 4 Abs. 1 BPersVG, wonach der Beamte seine Beschwerde an den Personalrat richten kann. Daneben besteht ein **allgemeines Beschwerderecht des Beamten**, welches seine gesetzliche Regelung in § 125 BBG erfahren hat. Danach kann der Beamte Beschwerden vorbringen, wobei ihm der Beschwerdeweg bis zur obersten Dienstbehörde offensteht (§ 125 Abs. 1 BBG). Richtet sich die Beschwerde gegen den unmittelbaren Vorgesetzten, so kann sie bei dem nächsthöheren Vorgesetzen unmittelbar eingereicht werden (§ 125 Abs. 2 BBG).

5 Die Grundsätze des Beschwerderechts des Beamten sind mit denen der Angestellten und Arbeiter vergleichbar: Die Erhebung einer Beschwerde ist nicht an die Einhaltung von **Form- und Fristvorschriften** gebunden.[3] Da grundsätzlich der **Dienstweg**

1 Vgl. Kunig, Rn. 5 f., 184, 192.
2 Sa Kunig, Rn. 6.
3 Battis, § 125 Rn. 8.

einzuhalten ist, sind Beschwerden regelmäßig an den unmittelbaren Vorgesetzten zu richten.[4] Die mit der Beschwerde angegangene Stelle hat diese entgegenzunehmen, zu prüfen und den Beschwerdeführer über ihr Ergebnis zu benachrichtigen.[5] Dieser darf wegen der Erhebung seiner Beschwerde nicht benachteiligt werden.[6] Ob eine Beschwerde des verbeamteten Mobbingbetroffenen zu einer Beendigung der Mobbinghandlungen führen wird, ist von den jeweiligen Umständen abhängig (→ § 4 Rn. 88 f.).

II. Disziplinarrechtliche Sanktionen gegen Beamte

Beamte unterliegen dem Disziplinarrecht. Daher stellt sich die Frage nach einer diszi- 6
plinarrechtlichen Verantwortung von Beamten, die als Mobber in Erscheinung treten oder als Vorgesetzte nichts zur Beendigung einer akuten Mobbingsituation unternehmen.

Mögliche Disziplinarmaßnahmen gemäß § 5 Abs. 1 BDG: 7

- Verweis
- Geldbuße
- Kürzung der Dienstbezüge[7]
- Zurückstufung
- Entfernung aus dem Beamtenverhältnis[8]

Gemäß § 77 Abs. 1 Satz 1 BBG (§ 47 Abs. 1 Satz 1 BeamtStG) begeht ein Beamter ein 8
Dienstvergehen, wenn er schuldhaft die ihm obliegenden Pflichten verletzt. Auch ein **Verhalten außerhalb des Dienstes** ist ein Dienstvergehen, wenn es nach den Umständen des Einzelfalls in besonderem Maße geeignet ist, Achtung und Vertrauen in einer für sein Amt oder das Ansehen des Beamtentums bedeutsamen Weise zu beeinträchtigen (vgl. § 77 Abs. 1 Satz 2 BBG [§ 47 Abs. 1 Satz 2 BeamtStG, wobei sich der seit dem 7.12.2018 geltende Wortlaut der Vorschrift auf das Vertrauen in einer für sein Amt bedeutsamen Weise beschränkt]).

Schlagzeile: „Mobbing-Bürgermeister wird Gehalt gekürzt“[9] 9

In ihrer Ausgabe vom 19.3.2003 berichtet die Süddeutsche Zeitung über einen als „Mobbing-Bürgermeister“ verrufenen Chef einer oberfränkischen Gemeinde, dem das Verwaltungsgericht eine Kürzung der Bezüge um ein Siebtel für die Dauer von vier Jahren auferlegt hat. Nach Auskunft der Disziplinarkammer müsse dieser Bürgermeister sogar mit einer Entfernung aus dem Dienst rechnen, wenn sich dieser „weiterhin daneben benehme und Mitarbeiter schikaniere“.

4 Battis, § 125 Rn. 10.
5 Battis, § 125 Rn. 13.
6 Battis, § 125 Rn. 14.
7 Sa VG des Saarlandes 26.2.2010 – 4 K 591/08: Kürzung der Dienstbezüge iHv 10 % für die Dauer von drei Jahren wegen antikollegialen Verhaltens.
8 Vgl. zur fristlosen Entlassung eines Soldaten VG Magdeburg 17.1.2009 – 5 A 72/08.
9 Sa VGH München 11.12.2013 – 16 a DS 13.706, wobei der gerichtliche Beschluss die vorläufige Dienstenthebung eines Bürgermeisters in einer bayerischen Gemeinde zum Gegenstand hat. Sa VG Magdeburg 6.11.2013 – 8 A 9/12, das die Kürzung der Dienstbezüge eines Beigeordneten zum Gegenstand hat.

Der Bürgermeister habe geradezu einen Drang, Mitarbeiter zu mobben und schlechtest zu behandeln. Auf Kritik an seinem Verhalten reagiere er mit Beleidigungen.

1. Pflichten der Beamten

10 Die zu beachtenden Pflichten ergeben sich aus §§ 60 ff. BBG (§§ 33 ff. BeamtStG), daneben aus weiteren Gesetzen, Dienstordnungen, Dienstanweisungen sowie aus ungeschriebenen Regeln des Beamtentums.[10] Von besonderer Bedeutung ist § 61 Abs. 1 Satz 3 BBG (§ 34 Satz 3 BeamtStG). Hiernach muss das Verhalten des Beamten **innerhalb und außerhalb des Dienstes** der Achtung und dem Vertrauen gerecht werden, die sein Beruf erfordert.

11 Mit Blick auf Rechtsprechung sowie Literatur scheinen den Pflichten eines Beamten **keine Grenzen** gesetzt zu sein. Im Zusammenhang mit Mobbing stehen insbesondere folgende Pflichten im Vordergrund,[11] wobei der außerdienstliche Pflichtenkreis ausgeklammert bleibt.

12 **Pflichten eines Beamten:**

- Mobbing stellt generell einen Verstoß gegen die allgemeine beamtenrechtliche Wohlverhaltenspflicht dar, wodurch zugleich auch der Betriebsfrieden innerhalb der Verwaltung gestört wird.[12]
- Die Pflicht zur Wahrung des Betriebsfriedens verpflichtet den Beamten, falsche Beschuldigungen, Verdächtigungen, Beleidigungen, Bedrohungen und Tätlichkeiten gegenüber seinen Arbeitskollegen zu unterlassen.[13]
- Die Pflicht zur kollegialen Zusammenarbeit.[14]
- Die Pflicht zu achtungswürdigem und vertrauensvollem Verhalten verpflichtet den Beamten, Beleidigungen und Verunglimpfungen seines Vorgesetzten[15] sowie achtungswidrige Äußerungen über die Dienststelle und/oder über seine Vorgesetzten gegenüber Dritten[16] zu unterlassen. Gleiches gilt für Drohungen und Tätlichkeiten.[17]
- Die Pflicht, Gesetz und Recht zu wahren,[18] mithin Straftaten im Amt (zB den Kollegendiebstahl) zu unterlassen.[19]
- Die Pflicht zu Gehorsam, dh Anordnungen des Vorgesetzten zu befolgen.[20]

---

10 Vgl. Claussen/Janzen, Einl. C Rn. 2; sa Claussen/Benneke/Schwandt, Rn. 164 ff.
11 Sa Art. 12 a Abs. 1 Verordnung Nr. 31 (EWG) 11 (EAG) über das Statut der Beamten und über die Beschäftigungsbedingungen für die sonstigen Bediensteten der Europäischen Wirtschaftsgemeinschaft und der Europäischen Atomgemeinschaft, wonach sich die Beamten der Europäischen Union jeder Form von Mobbing oder sexueller Belästigung zu enthalten haben. Leider gibt es im nationalen Recht der Bundesrepublik Deutschland keine vergleichbare eindeutige Regelung.
12 VG Magdeburg 6.11.2013 – 8 A 9/12.
13 Vgl. Claussen/Janzen, Einl. C Rn. 30; Köhler/Ratz, S. 297 ff.
14 Mobbing stellt einen Verstoß gegen die Pflicht zur kollegialen Zusammenarbeit dar; vgl. Battis, § 61 Rn. 12.
15 Claussen/Janzen, Einl. C Rn. 44 b, 50.
16 Claussen/Janzen, Einl. C Rn. 49.
17 Claussen/Janzen, Einl. C Rn. 52.
18 Claussen/Benneke/Schwandt, Rn. 176; Schnellenbach/Bodanowitz, S. 249.
19 Vgl. Köhler/Ratz, S. 268 ff.
20 Schnellenbach/Bodanowitz, S. 250.

- Die Pflicht zur Vermeidung jeglicher Verquickung von dienstlichen Handlungen bzw. Unterlassungen mit privaten Interessen.[21]

Pflichten eines vorgesetzten Beamten: 13

- Vorgesetzte haben Beleidigungen von Untergebenen zu unterlassen.[22]
- Vorgesetzte haben sich achtungswürdig gegenüber Untergeben zu verhalten.[23]
- Vorgesetzten obliegt die Fürsorge für die ihnen unterstellten Beamten.[24]
- Vorgesetzte haben den Dienst im erforderlichen Maße zu beaufsichtigen. Pflichtwidrig handelt insoweit auch, wer Pflichtwidrigkeiten seiner Untergebenen duldet, fördert oder sogar veranlasst.[25]
- Vorgesetzte sind gegenüber ihren Untergebenen verpflichtet, jeden Missbrauch ihrer Dienststellung zu unterlassen.[26]

2. Verletzung von Pflichten der Beamten

Im Mittelpunkt des Disziplinarrechts steht ohne Zweifel die Pflichtverletzung. Diese kann sowohl durch **aktives Tun**[27] als auch durch **Unterlassen** erfolgen.[28] Letzteres ist allerdings nur dann von disziplinarrechtlicher Relevanz, wenn der Beamte im konkreten Fall untätig bleibt, obwohl er aufgrund seiner Dienstpflicht hätte handeln müssen. In dieser Hinsicht ist beispielsweise an einen Vorgesetzten zu denken, der seine Dienstaufsicht verletzt.[29] In welcher Form (dh Versuch oder Vollendung, Teilnahme oder [Mit-]Täterschaft) die Pflichtverletzung begangen wird, ist hierbei ohne Belang.[30] Gleiches gilt für die Schwere des Dienstvergehens, soweit es sich nicht nur um bloße Bagatellverfehlungen handelt.[31] 14

Im Disziplinarrecht gilt der **Grundsatz der Einheit des Dienstvergehens**, so dass mehrere Verfehlungen in der Regel nur ein Dienstvergehen bilden.[32] Dieser Umstand, der sich auf den ersten Blick vorteilhaft auf die dienstrechtliche Bewertung von Mobbing auszuwirken scheint, resultiert aus dem Umstand, dass die dienstrechtliche Maßregelung nicht wegen der Verletzung bestimmter Dienstpflichten erfolgt, sondern wegen 15

21 Schnellenbach/Bodanowitz, S. 249.
22 Claussen/Janzen, Einl. C Rn. 55 a; sa BVerwG 20.5.1981 – 2 WD 9.80 – BVerwGE 73, 187 (188).
23 Vgl. VG Ansbach 6.8.2008 – AN 6 b D 08.00017, wonach das Verhalten eines Vorgesetzten insbesondere dann achtungsunwürdig ist, wenn er Untergebene gezielt schikaniert oder durch unsachliche, herabwürdigende Äußerungen, insbesondere in Gegenwart von Kollegen, bloßzustellen versucht; sa VG München 26.2.2013 – M 19 da 12.6220.
24 Claussen/Janzen, Einl. C Rn. 57 e.
25 Vgl. Claussen/Janzen, Einl. C Rn. 57 b.
26 Battis, § 61 Rn. 12; sa VGH München 4.6.2014 – 16 b D 13.707.
27 Sa VGH Mannheim 23.2.2017 – DL 13 S 2331/15, wonach das Ausspähen von Daten unter missbräuchlicher Verwendung des Administratoren-Passworts mit dem Ziel, den Inhalt fremder Datenbestände zur Befriedigung eigener Interessen einzusehen oder zu nutzen, eine schwerwiegende Verletzung des Kernbereichs der Dienstpflichten eines Netzwerkadministrators darstellt.
28 Claussen/Benneke/Schwandt, R. 140.
29 Vgl. Claussen/Janzen, Einl. C Rn. 1 b; sa OLG München 18.4.2007 – 1 U 5361/06 – wonach nur der Vorgesetzte, der Schikanen zwischen Untergebenen duldet, eine Amtspflichtverletzung begeht.
30 Vgl. BVerwG 7.12.1993 – 1 D 32.92 – BVerwGE 103, 54 (56 f.); Claussen/Benneke/Schwandt, R. 141 f.
31 Claussen/Janzen, Einl. C Rn. 4 a ff.; sa Claussen/Benneke/Schwandt, Rn. 133 ff.
32 Claussen/Benneke/Schwandt, R. 143 ff.; BVerwG 22.6.1978 – 1 D 46.77 – BVerwGE 63, 88 (89); BVerwG 4.9.1978 – 1 DB 22.78 – BVerwGE 63, 123 (124); BVerwG 28.4.1981 – 1 D 7.80 – BVerwGE 73, 166 (167).

der **Offenbarung von Persönlichkeitsmängeln,** die den Beamten wegen der Dienstpflichtverletzung für den Dienst untragbar machen oder eine Erziehungsmaßnahme für geboten erscheinen lassen.[33] In verfahrensrechtlicher Hinsicht bedeutet dies jedoch nicht, dass über mehrere Pflichtverstöße nur einheitlich entschieden werden kann. Insoweit ist eine isolierte Betrachtung einzelner Verfehlungen nicht ausgeschlossen, auch wenn am Ende eine einheitliche Würdigung des gesamten Dienstvergehens erfolgt.[34]

3. Vorsätzliches und fahrlässiges Handeln

16 Da nur die **schuldhafte Verletzung von Pflichten** ein Dienstvergehen darstellt (vgl. § 77 Abs. 1 Satz 1 BBG [§ 47 Abs. 1 Satz 1 BeamtStG]), muss der Beamte vorsätzlich oder fahrlässig gehandelt haben, wobei sich die Begrifflichkeiten an den strafrechtlichen Definitionsmerkmalen orientieren.[35] Bedingter Vorsatz genügt.[36] Der Beamte muss das Bewusstsein haben, dass sein Verhalten einen disziplinarrechtlich relevanten Pflichtenverstoß darstellt.[37]

17 Dem mobbenden Beamten wird oftmals eine fahrlässige Verletzung von Pflichten unterstellt werden können. Teilweise wird sogar eine vorsätzliche Pflichtverletzung vorliegen. Entsprechendes gilt für einen Vorgesetzten, der seiner **Dienstaufsicht** nicht in dem erforderlichen Maße nachkommt, der untätig bleibt, obwohl er von dem Mobbing weiß.

4. Verfahrensrechtliche Aspekte

18 In verfahrensrechtlicher Hinsicht sind zwei Aspekte von besonderer Bedeutung: das Disziplinarmaßnahmeverbot wegen Zeitablaufs sowie die Beweisbarkeit des Dienstvergehens.

a) Disziplinarmaßnahmeverbot wegen Zeitablaufs

19 § 15 BDG regelt das Verbot der Verhängung von Disziplinarmaßnahmen wegen Zeitablaufs. Danach ist die Disziplinierung von Dienstvergehen nur **innerhalb fest umrissener Zeiträume** statthaft (vgl. § 15 Abs. 1–3 BDG). Sind seit der Vollendung eines Dienstvergehens mehr als

- zwei Jahre vergangen, darf ein Verweis nicht mehr erteilt werden.
- drei Jahre vergangen, darf eine Geldbuße, eine Kürzung der Dienstbezüge oder eine Kürzung des Ruhegehalts nicht mehr ausgesprochen werden.
- als sieben Jahre vergangen, darf auf Zurückstufung nicht mehr erkannt werden.

20 Gemäß § 17 Abs. 2 Satz 1 BDG unterbleibt die Einleitung eines Disziplinarverfahrens, wenn zu erwarten ist, dass nach § 15 BDG eine Disziplinarmaßnahme nicht in Betracht kommt. Sofern sich eine solche Einschätzung nicht zuverlässig treffen lässt,

33 So BVerwG 22.6.1978 – 1 D 46.77 – BVerwGE 63, 88 (89).
34 Vgl. BVerwG 29.7.2009 – 2 B 15/09; BVerwG 14.2.2007 – 1 D 12/05.
35 Vgl. Battis, § 77 Rn. 17; Claussen/Benneke/Schwandt, Rn. 150.
36 Claussen/Benneke/Schwandt, Rn. 152.
37 Claussen/Benneke/Schwandt, Rn. 161.

hat die Einleitung eines Disziplinarverfahrens zu erfolgen.[38] Sollte sich das Maßnahmeverbot später bestätigen, so ist das Disziplinarverfahren nach § 32 Abs. 1 Nr. 3 BDG einzustellen.[39]

Der Zeitablauf dürfte einer disziplinarrechtlichen Sanktion regelmäßig nur dann entgegenstehen, wenn der Dienstvorgesetzte von den Pflichtverletzungen **keine Kenntnis** erlangt hat, etwa weil sich das Mobbing von Außenstehenden nicht erkennbar im Verborgenen ereignet hat. Wird ihm dagegen eine Mobbingsituation bekannt, müsste er aufgrund der anzunehmenden Pflichtverletzungen rechtzeitig bzw. alsbald tätig werden und ein Disziplinarverfahren einleiten (vgl. § 17 Abs. 1 Satz 1 BDG). 21

b) Beweisbarkeit des Dienstvergehens

Um Disziplinarmaßnahmen verhängen zu können, müssen dem Beamten Täterschaft und Schuld nachgewiesen werden. Bleiben begründete Zweifel, ist gemäß dem Grundsatz **in dubio pro reo** von einer Verhängung von Disziplinarmaßnahmen abzusehen.[40] 22

Dem Dienstherrn dürfte die Beweisführung gelingen, sofern entsprechende Beweismittel verfügbar sind. Zwar kann er auf den Mobbingbetroffenen als Zeugen zurückgreifen. Allerdings wird es von dessen Glaubwürdigkeit abhängen, ob seinen Aussagen eher zu folgen ist als den Einlassungen des mit dem Disziplinarverfahren konfrontierten Beamten. Daneben stellt sich die allgemeine Beweisproblematik, auf die man bei Mobbing immer wieder stößt. Die Begehung von Mobbinghandlungen im Verborgenen unter Ausnutzung günstiger Gelegenheiten sowie die Isolierung und Ausgrenzung des Mobbingbetroffenen werden häufig dazu führen, dass dem Mobber eine Pflichtverletzung nicht vorgeworfen werden kann. Je beliebter dieser in der Dienststelle ist, desto mehr Fürsprecher werden sich für ihn finden, die mit ihren Aussagen zu einer Entlastung des Mobbers beitragen. 23

III. Anspruch des verbeamteten Mobbingbetroffenen auf Unfallfürsorge

Erleidet ein Beamter infolge von Mobbing einen Schaden, stellt sich oftmals die Frage nach einer Unfallfürsorge des Dienstherrn. Schließlich hat gemäß § 30 Abs. 1 Satz 1 BeamtVG der verletzte Beamte aus Anlass eines Dienstunfalls Anspruch auf Unfallfürsorge (vgl. §§ 30 Abs. 2, 32 ff. BeamtVG),[41] wobei der Verletzte gemäß § 45 Abs. 1 Satz 1 BeamtVG eine zweijährige Meldefrist zu wahren hat.[42] Vergleichbares gilt für den Fall, dass er eine Berufskrankheit erleidet. Schließlich wird die Berufskrankheit gemäß § 31 Abs. 3 Satz 1 BeamtVG wie ein Dienstunfall behandelt. 24

---

38 Vgl. Urban/Wittkowski, § 17 Rn. 23.
39 Vgl. Urban/Wittkowski, § 17 Rn. 23.
40 Vgl. Claussen/Janzen, § 75 Rn. 7 f.; sa Claussen/Benneke/Schwandt, R. 807.
41 Diese Vorschrift entspricht der unfallversicherungsrechtlichen Regelung des Arbeitsunfalls gemäß § 8 SGB VII; → § 5 Rn. 12 ff.
42 Sa VG Bayreuth 11.11.2014 – B 5 K 12.947; VG Bayreuth 29.7.2014 – B 5 K 12.717; VGH München 7.3.2017 – 3 ZB 14.1973; VG Gelsenkirchen 4.2.2014 – 12 K 1709/12.

1. Dienstunfall des Mobbingbetroffenen

25 Voraussetzung für einen Anspruch auf Unfallfürsorge ist, dass der die Fürsorge begehrende Beamte einen Dienstunfall erlitten hat.[43] Gemäß der **Legaldefinition** in § 31 Abs. 1 Satz 1 BeamtVG ist der Dienstunfall ein auf äußerer Einwirkung beruhendes, plötzliches, örtlich und zeitlich bestimmbares, einen Körperschaden verursachendes Ereignis, das in Ausübung des Dienstes entstanden ist.

a) Äußere Einwirkung

26 Eine äußere Einwirkung im Sinne des § 31 Abs. 1 Satz 1 BeamtVG liegt nur dann nicht vor, wenn der Körperschaden durch Umstände hervorgerufen wird, für die (allein) eine besondere physische oder psychische Veranlagung oder das willentliche (vorsätzliche) Verhalten des Betroffenen erhebliche Ursache ist[44] – es mithin an einer inneren Einwirkung ermangelt. Diese kann auf höchst unterschiedliche Weise erfolgen – etwa durch eine verbale Attacke (zB Beleidigung, Beschimpfung, herabsetzende Rede), die der Beamte im Zusammenhang mit seinem Dienst hinnehmen musste und die bei ihm einen seelischen Schock oder einen Herzinfarkt ausgelöst hat.[45] Ausgeschlossen sind hingegen allgemeine Schäden, die auf **inneren seelischen Vorgängen** beruhen, die sich als Folge täglichen Ärgerns im Dienst zeigen (zB Magenleiden).[46] Gleiches gilt regelmäßig für Körperschäden, die infolge einer körperlichen, seelischen oder psychischen **Veranlagung**[47] hervorgerufen werden, sowie beim vorsätzlichen **Suizid**.[48] Weiter soll es an einer äußeren Einwirkung fehlen, wenn ein Beamter im Zusammenhang mit dienstlichen Vorgängen der Personalverwaltung (zB Veränderung des Aufgabenumfangs, Umsetzung, Personalgespräch) erkrankt. Schließlich könne eine mangelnde persönliche Verarbeitungsfähigkeit des Beamten nicht der Risikosphäre des Dienstherrn zugerechnet werden.[49] Dienstliche Gespräche, Informationen sowie Mitteilungen werden ebenfalls nicht als eine äußere Einwirkung anerkannt, sofern sie nicht von der normalen Ausgestaltung des Dienstverhältnisses wesentlich abweichen und sich damit nicht mehr im Rahmen der sozialen Adäquanz halten.[50] Maßgeblich sind hierbei der Inhalt sowie die Art und Weise der Gesprächsführung, wobei es auf die subjektive Wahrnehmung bzw. Sichtweise der betreffenden Personen

43 Sa VG Kassel 17.1.2013 – 1 K 58/11.KS – mit dem Hinweis, es sei anerkannt, dass ein Verhalten, das im Allgemeinen als Mobbing bezeichnet wird, unter bestimmten Voraussetzungen die Voraussetzungen eines Dienstunfalls erfüllen könne.

44 Schnellenbach/Bodanowitz, S. 392; Kümmel, § 31 Rn. 8; BVerwG 24.10.1963 – II C 10.62 – BVerwGE 17, 59 (62); BVerwG 4.2.1966 – II C 65.63 – BVerwGE 23, 201 (206); BVerwG 9.4.1970 – II C 49.68 – BVerwGE 35, 133 (134).

45 Kümmel, § 31 Rn. 8; BVerwG 9.4.1970 – II C 49.68 – BVerwGE 35, 133 (134 f.); BVerwG 30.6.1988 – 2 C 3.88 – BVerwGE 80, 4 (6); OVG Lüneburg 24.10.2017 – 5 LB 124/16; sa VG Düsseldorf 2.11.2010 – 23 K 5235/07 – das den Fall des Öffnens einer E-Mail mit Anhang zum Gegenstand hat.

46 Plog/Wiedow, § 31 BeamtVG Rn. 40.

47 Sa VG Bayreuth 6.2.2018 – B 5 K 16.867.

48 Vgl. Schnellenbach/Bodanowitz, S. 393; sa BVerwG 5.4.1960 – VI C 2.58 – BVerwGE 10, 258 (261); BVerwG 24.10.1063 – II C 10.62 – BVerwGE 17, 59 (62); BVerwG 9.4.1970 – II C 49.68 – BVerwGE 35, 133 (134); das Bayerische LSG hat in seiner Entscheidung vom 29.4.2008 – L 18 U 227/04 – das Vorliegen eines äußeren Ereignisses bei einem Suizid bejaht, der auf einem psychischen Trauma beruhte, das durch einen betrieblichen Vorgang mit überragender psychischer Belastung (hier: Personalgespräch) ausgelöst worden war.

49 VG Frankfurt/M. 31.8.2009 – 9 K 354/09.F.

50 OVG Lüneburg 24.10.2017 – 5 LB 124/16 mwN; sa BVerwG 11.10.2018 – 2 B 3/18; VG des Saarlandes 30.6.2017 – 2 K 1959/15; VG Berlin 17.11.2015 – 26 K 123.14; sa Günther, S. 405, 406 ff.

(sprich: des Mobbingbetroffenen) nicht ankommt.[51] Als nicht mehr sozial adäquat sind vor allem anzusehen: beleidigende, seelisch verletzende Äußerungen und Beschimpfungen, die Herabwürdigung sowie das Anschreien des Gesprächspartners, eine bedrohliche Mimik, Gestik sowie Körperhaltung und eine verängstigende bzw. unangemessen unter Druck setzende Gesprächsführung.[52]

Indem die Mobbinghandlungen von außen auf den Körper des Mobbingbetroffenen 27
einwirken, handelt es sich bei diesen um äußere Einwirkungen in dem dargelegten Sinn. Da Mobbing nicht als eine Normalität am Arbeitsplatz gewertet werden kann, ist die Situation auch nicht mit dem normalen (täglichen) Ärger am Arbeitsplatz vergleichbar, der durchaus Krankheitsbilder wie Magen- oder Gallenleiden hervorrufen kann. Allenfalls beim Suizid kann es an einer äußeren Einwirkung ermangeln, sofern dieser begangen wird, um dem Mobbing zu entfliehen (→ § 5 Rn. 19 zur Bewertung eines Suizides als Arbeitsunfall im Sinne des § 8 Abs. 1 Satz 1 SGB VII).

b) Plötzliches Ereignis

Das plötzliche Ereignis ist dazu bestimmt, den Dienstunfall von schädlichen Dauer- 28
einwirkungen abzugrenzen.[53] Von Ersterem kann gesprochen werden, wenn der schädigende Vorgang unvermittelt eintritt und auf einen verhältnismäßig kurzen Zeitraum (in der Regel innerhalb der zeitlichen Grenzen eines Tagesdienstes) beschränkt bleibt.[54] Erforderlich ist weiter, dass das Ereignis **konkret nach Ort und Zeit bestimmbar** ist.[55] Von einem plötzlichen Ereignis in diesem Sinne soll dann nicht zu sprechen sein, wenn eine Erkrankung auf dienstlich bedingten Ärger, Überarbeitung sowie häufige Dienstleistungen bei schlechtem Wetter beruht.[56] Anders ist es bei psychischen Ursachen allerdings dann, wenn eine schockartige Einwirkung vorliegt, die eine schlagartig auftretende schwere psychische Erschütterung auslöst.[57]

Mobbinghandlungen erfüllen das Erfordernis des plötzlichen Ereignisses, wenn sie 29
sich unmittelbar schädigend auf den Mobbingbetroffenen auswirken. Dies ist zweifelsfrei etwa dann der Fall, wenn der Mobber den Mobbingbetroffenen mit einem Messer verletzt. Gleiches gilt, wenn sich die Traumatisierung oder psychische Erkrankung des Mobbingbetroffenen konkret auf einen Vorfall (etwa ein Dienstgespräch) zurückführen lässt.[58] Allerdings ist zu bedenken, dass derartige Mobbingangriffe eher selten anzutreffen sind. Vielmehr sind es die kleinen auf die Seele einwirkenden Nadelstiche, die erst in ihrer Gesamtheit schädigend wirken. Dies hat regelmäßig zur

51 OVG Lüneburg 24.10.2017 – 5 LB 124/16.

52 OVG Lüneburg 24.10.2017 – 5 LB 124/16; sa VG des Saarlandes 30.6.2017 – 2 K 1959/15; sa Günther, S. 407.

53 Vgl. Schnellenbach/Bodanowitz, S. 393; OVG Lüneburg 24.10.2017 – 5 LB 124/16; BVerwG 4.2.1966 – II C 65.63 – BVerwGE 23, 201 (209 f.).

54 Vgl. VGH München 15.11.2016 – 3 ZB 13.396, der in dem konkreten Fall einen relativ kurzen Zeitraum von zwei bis drei Tagen genügen lässt; sa Schnellenbach/Bodanowitz, S. 393.

55 Vgl. Schnellenach/Bodanowitz, S. 393 f.; BVerwG 9.11.1960 – VI C 144.58 – BVerwGE 11, 229 (230); BVerwG 24.10.1963 – II C 10.62 – BVerwGE 17, 59 (63); BVerwG 4.2.1966 – II C 65.63 – BVerwGE 23, 201 (209).

56 Schnellenbach/Bodanowitz, S. 394.

57 VG Bayreuth 10.7.2009 – B 5 K 07.123.

58 VG Kassel 17.1.2013 – 1 K 58/11.KS; sa VG Arnsberg 30.11.2016 – 13 K 3910/15 hinsichtlich einer mobbingartigen Behandlung einer Lehrerin durch einen Schüler.

Folge, dass sich etwa eine Depression grundsätzlich nicht auf ein einzelnes bestimmtes Ereignis zurückführen lässt. Mobbingbedingte Erkrankungen sind eher mit einer häufigen Dienstleistung bei schlechtem Wetter, dem ständigen Ärger sowie einer fortlaufenden Überarbeitung vergleichbar, bei denen sich Krankheiten erst wegen der Chronizität der Arbeitsumstände einstellen. Mithin dürfte das Merkmal des plötzlichen Ereignisses in der Mehrzahl der Fälle zu verneinen sein, so dass es dann bereits deswegen nicht zu einer Anerkennung eines Dienstunfalls kommen dürfte.[59]

c) Körperschaden

30 Sofern ein plötzliches Ereignis anzuerkennen ist, muss der Mobbingbetroffene einen Körperschaden erlitten haben, wobei zwischen der Schädigung des Körpers und der äußeren Einwirkung ein **Zurechnungszusammenhang** bestehen muss.[60]

31 Von einem Körperschaden im Sinne des § 31 Abs. 1 Satz 1 BeamtVG kann gesprochen werden, wenn die körperliche Unversehrtheit für einen nicht unbedeutenden Zeitraum beeinträchtigt worden ist, wobei es auf die Schwere der Verletzung nicht ankommt.[61] So kann es sich bei einer posttraumatischen Belastungsstörung[62] sowie bei einer psychischen Störung (zB seelischer Schock)[63] um einen Körperschaden in diesem Sinne handeln.

32 Für die Bejahung eines Körperschadens reichen hingegen **bloße psychische Einwirkungen** nicht aus, durch die lediglich das seelische Wohlbefinden berührt wird.[64]

33 Die Voraussetzung eines erlittenen Körperschadens dürfte bei einer auf Mobbing beruhenden Erkrankung stets erfüllt sein, so dass dieser Punkt keiner weiteren Vertiefung bedarf. Auch wenn ein Mobber ausschließlich auf die Psyche des Mobbingbetroffenen einwirkt, so gehen die Folgen regelmäßig über eine bloße Störung des seelischen Wohlbefindens hinaus.

d) Dienstbezogenheit des Unfalls

34 Ein Unfall ist in Ausübung des Dienstes erfolgt, wenn der Beamte in dem Zeitpunkt der den Unfall auslösenden äußeren Einwirkung und des den Körperschaden verursachenden Unfallereignisses dienstliche Aufgaben verrichtet hat.[65] Bei dieser Beurteilung ist es ohne Bedeutung, ob der Beamte in diesem Zeitpunkt mit den für sein Amt typischen Aufgaben befasst war.[66]

---

59 Vgl. VGH München 2.12.2015 – 14 ZB 15.2160; VGH München 4.5.2011 – 3 ZB 09.2463; VG Gelsenkirchen 19.10.2010 – 12 K 3063/09; VG Augsburg 20.8.2009 – Au 2 K 09.154; VG Bayreuth 18.8.2015 – B 5 K 13.438; VG Bayreuth 10.7.2009 – B 5 K 07.123; VG Minden 19.6.2008 – 4 K 2398/07; VG Göttingen 2.4.2008 – 3 A 263/06; VG Kassel 16.12.2014 – 1 K 576/14.KS; aA wohl nur VG Kassel 14.11.2002 – 7 E 586/01.

60 Vgl. Schnellenbach/Bodanowitz, S. 395.

61 Kümmel, § 31 Rn. 11.

62 VG Freiburg 22.2.2007 – 4 K 986/05.

63 Schnellenbach/Bodanowitz, S. 395.

64 Vgl. Schnellenbach/Bodanowitz, S. 395; OLG Hamm 16.9.1958 – 3 Ss 783/58 – MDR 1958, 939 (939).

65 Vgl. ausführlich Schnellenach/Bodanowitz, S. 397 ff.; sa Kümmel, § 31 Rn. 15; Plog/Wiedow, § 31 BeamtVG Rn. 48 b; BVerwG 24.10.1963 – II C 10.62 – BVerwGE 17, 59 (63); BVerwG 12.2.1971 – VI C 36.66 – BVerwGE 37, 203 (208 f.); sa BVerwG 12.2.1971 – VI C 36.66 – BVerwGE 37, 203 (206); BVerwG 17.10.1991 – 2 C 8.91 – BVerwGE 89, 117 (120).

66 BVerwG 24.10.1963 – II C 10.62 – BVerwGE 17, 59 (63 ff.); Kümmel, § 31 Rn. 16.

Eine Dienstbezogenheit des Unfalls ist dann zu verneinen, wenn der Unfall durch Verhaltensweisen ausgelöst worden ist, die schlechthin nicht mit der Dienstausübung in Zusammenhang gebracht werden können, wie zum Beispiel bei einer **eigenwirtschaftlichen Tätigkeit** des Beamten.[67] Gleiches gilt für Verhaltensweisen, die dem wohlverstandenen Interesse des Dienstherrn zuwiderlaufen oder von diesem ausdrücklich untersagt sind.[68] Dies gilt etwa für Unfälle, die durch tätliche Neckereien verursacht werden.[69] Sofern ein solcher Ausnahmefall nicht vorliegt, sind Unfälle, die ein Beamter während der Dienststunden (einschließlich der Mehrarbeitszeiten) in seinem Arbeitsumfeld (zB Dienstgebäude, Dienstfahrzeug) erleidet, grundsätzlich in Ausübung oder infolge des Dienstes eingetreten.[70] 35

Mobbinghandlungen werden hauptsächlich während der Arbeitszeit am Arbeitsplatz begangen, so dass von dem **Normalfall** der Zufügung eines Körperschadens in Ausübung oder infolge des Dienstes ausgegangen werden kann. Dass der Mobbingbetroffene einen Körperschaden während einer eigenwirtschaftlichen Betätigung am Arbeitsplatz erleidet, dürfte im Zusammenhang mit Mobbing eher unwahrscheinlich sein. Wenngleich Mobbing und darauf beruhende Körperschäden dem Interesse eines jeden Dienstherrn zuwiderlaufen dürften, so vermag dieser Umstand nichts an der Dienstbezogenheit eines Körperschadens zu ändern. Schließlich ist es nicht das passive Verhalten des den Schaden erleidenden Mobbingbetroffenen, das nicht im Einklang mit den Interessen des Dienstherrn steht, sondern das feindselige Verhalten des Mobbers. 36

e) Kausalität

Der Dienstunfall erfordert einen Kausalzusammenhang zwischen dem Unfallereignis und dem Dienst sowie zwischen dem Unfallereignis und dem Körperschaden.[71] Gemäß der im Unfallfürsorgerecht vorherrschenden **Theorie vom Ursachenbegriff** sind Ursachen im Sinne des § 31 Abs. 1 Satz 1 BeamtVG die Bedingungen, die wegen ihrer besonderen Beziehung zum Erfolg zu dessen Eintritt wesentlich mitgewirkt haben.[72] Trifft eine Veranlagung mit einer äußeren Ursache zusammen, kann ein Dienstunfall nur anerkannt werden, wenn es sich bei der äußeren Einwirkung um die wesentlichere Ursache gehandelt hat.[73] Löst ein Unfallereignis ein bereits vorhandenes Leiden aus oder beschleunigt oder verschlimmert es dieses, so ist das Unfallereignis dann nicht als die wesentliche Ursache für den Körperschaden zu bewerten, wenn das Er- 37

67 Kümmel, § 31 Rn. 18; BVerwG 12.2.1971 – VI C 36.66 – BVerwGE 37, 203 (206).

68 Kümmel, § 31 Rn. 18; BVerwG 24.10.1963 – II C 10.62 – BVerwGE 17, 59 (64, 67); BVerwG 17.3.1965 – VI C 82.62 – BVerwGE 20, 347 (351); OVG Lüneburg 5.12.1989 – 2 OVG A 141/86 – ZBR 1992, 121 (121).

69 Vgl. OVG Lüneburg 5.12.1989 – 2 OVG A 141/86 – ZBR 1992, 121 (121).

70 Vgl. Kümmel, § 31 Rn. 15 f.; Schnellenbach/Bodanowitz, S. 399 ff.; sa OVG Lüneburg 24.10.2017 – 5 LB 124/16 zum Dienstgespräch.

71 Kümmel, § 31 Rn. 12; Schnellenbach/Bodanowitz, S. 397 f.; VG Freiburg 22.2.2007 – 4 K 986/05.

72 Vgl. Kümmel, § 31 Rn. 12; BVerwG 5.4.1960 – VI C 2.58 – BVerwGE 10, 258 (260 f.); BVerwG 20.4.1967 – II C 118.64 – BVerwGE 26, 332 (333); BVerwG 30.6.1988 – 2 C 3.88 – BVerwGE 80, 4 (6 f.); BVerwG 15.9.1994 – 2 C 24/82 – NVwZ 1996, 183 (184).

73 Vgl. BVerwG 23.5.1962 – VI C 39.60 – BVerwGE 14, 181 (184); BVerwG 4.2.1966 – II C 65.63 – BVerwGE 23, 201 (206); BVerwG 20.4.1967 – II C 118/64 – BVerwGE 26, 332 (333); BVerwG 15.9.1994 – 2 C 24/92 – NVwZ 1996, 183 (184); sa VG des Saarlandes 9.12.2008 – 3 K 21/08; OVG Bautzen 24.3.2009 – 2 B 353/07.

eignis von untergeordneter Bedeutung, gewissermaßen „der letzte Tropfen" war, der das „Fass zum Überlaufen" brachte. Das Unfallereignis tritt dann im Verhältnis zu der schon gegebenen Bedingung (dem vorhandenen Leiden oder der Vorschädigung) derart zurück, dass die bereits gegebene Bedingung als allein maßgeblich anzusehen ist.[74]

38 Sofern ein Körperschaden des Mobbingbetroffenen auf einem plötzlichen Ereignis beruht, dürfte der erforderliche Kausalzusammenhang stets erfüllt sein. Erfolgt der Angriff während der Dienstzeit am Arbeitsplatz, wird man einen Zusammenhang zwischen dem Unfall und dem Dienst des Mobbingbetroffenen ebenfalls kaum leugnen können. Beispielhaft ist die mit einem Messer zugefügte Schnittwunde anzuführen, welche ohne die plötzlich eintretende schädigende Handlung des Mobbers nicht erfolgt wäre.

f) Beweislast

39 Der die Unfallfürsorge beanspruchende Beamte trägt die (materielle) Beweislast für das Vorliegen eines Unfallereignisses sowie des Körperschadens, die Tatsachen, aus denen zu schließen ist, dass sich der Unfall in Ausübung oder infolge des Dienstes zugetragen hat, und die Umstände, aus denen sich die Kausal- und Zurechnungszusammenhänge herleiten lassen.[75]

40 Sofern der Mobbingbetroffene klagt, muss er damit rechnen, dass der Dienstherr seine Erkrankung auf innere Ursachen und/oder Veranlagungen zurückführt sowie eine Dienstbezogenheit des erlittenen Körperschadens verneint. Im ersten Fall wird eine Klärung des Sachverhalts nur mittels eines ärztlichen Sachverständigengutachtens erfolgen können; im zweiten Fall wird es von den Aussagen des Schädigers (dh Mobbers) abhängen, ob von einer dem persönlichen Streit vergleichbaren Situation ausgegangen werden muss.

2. Berufskrankheit des Mobbingbetroffenen

41 Gemäß § 31 Abs. 3 Satz 1 BeamtVG gilt als Dienstunfall, wenn ein Beamter, der nach der Art seiner dienstlichen Verrichtung der Gefahr der Erkrankung an bestimmten Krankheiten ausgesetzt ist, an einer solchen Krankheit erkrankt, es sei denn, dass er sich diese außerhalb des Dienstes zugezogen hat. Welche Krankheiten als Berufskrankheiten in Betracht kommen, bestimmt die auf § 31 Abs. 3 Satz 3 BeamtVG fußende **Berufskrankheiten-Verordnung**. Da die in dieser Verordnung enthaltene Auflistung abschließender Natur ist, können andere Krankheiten nicht als Berufskrankheit anerkannt und folglich auch nicht wie ein Dienstunfall behandelt werden.[76]

42 Die Berufskrankheiten-Verordnung[77] enthält keine Krankheiten, die mobbingspezifischer Natur sind bzw. auf Mobbing zurückgeführt werden können. Demgemäß kann

74 Vgl. VG Bayreuth 6.2.2018 – B 5 K 16.867.
75 Vgl. Schnellenbach/Bodanowitz, S. 426 f.; sa BVerwG 23.5.1962 – VI C 39.60 – BVerwGE 14, 181 (185 ff.); VG Augsburg 13.10.2011 – Au 2 K 09.1721.
76 Vgl. Kümmel, § 31 Rn. 39; Schnellenbach/Bodanowitz, S. 428.
77 Vom 31.10.1997, BGBl. I 2623, zuletzt geändert durch die Vierte Verordnung zur Änderung der Berufskrankheiten-Verordnung vom 10.7.2017, BGBl. I 2299.

eine auf Mobbing beruhende Erkrankung des verbeamteten Mobbingbetroffenen keine Berufskrankheit und folglich insoweit auch keinen Dienstunfall im Sinne des § 31 Abs. 3 Satz 1 BeamtVG darstellen. Mithin kann sich ein Anspruch eines verbeamteten Mobbingbetroffenen auf Unfallfürsorge unter dem Gesichtspunkt der Berufskrankheit grundsätzlich nicht ergeben.[78]

78 Vgl. VG Gelsenkirchen 19.10.2010 – 12 K 3063/09; VG Minden 19.6.2008 – 4 K 2398/07; VG Göttingen 2.4.2008 – 3 A 263/06.

§ 7 Handlungsmöglichkeiten des Arbeitgebers

1 Der Arbeitgeber[1] hat es wie kein anderer betrieblicher Akteur in der Hand, bestehenden Mobbingsituationen ein Ende zu bereiten sowie vorbeugende Maßnahmen gegen Mobbing zu ergreifen. Soweit es die Beschäftigten betrifft, kann er sich vor allem auf sein **Weisungsrecht** berufen.[2] Vor allem kann er Spannungen zwischen Arbeitnehmern durch eine Versetzung einer Konfliktpartei oder sogar beider Konfliktparteien begegnen.[3] Weiter können sich Supervisionen anbieten.[4] Gegenüber Geschäftspartnern ergeben sich Handlungsoptionen unter anderem aus dem Grundsatz der Vertragsfreiheit. Dieser erlaubt es ihm, mit seinen Geschäftspartnern etwa zu vereinbaren, dass diese auf ihre Beschäftigten einwirken, damit sich diese in dem betreffenden Betrieb in der gewünschten Weise verhalten. So ist es kein Wunder, dass Matyssek Mobbing zu einer Chefsache erklärt – in der Erkenntnis, dass ein gesundes Team der Garant für eine gesunde Bilanz des Unternehmens ist.[5] Die Sozialpartner auf der europäischen Ebene sehen dies genauso. In der „Europäischen Rahmenvereinbarung zu Belästigung und Gewalt am Arbeitsplatz" vom 26.4.2007 heißt es: „Die Unternehmen müssen klar und deutlich festlegen, dass Belästigung und Gewalt nicht toleriert werden, und entsprechende Verfahren für den Fall des Auftretens von Problemen schaffen."

2 Dass dem Arbeitgeber eine besondere Pflicht obliegt, sich schützend vor seine Belegschaft zu stellen, betont **§ 12 Abs. 1 AGG**. Danach ist er verpflichtet, die erforderlichen Maßnahmen zum Schutze vor Benachteiligungen aus Gründen der Rasse, der ethnischen Herkunft, des Geschlechts, der Religion, der Weltanschauung, einer Behinderung, des Alters sowie der sexuellen Identität zu treffen – was nach dem Willen des Gesetzgebers auch präventive Maßnahmen umfasst. Hinzu kommt die an ihn gerichtete Aufforderung, seine Beschäftigten auf die Problematik der Benachteiligung hinzuweisen und diese zu schulen (vgl. § 12 Abs. 2 AGG).

3 **Beispielhafte Tipps für Führungskräfte:**[6]

- Mobbing im eigenen Verantwortungsbereich zum Thema machen.
- Eindeutig Positionen gegen Mobbing beziehen.
- Informationen zum Thema durch Aushänge, Rundschreiben, Broschüren verbreiten.
- Regelmäßige Aussprachen initiieren.
- Stimmungs-Check mittels Fragebogen machen.
- Ansprechperson für Beschwerden und Probleme benennen.

1 Vergleichbares gilt für den Dienstherrn.
2 Vgl. LAG Hamm 18.11.2010 – 15 Sa 508/10; sa VGH München 22.9.2010 – 16 b D 09.2133: Die Ausübung des Direktionsrechts durch den Arbeitgeber ist kein Mobbing, sofern es in rechtlich nicht zu beanstandender Weise ausgeübt wird.
3 Vgl. LAG Schleswig-Holstein 2.5.2007 – 6 Sa 504/06; BAG 25.10.2007 – 8 AZR 593/06; sa OVG des Saarlandes 9.12.2013 – 1 B 411/13 – hinsichtlich der Versetzung von Beamten.
4 Sa LAG Rheinland-Pfalz 19.12.2013 – 10 Sa 375/13.
5 Vgl. Matyssek, S. 10 ff., 176 f.
6 Vgl. Bundesanstalt für Arbeitsschutz und Arbeitsmedizin, S. 31; sa die Tipps von Matyssek, S. 176 f.

- Schlichtungsmodell für Konflikte einführen.
- Defizite in der Arbeitsorganisation abbauen.
- Bei eigenen Entscheidungen auf emotionale Auswirkungen bei den Betroffenen achten.
- Meinungsverschiedenheiten sofort ansprechen und klären.
- Gerüchte und Klatsch nicht ignorieren, sondern kritisch bewerten.
- Eskalation durch frühes Eingreifen verhindern.
- Sich selbst gesprächsbereit zeigen.
- Mögliche Mobbingbetroffene ansprechen.
- Sensibel für Stimmungen und das „Klima" im eigenen Verantwortungsbereich sein.
- Fortbildungsangebote nutzen.

Bei allen Maßnahmen sollten nicht nur die Möglichkeiten einer Kostensenkung sowie 4
Ertragssteigerung gesehen werden. Aktionen zur **Verbesserung des Betriebsklimas** sowie des sozialen Umgangs am Arbeitsplatz tragen dazu bei, positiv auf das Image des Unternehmens zu wirken. Die Chance der Steigerung des Ansehens in der Öffentlichkeit, bei Kunden und Geschäftspartnern sollte ebenfalls bedacht werden.

Beispielhafte Tipps zur Mobbingprävention für Arbeitgeber:[7] 5

- Mobbing-Frühwarnsystem einführen.
- Aufklärungsoffensive mit Faltblättern, Broschüren und Veranstaltungen zum Thema Mobbing im Betrieb starten.
- Schulungen für alle Mitglieder einschließlich der Führungskräfte zum Thema Mobbing durchführen.
- Schulungen zu den Themen „Führungsverhalten, Mitarbeitermotivation, Konfliktmanagement" anbieten.
- Mobbing-Arbeitskreise installieren, in denen unterschiedliche betriebliche Hierarchien vertreten sind.
- Gesundheitszirkel einrichten.
- Mobbing-Beauftragten bestellen, der speziell qualifiziert ist.
- Beschwerdesystem installieren, das sowohl formelle Wege vorgibt als auch Raum für informelle Lösungen offen lässt.
- Betriebs- bzw. Dienstvereinbarungen zum Schutz vor Mobbing abschließen.

Soweit die Arbeitgeberseite präventiv gegen Mobbing vorgehen will, sollte sie dies **im** 6
Schulterschluss mit der betrieblichen Interessenvertretung tun. Diesbezüglich ist nicht nur an den Betriebs- bzw. Personalrat, sondern auch an die Schwerbehindertenvertretung sowie an die Jugend- und Auszubildendenvertretung zu denken. Entsprechendes

7 Vgl. Bundesanstalt für Arbeitsschutz und Arbeitsmedizin, S. 26.

gilt für Gleichstellungsbeauftragte und Betriebsärzte, die ebenfalls einbezogen werden sollten.

7 Dass sich ein derartiges Vorgehen auszahlt, wurde bereits in zahlreichen Betrieben und Dienststellen unter Beweis gestellt. So heißt es etwa in der Präambel der Dienstvereinbarung „für ein partnerschaftliches Verhalten am Arbeitsplatz" der **AOK – Die Gesundheitskasse in Thüringen:**[8]

> „Ein Unternehmensalltag, der sich durch einen partnerschaftlichen Umgang am Arbeitsplatz auszeichnet, bildet die Basis für ein positives innerbetriebliches Arbeitsklima und ist damit eine wichtige Voraussetzung für individuelle Arbeitszufriedenheit und -identifikation sowie Engagement für die Unternehmensziele. Verhaltensweisen wie zum Beispiel sexuelle Belästigung, Mobbing und Diskriminierung unter anderem nach Herkunft, Hautfarbe, Geschlecht, sexueller Orientierung, Religion, Behinderung, stellen am Arbeitsplatz eine schwerwiegende Störung des Arbeitsfriedens dar und beeinträchtigen in nachteiliger Weise das Betriebsklima. Sie gelten als Verstoß gegen die Menschenwürde sowie als eine Verletzung des Persönlichkeitsrechts. Sie schaffen im Unternehmen ein eingeengtes, stressbelastetes und entwürdigendes Arbeits- sowie Lernumfeld und begründen nicht zuletzt gesundheitliche Störungen sowie Erkrankungen. Die AOK – Die Gesundheitskasse in Thüringen verpflichtet sich, Diskriminierung, Mobbing und sexuelle Belästigung zu unterbinden sowie ein partnerschaftliches Klima am Arbeitsplatz zu fördern und aufrecht zu erhalten."

8 Gute Erfahrungen mit ihrer „Dienstvereinbarung bei Mobbing und Schikane"[9] hat auch die **Landeshauptstadt München** gemacht. Im Rahmen einer Evaluierung der vorangegangenen Dienstvereinbarung zu Mobbing konnten beträchtliche Erfolge verzeichnet werden. Festgestellt wurden: Verbesserung des Betriebsklimas, Steigerung der Zufriedenheit am Arbeitsplatz, beträchtliche Anzahl bereinigter Konflikte, hohe Akzeptanz der Vereinbarung. Eine Senkung der Fehlzeiten begann ebenfalls spürbar zu werden.[10] Auch dieses Beispiel verdeutlicht, dass es sich lohnt, in Sachen Mobbing tätig zu werden.

9 Schlussendlich dürfen die **Ford-Automobilwerke** nicht unerwähnt bleiben. Dort galt seit Februar 2002 eine Betriebsvereinbarung „Partnerschaftliches Verhalten am Arbeitsplatz",[11] die im Januar 2007 durch eine weiterentwickelte Betriebsvereinbarung „Partnerschaftliches Verhalten am Arbeitsplatz (Beschwerdestelle im Sinne des AGG)"[12] abgelöst wurde. In Anbetracht der guten Erfolge der paritätisch besetzten Beschwerdestelle wurde ihr im Jahr 2007 die Aufgabe der betrieblichen Beschwerdestelle nach § 13 Abs. 1 AGG übertragen.

10 Das Vorgehen der Ford-Automobilwerke hat gezeigt, wie vorteilhaft es ist, die betriebliche Beschwerdestelle im Sinne des § 13 Abs. 1 AGG – zu deren Einrichtung der Arbeitgeber nach dieser Vorschrift verpflichtet ist[13] – nicht nur auf die in § 1 AGG

8 PersR 2002, 19.
9 Die Dienstvereinbarung ist dokumentiert in PersR 2001, 114; sa Schubert/Teppert-Neumann, S. 49.
10 Vgl. Teppert-Neumann/Wolmerath, S. 114.
11 Klein/Herold, dbr 1/2005, S. 30 mit einer Dokumentation des Wortlauts dieser Betriebsvereinbarung.
12 Klein, S. 58 mit der Dokumentation des Wortlauts dieser Vereinbarung. Sa Klein, dbr 4/2008, 31.
13 Vgl. BAG 21.7.2009 – 1 ABR 42/08.

aufgeführten Diskriminierungsmerkmale zu beschränken, sondern recht weit anzulegen, um Mobbing sowie weitere Formen der psychosozialen Belastungen am Arbeitsplatz mit zu erfassen und den Beschäftigten bei der Bewältigung von Konflikten Unterstützung anzubieten, damit etwa aus Missverständnissen nicht Mobbingsituationen entstehen können.

Betriebe und Dienststellen, in denen es bislang keine **Evaluierung bestehender Vereinbarungen** zur Mobbingproblematik gegeben hat, sollten die sich hieraus ergebende Chance nutzen, das betreffende Regelwerk auf seine Bewährung hin untersuchen und sodann fortschreiben. Anlass hierfür kann § 17 Abs. 1 AGG sein, der die Arbeitgeber auffordert, im Rahmen ihrer Aufgaben und Handlungsmöglichkeiten an der Verwirklichung des gesetzgeberischen Ziels mitzuwirken, eine benachteiligungsfreie Arbeitswelt zu schaffen. 11

Zum Abschluss dieses Kapitels ist auf ein Werkzeug hinzuweisen, das im Zusammenhang mit der Mobbingproblematik bislang nur eine geringe Beachtung gefunden hat: das **betriebliche Eingliederungsmanagement** (BEM) gemäß § 167 Abs. 2 SGB IX, das vom Arbeitgeber bei allen Beschäftigten durchzuführen ist, sofern diese in einem Zeitraum von einem Jahr länger als sechs Wochen ununterbrochen oder wiederholt arbeitsunfähig sind. Unter anderem bietet das betriebliche Eingliederungsmanagement die Möglichkeit, ausgehend von der gesundheitlichen Situation des betreffenden Arbeitnehmers herauszuarbeiten, was getan werden muss, um einer erneuten Arbeitsunfähigkeit vorzubeugen. Dies kann geschehen, ohne das Wort „Mobbing" überhaupt in den Mund nehmen zu müssen, da nicht die Mobbingsituation, sondern die Umstände im Vordergrund des betrieblichen Eingliederungsmanagements stehen, die zu den krankheitsbedingten Fehlzeiten geführt haben.[14] 12

14 Siehe dazu ausführlich: Wolmerath in FS Düwell, S. 188 ff.

§ 8 Handlungsmöglichkeiten des Betriebs- bzw. Personalrats

1 Betriebs- und Personalräte haben bei Mobbing zahlreiche Handlungsmöglichkeiten. Diese lassen sich in zeitlicher Hinsicht zwei Ebenen zuordnen. Sofern das Augenmerk auf die Gegenwart und auf die Vergangenheit gerichtet wird, stehen reagierende Handlungsoptionen im Vordergrund. Wendet man sich hingegen der Zukunft zu, dann fällt der Blick auf gestaltende Handlungsmöglichkeiten der Interessenvertretung, welche den Schwerpunkt auf präventive bzw. vorbeugende Maßnahmen legen können.

I. Reagierende Maßnahmen

2 Reagierende Handlungsmöglichkeiten können vornehmlich in einer Sanktionierung des Arbeitgebers wegen der Verletzung gesetzlicher Pflichten und in der Behandlung von Beschwerden bestehen, die an die Interessenvertretung gerichtet worden sind.

1. Verletzung gesetzlicher Pflichten durch den Arbeitgeber

3 § 23 Abs. 3 Satz 1 BetrVG räumt dem **Betriebsrat**[1] die Möglichkeit ein, beim Arbeitsgericht zu beantragen, dem Arbeitgeber wegen groben Verstößen „gegen seine Verpflichtungen aus diesem Gesetz" aufzugeben, eine Handlung zu unterlassen, die Vornahme einer Handlung zu dulden oder eine Handlung vorzunehmen. Erfasst werden dabei alle Verstöße, die sich auf seine betriebsverfassungsrechtliche Rechtsstellung beziehen.[2] Nach § 17 Abs. 2 AGG gilt Entsprechendes bei groben Verstößen des Arbeitgebers gegen §§ 6–18 AGG. Dem **Personalvertretungsrecht** sind vergleichbare Regelungen fremd. Der Gesetzgeber hat es unterlassen, der Personalvertretung entsprechende Vorschriften zur Verfügung zu stellen.

a) Grober Pflichtenverstoß des Arbeitgebers

4 Die in § 23 Abs. 3 Satz 1 BetrVG angesprochenen Verpflichtungen aus diesem Gesetz beruhen in erster Linie auf dem Betriebsverfassungsgesetz, können sich aber auch aus anderen Gesetzen (zB §§ 6–18 AGG) sowie aus Betriebsvereinbarungen, Sprüchen der Einigungsstelle und Regelungsabreden ergeben.[3] Die sich für den Arbeitgeber aus §§ 75, 84 f. BetrVG gegenüber den einzelnen Arbeitnehmern ergebenden Pflichten sind gesetzliche Vorschriften im Sinne des § 23 Abs. 3 Satz 1 BetrVG.[4] Erforderlich ist gemäß § 23 Abs. 3 Satz 1 BetrVG das Vorliegen eines groben Verstoßes, der **objektiv erheblich** sein muss.[5] Hierfür kann unter Umständen ein einmaliger schwerwiegender Pflichtenverstoß genügen. Leichtere Verstöße können sich bei ihrer Wiederholung bzw. Fortsetzung zu einem groben Verstoß entwickeln.[6]

5 **Beispiel für eine grobe Pflichtverletzung:** Wenn einzelne (oder sogar alle) Betriebsratsmitglieder Mobbinghandlungen seitens des Arbeitgebers ausgesetzt sind, insoweit von Be-

---

1 Das Bundespersonalvertretungsgesetz enthält keine entsprechende Regelung.
2 DKKW-Trittin, § 23 Rn. 197; LAG Köln 26.6.2014 – 5 TaBV 35/14; LAG Köln 19.2.1988 – 10 TaBV 69/87.
3 DKKW-Trittin, § 23 Rn. 197 f.
4 DKKW-Trittin, § 23 Rn. 197; LAG Köln 19.2.1988 – 10 TaBV 69/87.
5 DKKW-Trittin, § 23 Rn. 201.
6 DKKW-Trittin, § 23 Rn. 203.

triebsrats-Mobbing gesprochen werden kann,[7] verstößt dieser mit seinem Verhalten gegen das Gebot der vertrauensvollen Zusammenarbeit gemäß § 2 Abs. 1 BetrVG. Zugleich ist § 78 BetrVG verletzt, der sowohl eine Störung und Behinderung der Betriebsratsarbeit als auch eine Benachteiligung von Betriebsratsmitgliedern aus Anlass ihrer Tätigkeit verbietet.[8] Soweit ein einzelner Verstoß nicht ausreicht, eine grobe Pflichtverletzung darzustellen, wird dies bei mehreren fortgesetzten Pflichtverletzungen in der Regel der Fall sein, so dass zumindest dann eine grobe Pflichtverletzung im Sinne des § 23 Abs. 3 Satz 1 BetrVG anzuerkennen ist.

Das Beispiel verdeutlicht: Der Arbeitgeber kann zahlreich und vielfältig gegen gesetzliche Pflichten im Sinne des § 23 Abs. 3 Satz 1 BetrVG verstoßen. Dabei ist es im Ergebnis unerheblich, ob er als Mobber handelt oder seinen Pflichten in anderer Weise nicht nachkommt. 6

b) Schuldhaftes Verhalten des Arbeitgebers

Indem die Sanktion gemäß § 23 Abs. 3 Satz 1 BetrVG in die Zukunft gerichtet ist und den Arbeitgeber ausschließlich in seiner Eigenschaft als Organ der Betriebsverfassung trifft, kommt es auf ein schuldhaftes Verhalten des Arbeitgebers nicht an.[9] 7

c) Beweisbarkeit des Verhaltens des Arbeitgebers

Da es sich bei dem Antrag nach § 23 Abs. 3 Satz 1 BetrVG um eine Angelegenheit handelt, auf die gemäß § 2 a Abs. 1 Nr. 1, Abs. 2 ArbGG die Regeln über das arbeitsgerichtliche Beschlussverfahren (vgl. §§ 80 ff. ArbGG) Anwendung finden, hat das angerufene Arbeitsgericht gemäß § 83 Abs. 1 Satz 1 ArbGG den Sachverhalt im Rahmen der gestellten Anträge von Amts wegen zu ermitteln. Wenngleich es eine **Beweislastverteilung** zwischen dem Betriebsrat und dem Arbeitgeber nicht gibt, so sind dennoch alle am Verfahren Beteiligten – somit unter Umständen auch der Mobbingbetroffene – verpflichtet, an der Aufklärung des Sachverhaltes mitzuwirken (vgl. § 83 Abs. 1 Satz 2 ArbGG). Speziell der antragstellende Betriebsrat muss denjenigen Sachverhalt vortragen, aus dem sich das mit dem Antrag geltend gemachte Begehren ergeben soll.[10] 8

Sofern der Arbeitgeber das Vorbringen des Betriebsrats bestreitet, muss das Gericht bisweilen über erhebliche und bestrittene Tatsachenbehauptungen Beweis und Gegenbeweis erheben.[11] Von dem Ergebnis der Beweisaufnahme wird es dann abhängen, ob die Voraussetzungen des § 23 Abs. 3 Satz 1 BetrVG als erfüllt angesehen werden können. 9

d) Gerichtliche Auflage und Folgen des Auflagenverstoßes

Ist eine grobe Pflichtverletzung im Sinne des § 23 Abs. 3 Satz 1 BetrVG bewiesen, wird dem Arbeitgeber durch das Arbeitsgericht aufgegeben, eine bestimmte Hand- 10

7 Sa Koll, S. 19 ff.

8 Vgl. zu den Einzelheiten HaKo-BetrVG/Lorenz, § 78 Rn. 5 ff. Auf eine mögliche Strafbarkeit nach § 119 Abs. 1 Nr. 2, 3 BetrVG wird aus Gründen der Vollständigkeit hingewiesen. → § 2 Rn. 85 ff.

9 HM; vgl. DKKW-Trittin, § 23 Rn. 205; Fitting, § 23 Rn. 64.

10 Vgl. Germelmann/Matthes/Prütting-Spinner, § 83 Rn. 86; Grunsky/Waas/Benecker/Greiner-Greiner, § 83 Rn. 2 ff.

11 Vgl. Germelmann/Matthes/Prütting-Spinner, § 83 Rn. 93 f.; Schwab/Weth-Weth, § 83 Rn. 23 ff.

lung vorzunehmen, eine bestimmte Handlung zu unterlassen oder ihre Vornahme durch Dritte zu dulden. Zu denken ist beispielhaft an die Zuweisung von Arbeitsaufgaben an den Mobbingbetroffenen, die dem Arbeitsvertrag entsprechen, oder die Unterlassung der Zuweisung diskriminierender Arbeitsaufgaben.

11 Handelt der Arbeitgeber der gerichtlichen Auflage zuwider, kann er auf erneutem Antrag des Betriebsrats wegen einer jeden Zuwiderhandlung nach vorheriger Androhung zu einem **Ordnungsgeld** verurteilt werden (§ 23 Abs. 3 Sätze 2, 4 BetrVG). Führt der Arbeitgeber eine ihm durch eine rechtskräftige gerichtliche Entscheidung auferlegte Handlung nicht durch, kann er auf Antrag des Betriebsrats zur Vornahme der Handlung durch **Zwangsgeld** angehalten werden (§ 23 Abs. 3 Sätze 3, 4 BetrVG). Das zu verhängende Ordnungs- bzw. Zwangsgeld beträgt mindestens 5 EUR und höchstens 10.000 EUR (vgl. § 23 Abs. 3 Satz 5 BetrVG, Art. 6 Abs. 1 EGStGB). Es ist für jeden Einzelfall neu festzusetzen und kann, wenn mehrere Zuwiderhandlungen gleichzeitig geahndet werden, in der Summe den Betrag von 10.000 EUR übersteigen.[12]

12 Sofern erforderlich, kann der Anspruch auf Beseitigung bzw. Unterlassung gemäß § 23 Abs. 3 Satz 1 BetrVG auch mittels einstweiliger Verfügung durchgesetzt werden.[13]

2. Behandlung von Beschwerden durch den Betriebs- bzw. Personalrat

13 Sofern es in dem jeweiligen Betrieb bzw. in der jeweiligen Dienststelle eine Interessenvertretung gibt, kann sich der Mobbingbetroffene bei dieser beschweren (vgl. § 85 Abs. 1 BetrVG, § 68 Abs. 1 Nr. 3 BPersVG). In der Entscheidung, ob er seine Beschwerde an den Arbeitgeber (→ § 4 Rn. 77 ff., → § 6 Rn. 4) oder an den Betriebsrat bzw. Personalrat richtet, ist er frei. Beide Beschwerdewege stehen gleichrangig nebeneinander.

14 Was **Gegenstand einer Beschwerde** sein kann, sagt das Gesetz nicht. Gleichwohl herrscht Einigkeit darüber, dass der Beschwerdegegenstand des § 85 Abs. 1 BetrVG mit dem des § 84 Abs. 1 BetrVG identisch ist.[14] Somit kann sich beim Betriebsrat beschweren, wer sich in seiner individuellen Rechtsposition durch ein Verhalten des Arbeitgebers oder eines Arbeitskollegen beeinträchtigt fühlt.[15] Dies ist auch dann möglich, wenn die Beschwerde bereits vom Arbeitgeber abschlägig beschieden wurde (vgl. § 84 Abs. 2 BetrVG).[16] Entsprechendes gilt für den Bereich der Personalvertretung, wobei unter der Beschwerde jede auf Abhilfe gerichtete Äußerung der Unzufriedenheit verstanden wird.[17]

12 DKKW-Trittin, § 23 Rn. 313.
13 DKKW-Trittin, § 23 Rn. 279.
14 Vgl. DKKW-Buschmann, § 85 Rn. 2; Fitting, § 85 Rn. 3.
15 Vgl. DKKW-Buschmann, § 85 Rn. 2; Lorenzen ua-Lorenzen, § 68 Rn. 25; Ilbertz/Widmaier/Sommer, § 68 Rn. 15.
16 DKKW-Buschmann, § 85 Rn. 2.
17 Vgl. Ilbertz/Widmaier/Sommer, § 68 Rn. 15; sa Altvater ua-Seulen, § 68 Rn. 15.

Zur Entgegennahme einer Beschwerde ist der Betriebs- bzw. Personalrat **verpflichtet.** 15
Auch ist er verpflichtet, ihr nachzugehen.[18] Handelt er dieser Pflicht zuwider oder befasst er sich nicht inhaltlich mit der Beschwerde, kann dies im konkreten Einzelfall eine grobe Amtspflichtverletzung im Sinne des § 23 Abs. 1 BetrVG bzw. § 28 Abs. 1 BPersVG sowie eine grobe Vernachlässigung gesetzlicher Befugnisse im Sinne des § 28 Abs. 1 BPersVG darstellen.[19]

Über das Ergebnis der Beschwerde hat der Betriebsrat den Beschwerdeführer zu **un-** 16
terrichten (vgl. § 80 Abs. 1 Nr. 3 BetrVG).[20] Obwohl es eine vergleichbare Pflicht des Personalrats nicht gibt, sollte er ebenfalls den Beschwerdeführer über den Sachstand informieren.[21] Erachtet der Betriebsrat die Beschwerde für berechtigt, hat er gemäß § 85 Abs. 1 BetrVG beim Arbeitgeber auf Abhilfe hinzuwirken, der wiederum verpflichtet ist, sich mit der ihm vorgetragenen Beschwerde zu befassen. Entsprechendes gilt für den Personalrat.[22] Hält der Arbeitgeber die Beschwerde für berechtigt, muss er ihr analog § 84 Abs. 2 BetrVG abhelfen.[23] Vergleichbares gilt für den Dienststellenleiter.[24]

Bestehen **Meinungsverschiedenheiten** über die Berechtigung der Beschwerde, besteht 17
für den Betriebsrat die Möglichkeit, die Einigungsstelle anzurufen, deren Spruch grundsätzlich die Einigung zwischen dem Betriebsrat und dem Arbeitgeber ersetzt (§ 85 Abs. 2 BetrVG).[25] Die **Anrufung der Einigungsstelle** ist weder von der Zustimmung des Beschwerdeführers abhängig, noch kann er diese erzwingen. Auf das Einigungsstellenverfahren kann er lediglich insoweit Einfluss nehmen, als er seine Beschwerde zurückzieht.[26] Die Einigungsstelle kann nur dann nicht gemäß § 85 Abs. 2 BetrVG angerufen werden, wenn der Gegenstand der Beschwerde ein Rechtsanspruch des Beschwerdeführers ist.[27] In einem solchen Fall ist nur ein freiwilliges Einigungsstellenverfahren nach § 76 Abs. 6 BetrVG möglich.[28] Die Möglichkeit, die Einigungsstelle wegen einer Meinungsverschiedenheit mit dem Dienststellenleiter über die Berechtigung einer Beschwerde anzurufen, hat der Personalrat nicht. Das Bundespersonalvertretungsgesetz enthält keine dem § 85 Abs. 2 BetrVG entsprechende Regelung.

18 Vgl. DKKW-Buschmann, § 85 Rn. 4; Ilbertz/Widmaier/Sommer, § 68 Rn. 15, 20; Lorenzen ua-Lorenzen, § 68 Rn. 25 f.; Altvater ua-Seulen, § 68 Rn. 16.
19 DKKW-Buschmann, § 85 Rn. 4.
20 Vgl. DKKW-Buschmann, § 85 Rn. 4.
21 Vgl. Altvater ua-Seulen, § 68 Rn. 16; Lorenzen ua-Lorenzen, § 68 Rn. 26.
22 Vgl. Ilbertz/Widmaier/Sommer, § 68 Rn. 21.
23 DKKW-Buschmann, § 85 Rn. 6.
24 Vgl. Altvater ua-Seulen, § 68 Rn. 16.
25 Vgl. ArbG Berlin 22.12.2004 – 47 BV 30593/04 – dbr 3/2005, 38.
26 Vgl. Esser/Wolmerath, S. 235.
27 Was allerdings im Zusammenhang mit Mobbing regelmäßig nicht der Fall sein dürfte; vgl. LAG Hamm 3.5.2016 – 7 TaBV 29/16.
28 Fitting, § 85 Rn. 7.

18 Leitsatz des ArbG Berlin vom 13.6.2004 – 47 BV 30593/04:[29]

Zur Klärung von Meinungsverschiedenheiten zwischen Arbeitgeber und Betriebsrat über die Berechtigung der Beschwerde eines Arbeitnehmers wegen Mobbing ist nach § 85 Abs. 2 Satz 1 BetrVG die Einigungsstelle zuständig.

19 Der **Ausgang eines Beschwerdeverfahrens** ist von zahlreichen Faktoren abhängig. Fehlt den Beteiligten jedes Fingerspitzengefühl oder ist ihre soziale Kompetenz unzureichend, dann dürfte der Beschwerde der Erfolg bereits aus Gründen eines ungeschickten Vorgehens versagt bleiben.[30] Weiter ist zu bedenken, dass der Mobbingbetroffene auf das Verhalten der Beteiligten einen recht bescheidenen Einfluss hat. So kann er letztendlich nur versuchen, diese zu sensibilisieren, damit sie seiner Beschwerde abhelfen und die Mobbingsituation zum Anlass nehmen, generell über Maßnahmen zur Prävention sowie Bewältigung von Konflikten nachzudenken.[31]

II. Präventive Maßnahmen

20 Präventive Handlungsmöglichkeiten können ergriffen werden, wenn die Interessenvertretung die ihr eingeräumten Rechte nutzt. § 87 Abs. 1 BetrVG zählt einzelne Angelegenheiten auf, die der pflichtigen **Mitbestimmung** unterliegen und dem Betriebsrat **Initiativrechte** dergestalt einräumen, aktiv zu werden und den Arbeitgeber notfalls mithilfe der Einigungsstelle zu einer Regelung zu zwingen.[32] Entsprechendes gilt für den Personalrat nach § 75 Abs. 3 BPersVG, wobei sich das Initiativrecht des Personalrats aus § 70 BPersVG ergibt. Bei Mobbing kommen Mitbestimmungsrechte gemäß § 87 Abs. 1 Nr. 1 BetrVG bzw. § 75 Abs. 3 Nr. 15 BPersVG und § 87 Abs. 1 Nr. 7 BetrVG bzw. § 75 Abs. 3 Nr. 11 BPersVG in Betracht.[33]

21 Bereits an dieser Stelle sei darauf hingewiesen, dass es keine gesetzlichen Regelungen hinsichtlich des Umgangs mit sowie der Prävention von Mobbing gibt. Gleiches trifft grundsätzlich auf Tarifverträge zu. Allenfalls kann es im konkreten Einzelfall einen Haus- bzw. Firmentarifvertrag geben, in dem sich Regelungen zur Mobbingproblematik finden. Mithin ist auch weiterhin davon auszugehen, dass bezüglich der Mitbestimmungsmöglichkeiten des Betriebs- bzw. Personalrats nach § 87 Abs. 1 BetrVG bzw. § 75 Abs. 3 BPersVG weder der Gesetzes- noch der Tarifvorbehalt des § 87 Abs. 1 Eingangssatz BetrVG bzw. § 75 Abs. 3 Eingangssatz BPersVG greift.

29 dbr 3/2005, 38; sa LAG Hamm 5.10.2009 – 10 TaBV 63/09; LAG Rheinland-Pfalz 16.1.2008 – 7 TaBV 60/07; LAG Hessen 3.4.2007 – 4 TaBV 39/07.

30 Esser/Wolmerath, S. 238.

31 Vgl. Esser/Wolmerath, S. 238.

32 Vgl. DKKW-Klebe, § 87 Rn. 25 ff.; Fitting, § 87 Rn. 583 ff.; sa Kittner/Pieper ArbSchR, BetrVG Rn. 38 zu § 87 Abs. 1 Nr. 7 BetrVG und BPersVG Rn. 5 zu § 75 Abs. 3 Nr. 11 BPersVG; LAG Rheinland-Pfalz 11.8.2011 – 10 TaBV 25/11 – jurisPR-ArbR 47/2011 mit einer Anmerkung von Wolmerath.

33 Sa BAG 14.1.2015 – 7 ABR 95/12. Laut Warschkow/Erdmann, S. 511, denen sich Bieler/Heilmann (vgl. Bieler/Heilmann, S. 439) anschließen, werden durch Mobbing nahezu alle Mitbestimmungstatbestände des § 87 Abs. 1 BetrVG tangiert. Dies mag zwar zutreffen, gibt dem Betriebsrat allerdings jeweils nur punktuelle Handlungsmöglichkeiten, während die Nrn. 1 und 7 der Vorschrift von genereller Natur sind und daher umfassendere Handlungsmöglichkeiten eröffnen.

1. Teilnahme an Schulungs- und Bildungsveranstaltungen

Nur der Betriebs- bzw. Personalrat, der ausreichend informiert ist und seine betriebspolitischen sowie rechtlichen Handlungsmöglichkeiten kennt, kann effektiv die Interessen der Beschäftigten vertreten. Daher bietet sich naturgemäß die Teilnahme an einer Schulungs- und Bildungsveranstaltung zur Mobbingproblematik gemäß § 37 Abs. 6 BetrVG bzw. § 46 Abs. 6 BPersVG an. **Voraussetzung** ist nach beiden Vorschriften, dass Kenntnisse vermittelt werden, die für die Tätigkeit des Betriebs- bzw. Personalrats erforderlich sind. Sofern dies bejaht wird, hat der Arbeitgeber bzw. Dienststellenleiter sämtliche Kosten zu tragen, die durch die Schulungsteilnahme entstehen (zB Seminargebühr, Übernachtungskosten, Reisekosten). 22

Bereits im Jahre 1997 hat das Bundesarbeitsgericht[34] festgestellt, dass die sachgerechte Behandlung von Beschwerden Kenntnisse über Ursachen und Verläufe von Mobbinggeschehen und das Wissen um konkrete Abhilfemöglichkeiten verlangt, welches sich der Betriebsrat durch den Besuch von speziellen Schulungsveranstaltungen aneignen kann. Da auf einem Mobbingseminar kein Grundlagenwissen vermittelt werde, sei für die Freistellung von Betriebsratsmitgliedern sowie für die Kostentragungspflicht des Arbeitgebers erforderlich, dass der Betriebsrat eine **betriebliche Konfliktlage** darlegt, aus der sich ein Schulungsbedarf ergibt und zu dessen Erledigung das auf dem Seminar vermittelte Wissen notwendig ist.[35] 23

An dieser Sichtweise hält das Bundesarbeitsgericht auch heute noch fest. Anfang 2015 hat es den im Jahr 1997 eingeschlagenen Weg bestätigt und inhaltlich ein wenig präzisiert.[36] Für die Darlegung der Erforderlichkeit lässt es der Siebte Senat genügen, wenn der Betriebsrat auf Konfliktlagen hinweist, die „als Vorstufe eines etwaigen Mobbingverhaltens anzusehen sind“. Es muss ein gegenwärtiges Bedürfnis bestehen, das etwa dann gegeben sein kann, „wenn der Betriebsrat aufgrund ihm bekanntgewordener Konflikte initiativ werden will, um etwa durch Verhandlungen über den Abschluss einer Betriebsvereinbarung der Entstehung von Mobbing oder weiteren Mobbingfällen entgegenzuwirken.“ 24

Mit seinem Beschluss vom 14.1.2015 hat das Bundesarbeitsgericht klar zum Ausdruck gebracht, dass es der Ansicht des Arbeitsgerichts Frankfurt/M.[37] aus dem Jahr 1996 nicht folgt. Dies hatte entschieden, dass das Wissen des Betriebsrats zu Mobbing dem Grundlagenwissen zuzurechnen und infolgedessen von einer erforderlichen Kenntnisvermittlung im Sinne des § 37 Abs. 6 BetrVG auszugehen ist.[38] Gleichzeitig stellte es sich gegen einen möglichen Hinweis des Arbeitgebers, der Betriebsrat könne 25

34 BAG 15.1.1997 – 7 ABR 14/96 – AiB 1997, 410 (411).

35 BAG 15.1.1997 – 7 ABR 14/96 – S. 6 f. der Entscheidung. Dieser Ansicht sind unter anderem gefolgt: LAG Hamm 15.11.2012 – 13 TaBV 56/12; LAG München 30.10.2012 – 6 TaBV 39/12; LAG Hamm 7.7.2006 – 10 TaBV 114/05; LAG Mecklenburg-Vorpommern 18.3.2009 – 2 TaBV 18/08, ArbG Frankfurt/M. 4.5.1999 – 18 BV Ga 20/99 – AiB 1997, 410 (411); LAG Rheinland-Pfalz 13.10.2004 – 10 TaBV 19/04 – NZA-RR 2005, 376; LAG Niedersachsen 9.2.2005 – 6 TaBV 90/04 – dbr 10/2005, 37.

36 BAG 14.1.2015 – 7 ABR 95/12.

37 ArbG Frankfurt/M. 31.1.1996 – 7 BV 298/95 – AiB 1996, 557 (558). Das ArbG Kiel (27.2.1997 – H 5 BV 41/96 – AiB 1997, 410) konnte die Beantwortung der Frage offen lassen, da der Betriebsrat unbestritten konkrete Verhaltensweisen von Vorgesetzten und Mitarbeitern aufgezeigt hatte, die sich zu einer Mobbingsituation entwickeln können.

38 ArbG Kiel 27.2.1997 – H 5 d BV 41/96 – Seite 7 der Entscheidung.

sich das Wissen im Selbststudium aneignen. Schließlich dürfte der hierfür erforderliche Zeitaufwand unverhältnismäßig größer sein als derjenige, der durch den Besuch einer geeigneten Schulungsveranstaltung entsteht.[39]

26 Orientierungssätze zu dem Beschluss des BAG vom 14.1.2015 – 7 ABR 95/12:[40]

1. Der Betriebsrat darf eine Schulung zum Thema Mobbing für erforderlich halten, wenn im Betrieb Konfliktlagen bestehen, aus denen sich Mobbing entwickeln kann. Rein vergangenheitsbezogene abgeschlossene Sachverhalte genügen allerdings ebenso wenig wie die rein theoretische Möglichkeit, dass diese Frage einmal im Betrieb auftreten könnte.
2. Der erforderliche konkrete betriebsbezogene Anlass ist nicht im Sinne eines akuten Ereignisses, sondern im Sinne eines gegenwärtigen Bedürfnisses zu verstehen. Dieser kann gegeben sein, wenn der Betriebsrat aufgrund ihm bekanntgewordener Konflikte initiativ werden will, um etwa durch Verhandlungen mit dem Arbeitgeber über den Abschluss einer Betriebsvereinbarung der Entstehung von Mobbing oder weiteren Mobbingfällen entgegenzuwirken.

27 Nicht Gehör fand die Ansicht des Arbeitsgerichts Weiden vom 13.7.2005. Dieses betont in seiner Entscheidung, dass Kenntnisse über Mobbing zu dem Wissen gehört, das **in jedem Betriebsrat parat sein müsse.** Die in 1997 vom Bundesarbeitsgericht geforderte Darlegung einer betrieblichen Konfliktlage sei überholt.[41]

28 Leitsatz des ArbG Weiden vom 13.7.2005 – 1 BV 3/05 C:[42]

Für die Erforderlichkeit eines Betriebsratsseminars zu Mobbing kommt es nicht darauf an, dass der Betriebsrat eine betriebliche Konfliktlage darlegt.

29 Dass das vom Siebten Senat im Jahr 1997 aufgestellte und Anfang 2015 bestätigte Erfordernis überholt ist, ergibt sich mit Blick auf das **Allgemeine Gleichbehandlungsgesetz.** Schließlich geht dieses Gesetz in seinem § 12 Abs. 2 davon aus, dass es zur Verwirklichung des Ziels einer benachteiligungsfreien Arbeitswelt der Schulung der Beschäftigten bedarf. Wegen der Bedeutung, die dem Gesetz allgemein zugesprochen wird, und vor allem unter Berücksichtigung des Umstands, dass kein Betriebsrat seine Arbeit ohne die Kenntnis der einschlägigen gesetzlichen Vorschriften wird verrichten können, sind Schulungsveranstaltungen zum Allgemeinen Gleichbehandlungsgesetz als „Grundlagenseminare" zu betrachten.[43] Der Umstand, dass die Übergänge zwischen Benachteiligungen nach § 1 AGG und diskriminierenden Handlungen im Rahmen einer Mobbingsituation fließend sind und beide Phänomene in ihren Auswirkungen das gesundheitliche Wohlbefinden der davon Betroffenen negativ beeinflussen, ist

39 ArbG Frankfurt/M. 31.1.1996 – 7 BV 298/95 – AiB 1996, 557 (578).
40 Der vollständige Wortlaut der Entscheidung findet sich unter www.bundesarbeitsgericht.de unter „Entscheidungen".
41 ArbG Weiden 13.7.2005 – 1 BV 3/05 C – dbr 3/2006, 37; so im Ergebnis auch ArbG Bremen 17.12.2003 – 9 BV 81/03 – NZA-RR 2004, 538. Danach soll es genügen, wenn der Betriebsrat den Beschluss fasst, sich inhaltlich mit der Mobbingproblematik zu befassen. Die 10. Kammer des LAG Hamm wiederum folgt der vom BAG vertretenen Auffassung, wonach auf die Darlegung einer betrieblichen Konfliktlage nicht verzichtet werden kann (vgl. LAG Hamm 7.7.2006 – 10 TaBV 114/05,10 Sa 1283/05).
42 dbr 3/2006, 37.
43 So auch LAG Hessen 25.10.2007 – 9 TaBV 84/07; sa HaKo-BetrVG/Wolmerath, § 37 Rn. 39; Fitting, § 37 Rn. 144.

es sachgerecht, Mobbingseminare ebenfalls als „Grundlagenseminare“ anzuerkennen. Ein weiteres Argument für einen solchen Schritt ergibt sich aus dem Umstand, dass sowohl die Maßnahmen zur Verhinderung bzw. Beseitigung von Beeinträchtigungen als auch solche, die gegen Mobbing zielen, dem Arbeitsschutz zuzurechnen sind.[44] Schlussendlich ist die Entscheidung des Achten Senats des Bundesarbeitsgerichts vom 25.10.2007[45] zu berücksichtigen, der die fließenden Übergänge zwischen dem Mobbingphänomen und dem Allgemeinen Gleichbehandlungsgesetz herausgearbeitet hat und dem folgend zu einer unmittelbaren bzw. analogen Anwendbarkeit der Vorschriften des Allgemeinen Gleichbehandlungsgesetzes auf die Mobbingproblematik gelangt.

Mehrfach wurde es Betriebsratsmitgliedern ermöglicht, an einem Mobbing-Seminar 30
mittels **einstweiliger Verfügung** teilzunehmen.[46] Insoweit dem Arbeitsgericht Kiel[47] folgend, erachtet das Arbeitsgericht Detmold[48] die Teilnahme an einem solchen bereits dann für erforderlich, wenn erste Anzeichen für eine systematische Schikane gegenüber einzelnen Mitarbeitern durch andere Mitarbeiter oder Vorgesetzte erkennbar sind. Der Betriebsrat müsse nicht erst warten, bis sich Mobbing in vollem Umfang im Betrieb auswirkt. Das Arbeitsgericht Frankfurt/M.[49] erachtet in seiner einstweiligen Verfügung die Teilnahme von einem weiblichen und einem männlichen Betriebsratsmitglied für erforderlich,[50] weil Mobbing neben den rechtlichen auch gesellschaftliche, sozial- und individualpsychologische sowie konfliktverarbeitende strategische Problemstellungen betrifft, so dass auch ein zweites Betriebsratsmitglied den erforderlichen besonderen Kenntnisstand erhalten muss, weil sich Modifizierungen bzw. Zuspitzungen aufgrund unterschiedlicher geschlechtsbezogener Sozialisation und deren Auswirkungen im betrieblichen Verhalten ergeben können. Der Verfügungsgrund für den Ausspruch einer einstweiligen Verfügung ergibt sich nach dieser Entscheidung aus der Tatsache, dass menschliche Konflikte recht schnell gelöst werden müssen und das Abwarten des Ausgangs eines Hauptsacheverfahrens über die Erforderlichkeit der Schulungsteilnahme zu lange dauert, um bestehende Konflikte bereinigen zu können.[51] Diese von der arbeitsgerichtlichen Rechtsprechung entwickelten Grundsätze lassen sich wegen der Vergleichbarkeit der Regelungen in § 37 Abs. 6 BetrVG und § 46 Abs. 6 BPersVG auf das **Personalvertretungsrecht** übertragen.[52]

---

44 Sa Wolmerath 2006, S. 29 f.
45 BAG 25.10.2007 – 8 AZR 593/05; sa Wolmerath in Werkbuch Mobbing, S. 301 ff.
46 ArbG Detmold 30.4.1998 – 3 BV Ga 3/98 – AiB 1998, 405 und ArbG Frankfurt/M. 4.5.1999 – 18 BV Ga 20/99.
47 ArbG Kiel 27.2.1997 – H 5 d BV 41/96 – AiB 1997, 410.
48 ArbG Detmold 30.4.1998 – 3 BV Ga 3/98 – AiB 1998, 405 (406).
49 ArbG Frankfurt/M. 4.5.1999 – 18 BV Ga 20/99 – Seite 6 der Entscheidung.
50 Zu demselben Ergebnis kommen ArbG Weiden 13.7.2005 – 1 BV 3/05 C – dbr 3/2006, 37 und ArbG Bremen 17.12.2003 – 9 BV 81/03 – NZA-RR 2004, 538.
51 ArbG Frankfurt/M. 4.5.1999 – 18 BV Ga 20/99 – Seite 7 der Entscheidung.
52 Sa OVG Lüneburg 29.3.2007 – 17 LP 4/05.

31 Leitsätze des ArbG Detmold vom 30.4.1998 – 3 BV Ga 3/98:[53]

- Eine Schulung von Betriebsratsmitgliedern zu Mobbing ist bereits dann als erforderlich im Sinne des § 37 Abs. 6 BetrVG anzusehen, wenn erste Anzeichen für eine systematische Schikane gegenüber einzelnen Mitarbeitern durch andere Mitarbeiter oder Vorgesetzte erkennbar sind (im Anschluss an ArbG Kiel, Beschluss vom 27.2.1997, AiB 1997, 410).
- Die Freistellung eines Betriebsratsmitglieds für die Teilnahme an einem Mobbing-Seminar kann im einstweiligen Verfügungsverfahren durchgesetzt werden, wenn es dem Betriebsrat nicht zuzumuten ist, eine Entscheidung in der Hauptsache bezüglich der streitbefangenen Freistellung abzuwarten. Dies ist dann der Fall, wenn es sich bei dem betreffenden Seminar um die einzige Veranstaltung handelt, die im laufenden Kalenderjahr von dem ausgewählten Veranstalter zu dem Themenbereich angeboten und alsbald (hier: in fünf Tagen) durchgeführt wird.

32 Leitsatz des ArbG Frankfurt/M. vom 4.5.1999 – 18 BV Ga 20/99:

Modifizierungen bzw. Zuspitzungen aufgrund der unterschiedlichen geschlechtsbezogenen Sozialisationen und deren Auswirkungen im betrieblichen Verhalten erfordern die Teilnahme eines weiblichen und eines männlichen Betriebsratsmitglieds an dem Mobbing-Seminar.

33 Wenngleich ich wie das Arbeitsgericht Frankfurt/M.[54] der Ansicht bin, dass auf einem Mobbing-Seminar für die Arbeit der Interessenvertretung unverzichtbares und zwingend erforderliches **Grundlagenwissen** vermittelt wird,[55] so hat das Bundesarbeitsgericht in seinen beiden Entscheidungen vom 15.1.1997 und vom 14.1.2015 **keine unüberwindbaren Hürden** aufgebaut, die eine Seminarteilnahme unmöglich machen. Das Bundesarbeitsgericht lässt es für die Darlegung der betrieblichen Konfliktlage genügen, wenn der Betriebsrat vorträgt, dass er aufgrund der ihm bekannt gewordenen Konflikte initiativ werden möchte, um etwa mittels einer Betriebsvereinbarung dem Entstehen von Mobbing oder weiteren Mobbingfällen entgegenzuwirken. Gleiches hat zu gelten, wenn der Betriebsrat darlegt, dass sich einzelne Arbeitnehmer bei ihm beschwert bzw. einen Sachverhalt geschildert haben, wonach Mobbing im Betrieb existiert bzw. existieren kann.[56] Diese Grundsätze müssen wegen der Vergleichbarkeit der Regelungen auch für den Bereich der Personalvertretung gelten.

34 Leitsatz des ArbG Kiel vom 27.2.1997 – H 5 d BV 41/96:[57]

Eine Betriebsräteschulung zu „Mobbing“ ist bereits dann erforderlich im Sinne des § 37 Abs. 6 BetrVG, wenn erste Anzeichen für eine systematische Schikane gegenüber einzelnen Mitarbeitern durch Mitarbeiter oder Vorgesetzte erkennbar sind.

53 AiB 1998, 405.
54 ArbG Frankfurt/M. 31.1.1996 – 7 BV 298/95 – AiB 1996, 557.
55 Vgl. AiB 1997, 411.
56 Vgl. die gemeinsame Anmerkung von Wolmerath zu den Entscheidungen des BAG vom 15.1.1997 sowie des ArbG Kiel vom 27.2.1997, AiB 1997, 411 (411).
57 AiB 1997, 410.

Leitsatz des ArbG Oldenburg vom 29.6.1995 – 1 BV Ga 5/95:[58] 35

Gegenstand einer Schulungsveranstaltung nach § 37 Abs. 6 BetrVG kann alles sein, was zum Aufgabenbereich des Betriebsrats gehört, zB auch arbeitswissenschaftliche und arbeitsschutzrechtliche Materien. Da im vorliegenden Fall bei dem Arbeitgeber der Betriebsfrieden nicht nur zwischen Betriebsrat und Geschäftsleitung, sondern offenbar auch zwischen vereinzelten Arbeitnehmern untereinander teilweise tiefgreifend gestört ist, ist die Teilnahme von Betriebsratsmitgliedern an einem Seminar zum Thema „Mobbing" als erforderlich im Sinne des § 37 Abs. 6 BetrVG anzusehen.

2. Mitbestimmung gemäß § 87 Abs. 1 Nr. 1 BetrVG bzw. § 75 Abs. 3 Nr. 15 BPersVG

Gemäß § 87 Abs. 1 Nr. 1 BetrVG hat der Betriebsrat in Fragen der Ordnung des Betriebs und des Verhaltens der Arbeitnehmer im Betrieb mitzubestimmen. Entsprechendes gilt gemäß § 75 Abs. 3 Nr. 15 BPersVG für die Personalvertretung. 36

Nach ständiger Rechtsprechung des Bundesarbeitsgerichts betrifft dieses Mitbestimmungsrecht einerseits die Gestaltung der **Ordnung des Betriebs** durch die Schaffung allgemeingültiger, verbindlicher Verhaltensregeln und andererseits alle Maßnahmen, durch die das Verhalten der Arbeitnehmer in Bezug auf die betriebliche Ordnung beeinflusst werden soll, die darauf gerichtet sind, die vorgegebene Ordnung des Betriebs zu gewährleisten und aufrechtzuerhalten. Unter der betrieblichen Ordnung in diesem Sinne ist die Sicherung eines ungestörten Arbeitsablaufs und des reibungslosen Zusammenlebens bzw. Zusammenwirkens im Betrieb zu verstehen.[59] 37

Diese Rechtsprechung hat das Bundesverwaltungsgericht in den Grundzügen für den Bereich der Personalvertretung übernommen, so dass die vom Bundesarbeitsgericht aufgestellten Grundsätze auf das Bundespersonalvertretungsrecht übertragen werden können.[60] 38

Dass es sich bei Mobbing um eine Angelegenheit handelt, die der Mitbestimmung des Betriebsrats gemäß § 87 Abs. 1 Nr. 1 BetrVG bzw. des Personalrats gemäß § 75 Abs. 3 Nr. 15 BPersVG unterworfen ist, ist inzwischen **allgemein anerkannt.**[61] Lediglich das LAG Hamburg war sich im Jahre 1998 wohl nicht sicher, ob es sich dieser Meinung anschließen soll. In seinem Beschluss vom 15.7.1998[62] will es ein Mitbestimmungsrecht des Betriebsrats gemäß § 87 Abs. 1 Nr. 1 BetrVG nicht ausschließen, blockiert dieses allerdings mit dem Argument, dass einem solchen der Gesetzesvorbehalt gemäß § 87 Abs. 1 Eingangssatz BetrVG entgegenstehe.[63] Das von dem Betriebsrat im konkreten Fall angestrebte Konfliktlösungsmodell sei abschließend in §§ 84, 39

58 AuR 1996, 66.
59 Vgl. DKKW-Klebe, § 87 Rn. 53.
60 Vgl. Altvater ua-Berg, § 75 Rn. 240 ff.; sa BVerwG 5.10.1989 – 6 P 7.88 – PersR 1989 364 (365).
61 Vgl. für die Rechtsprechung BAG 14.1.2015 – 7 ABR 95/12; LAG Sachsen-Anhalt 13.1.2014 – 4 TaBV 27/13; LAG München 30.10.2012 – 6 TaBV 39/12; LAG München 20.10.2005 – 4 TaBV 61/05; LAG Düsseldorf 22.7.2004 – 5 TaBV 38/04; ArbG Köln 21.11.2000 – 12 BV 227/00; vgl. für die Literatur Esser/Wolmerath, S. 123; Esser/Wolmerath 1996, S. 542; Esser/Wolmerath 1997, S. 24; Bieler/Heilmann, S. 439; Bieler/Heilmann AuR, S. 433; Hage/Heilmann, S. 746; Warschkow/Erdmann, S. 511; HaKo-BetrVG/Kohte, § 87 Rn. 34; DKKW-Klebe, § 87 Rn. 67.
62 LAG Hamburg 15.7.1998 – 5 Ta BV 4/98 – AiB 1999, 101.
63 So auch LAG München 27.2.2007 – 8 TaBV 56/06 – entgegen LAG München 20.10.2005 – 4 TaBV 61/05.

85 BetrVG geregelt. Dem ist entgegenzuhalten, dass es der Gesetzgeber den Betriebsparteien in § 86 Satz 1 BetrVG überlässt, ob sie die Einzelheiten des Beschwerdeverfahrens durch eine Betriebsvereinbarung regeln wollen. Eröffnet der Gesetzgeber den Betriebsparteien in § 86 BetrVG die Möglichkeit des Abschlusses einer Betriebsvereinbarung, dann kann diese Vorschrift nicht gleichzeitig als Gesetzesvorbehalt im Sinne des § 87 Abs. 1 Eingangssatz BetrVG betrachtet werden.[64]

40 Leitsatz des ArbG Köln vom 21.11.2000 – 12 BV 227/00:[65]

Der Schutz der Persönlichkeitsrechte der Mitarbeiter bei Mobbing und sexueller Belästigung unterliegt dem Mitbestimmungstatbestand des § 87 Abs. 1 Nr. 1 BetrVG.

41 In der gleichen Weise besteht ein Mitbestimmungsrecht nach § 87 Abs. 1 Nr. 1 BetrVG bei Maßnahmen, die dem Ziel des § 1 AGG dienen.[66] Soweit es die **betriebliche Beschwerdestelle** nach § 13 Abs. 1 AGG betrifft, hat das Bundesarbeitsgericht[67] dem Betriebsrat ein Mitbestimmungs- sowie Initiativrecht zugesprochen, als es die Ausgestaltung des Verfahrens der Beschwerdestelle betrifft. Da die Personen, die die betriebliche Beschwerdestelle betreuen (sollen), nicht losgelöst von den Verfahrensregelungen ausgewählt und bestimmt werden können, ist dem Bundesarbeitsgericht insoweit zu widersprechen, als es die personelle Ausgestaltung der betrieblichen Beschwerdestelle nicht der Mitbestimmung des Betriebsrats unterwirft. Schließlich ist der Erfolg der betrieblichen Beschwerdestelle von der Akzeptanz der betreuenden Personen bzw. Ansprechpersonen und den verabredeten Verfahrensregeln abhängig.

3. Mitbestimmung gemäß § 87 Abs. 1 Nr. 7 BetrVG bzw. § 75 Abs. 3 Nr. 11 BPersVG

42 Dass der betrieblichen Interessenvertretung ein Mitbestimmungsrecht gemäß § 87 Abs. 1 Nr. 7 BetrVG bzw. § 75 Abs. 3 Nr. 11 BPersVG zusteht, ist außer Streit.[68] Gemäß § 87 Abs. 1 Nr. 7 BetrVG hat der Betriebsrat mitzubestimmen unter anderem über den **Gesundheitsschutz** im Rahmen der gesetzlichen Vorschriften. Weiter ist das entsprechende in § 75 Abs. 3 Nr. 11 BPersVG geregelte Mitbestimmungsrecht des Personalrats, da es diesem Mitbestimmungsrechte über Maßnahmen zur Verhütung von sonstigen Gesundheitsschädigungen einräumt.[69]

43 Der umfassend zu begreifende Begriff des Gesundheitsschutzes in § 87 Abs. 1 Nr. 7 BetrVG erfasst neben der Verhütung von Arbeitsunfällen und Berufskrankheiten alle sonstigen vorbeugenden Maßnahmen, die der Erhaltung der psychischen und physischen Integrität gegenüber arbeitsbedingten Beeinträchtigungen dienen und die zur Verhinderung gesundheitlicher Schäden der Arbeitnehmer in Betracht kommen.[70] Ar-

64 Vgl. Benecke, S. 232, welche die Entscheidung des LAG Hamburg ebenfalls für verfehlt erachtet. So im Ergebnis auch DKKW-Klebe, § 87 Rn. 67 Fn. 337.

65 AiB 2002, 374.

66 Vgl. Wolmerath 2006, S. 30; Nollert-Borasio/Perreng, § 17 Rn. 3.

67 BAG 21.7.2009 – 1 ABR 42/08; sa Wolmerath in Werkbuch Mobbing, S. 309.

68 Vgl. LAG Sachsen-Anhalt 13.1.2014 – 4 TaBV 27/13; Altvater ua-Berg § 75 Rn. 212.

69 Vgl. Altvaer ua-Berg, § 75 Rn. 202; Kittner/Pieper ArbSchR, BPersVG Rn. 10; sa Lorenzen ua-Rehak, § 75 Rn. 590 unter Aufgabe seiner bislang vertretenen Auffassung, wonach unter der sonstigen Gesundheitsbeschädigung nur solche Eingriffe in die Gesundheit verstanden werden sollten, die ihrer Schwere nach den Dienst- und Arbeitsunfällen gleich zu achten sind.

70 Vgl. DKKW-Klebe, § 87 Rn. 209; Fitting, § 87 Rn. 262; Kittner/Pieper ArbSchR, BetrVG Rn. 16.

beitsbedingte Beeinträchtigungen in diesem Sinne sind solche, die durch die berufliche Tätigkeit bedingt sind oder anlässlich dieser Tätigkeit entstehen oder verschlimmert werden.[71] Diese Grundsätze sind auf die in § 75 Abs. 3 Nr. 11 BPersVG verwendete Terminologie der sonstigen Gesundheitsbeeinträchtigungen zu übertragen, da beide Begriffe im Lichte des § 2 Abs. 1 ArbSchG auszulegen sind.[72]

Ein Mitbestimmungsrecht gemäß § 87 Abs. 1 Nr. 7 BetrVG besteht nur, wenn eine 44
Vorschrift des Arbeitsschutzes durch Regelungen ausgefüllt werden soll, die arbeitsschutzrechtliche Vorschrift mithin nicht aus sich selbst heraus abschließend und unmittelbar Schutzstandards festlegt.[73] Hierzu zählt das **Arbeitsschutzgesetz** mit den aufgrund §§ 18, 19 ArbSchG erlassenen Rechtsverordnungen.[74] Als ausfüllungsbedürftige Rahmenvorschriften im Sinne des § 87 Abs. 1 Nr. 7 BetrVG sind unter anderem die Pflichten des Arbeitgebers nach § 3 Abs. 1, 2 ArbSchG anerkannt worden.[75] Danach hat der Betriebsrat mitzubestimmen, sofern der Arbeitgeber (vgl. § 2 Abs. 3 ArbSchG) die erforderlichen Maßnahmen des Arbeitsschutzes unter Berücksichtigung der Umstände treffen will, die Sicherheit und Gesundheit der Beschäftigten bei der Arbeit beeinflussen. Entsprechendes gilt für den Bereich der Personalvertretung.[76]

Mobbing hat seine Ursachen in den Umständen, die am Arbeitsplatz anzutreffen 45
sind. Weiter beeinflusst es die Umstände, unter denen die Beschäftigten ihre vertraglich geschuldeten Leistungen zu erbringen haben. Erleidet ein Mobbingbetroffener einen auf Mobbing zurückführbaren Gesundheitsschaden, so erleidet er einen solchen, der durch die berufliche Tätigkeit bedingt und anlässlich seiner Beschäftigung entstanden ist. Mithin tangiert Mobbing Fragen des Gesundheitsschutzes der Beschäftigten am Arbeitsplatz. Dieser hat seine gesetzliche Ausgestaltung im Arbeitsschutzgesetz erfahren. Schließlich verpflichtet § 3 Abs. 1 ArbSchG den Arbeitgeber bzw. Dienstherrn, die erforderlichen Maßnahmen zu treffen, die notwendig sind, um durch Mobbing drohende Gesundheitsgefahren auszuschließen. Hierbei hat er das Mitbestimmungsrecht der betrieblichen Interessenvertretung zu beachten.[77]

In diesem Zusammenhang ist darauf hinzuweisen, dass der Betriebsrat ein Mitbe- 46
stimmungsrecht nicht nur bei der Ergreifung der erforderlichen Maßnahmen des Arbeitsschutzes im Sinne von § 3 Abs. 1 ArbSchG hat. Gleiches gilt für die **Gefährdungsbeurteilung gemäß § 5 Abs. 1 ArbSchG**, wonach der Arbeitgeber durch eine Beurteilung der für die Beschäftigten mit ihrer Arbeit verbundenen Gefährdungen zu ermitteln hat, welche Arbeitsschutzmaßnahmen erforderlich sind.[78] Von besonderer Bedeutung ist insoweit § 5 Abs. 3 Nr. 6 ArbSchG, der anerkennt, dass sich eine Gefährdung im Sinne des § 5 Abs. 1 ArbSchG durch psychische Belastungen bei der Arbeit ergeben kann, was Mobbing mit umfasst. Entsprechendes muss wiederum auch für

71 Fitting, § 87 Rn. 262.
72 Vgl. Kittner/Pieper ArbSchR, BPersVG Rn. 10 und BetrVG Rn. 16.
73 Vgl. DKKW-Klebe, § 87 Rn. 210, 215.
74 Vgl. DKKW-Klebe, § 87 Rn. 211.
75 Vgl. Kittner/Pieper ArbSchR, BetrVG Rn. 27; Hako-BetrVG/Kohte, § 87 Rn. 80.
76 Vgl. Ilbertz/Widmaier/Sommer, § 75 Rn. 155 ff.; Altvater ua-Berg, § 75 Rn. 206.
77 Vgl. Kittner/Pieper ArbSchR, BetrVG Rn. 37.
78 Vgl. HaKo-BetrVG/Kohte, § 87 Rn. 79 mwN vor allem auf die ständige Rechtsprechung des BAG.

die Personalvertretung gelten, auch wenn sich das Bundesverwaltungsgericht dagegen ausgesprochen hat.[79] Dies gilt auch für Maßnahmen, welche die Benachteiligung aus Gründen der Rasse, der ethnischen Herkunft, des Geschlechts, der Religion oder Weltanschauung, einer Behinderung, des Alters oder der sexuellen Identität zum Gegenstand haben. Auch im Anwendungsbereich des Allgemeinen Gleichbehandlungsgesetzes bestehen Mitbestimmungsrechte des Betriebsrats gemäß § 87 Abs. 1 Nr. 7 BetrVG[80] sowie des Personalrats nach § 75 Abs. 3 Nr. 11 BPersVG. Denn auch hier geht es um den Gesundheitsschutz der Beschäftigten an ihrem Arbeitsplatz.

4. Abschluss einer Betriebs- bzw. Dienstvereinbarung

47 Angelegenheiten, die § 87 Abs. 1 BetrVG bzw. § 75 Abs. 3 BPersVG unterfallen, werden regelmäßig durch Betriebsvereinbarungen (vgl. § 77 BetrVG) bzw. Dienstvereinbarungen (vgl. §§ 73, 75 Abs. 3 Eingangssatz BPersVG) geregelt. Zur Mobbingproblematik gibt es eine **Vielzahl von Betriebs- sowie Dienstvereinbarungen.**[81] Diese belegen, dass mittels einer intensiven Nutzung der konkret zur Verfügung stehenden Mitbestimmungsrechte sowohl in konfliktbewältigender als auch in präventiver Hinsicht gegen Mobbing vorgegangen werden kann. Hierbei ist zu betonen, dass der Anstoß für eine Betriebs- bzw. Dienstvereinbarung nicht zwingend von der betrieblichen Interessenvertretung ausgehen muss. In der gleichen Weise kann die **Arbeitgeberseite**[82] etwa das sich selbst gesteckte Ziel der Verbesserung des Betriebsklimas und/oder des Arbeits- und Gesundheitsschutzes zum Anlass nehmen, mit der betrieblichen Interessenvertretung geeignete Maßnahmen zu beraten. Esser und Wolmerath[83] haben Eckpunkte für eine Betriebs- bzw. Dienstvereinbarung zum Thema Mobbing erarbeitet. Hierauf aufbauend lassen sich folgende Aspekte nennen, die nicht in einem abschließenden sowie allgemeingültigen Sinne zu verstehen sind.

48 **Eckpunkte** für eine Betriebs- bzw. Dienstvereinbarung:[84]

- Überschrift
- Präambel
  - Grund und Anlass
  - Motive, Absichten und Ziele
- Geltungsbereich
  - Räumlich
  - Persönlich

79 BVerwG 5.3.2012 – 6 PB 25/11; BVerwG 14.10.2002 – 6 P 7/01; so auch: OVG Münster 25.8.2011 – 16 A 1361/10.PVB; sa VG Düsseldorf 22.1.2016 – 34 K 1918/14.PVL, das eine Mitbestimmung des Personalrats unter Beachtung des PersVG NRW bejaht; sa VG Göttingen 7.3.2001 – 7 A 7003/99, das eine Mitbestimmung des Personalrats bei Anwendung des PersVG Nds bejaht hat.

80 Vgl. Wolmerath 2006, S. 30.

81 Vgl. die Aufzählung bei Wolmerath 2001, S. 263 mit der Dokumentation beispielhafter Vereinbarungen ab S. 323; sa Esser/Wolmerath, S. 341 ff. mit der Dokumentation der Betriebsvereinbarung über partnerschaftliches Verhalten am Arbeitsplatz (Beschwerdestelle im Sinne des § 13 Abs. 1 AGG) der Ford-Werke GmbH.

82 Angesprochen ist insoweit insbesondere auch die Dienststellenleitung.

83 Esser/Wolmerath, S. 127 ff.

84 Sa Wolmerath, ArbRAktuell 16/2017, 384 ff. sowie PersR 7–8/2017, 21 ff.

  - Zeitlich (sofern etwa aus Gründen der Erprobung eine zeitliche Befristung gewünscht wird)
- Begriffsbestimmungen
  - Definition von Mobbing
  - Offener Katalog beispielhafter Mobbinghandlungen
  - Psychosoziale Belastungsfaktoren, bei denen es sich zwar nicht um Mobbing handelt (zB Diskriminierung, sexuelle Belästigung), die gleichwohl einbezogen werden
- Soziales Miteinander am Arbeitsplatz
  - Grundsätze für das soziale Miteinander am Arbeitsplatz
  - Offener Katalog mit erwünschten Verhaltensweisen
  - Offener Katalog mit unerwünschten Verhaltensweisen
  - Bei Bedarf: Sanktionsmöglichkeiten bei unerwünschten Verhaltensweisen (sa „Verhängung von Sanktionen")
  - Grundsätze für den Umgang mit problem- sowie konfliktbehafteten Situationen am Arbeitsplatz
- Betriebsklima
  - Maßnahmen zur Verbesserung des Betriebsklimas
  - Zeitpunkt, Ort und Art ihrer Durchführung
  - Freistellung von der Arbeit
  - Kostentragung
- Bewältigung von Konflikten am Arbeitsplatz
  - Unterstützungsangebote und Hilfen
  - Grundsätze für das Verfahren zur Bewältigung von Arbeitsplatzkonflikten
  - Hinzuziehung von externen Unterstützern (zB Streitschlichter)
  - Kostentragung
- Hilfe für Mobbingbetroffene
  - Art und Umfang der Hilfsangebote
  - Zeitpunkt, Ort der Hilfsangebote
  - Freistellung von der Arbeit
  - Kostentragung
- Verhängung von Sanktionen (falls gewünscht)
  - Benennung der Sanktionsmittel (zB Abmahnung, Versetzung, Kündigung)
  - Verfahren
  - Beteiligung der Interessenvertretung

- Betriebliche Anlaufstelle für Mobbingbetroffene
  - Funktion, Stellung und Aufgaben
  - Personelle Ausstattung
  - Qualifizierung der Akteure
  - Sachliche Ausstattung (zB Büro, PC, Literatur)
  - Hinzuziehung von externen Personen (zB Streitschlichter)
  - Kostentragung
- Sensibilisierung und Qualifizierung der Beschäftigten
  - Angebote für Vorgesetzte und für Beschäftigte (zB Vortrag, Ausstellung, Diskussionsrunde)
  - Zeitpunkt und Ort der Angebote
  - Freistellung von der Arbeit
  - Kostentragung
- Clearingstelle der Betriebsparteien zur Klärung von Fragen und Beilegung von Meinungsverschiedenheiten
  - Zuständigkeit
  - Personelle Besetzung
  - Anrufung
  - Grundsätze für das Verfahren
  - Hinzuziehung von externen Personen
- Schlussbestimmungen
  - Bekanntmachung der Vereinbarung
  - Salvatorische Klausel
  - Selbstverpflichtung zur Evaluation und Weiterentwicklung der Vereinbarung
  - Zeitpunkt des Inkrafttretens (sowie bei Bedarf Zeitpunkt des Außerkrafttretens)
  - Kündigung
  - Nachwirkung

49 Mit Blick auf das Allgemeine Gleichbehandlungsgesetz sollten Betriebs- und Personalräte den Abschluss einer Betriebs- bzw. Dienstvereinbarung prüfen, die über die Mobbingproblematik hinausgeht und die unter **Einbeziehung des Allgemeinen Gleichbehandlungsgesetzes** auch weitere Formen der psychosozialen Belastungen am Arbeitsplatz umfasst. Insoweit bietet sich eine umfassende Betriebs- bzw. Dienstvereinbarung „für ein kollegiales Miteinander am Arbeitsplatz“ an. Interessenvertretungen, die bereits über ein Regelwerk zur Mobbingproblematik verfügen, können darauf aufbauen und ihre Vereinbarung – etwa den Ford-Automobilwerken folgend – fortentwickeln. Dass dieser Schritt mit einer Evaluation bestehender Vereinbarungen verbunden sein sollte, versteht sich von selbst.

§ 9 Handlungsmöglichkeiten des Mobbingbetroffenen

Vielleicht fragen Sie sich, warum die Handlungsmöglichkeiten des Mobbingbetroffenen erst am Ende dieses Buches angesprochen werden. Dies hat mehrere Gründe. Zum einen verdeutlichen die bisherigen Ausführungen, dass der Mobbingbetroffene in der Regel **das schwächste Glied** im Betrieb bzw. in der Dienststelle ist, soweit es seine Mobbingsituation betrifft. Zum anderen zeigt sich, dass die Situation des Mobbingbetroffenen von dem Verhalten der anderen betrieblichen Akteure maßgeblich beeinflusst wird. Schließlich kann Mobbing besonders dort hervorragend gedeihen, wo auf einen partnerschaftlichen, kollegialen Umgang am Arbeitsplatz kein Wert gelegt sowie Mobbingbetroffenen kein Gehör geschenkt wird. Haben hingegen die betrieblichen Akteure ihre „Hausaufgaben" gemacht, dürfte sich das Lesen dieses Kapitels in der Regel erübrigen. Präventive Handlungskonzepte werden dazu beitragen, dass Mobbing nur äußerst schwer Wurzeln schlagen kann und sich auf höchst seltene Einzelfälle reduziert. Betriebliche Hilfsangebote, auf die von den Beschäftigten in akuten Krisenlagen zurückgegriffen werden kann, ermöglichen eine zielgerichtete Bewältigung von Mobbing- und Konfliktsituationen. 1

Indes sieht die Realität vielerorts – leider noch immer – alles andere als positiv aus. Mobbingbetroffene fragen sich, was sie in ihrer Situation tun können. Schließlich soll das Mobbing aufhören; sie wollen in Ruhe und Frieden ihrer Arbeit nachgehen. 2

Verallgemeinerungen sind fehl am Platz. Es gibt nicht die eine „Aspirin"-Tablette, das eine Allheilmittel zur Lösung von sämtlichen Mobbingsituationen. Dafür sind die einzelnen Fälle zu unterschiedlich, zu individuell. Jeder Mobbingfall folgt seinen eigenen Gesetzmäßigkeiten. Aus diesem Grund werden nachfolgend lediglich einige Anregungen vorgestellt, die dazu beitragen können, eine konkrete Mobbingsituation zu bewältigen. Die einzelnen Punkte können wahlweise und unabhängig von ihrer Reihenfolge ergriffen werden. Auch sind sie nicht in einem abschließenden Sinne zu verstehen. 3

Einige **Anregungen** für Mobbingbetroffene: 4

- Sie können Ihre Mobbingsituation zum Gesprächsthema machen: Es hilft, wenn man mit vertrauten Personen über die Situation am Arbeitsplatz spricht. Mobbingbetroffene berichten immer wieder, dass es ihnen guttut, wenn ihnen jemand zuhört. Wenn es gar niemanden gibt, mit dem Sie über Ihre Situation sprechen können, dann kann etwa die Telefonseelsorge ein hilfreicher Gesprächspartner sein.
- Sie können das Erlebte aufschreiben: Wer erlebte Situationen zeitnah aufschreibt, der setzt sich mit diesen auseinander und reflektiert seine eigene Lage. Mobbingbetroffene haben mehrfach geschildert, dass ihnen durch das Niederschreiben der Geschehnisse vieles deutlich bzw. klarer geworden ist und sie gleichzeitig ein wenig Abstand gewinnen konnten.
- Sie können die Hilfe von Ärzten und Therapeuten in Anspruch nehmen: Ärzte und Therapeuten sind verlässliche Partner, wenn es darum geht, die angeschlage-

ne Gesundheit wieder herzustellen. Nicht selten ist zudem eine stationäre Kur angezeigt. Eine psychotherapeutische Behandlung ist oftmals zu empfehlen, bei der es regelmäßig darum geht, das Erlebte zu verarbeiten.

- Sie können sich (rechtlich) beraten lassen: Eine umfassende rechtliche Beratung verschafft Sicherheit und kann Wege aus der Mobbingsituation aufzeigen. Wer sich erst informiert und dann gut überlegt handelt, der weiß, was er mit welchen Konsequenzen tut und schützt sich damit vor bösen Überraschungen.

  Mit dem Inkrafttreten des Allgemeinen Gleichbehandlungsgesetzes am 18.8.2006 haben die Antidiskriminierungsverbände sowie die Antidiskriminierungsstelle des Bundes (ADS) ihre Arbeit aufgenommen. Während es sich bei den Verbänden in der Regel um privatrechtliche Zusammenschlüsse mit dem Status eines eingetragenen Vereins handelt, ist die angesprochene Antidiskriminierungsstelle eine unabhängige staatliche Einrichtung, die beim Bundesministerium für Familie, Senioren, Frauen und Jugend angesiedelt ist. Auch hier ist Rat und Unterstützung erhältlich.

- Sie können sich einer Mobbing-Selbsthilfegruppe anschließen: An zahlreichen Orten haben sich Mobbingbetroffene zusammengetan, um ein Forum zu haben, in dem sie mit gleichfalls Betroffenen über ihre Lage reden und Wege aus der Krise finden können.

5 Sofern Ärzte, Therapeuten, Rechtsanwälte etc in Anspruch genommen werden, sollte dies vernetzt erfolgen. Unverzichtbar ist es, dass sich der Mobbingbetroffene zunächst ein Bild davon macht, was er überhaupt will. Gegenüber einem Arzt lässt sich dies leicht und schnell auf den Punkt bringen – er möchte gesund werden. Sofern es das Beschäftigungsverhältnis betrifft, wird es schwieriger. Letztendlich gibt es zwei grundlegende Handlungsoptionen.

6 **Zwei grundlegende Handlungsoptionen:**

- Ich will an dem Beschäftigungsverhältnis – wenn auch vielleicht in geänderter Form – festhalten.
- Ich will das Beschäftigungsverhältnis beenden.

7 Abhängig von der Wahl der Handlungsoption – und damit von dem **Ziel des Mobbingbetroffenen** – ist das weitere Vorgehen zu planen. Sofern an dem Beschäftigungsverhältnis festgehalten werden soll, sind in der Regel eher defensive Maßnahmen in dem Sinne einer (weiteren) Eskalationsvermeidung zu ergreifen. Dies ist vor allem dann angebracht, wenn der Arbeitgeber bzw. Dienstherr nicht auf der Seite des Mobbingbetroffenen steht. Das sichtbare Auftreten eines Rechtsanwalts wird hier oft im Sinne einer Konfrontation verstanden, so dass dieser eher – nach außen nicht erkennbar – im Hintergrund agieren sollte. Sinnvoller kann es in solch einer Situation sein, sich von einem erfahrenen Rechtsanwalt coachen bzw. beraten zu lassen. Weiter kann bei Bedarf auf Mediatoren, Streitschlichter, Konfliktlotsen etc zurückgegriffen werden. Wenn vorhanden, kann sich im Einzelfall die Hinzuziehung des Betriebs- bzw.

Personalrats, der Gleichstellungsbeauftragten, der Schwerbehindertenvertretung und/ oder der Jugend- und Auszubildendenvertretung anbieten.

Geht es hingegen um den **Ausstieg aus dem Beschäftigungsverhältnis**, dann ist die 8
Hinzuziehung eines Rechtsanwalts nahezu unumgänglich. Schließlich ist er es gewohnt, für seine Mandanten Verhandlungen zu führen und Verträge zu schließen. Zu diesem Zweck kann es bisweilen angebracht sein, eine Eskalation der Situation zu betreiben, um auf diese Weise ein bestmögliches Verhandlungsergebnis erzielen zu können. Wer anders als ein Rechtsanwalt ist hierfür geeignet, zumal sich der Arbeitgeber im Zweifel ebenfalls eines solchen bedienen dürfte.

Egal wie sich der Mobbingbetroffene entscheidet. Stets muss **sein persönliches Ziel** 9
die Wahl der Handlungsmöglichkeiten und der damit verbundenen Hinzuziehung entsprechender Akteure bzw. Unterstützer (zB Arzt, Rechtsanwalt, Betriebsrat, Vorgesetzter) bestimmen. Nur so kann zielgerichtet gearbeitet und ein unerwünschtes Ergebnis vermieden werden. Und wenn sich der Mobbingbetroffene vielleicht dazu entschließt, den Mobber und/oder den Arbeitgeber auf Schadensersatz und Schmerzensgeld in Anspruch zu nehmen, dann kann es unter Umständen angezeigt sein, den Rechtsweg zu beschreiten, ohne dabei das Wort „Mobbing" in den Mund zu nehmen.[1]

Grundsatz für das Vorgehen des Mobbingbetroffenen: 10

- Das Handeln muss zielorientiert erfolgen. Ausgehend von dem Ziel sind die Akteure auszuwählen und ist die weitere Vorgehensweise festzulegen.

Die Diskussion und Aufarbeitung der Mobbingproblematik in der deutschen Arbeits- 11
welt wurde seit Anbeginn von **„schwarzen Schafen"** begleitet, die versuchten, aus der Mobbingbetroffenheit anderer Kapital zu schlagen. Einige wenige machten das Thema Mobbing zu ihrem Geschäftsmodell, indem sie unter anderem Rechtsschutzversicherungen anpriesen, den Medien einzelne Mobbingfälle zum Kauf anboten oder die Führung eines telefonischen Beratungsgesprächs von der vorherigen Überweisung eines bestimmten Geldbetrages abhängig machten. Wer sich vor solchen Personen bzw. Organisationen schützen will, der sollte einige Vorsichtsmaßnahmen beachten.

Vorsichtsmaßnahmen für Mobbingbetroffene: 12

- Informieren Sie sich vorab über Ihren Gesprächspartner (zB Person, Selbsthilfegruppe, Organisation). Neben einer Internetrecherche kann sich gegebenenfalls eine Kontaktaufnahme etwa mit der Krankenkasse, der Gewerkschaft, dem Kirchlichen Dienst in der Arbeitswelt sowie der katholischen Betriebsseelsorge anbieten.
- Achten Sie darauf, dass Sie immer Herr des Geschehens bzw. aller ihrer Entscheidungen sind. Lassen Sie sich nicht instrumentalisieren. Hinterfragen Sie, ob die Ihnen vorgeschlagene Maßnahme (zB Einbindung der Medien) Ihnen oder dem Gesprächspartner nutzt (zB kostenlose Werbung für die Institution).

1 Siehe dazu Ruberg, S. 152, mit seinem durchaus ernst gemeinten Rat.

- Werden Sie nicht euphorisch, wenn Ihnen – insbesondere von juristischen Laien – als Schadensersatz oder Schmerzensgeld ein recht hoher oder immens hoher Geldbetrag in Aussicht gestellt wird. Die Höhe einer Entschädigung setzt in der Regel das angerufene Gericht fest.
- Seien Sie offen für alternative Lösungswege und verschließen Sie sich nicht dem ehrlich gemeinten Rat Ihres Gesprächspartners. Manchmal ist das, was wir nicht hören wollen, oder das, woran wir bislang nicht gedacht haben, der sprichwörtliche Schlüssel, der die Tür öffnet und die Lösung des Problems ebnet.
- Überstürzen Sie nicht Ihre Entscheidungen, sondern lassen Sie sich dafür die erforderliche Zeit. Immer wieder ist es gut, eine Nacht vergehen zu lassen, etwa erst am nächsten Morgen auf ein Vertragsauflösungsangebot des Arbeitgebers zu reagieren. Beachten Sie insoweit die „Knotentheorie“ (→ Rn. 13).
- Nehmen Sie sich vor „Experten“ in Acht: Einzelne selbst ernannte „Experten“ bieten umfassend Rat und Hilfe an, ohne die hierfür erforderliche fachliche Kompetenz zu besitzen.
- Lassen Sie sich gegebenenfalls die Kostenübernahme von Ihrer Rechtsschutzversicherung bestätigen: Wer vermeiden möchte, dass er auf Rechtsanwalts- und Prozesskosten sitzen bleibt, der sollte sich die Kostenübernahme von seiner Rechtsschutzversicherung bestätigen lassen. Dies gilt natürlich nur für den Fall, dass eine derartige Versicherung besteht.

13 Getreu dem Motto: „In der Ruhe liegt die Kraft“ sollte sich jeder Mobbingbetroffene bemühen, spontane, vorschnelle und unüberlegte Handlungen zu vermeiden. Auch wenn es vielleicht äußerst schwer fallen sollte: Ein sorgsam überlegtes und geplantes Handeln ist am ehesten zielführend und gewinnbringend. Auch beugt es einem blinden Aktionismus vor, der mehr Schaden anrichtet als dass er hilft. Halten Sie sich an die bewährte **„Knotentheorie“**.[2] Diese besagt, dass man Probleme am besten in einer nachhaltigen Weise bewältigen kann, wenn man der Problemlösung die erforderliche Zeit schenkt, in der in Ruhe mit dem nötigen Stück Gelassenheit sowie Abstand an der Lösung des Knotens – dem sprichwörtlichen Problem – gearbeitet wird. Übereiltes und unüberlegtes Handeln sowie blinder Aktionismus führen hingegen dazu, dass sich der Knoten immer fester zuzieht und seine Lösung immer schwerer wird.

2 Von der „Knotentheorie“ berichtete mir vor nunmehr einigen Jahrzehnten eine damalige Psychologiestudentin, die damit so manches Problem erfolgreich lösen konnte.

Literaturverzeichnis

Adams, Bullying at work. How to confront and overcome it, London 1992

Altmeppen, Haftung der Geschäftsleiter einer Kapitalgesellschaft für Verletzung von Verkehrssicherungspflichten, ZIP 1995, 881

Altvater/Baden/Berg/Kröll/Noll/Seulen, BPersVG. Bundespersonalvertretungsgesetz mit Wahlordnung und ergänzenden Vorschriften, 9. Aufl., Frankfurt/M. 2016 (zitiert: Altvater ua)

Ausfelder, Mobbing – Schikane am Arbeitsplatz, 2. Aufl., München 1995

Battis, Bundesbeamtengesetz, 5. Aufl., München 2017

Bäumler, Hilfe durch regionale gewerkschaftliche Beratung, in: Wolmerath/Esser (Hrsg.): Werkbuch Mobbing, Frankfurt/M. 2012

Becker, Rückwege zum Selbstbewußtsein. Ein Beispiel für die Behandlung in der Mobbingklinik, in: Leymann (Hrsg.): Der neue Mobbing-Bericht: Erfahrungen und Initiativen, Auswege und Hilfsangebote, Reinbek bei Hamburg 1995

Beckers/Mertz, Mobbing-Opfer sind nicht wehrlos, 2. Aufl., Freiburg im Breisgau 1998

Benecke, Mobbing. Arbeits- und Haftungsrecht, München 2005 (zitiert: Benecke 2005)

Benecke, „Mobbing“ im Arbeitsrecht, NZA-RR 2003, 225

Bieler/Heilmann, Mobbing – Ursachen und Problemlösungsmöglichkeiten, Betrieb und Wirtschaft 1997, 437

Bieler/Heilmann, Mobbing – ein bekanntes Ärgernis unter neuem Namen (?), AuR 1996, 430 (zitiert: Bieler/Heilmann AuR)

Blaese, Die arbeitsrechtliche Druckkündigung, DB 1988, 178

Bochmann, Mobbing und die hergebrachten Grundsätze des Berufsbeamtentums, ZBR 2003, 257

Brams, Mobbing am Arbeitsplatz – in dubio pro Arbeitgeber?, VersR 2010, 880

Brand, Sozialgesetzbuch, Arbeitsförderung, SGB III, 7. Aufl., München 2015 (zitiert: Bearbeiter in Brand)

Breinlinger/Krader, Whistleblowing – Chancen und Risiken bei der Umsetzung von anonym nutzbaren Hinweisgebersystemen im Rahmen von Compliance-Managements von Unternehmen, RDV 2006, 60

Brinkmann, Mobbing, Bullying, Bossing – Treibjagd am Arbeitsplatz, Heidelberg 1995

Brox/Walker, Allgemeines Schuldrecht, 41. Aufl., München 2017 (zitiert: Brox/Walker SR I)

Brox/Walker, Besonderes Schuldrecht, 41. Aufl., München 2017 (zitiert: Brox/Walker SR II)

Bücker/Feldhoff/Kohte, Vom Arbeitsschutz zur Arbeitsumwelt: Europäische Herausforderungen für das deutsche Arbeitsrecht, Neuwied, Kriftel, Berlin 1994

Bundesanstalt für Arbeitsschutz und Arbeitsmedizin (Hrsg.), Wenn aus Kollegen Feinde werden ... Der Ratgeber zum Umgang mit Mobbing, Dortmund 2003

Busemann, Die Haftung des Arbeitnehmers gegenüber dem Arbeitgeber und Dritten, Berlin 1999

Claussen/Benneke/Schwandt, Das Disziplinarverfahren, 6. Aufl., Köln 2010

Claussen/Janzen, Bundesdisziplinarordnung, 8. Aufl., Köln, Berlin, Bonn, München 1996

Däubler, Arbeitsrecht, 12. Aufl., Frankfurt/M. 2017 (zitiert: Däubler Arbeitsrecht)

Däubler, BGB kompakt, 2. Aufl., München 2003 (zitiert: Däubler BGB)

Däubler, Das Arbeitsrecht 1: Leitfaden für Arbeitnehmer, 16. Aufl., Reinbek bei Hamburg 2006 (zitiert: Däubler AR 1)

Däubler, Das Arbeitsrecht 2: Leitfaden für Arbeitnehmer, 12. Aufl., Reinbek bei Hamburg 2009 (zitiert: Däubler AR 2)

Däubler, Das Arbeitsrecht 2: Leitfaden für Arbeitnehmer, 11. Aufl., Reinbek bei Hamburg 1998 (zitiert: Däubler AR 2 1998)

Däubler, Zurückhaltung des Rechts. Mobbing und das Arbeitsrecht – eine Bestandsaufnahme, in: Leymann (Hrsg.), Der neue Mobbing-Bericht: Erfahrungen und Initiativen, Auswege und Hilfsangebote, Reinbek bei Hamburg 1995 (zitiert: Däubler in Leymann)

Däubler, Mobbing und Arbeitsrecht, BB 1995, 1347

Däubler/Deiner/Zwanziger, Kündigungsschutzrecht, 10. Aufl. Frankfurt/M. 2017 (zitiert: Däubler/Deiner/Zwanziger-Bearbeiter)

Däubler/Hjort/Schubert/Wolmerath, Arbeitsrecht. Individualarbeitsrecht mit kollektivrechtlichen Bezügen, 4. Aufl., Baden-Baden 2017 (zitiert: HK-ArbR/Bearbeiter)

Däubler/Kittner/Klebe/Wedde, Betriebsverfassungsgesetz, 16. Aufl., Frankfurt/M. 2018 (zitiert: DKKW-Bearbeiter)

Deiters/Hoyer/Jäger/Rogall/Schall/Sinn/Stein/Walter/Wolters/Zöller, SK-StGB. Systematischer Kommentar zum Strafgesetzbuch, 9. Aufl., Köln 2017 (zitiert: SK-StGB-Bearbeiter)

Dieball, Mobbing und Arbeitsrecht, BB 1996, 483

Dormann, Ansprüche bei Mobbing, PersR 7–8/2017, 18

Düwell (Hrsg.), Betriebsverfassungsgesetz, 5. Aufl., Baden-Baden 2018 (zitiert: HaKo-BetrVG/Bearbeiter)

Einarsen/Hoel/Zapf/Cooper, Bullying and Harassment in the Workplace, Second Edition, Boca Raton 2011 (zitiert: Einarsen ua)

Eisermann/de Costanzo, Die Erfassung von Mobbing – Eine Konstruktvalidierung aktueller Datenerhebungsverfahren, Dortmund/Berlin/Dresden 2011

Esser, Was ist Mobbing? PersR 7–8/2017, 8

Esser/Wolmerath, Mobbing und psychische Gewalt. Der Ratgeber für Betroffene und ihre Interessenvertretung, 9. Aufl., Frankfurt/M. 2015 (zitiert: Esser/Wolmerath)

Esser/Wolmerath, Mobbing. Der Ratgeber für Betroffene und ihre Interessenvertretung, 6. Aufl., Frankfurt/M. 2005 (zitiert: Esser/Wolmerath 2005)

Esser/Wolmerath, Mobbing. Der Ratgeber für Betroffene und ihre Interessenvertretung, 3. Aufl., Frankfurt/M. 1999 (zitiert: Esser/Wolmerath 1999)

Esser/Wolmerath, Mobbing – Handlungsmöglichkeiten des Betriebsrats, AiB 1996, 540 (zitiert: Esser/Wolmerath 1996)

Esser/Wolmerath, Musterbetriebsvereinbarung „Mobbing“, AiB 1997, 23 (zitiert: Esser/Wolmerath 1997)

Esser/Wolmerath, Psychische Belastungen am Arbeitsplatz, AiB 1997, 209 (zitiert: Esser/Wolmerath 1997 a)

Etzel/Bader/Fischermeier/Friedrich/Gallner/Griebeling/Klose/Kreft/Link/Lipke/Rachor/Rinck/Rost/Spilger/Treber/Vogt/Weigand, Gemeinschaftskommentar zum Kündigungsschutzgesetz und zu sonstigen kündigungsschutzrechtlichen Vorschriften, 11. Aufl., Köln 2016 (zitiert: KR-Bearbeiter)

Europäisches Parlament (Hrsg.), Mobbing am Arbeitsplatz, Luxemburg 2001

Fehr, Mobbing am Arbeitsplatz. Eine strafrechtliche Analyse des Phänomens Mobbing, Baden-Baden 2007

Fischer, Strafgesetzbuch, 66. Aufl., München 2019

Fitting/Engels/Schmidt/Trebinger/Linsenmaier, Betriebsverfassungsgesetz, 28. Aufl., München 2016 (zitiert: Fitting)

Fricke, Virtuelle Betriebe – Auswirkungen auf die Betriebsratsarbeit?, AiB 1997, 31

Gagel, SGB II/SGB III. Grundsicherung und Arbeitsförderung, München, Stand 1.9.2018 (zitiert: Gagel-Bearbeiter)

Gallner/Mestwerdt/Nägele, Kündigungsschutzrecht, 6. Aufl., Baden-Baden 2018 (zitiert: Gallner ua)

Germelmann/Matthes/Prütting, Arbeitsgerichtsgesetz, 9. Aufl., München 2017 (zitiert: Germelmann/Matthes/Prütting-Bearbeiter)

Gitter/Schmitt, Sozialrecht, 5. Aufl., München 2001

Gleichmann, Mobbing – Psychoterror am Arbeitsplatz, Schulleitung und Schulentwicklung, Stuttgart September 1997

Gralka, Mobbing und Arbeitsrecht, BB 1995, 2651

Groeblinghoff, Mobbing. Störungen am Arbeitsplatz – Ursachen und Lösungen, AuA 1999, 162

Grünwald/Hille, Mobbing im Betrieb. Abwehrstrategien und Handlungsmöglichkeiten, München 2003

Grunewald, Mobbing – arbeitsrechtliche Aspekte eines neuen Phänomens, NZA 1993, 1071

Grunsky/Waas/Benecke/Greiner, Arbeitsgerichtsgesetz, 8. Aufl., München 2014

Günther, Dienstunfallrechtliche Fragen bei „schockierenden" Personalgesprächen und Mobbing, ZBR 2015, 404

Hage/Heilmann, Mobbing – ein modernes betriebliches Konfliktfeld, BB 1998, 742

Hamm, Das Ende der fortgesetzten Handlung, NJW 1994, 1636

Hauck, Sozialgesetzbuch, SGB VII, Gesetzliche Unfallversicherung, Berlin 2017 (zitiert: Hauck-Bearbeiter)

Hauck/Noftz, Sozialgesetzbuch X, Verwaltungsverfahren, Schutz der Sozialdaten, Zusammenarbeit der Leistungsträger und ihre Beziehungen zu Dritten, Berlin 2019 (zitiert: Hauck/Noftz-Bearbeiter)

Hesse/Schrader, Krieg im Büro – Konflikte am Arbeitsplatz und wie man sie löst, Frankfurt/M. 1995

Huber, Mobbing: Psychoterror am Arbeitsplatz, Niedernhausen/Ts. 1993/1994

Ilbertz/Widmaier/Sommer, Bundespersonalvertretungsgesetz, 14. Aufl., Stuttgart 2018

Internationales Arbeitsamt, Bericht V (1), Beendigung von Gewalt und Belästigung gegenüber Frauen und Männern in der Arbeitswelt, Genf 2017

Julius/Gercke/Temming/Zöller, Strafprozeßordnung, 5. Aufl., Heidelberg 2012 (zitiert: Julius ua-Bearbeiter)

Kater/Leube, Gesetzliche Unfallversicherung, SGB VII, München 1997

Kittner, Gesamtsystem Schuldrecht: rechtliche Grundlagen – wirtschaftliche Zusammenhänge, München, 1998

Kittner/Pieper, Arbeitsschutzgesetz, 3. Aufl., Frankfurt/M. 2003

Kittner/Pieper, Arbeitsschutzrecht, 2. Aufl., Frankfurt/M. 2002
(zitiert: Kittner/Pieper ArbSchR)

Kittner/Reinhard, Sozialgesetzbuch I, IV, X – Allgemeiner Teil, Gemeinsame Vorschriften, Verwaltungsverfahren, Köln 1997

Klein, Feel the difference – oder was machen die bei Ford anders?, in: Wolmerath/Esser (Hrsg.), Werkbuch Mobbing, Frankfurt/M. 2012

Köhler/Ratz, BDG: Bundesdisziplinargesetz und materielles Disziplinarrecht, 3. Aufl., Frankfurt/M. 2003

Koll, Sofortiges Handeln ist gefragt, AiB 1/2017, 19

Kollmer, Mobbing im Arbeitsverhältnis, 2. Aufl., Heidelberg 2000

Krasney/Becker/Burchardt/Krutschinsky/Heinz/Bieresborn, Gesetzliche Unfallversicherung (SGB VII), Sankt Augustin, Stand Oktober 2018
(zitiert: Krasney ua-Bearbeiter)

Kratz, Mobbing, 2. Aufl., Wien/Frankfurt 2000

Kümmel, Beamtenversorgungsgesetz, Hannover, Stand November 2018

Künzl in: Leinemann (Hrsg.), Kasseler Handbuch zum Arbeitsrecht, Band 1, 2. Aufl., Neuwied und Kriftel, 2000

Kunig, Das Recht des öffentlichen Dienstes, in: Schmidt-Aßmann/Schoch (Hrsg.), Besonderes Verwaltungsrecht, 14. Aufl., Berlin 2008

Kursawe, Die Aufklärungspflicht des Arbeitgebers bei Abschluß von Arbeitsverträgen, NZA 1997, 245

Lackner/Kühl, Strafgesetzbuch, 29. Aufl., München 2018

Larenz, Lehrbuch des Schuldrechts, Band I, Allgemeiner Teil, 14. Aufl., München 1987

Larenz/Canaris, Lehrbuch des Schuldrechts, Band II/2, Besonderer Teil, 13. Aufl., München 1994

Larenz/Wolf, Allgemeiner Teil des Bürgerlichen Rechts, 9. Aufl., München 2004

Lauterbach, Unfallversicherung, Sozialgesetzbuch VII, 4. Aufl., Stuttgart, Stand Juli 2018 (zitiert: Lauterbach-Bearbeiter)

Leymann, Mobbing: Psychoterror am Arbeitsplatz und wie man sich dagegen wehren kann, Reinbek bei Hamburg 1993 (zitiert: Leymann 1993)

Leymann (Hrsg.), Der neue Mobbing-Bericht: Erfahrungen und Initiativen, Auswege und Hilfsangebote, Reinbek bei Hamburg 1995 (zitiert: Leymann 1995)

Leymann/Niedl, Mobbing Psychoterror am Arbeitsplatz, Wien 1994

Lorenzen/Etzel/Gerhold/Schlatmann/Rehak/Faber/Griebeling/Hebeler, Bundespersonalvertretungsgesetz, Heidelberg, München, Landsberg, Frechen, Hamburg, Stand Oktober 2018 (zitiert: Lorenzen ua-Bearbeiter)

Matyssek, Chefsache: Gesundes Team – gesunde Bilanz. Ein Leitfaden zur gesundheitsgerechten Mitarbeiterführung, Wiesbaden 2003

Medicus, Schuldrecht I, Allgemeiner Teil, 17. Aufl., München 2006
(zitiert: Medicus)

Medicus/Lorenz, Schuldrecht II, Besonderer Teil, 18. Aufl., München 2018
(zitiert: Medicus/Lorenz)

Meschkutat/Stackelbeck/Langenhoff, Der Mobbing-Report. Repräsentativstudie für die Bundesrepublik Deutschland, Dortmund/Berlin 2002

Metzner in: DGB-Bundesvorstand (Hrsg.), Mobbingfälle, Düsseldorf 1998

Meyer-Goßner/Schmitt, Strafprozeßordnung, 61. Aufl., München 2018

Mittelstaedt, Mobbing und Emotionen: Aspekte einer Organisationssoziologie, München und Mering 1998

Müller-Glöge/Preis/Schmidt, Erfurter Kommentar zum Arbeitsrecht, 19. Aufl., München 2019 (zitiert: ErfK-Bearbeiter)

Münchener Kommentar zum Bürgerlichen Gesetzbuch, Band 1, Allgemeiner Teil, §§ 1–240, 7. Aufl., München 2015 (zitiert: MüKo-Bearbeiter)

Münchener Kommentar zum Bürgerlichen Gesetzbuch, Band 6, Schuldrecht, Besonderer Teil III, 7. Aufl., München 2017 (zitiert: MüKo-Bearbeiter)

Neuberger, Mobbing: Übel mitspielen in Organisationen, 3. Aufl., München und Mering 1999

Niedl, Wem nützt Mobbing? Psychoterror am Arbeitsplatz und die Personalwirtschaft von Unternehmen, in: Leymann (Hrsg.), Der neue Mobbing-Bericht: Erfahrungen und Initiativen, Auswege und Hilfsangebote, Reinbek bei Hamburg 1995 (zitiert: Niedl in Leymann)

Niesel/Brand, Sozialgesetzbuch, Arbeitsförderung, SGB III, 5. Aufl., München 2010 (zitiert: Bearbeiter in Niesel/Brand)

Nipperdey, Tatbestandsaufbau und Systematik der deliktischen Grundtatbestände, NJW 1967, 1985

Nollert-Borasio/Perreng, Allgemeines Gleichbehandlungsgesetz. Basiskommentar zu den arbeitsrechtlichen Regelungen, 3. Aufl., Frankfurt/M. 2011

Palandt, Bürgerliches Gesetzbuch, 78. Aufl., München 2019

Petri/Voelzke/Wagner, Gesetzliche Unfallversicherung, Sozialgesetzbuch VII, Köln 1998

Plog/Wiedow, Kommentar zum Bundesbeamtengesetz, München, Stand Juli 2018

Resch, Wenn Arbeit krank macht, Frankfurt/M., Berlin 1994

Richardi, Betriebsverfassungsgesetz, 15. Aufl., München 2016

Rieble/Klumpp, Mobbing und die Folgen, ZIP 2002, 369

Rohde-Liebenau, Whistleblowing, Edition der Hans-Böckler-Stiftung 159, Düsseldorf 2005

Rolfs, Die Neuregelung der Arbeitgeber- und Arbeitnehmerhaftung bei Arbeitsunfällen durch das SGB VII, NJW 1996, 3177

Roxin/Schünemann, Strafverfahrensrecht, 29. Aufl., München 2017

Roxin, Strafrecht, Allgemeiner Teil, Band 1: Grundlagen, der Aufbau der Verbrechenslehre, 4. Aufl., München 2006 (zitiert: Roxin AT)

Ruberg, Schikane am Arbeitsplatz – Abhilfe nicht in Sicht? Betrachtungen zu Erfolgsbarrieren und Erfolgsbedingungen im gerichtlichen Rechtsschutz gegen „Mobbing“, in: Schwickerath/Carls/Zielke/Hackhausen (Hrsg.), Mobbing am Arbeitsplatz. Grundlagen, Beratungs- und Behandlungskonzepte, Lengerich 2004

Sagmeister, Über die rechtlichen Konsequenzen von Mobbing und das Recht am Arbeitsverhältnis, Jura 2008, 880

Saßmannshausen/Wessels/Deilmann, Mobbing – Zahlen, Daten und Fakten, in: Wolmerath/Esser (Hrsg.), Werkbuch Mobbing, Frankfurt/M. 2012

Schaub, Arbeitsrechtshandbuch, 16. Aufl., München 2015

Schauer, Mobbing. Kostspielige Kränkungen am Arbeitsplatz, Wiesbaden 1998

Schimmelpfennig/Schimmelpfennig, Mobbing als Problem für Kollegen, Vorgesetze und Personalvertretung, PersV 1998, 260 und 299

Schlaugat, Mobbing am Arbeitsplatz: eine theoretische und empirische Analyse, München und Mering 1999

Schleusener/Suckow/Plum, AGG, 5. Aufl., Köln 2019

Schmitt, SGB VII. Gesetzliche Unfallversicherung, 4. Aufl., München 2009

Schneider/Leest/Katzer/Jäger, Mobbing und Cybermobbing bei Erwachsenen. Eine empirische Bestandsaufnahme in Deutschland, Karlsruhe 2014

Schnellenbach/Bodanowitz, Beamtenrecht in der Praxis, 9. Aufl., München 2017

Schönke/Schröder, Strafgesetzbuch, 30. Aufl., München 2019 (zitiert: Schönke/Schröder-Bearbeiter)

Schrader/Schubert, Das neue AGG. Das Gleichbehandlungsgesetz in der anwaltlichen Praxis, Baden-Baden 2006

Schubert/Teppert-Neumann, Konfliktlotsen in der Landeshauptstadt München – eine Erfolgsgeschichte, in: Wolmerath/Esser (Hrsg.), Werkbuch Mobbing, Frankfurt/M. 2012

Schulze/Dörner/Ebert/Eckert/Hoeren/Kemper/Saenger/Scheuch/Schreiber/Schulte-Nölke/Staudinger/Wiese, Bürgerliches Gesetzbuch. Handkommentar, 10. Aufl., Baden-Baden 2019 (zitiert: HaKo-BGB/Bearbeiter)

Schwab/Weth, Arbeitsgerichtsgesetz, 5. Aufl., Köln 2018

Skowronek, Mobbing – Psychoterror am Arbeitsplatz, AiB 1998, 270

Soergel, Kommentar zum Bürgerlichen Gesetzbuch, Band 12, Schuldrecht 10, 13. Aufl., Stuttgart 2005 (zitiert: Soergel-Bearbeiter)

Stahlhacke/Preis/Vossen, Kündigung und Kündigungsschutz im Arbeitsverhältnis, 11. Aufl., München 2015

Staudinger, Kommentar zum Bürgerlichen Gesetzbuch mit Einführungsgesetz und Nebengesetzen, Buch 1, Allgemeiner Teil, §§ 21–79 (Allgemeiner Teil 2), Berlin 2005 (zitiert: Staudinger-Bearbeiter)

Steinbrück, Mobbingursachen, in: Mobbing. Erkennen, Lernen, Helfen; Landesbildungswerk der Deutschen Angestellten Gewerkschaft Berlin und Brandenburg eV

Sumida, Mobbing in Japan, in: Wolmerath/Esser (Hrsg.), Werkbuch Mobbing, Frankfurt/M. 2012

Teppert-Neumann/Wolmerath, Mobbing am Arbeitsplatz: Erfahrungen bei der Landeshauptstadt München, PersR 2001, 113

Urban/Wittkowski, Bundesdisziplinargesetz, 2. Aufl., München 2017

Völkle, Eskalierende Arbeitsplatzkonflikte und Mobbing. Eine deskriptive Erkundungsstudie zu den Daten der Konflikthotline Baden-Württemberg eV, Glottertal 2018

von Wulffen/Schütze, Sozialgesetzbuch, Verwaltungsverfahren und Sozialdatenschutz – SGB X, 8. Aufl., München 2014 (zitiert: v. Wulffen/Schütze-Bearbeiter)

Walter, Mobbing, Kleinkrieg am Arbeitsplatz: Konflikte erkennen, offenlegen und lösen, 2. Aufl., Frankfurt/M. 1993

Waltermann, Änderungen im Schadensrecht durch das neue SGB VII, NJW 1997, 3401

Warschkow/Erdmann, Mobbing unterbinden, AiB 1995, 509

Wessels/Beulke, Strafrecht Allgemeiner Teil. Die Straftat und ihr Aufbau, 40. Aufl., Heidelberg/München/Landsberg/Frechen/Hamburg 2010

Wiese/Kreutz/Oetker/Raab/Weber/Franzen/Gutzeit/Jacobs, Betriebsverfassungsgesetz, Band 2 (§§ 74–132), 11. Aufl., München 2018 (zitiert: GK-Bearbeiter)

Wolmerath, Wie regeln? Ansatzpunkte für eine Betriebsvereinbarung „Mobbing“, ArbRAktuell 16/2017, 384

Wolmerath, Dienstvereinbarung gegen Mobbing, PersR 7–8/2017, 21

Wolmerath, Mobbing und Allgemeines Gleichbehandlungsgesetz, in: Wolmerath/Esser (Hrsg.), Werkbuch Mobbing, Frankfurt/M. 2012 (zitiert: Wolmerath in Werkbuch Mobbing)

Wolmerath, Das betriebliche Eingliederungsmanagement – Ein bislang kaum beachtetes Werkzeug bei Mobbing, in: Wolmerath/Gallner/Krasshöfer/Weyand, Recht – Politik – Geschichte. Festschrift für Franz Josef Düwell zum 65. Geburtstag, Baden-Baden 2011 (zitiert: Wolmerath in FS Düwell)

Wolmerath, AGG in Kraft – was nun? Gleichbehandlung und Betriebsratsarbeit, dbr 10/2006, 28 (zitiert: Wolmerath 2006)

Wolmerath, Plädoyer für ein „Zweites Beschäftigtenschutzgesetz“, in: Ahrens/Donner/Simon, Arbeit – Umwelt. Joachim Heilmann zum 60. Geburtstag, Baden-Baden 2001 (zitiert: Wolmerath in Ahrens/Donner/Simon)

Wolmerath, Mobbing im Betrieb. Rechtsansprüche und deren Durchsetzbarkeit, Baden-Baden 2001 (zitiert: Wolmerath 2001)

Wolmerath/Esser, Konfliktbewältigung am Arbeitsplatz – Eckpunkte für eine Betriebsvereinbarung, AiB 1999, 74

Wolmerath, Mobbing und Recht: Handlungsmöglichkeiten, Vorgehen, Prävention, in: Das Lehrerhandbuch, Stuttgart März 1998
(zitiert: Wolmerath in Lehrerhandbuch)

Zapf, Mobbing in Organisationen – Wissenschaftliche und konzeptionelle Grundlagen, in: Schwickerath/Carls/Zielke/Hackhausen (Hrsg.), Mobbing am Arbeitsplatz. Grundlagen, Beratungs- und Behandlungskonzepte, Lengerich 2004
(zitiert: Zapf 2004)

Zapf, Mobbing in Organisationen – Überblick zum Stand der Forschung, Zeitschrift für Arbeits- und Organisationspsychologie, Heft 1/1999, 1

Zapf/Groß, Mobbing – Konflikteskalation am Arbeitsplatz, Forschung Frankfurt 2000, 22

Zapf/Warth, Mobbing: Subtile Kriegsführung am Arbeitsplatz, Psychologie Heute August 1997, 20

Zöllner/Loritz/Hergenröder, Arbeitsrecht, 7. Aufl., München 2015

Zuschlag, Mobbing: Schikane am Arbeitsplatz; erfolgreiche Mobbing-Abwehr durch systematische Ursachenanalyse, 2. Aufl., Göttingen 1997

Stichwortverzeichnis

Fette Zahlen bezeichnen die Paragrafen, magere die Randnummern.